A Cor do Tempo Quando Foge

BOAVENTURA DE SOUSA SANTOS

A Cor do Tempo Quando Foge

Volume 2

Crónicas
2001-2011

A COR DO TEMPO QUANDO FOGE
Volume 2
Crónicas – 2001-2011
AUTOR
Boaventura de Sousa Santos
EDITOR
EDIÇÕES ALMEDINA, S.A.
Rua Fernandes Tomás, n.ºs 76, 78 e 80 – 3000-167 Coimbra
Tel.: 239 851 904 · Fax: 239 851 901
www.almedina.net · editora@almedina.net
DESIGN DE CAPA
FBA.
PAGINAÇÃO
Jorge Sêco
IMPRESSÃO | ACABAMENTO
PAPELMUNDE, SMG, LDA.
V. N. de Famalicão

Novembro, 2012
DEPÓSITO LEGAL
352151/12

Os dados e as opiniões inseridos na presente publicação são da exclusiva responsabilidade do(s) seu(s) autor(es).
Toda a reprodução desta obra, por fotocópia ou outro qualquer processo, sem prévia autorização escrita do Editor, é ilícita e passível de procedimento judicial contra o infrator.

BIBLIOTECA NACIONAL DE PORTUGAL – CATALOGAÇÃO NA PUBLICAÇÃO

SANTOS, Boaventura de Sousa, 1940-

A cor do tempo quando foge: crónicas. - v.
2º v.: 2001-2011. - ISBN 978-972-40-4800-0

CDU 316
    32
    821.134.3-92"19/20"

ÍNDICE

PREFÁCIO   11
PREFÁCIO DO PRIMEIRO VOLUME   17

2001
A Ciência e o Risco Social   25
O Princípio do Futuro   27
A Nossa Prisão Perpétua   29
Paivenses, Souselenses, Canenses   31
O Outro Estado da Nação   33
As Lições de Génova   35
Porquê Pensar?   39
Eu, Pecador, me Confesso   41
Mudanças no Escuro   43
O Antraz dos Ricos   45
O Capitalismo Universitário   47
A Era dos Extremos   50

2002
O Fim da Imaginação do Centro   55
Uma sociedade em busca de medida   57
Belgais, Portugal   66
A Construção de um Insulto   69
O Novo Espectro   73
A Ideia do Serviço Público   75
A Igreja e a Nova Reforma   77
Um Futuro Sustentável?   80
Faça-se Justiça   83
Um Ano de Desassossego   85
O Brasil e o Mundo   95
Viemos de Bagdad   97
A Universidade de Coimbra   99

2003
Desconcertação Social   105
Lula, a Utopia Realista   108

O Potencial de uma Região Potencial 112
O Segredo de Justiça 115
Suicídio Colectivo? 118
O Império Incessante 122
Dear Issa 125
A Judicialização da Política 128
Bloqueio em Movimento 132
O Fórum Social Português 141
As Lições de Canas 144
Os Neoconservadores 147
Angola na Viragem 150
Said, o Intelectual e a Causa 152
Tribunais e Comunicação Social 155
O País Porno 158
A Universidade Participativa 160

2004
A Qualidade da Acusação 165
Manipulação Maciça 167
Insegurança em Curso 170
Os Direitos Humanos 173
Saramargo 176
1974-2004 179
Sociologia da Tortura 182
Boicote a Israel 185
República das Bananas 188
Momento Sombrio 190
Moçambique por Contar 193
O Barroco Tardio 196
O Novo Século Americano 199
Finlândia e Portugal 203

2005
Os Próximos Anos 207
Ritual de Purificação 210
Momento de Esperança 213
A Economia e a Guerra 216
Difícil Libertação da Teologia 219
Pedagogia Constitucional 222
A Europa dos Cidadãos 225

ÍNDICE 7

Luto e Utopia em Português 228
Os Zapatistas 230
Terrorismo: Dois Discursos 233
Pós-Lulismo Progressista 236
A Cidade Incendiada 238
A Classe Média Radical 240
E se a Justiça fosse parte da Solução? 243
O Julgamento de Saddam 246
Integração Pluralista 249
O Meu Balanço 252

2006
O Optimismo Trágico 257
As Nossas Caricaturas 260
O Choque Desburocrático 263
Perguntas Simples 266
Morales e a Democracia 269
O País Conservador 272
Os Magistrados do Futuro 275
Timor: É só o Começo 278
Carta a Frank 281
Um Acontecimento Histórico 284
Cuba 287
O Futuro da Democracia 290
Amazónia 292
A Exactidão do Erro 295
O Preço da Segurança 298
A Ásia 301

2007
O Espectro de Saddam 307
África Renasce 309
As Lições do Referendo 312
A Saúde Segundo Campos 314
O Outro Poder Local 317
Socialismo Século XXI 319
O Estado do Mundo Segundo Três Interrogações 322
A Partilha de África 325
As Cimeiras 327
As Grandes Manobras 329

A Flexisegurança	331
A Urgência e o Infinito	333
Lixo e Cidadania	335
Nem tudo o que luz é verde	338
¿Por qué no te Callas?	341
Ser Real em Al Walajeh	344

2008

A África Provincianiza a Europa	349
É a Saúde, estúpido!	352
Libertem a Língua	355
A Fome Infame	358
A Cultura do Ludíbrio	361
Terramoto de Longa Duração	364
A Transição em Angola	367
O Impensável Aconteceu	370
Uma Casa Branca Negra	373
Obama: the Day After	376
O Longo 2008	379

2009

Requiem por Israel?	385
Consensos Problemáticos	388
As Grandes Ilusões	391
Em Vez da Europa	394
O Fim do Pensamento Único	397
A Esquerda é Burra?	400
Um Cidadão Comum de Esquerda	403
A Lucidez na Incerteza	406
De Copenhaga a Yasuní	409
Justiça: a Década da Visibilidade	412

2010

Os EUA estão Doentes	419
O Fascismo Financeiro	422
A CPLP vista de África	425
A Desuniversidade	428
A Reuniversidade	431
A Ditamole	434
Respirar é Possível	437

História da Austeridade	440
Wikiliquidação do Império?	443

2011

O que está em Causa	449
Poderá o Ocidente Aprender?	452
As Mulheres não são Homens	455
Quem quer Eleições?	458
Para sair da Crise	460
Inconformismo e Criatividade	463
Os Outros Comentadores da Crise	466
Desassossego da Oportunidade	469
Ao Fundo do Túnel	472
A Pensar nas Eleições	475
Que Democracia é esta?	478
A Água é Nossa	481
Os Limites da Ordem	484
Desenvolvimento do Subdesenvolvimento	487
Lições da Europa	490
Greve Geral	493
O que está em Jogo	496

COMENTADORES	499

PREFÁCIO

Este é o segundo volume de *A Cor do Tempo Quando Foge*, o título genérico dos livros em que reúno textos de intervenção, crónicas e artigos de opinião publicados na imprensa portuguesa e estrangeira. O primeiro volume, em que reuni os textos publicados entre 1985 e 2000, veio a lume com a chancela das Edições Afrontamento em 2001. Onze anos depois, apresento-vos os textos publicados entre 2001 e 2011. Os livros de textos de intervenção são muito distintos de todos os outros que tenho publicado e a sua especificidade foi por mim analisada no prefácio do primeiro volume. Para não repetir o que escrevi então e vale tanto para esse volume como para este, reproduzo a seguir o prefácio ao primeiro volume. As questões que então levantei sobre a coerência de um livro feito de textos curtos sobre temas muito diversos e escritos em momentos diferentes, sobre a identidade do seu autor (o sociólogo-activista, o sociólogo-cidadão) e sobre o juízo de hoje a respeito de textos de ontem são basicamente as mesmas, ainda que os exemplos e contextos que hoje as ilustram sejam diferentes dos que as ilustraram uma década atrás. Também são os mesmos os critérios que utilizei para seleccionar os textos e a sua sequenciação.

Mas há diferenças significativas. Reflectindo a intensificação dos movimentos contraditórios da globalização e o seu impacto na sociedade portuguesa, a década passada foi de profunda internacionalização dos meus interesses. Comecei a década muito envolvido no Fórum Social Mundial (FSM), um processo iniciado no Brasil mas de vocação global, orientado para articular os movimentos e organizações sociais que, nas mais diversas partes do mundo e com agendas muito diferentes, convergiam nos objectivos globais de luta contra as injustiças sociais causadas pelo capitalismo global em sua versão mais recente e destrutiva, o neoliberalismo; pelo colonialismo, sempre renovado tanto no plano interno (racismo, repressão da diversidade cultural, colonialismo interno, apartheid, genocídio, mão-de-obra escrava) como no plano internacional (neocolonialismo, imperialismo, subimperialismo, guerras de agressão); pelo patriarcado eternamente mutante mas sempre discriminatório contra as mulheres; e por tantas outras formas de discriminação assentes na orientação sexual, na religião, no regionalismo, na idade e na incapacidade definida por critérios convencionais de funcionalidade. Tratava-se de criar uma resposta política global aos propósitos de dominação também global confirmados, ano após ano, no Fórum Económico Mundial que se reunia e reúne em Davos, Suíça.

Com o FSM, vincava-se no início da década de 2000 uma clara polarização entre duas globalizações. Era a confirmação da crescente tensão entre uma globalização organizada política e socialmente de cima para baixo, hegemónica, neoliberal, por um lado, e, por outro, uma globalização de baixo para cima, contra-hegemónica, anticapitalista ou antineoliberal, a qual eu teorizara, no plano sociológico, alguns anos atrás (*Toward a New Common Sense: Law, Science and Politics in the Paradigmatic Transition*. Nova Iorque: Routledge, 1995).[1] Não é este o lugar para avaliar o processo do FSM (fi-lo em *Fórum Social Mundial: Manual de Uso*. Porto: Afrontamento, 2005). Entre outros méritos, ele contribuiu para a eleição de governos progressistas na América Latina e vários dos textos incluídos neste livro dão conta dessa mudança em diferentes momentos.

À medida que a década avançou, o FSM foi perdendo algum do seu fôlego inicial, os governos progressistas foram perdendo brilho e fazendo cedências cada vez mais perigosas ao neoliberalismo, até que este veio a conquistar, no final da década, o território geopolítico que lhe parecia mais adverso, a União Europeia. Digo "parecia" porque de maneira insidiosa o neoliberalismo vinha já minando as instituições europeias, criando as condições para a rendição final dos países europeus, o que veio a acontecer no final da década com a crise grega a que se seguiram as crises irlandesa, portuguesa e espanhola, não sendo de prever que as crises se fiquem por aqui. De todos as versões do capitalismo nos últimos cem anos, a actual versão neoliberal está a revelar-se como a mais destrutiva, tanto no plano social como no plano político. Entra na vida dos cidadãos na forma de crise que simultaneamente cria e resolve. Impõe como soluções da crise o que para a esmagadora maioria dos cidadãos são problemas (empobrecimento, desemprego, desigualdade social, precariedade, ausência de

---

[1] Esta teorização ganharia mais consistência analítica no projecto de investigação internacional intitulado "Reinventar a Emancipação Social" que dirigi entre 1999 e 2002 no Centro de Estudos Sociais da Universidade de Coimbra, envolvendo 60 investigadores de seis países (África do Sul, Brasil, Colômbia, Índia, Moçambique e Portugal). Os resultados até agora publicados constam de seis livros (*Democratizar a democracia: os caminhos da democracia participativa* e *Produzir para viver: os caminhos da produção não capitalista*, ambos publicados em 2003; *Reconhecer para libertar: os caminhos do cosmopolitismo multicultural*, 2004; *Semear outras soluções: os caminhos da biodiversidade e dos conhecimentos rivais* e *Trabalhar o mundo: os caminhos do novo internacionalismo operário*, publicados em 2005; *As vozes do mundo*, 2006; todos publicados pela Edições Afrontamento).

PREFÁCIO   13

expectativas positivas, ideologia da autonomia disfarçando práticas de submissão abjecta dos mais fracos, Estado disciplinador e repressor) e estigmatiza como problemas causadores da crise o que para a esmagadora maioria dos cidadãos são soluções (direitos sociais, segurança humana, trabalho decente, vida digna, responsabilidade colectiva, Estado protector).

Se a história fosse mestra, esta relação perversa entre soluções e problemas que favorece uma pequena minoria de super-ricos em detrimento de grandes maiorias empobrecidas só seria possível em ditadura política. Mas como a história só é mestra do passado, assistimos hoje, entre o atónito e o incrédulo, entre o indignado e o resignado, ao esvaziamento ou mesmo suspensão da democracia levados a cabo com plena normalidade democrática. Tudo isto, ante os nossos olhos, como se a única alternativa fosse a falta de alternativa, como se o consenso social fosse igual à resignação, como se a existência de dois partidos de governo fosse igual a um partido dividido em partes iguais, enfim, como se a visão fosse igual à cegueira.

A ditadura está a instalar-se na sociedade sem precisar de se ver ao espelho na política, enquanto a democracia está na política sem precisar de se ver ao espelho na sociedade. Como tenho vindo a afirmar há já alguns anos, estamos a viver em sociedades politicamente democráticas e socialmente fascistas (*Reinventar a Democracia*. Lisboa: Gradiva, 1998). Por quanto tempo se sustenta uma situação em que a resistência antifascista parece ser tão descabida e ao mesmo tempo tão necessária quanto a defesa da democracia que (ainda) temos? Nestas condições, não surpreende que eu tenha começado a década com textos de tom mais optimista e a tenha terminado com textos mais sombrios, mesmo que sempre irredutível na defesa da ideia de que a solução para a asfixia não é a falta de ar, ou seja, que há alternativas.[2]

Ao longo da última década a minha aprendizagem a partir do Sul anti--imperial intensificou-se a partir, não apenas do FSM, mas também dos projectos de investigação que realizei na Bolívia, no Equador[3] e, por último, em Angola[4] e isso reflecte-se nos textos incluídos neste volume. Esta aprendizagem

---

[2] Já fora do horizonte temporal deste livro publiquei um pequeno livro sobre a crise europeia e portuguesa (*Portugal. Ensaio contra a autoflagelação*. Coimbra: Almedina, 2011. A segunda edição revista e aumentada foi publicada em 2012).

[3] Ver *Refundación del Estado en América Latina. Perspectivas desde una epistemología del Sur*. Bolívia: Plural Editores, 2010. Também publicado no mesmo ano em Quito por Abya Yala.

[4] Os três volumes que se seguem resultam do meu projecto Pluralidade de ordens jurídicas e sistemas de justiça em Luanda/Angola. Os resultados editoriais traduziram-se em três

é a ideia fundacional do novo projecto que tenho em curso, financiado pelo European Research Council, intitulado Alice – Espelhos estranhos, lições imprevistas: definindo para a Europa um novo modo de partilhar as experiências do mundo (http://alice.ces.uc.pt).

Sem surpresas, neste volume surgem com grande frequência os meus temas de sempre e, portanto, já presentes no primeiro volume: a democracia, o Estado, a administração da justiça, a universidade, o imperialismo, as desigualdades sociais, as lutas sociais, a renovação da esquerda.

Tal como acontecera com o primeiro volume, senti a necessidade de contextualizar e actualizar os textos, alguns deles publicados originalmente há vários anos. Mas enquanto nesse volume recorri a duas excelentes investigadoras do Centro de Estudos Socais (CES), a Sílvia Ferreira e a Ana Cristina Santos, para realizar esse trabalho, o que ambas fizeram com inexcedível zelo, para este volume encontrei uma solução diferente, tornada possível pela extraordinária expansão do CES nos últimos dez anos (www.ces.uc.pt). De facto, ao longo da década e sobretudo depois da sua conversão em Laboratório Associado, o CES desenvolveu, ampliou e internacionalizou enormemente as suas actividades. Aumentou exponencialmente o número dos seus investigadores (são hoje 173 investigadores, dos quais 48 investigadores juniores), criou 12 programas de doutoramento, o que permitiu o fluxo permanente de estudantes avançados, muitos deles estrangeiros. Por sua vez, o reconhecimento internacional da investigação realizada no CES atraiu para nossa instituição investigadores de vários países que connosco realizaram estágios de mais ou menos curta duração. Criou-se assim uma notável massa crítica de jovens investigadores ligados ao CES.

Tive então a ideia de recorrer a esta massa crítica para me ajudar na tarefa de contextualização e de actualização, dando-lhe, do mesmo passo, voz no meu trabalho, assim a homenageando. O resultado excedeu todas as minhas expectativas. 94 jovens investigadores aceitaram o meu convite para comentarem os meus textos, tendo alguns deles comentado mais de um. Na selecção dos comentadores privilegiei a proximidade temática do texto com os seus

---

volumes: *Sociedade e Estado em construção: desafios do direito e da democracia em Angola. Luanda e justiça: pluralismo jurídico numa sociedade em transformação (coordenado por mim e pelo meu colega José Octávio Van Dúnen); A Luta Pela Relevância Social e Política: Os tribunais Judiciais em Angola – Luanda e Justiça: Pluralismo jurídico numa sociedade em transformação (coordenado por Conceição Gomes e Raul Araújo); O Direito Por Fora do Direito: As Instâncias Extra-Judiciais de Resolução de Conflitos em Luanda – Luanda e Justiça: Pluralismo jurídico numa sociedade em transformação (coordenado por Maria Paula Meneses e Júlio Lopes)*, todos publicados pela editora Almedina, Coimbra em 2012.

interesses de investigação. Sempre que tal não foi possível, procurei atender à capacidade dos investigadores para escreverem sobre temas que, não estando dentro das suas temáticas estritas de investigação, pudessem corresponder aos seus interesses pessoais enquanto observadores da realidade contemporânea.

Os breves comentários estão inseridos em itálico no início dos textos. No final, incluo a lista e breve nota biográfica de todos os comentadores. Um agradecimento muito sentido e muito veemente a todos eles. Mas há um agradecimento muito especial ainda por fazer. Apesar de eu ser o seu director, o CES é hoje uma instituição demasiado grande para que eu possa conhecer com alguma profundidade, todos os investigadores, sobretudo os mais jovens. Para ultrapassar este óbice e permitir escolhas acertadas, recorri a dois investigadores do CES, a minha assistente Margarida Gomes e o meu pós-doutorado Bruno Sena Martins. Ambos fizeram um trabalho notável, que incluiu, não apenas o apoio na selecção inicial, como também o acompanhamento da produção dos comentários e a sua revisão. Foi um trabalho insano que se prolongou por quase um ano. Devo-lhes, pois, um agradecimento muitíssimo especial, já que, sem eles, a ideia inicial, apesar de boa, ficaria, como tantas outras, na gaveta das intenções universais.

Para além dos anteriores, muitos outros agradecimentos são devidos e temo não os fazer todos. Muitos dos textos deste volume foram publicados com ligeiras variações, não só em Portugal e no Brasil, como acontecera no primeiro volume, mas também em vários outros países latino-americanos, em cuja imprensa passei a colaborar regularmente na última década e nalguns jornais de Angola e Moçambique. Os editores fizeram muitas vezes sugestões e propostas de tradução que melhoraram os textos. A Maria Irene Ramalho leu, comentou e reviu todos os textos, como tem sempre feito a tudo o que publiquei nos últimos quarenta anos. Na investigação que tive de fazer para a redacção dos textos tive imensos apoios, sobretudo dos investigadores do CES. Seria fastidioso identificá-los todos e, por isso, lhes faço um agradecimento colectivo. Na selecção dos textos contei com a preciosa ajuda da Maria Paula Meneses e da Natércia Coimbra. Para além do trabalho de selecção, a Maria Paula Meneses fez uma leitura crítica e atenta de todo o manuscrito, melhorando-o no seu todo. Ao contrário do que aconteceu com o primeiro volume, a Lassalete Simões, a mais chegada e imprescindível colaboradora minha há mais de vinte anos, não teve de digitalizar os textos (dada a minha emancipação digital) mas continuou a gerir todos os contactos necessários à publicação. A minha assistente Margarida Gomes preparou competentemente o manuscrito para publicação, tal como tem feito com todos os meus manuscritos nos últimos dez anos. A Paula Valente, directora editorial da Almedina, estimulou a preparação deste manuscrito e esperou pacientemente por ele. A todas o meu muito obrigado.

PREFÁCIO DO PRIMEIRO VOLUME

Reúno neste livro artigos de opinião, crónicas e comentários que ao longo dos últimos quinze anos fui publicando em jornais e revistas portugueses e brasileiros. São textos de vária índole, uns maiores outros menores, uns mais analíticos outros mais normativos, uns sobre temas nacionais outros sobre temas internacionais ou globais.

Os artigos dos primeiros anos são, em geral, mais longos e analíticos. Trata-se de colaborações irregulares num tempo em que os jornais publicavam textos de opinião com uma dimensão muito superior à que hoje é aceitável. A partir de 1993 passei a colaborar regularmente nos órgãos de comunicação social, primeiro na *TSF* e depois na *Visão*. O formato que me foi proposto e aceitei alterou profundamente a minha escrita. Dominam, a partir de então, textos curtos, incisivos, necessariamente menos analíticos e mais normativos. Não é só por isso que este livro carece da coerência própria de um livro planeado de raiz ou escrito num prazo relativamente curto. Os textos aqui reunidos foram escritos em tempos e circunstâncias distintos, para responder a estímulos e urgências de intervenção muito diversos, cada um deles pleiteando por uma autonomia total em relação a todos os demais. Seria estultícia esperar que toda esta heterogeneidade desaparecesse pelo mero facto de os textos serem alinhados em correnteza.

No entanto, a reunião em livro e a leitura seguida da escrita intermitente que ela torna possível permitem levantar questões que seriam descabidas se suscitadas em relação a qualquer dos textos tomados isoladamente. Que ideia do país e do mundo emerge deste conjunto de textos? Uma ideia optimista ou pessimista? Uma ou várias ideias consistentes ou uma cacofonia de ideias contraditórias? Perante os vagares ou as vertigens da transformação social, tenho eu sido um Velho do Restelo ou, pelo contrário, um arauto de exaltantes utopias? Ou tenho sido ambas as coisas em contextos distintos? Quantas vezes acertei e quantas errei nas previsões que fiz? Quais os temas mais recorrentes e quais os silêncios mais evidentes?

Como decorre destas perguntas e de muitas outras que podem fazer-se, as respostas que for possível dar às interpelações feitas ao conjunto dos textos dirão mais a meu respeito do que a respeito do mundo sobre que tenho reflectido: as minhas prioridades e até obsessões, os meus critérios éticos e políticos, os meus anjos e demónios, os meus silêncios e cumplicidades. Ao longo destes anos, mudei apenas de estilo ou também de posição? Tornei-me mais ou menos radical? Assumi compromissos que acabaram por comprometer a minha escrita? Até onde vai a lucidez de quem foi treinado para apenas a ter em relação às acções dos outros? Quantas vezes passei pela vertigem de educar sem curar de saber se tinha educação à altura da que queria dar? As minhas opiniões foram úteis a mais alguém que a mim próprio e, se o foram, a quem especificamente, aos que detêm o poder social, económico e político ou aos que apenas têm o poder de compra dos jornais e revistas em que escrevi? Se me pagam para escrever, o facto de me darem total liberdade de escrita é suficiente para que não me considere um mercenário? Assumindo que sou um criador de opinião, o que é que me distingue de outros comentadores que, crónica após crónica, perseguem o mesmo preciso objectivo de promover ou minar este ou aquele partido, este ou aquele líder político? Sou mais objectivo ou genuíno ou apenas menos eficaz? Tenho escrito mais como sociólogo do que como cidadão, ou o contrário? Consegui em algum momento ou em algum texto ser sinteticamente sociólogo-cidadão?

Como é óbvio, não tenho resposta para nenhuma destas perguntas e suspeito que tão pouco a terão os meus leitores depois de lerem este livro. Penso, no entanto, que, à partida, estarão em melhores condições do que eu para as procurar e para errar menos nas que encontrarem. No que me diz respeito, não me quero aventurar para além de umas poucas observações sobre as quais julgo não me enganar. A primeira observação é que à medida que os anos foram passando me tornei muito mais sensível aos temas internacionais e globais. Terá sido essa uma das partidas que a globalização me pregou? O certo é que de uma visão da sociedade portuguesa virtualmente auto-referenciada na sua inteligibilidade fui evoluindo para a sua contextualização num mundo mais vasto e, portanto, para o tratamento de temas transnacionais que fui considerando importante e necessário introduzir ou vincar na opinião pública portuguesa (e, numa muito menor medida, na opinião pública brasileira).

A segunda observação é que raramente me debrucei sobre a conjuntura política do momento. Por gosto, por ser um inveterado independente, por viver fora de Lisboa e, portanto, fora das informações e dos detalhes que constituem o conhecimento privado das elites e que permitem aos comentadores assestar a arma da escrita com a precisão mortífera da evidência, por todas estas razões, distanciei-me de acontecimentos políticos que, por vezes, dias a fio ocuparam as primeiras páginas dos jornais e, em geral, as manchetes da comunicação social.

PREFÁCIO DO PRIMEIRO VOLUME   19

Houve todavia algumas excepções que foram suscitadas por duas circunstâncias diferentes. A primeira foi a de os acontecimentos dizerem respeito a temas sobre os quais estava a realizar investigação científica (por exemplo, na área da administração da justiça ou das políticas de segurança social). A segunda foi o de a premência da actualidade exercer uma pressão tal sobre a minha identidade cidadã que não pude resistir-lhe.

Neste último caso distingo ainda duas situações. A primeira situação diz respeito a dramatismos intensos, mas fugazes, quase sempre suscitados pelas acções ou omissões de algum líder político. A segunda situação envolveu temas cuja premência conjuntural deixava antever problemas mais fundos, estruturais, da sociedade portuguesa ou do mundo no seu todo. No primeiro caso, o de dramatismos intensos mas fugazes, os textos que escrevi na altura revelaram-se agora, quando os reli para publicação em livro, sem qualquer interesse para os meus leitores e por isso decidi eliminá-los. Não eram textos que me envergonhassem ou em que tivesse escrito o que hoje enjeito; eram apenas textos muito circunscritos, sem qualquer importância ou relevância fora da conjuntura que os suscitou.

Por que é que textos sobre temas a dada altura tão presentes na comunicação social perderam toda a importância? Essa perda de importância circunscreve-se aos textos ou abrange também os acontecimentos sobre que discorriam? E, no último caso, será que os acontecimentos perderam a importância ou, pelo contrário, nunca a tiveram, mesmo nos momentos em que o dramatismo da comunicação social lha pretendeu atribuir? Quem define afinal o critério de importância? Será que é a própria classe política e que os comentários da conjuntura são escritos para circularem apenas no círculo restrito dessa classe? E, sendo assim, os comentadores são a classe política a pensar como se o não fossem? Fora desse círculo restrito, os leitores de então teriam mais interesse em ler esses comentários do que os leitores de hoje que, segundo ajuizei, não teriam nenhum? Mas se de facto os leitores de então os leram, leram-nos para se ilustrarem, para se distraírem, para se divertirem, por voyeurismo – ou apenas por não terem mais nada para ler? Como quem escreve nunca ouve, nunca saberei por que leram esses textos. Apenas sei que nunca mais os lerão, pelo menos, por minha iniciativa.

A segunda situação, a de temas conjunturais que eram sintoma de problemas estruturais, levou-me a produzir textos que, apesar de incendiados pela paixão e apontados às questões precisas que ao tempo da escrita se punham, mantiveram, na minha opinião, a actualidade própria dos problemas que, passado o fogacho da conjuntura, continuaram a preocupar o público. Nos últimos anos, as exigências da minha identidade de sociólogo-cidadão levaram a envolver-me em duas lutas sociais suscitadas por problemas conjunturais-estruturais: a reforma da segurança social e a co-incineração de resíduos industriais perigosos. Aprendi há muitos anos com um colega chileno, membro do Governo de Salvador Allende, que, por mais teorias que elaboremos sobre a importância relativa das lutas sociais, na prática, nunca escolhemos as lutas em que nos envolvemos. São elas que nos escolhem ou o acaso ou a ocasião em nome delas. Foi assim comigo em qualquer dessas lutas.

A luta pela reforma da segurança social caiu-me nos braços ao ter aceitado o convite para integrar a Comissão do Livro Branco da Segurança Social, criada pelo Ministro do Trabalho e da Solidariedade, Dr. Eduardo Ferro Rodrigues, que esteve em funções entre Março de 1996 e Dezembro de 1997. Tendo visto inicialmente a minha função na Comissão como a de um estudioso dos vários tipos de Estado-Providência e especificamente do "quase-Estado-Providência" português, acabei por me envolver activamente nas fracturas que foram emergindo no seio da Comissão, assumindo a coordenação do grupo que produziu o chamado "relatório minoritário". Apesar da acrimónia própria das confrontações entre interesses tão vastos e contraditórios e apesar de a Comissão não ser de modo nenhum representativa, guardo dela uma excelente recordação e penso que ela teve o mérito de ser até hoje a única experiência da democracia portuguesa no sentido de suscitar no seio da sociedade civil – isto é, fora do âmbito parlamentar ou da concertação social – a confrontação institucionalizada entre posições diferentes sobre reformas sociais. Desta intervenção resultaram vários textos cuja actualidade resulta do facto de o problema da segurança social não estar ainda plenamente resolvido, apesar da aprovação recente da nova Lei de Bases da Segurança Social (Lei 17/2000 de 8 de Agosto).

A luta contra a co-incineração de resíduos industriais perigosos caiu-me nos braços por ser o presidente da direcção da Associação Cívica Pro Urbe, de Coimbra, no momento em que o Governo decidiu optar, entre várias soluções alternativas, pela co-incineração dos resíduos nas cimenteiras, um processo político que se iniciou em Dezembro de 1998 e que ainda está em curso no momento em que escrevo este prefácio. Também neste caso o que está em causa é muito mais que a opção por uma solução que julgo errada e perigosa para a saúde pública. Estão em causa problemas estruturais da sociedade portuguesa, tais como a política ambiental, a relação entre governantes e cidadãos e entre democracia representativa e democracia participativa, e ainda o perfil de uma comunidade científica semiperiférica ante questões complexas próprias das sociedades mais desenvolvidas.

Dessa luta resultaram vários textos que me deixaram um travo amargo muito especial que hoje interpreto como sendo um poderoso chamamento a um exercício de humildade, à consciência dos limites da comunicação. Apesar de ter sido sempre contra a co-incineração onde quer que ela fosse feita e formular as questões políticas à escala nacional, como resulta claro dos textos, vi colado a mim o rótulo anatematizante do regionalismo, da síndroma NIMBY (*"not in my backyard"*, "não no meu quintal"), da defesa serôdia e saudosista de uma cidade cujos privilégios são de má memória para os portugueses. O facto de ser de Coimbra e aí viver falou sempre mais alto e mais convincentemente do que tudo o que escrevi sobre o tema. Esta incomunicação tem-me feito pensar: se isto sucedeu a alguém que tem acesso à comunicação social e até tem o privilégio de escrever textos em jornais e revistas de grande circulação, o que sucederá ao activista do "Portugal profundo", envolvido em lutas "locais", cujo momento de "comunicação" são os segundos de uma entrevista num meio comunicacional que lhe é totalmente estranho? Que controlo pode ter ele e os seus companheiros de luta sobre o que o país oficial pensa da sua luta, das suas razões, das suas aspirações?

Os textos incluídos neste livro estão alinhados por ordem cronológica. Poderia ter optado por agrupá-los por temas mas com isso criaria a ilusão de uma coerência que o livro não tem nem pretende ter. A ordem cronológica tem a vantagem de facilitar aos leitores a contextualização dos textos e a revisitação de momentos e vivências que, por uma ou outra razão, os prenderam mais a uma temporalidade específica. Para facilitar a contextualização, sempre que adequado e possível, os textos são introduzidos por uma pequena nota que explicita os acontecimentos ou as circunstâncias que suscitaram a escrita do texto. Os títulos são quase sempre os originais e o mesmo se passa com as versões dos textos. Por vezes, a versão aqui produzida é ligeiramente maior do que a originalmente publicada, uma vez que no livro foi possível libertar-me da tirania do limite de caracteres. Alguns textos foram publicados simultaneamente em Portugal e no Brasil. Nesses casos, preferi quase sempre a versão brasileira por ser mais longa do que a portuguesa.

Na elaboração dos textos fui ajudado por muitos dos meus colaboradores e colegas, tanto do Centro de Estudos Sociais da Faculdade de Economia da Universidade de Coimbra, como do departamento de Sociologia e da Faculdade de Direito da Universidade de Wisconsin-Madison (EUA). Seria fastidioso nomeá-los a todos e correria sempre o risco de cometer a injustiça da omissão. Um obrigado geral nunca é anónimo quando os destinatários sabem exactamente por que lhes é dirigido. Devo, no entanto, fazer alguns agradecimentos especiais. A Sílvia Ferreira e a Ana Cristina Santos prepararam o manuscrito e redigiram as notas introdutórias aos textos. Fizeram-no com inexcedível profissionalismo e dedicação. A Maria Irene Ramalho acompanhou mais de perto que ninguém a produção deste livro, já que leu cada um dos textos à medida que foram sendo publicados. Outra pessoa, uma colaboradora muito especial, ajudou a construir este livro texto a texto, a Lassalete Simões, que digitalizou os textos e geriu os meus contactos com as redacções dos jornais e revistas. Um agradecimento muito sentido ao António Sousa Ribeiro, à Paula Meneses e à Natércia Coimbra que leram e comentaram todo o manuscrito. Às Edições Afrontamento, nas pessoas do José Sousa Ribeiro e da Marcela Torres, agradeço o empenho que puseram na preparação deste livro e a paciência com que esperaram por ele.

2001

Tal como as pessoas, as sociedades raramente vivem em situações de equilíbrio. Os desequilíbrios são o motor da transformação social. No entanto, quando se acumulam para além de certo limite, põem as sociedades numa encruzilhada donde é possível vislumbrar diferentes e contraditórias alternativas de transformação, sem que seja possível prever qual delas virá a concretizar-se.

A CIÊNCIA E O RISCO SOCIAL

A crescente distância física entre os centros de decisão política e técnico-científica em que se inicia o percurso de uma intervenção de carácter económico ou tecnológico e o local onde esta assume, frequentemente, a forma de uma catástrofe social ou ambiental (ou ambas), encontra paralelo na distância simbólica que separa as comunidades afectadas do contexto em que essas decisões foram tomadas. Em Portugal, só recentemente foi legalmente contemplada a avaliação da vulnerabilidade social das populações como pressuposto para a organização de meios de socorro, uma das formas de mitigar as desigualdades no acesso aos meios e recursos para lidar com os riscos, bem como as suas consequências, muitas vezes prolongadas pelo tempo de várias gerações, não está distribuído de forma igual, quer local quer globalmente. Mas essas desigualdades fundam-se, inevitavelmente, em problemas económicos e sociais estruturais que precedem em muito a produção dos riscos. Os avanços na abordagem ao modelo de "acidente e emergência", embora pertinentes e positivos, não respondem ainda à questão fundamental que aqui se coloca: a justiça. | Eduardo Basto

Sempre vivemos em sociedades de risco; o que mudou ao longo dos séculos foram os tipos de risco e os modos de os prevenir ou de lhes minimizar as consequências. Durante muitos séculos a produção de riscos teve pouco ou nada a ver com a protecção contra os riscos. Nos últimos duzentos anos, à medida que se foi caminhando para "uma sociedade totalmente administrada", a produção do risco e a protecção contra ele foram-se vinculando mais e mais uma à outra. Ou seja, as instâncias que produziram o risco foram as mesmas a que se recorreu para proteger contra o risco.

Duas dessas instâncias merecem destaque: o Estado e a ciência. Ao promover o capitalismo, o Estado produziu ou sancionou muitos dos riscos sociais (fome, desemprego, criminalidade, doença, falta de habitação) que, paulatinamente e por acção de múltiplas lutas sociais, foi chamado a prevenir ou a atenuar nas suas consequências mais corrosivas. O Estado-Providência culminou esse processo de gestão controlada de riscos sociais. Por seu lado, ao converter-se em tecnologia e à medida que a tecnologia foi penetrando em mais áreas da vida social, a ciência passou a estar na origem dos riscos da chamada "sociedade tecnológica" e foi igualmente à ciência que se foi recorrendo mais e mais para encontrar soluções de eliminação ou de contenção dos riscos produzidos. O desenvolvimento destes processos levou a uma vinculação recíproca entre o Estado e a ciência. O Estado recorreu cada vez mais à ciência para proteger contra os riscos e, no processo, a ciência politizou-se. Ao contrário do que muitos previram, desta vinculação recíproca não resultou uma mais eficaz protecção contra os riscos. As três últimas décadas são amplo testemunho disso.

Ao promover a passagem do capitalismo nacional para o capitalismo global, o Estado aumentou a sua capacidade de produzir riscos sociais na mesma medida em que perdeu capacidade para proteger contra eles. Por seu lado, o extraordinário avanço tecnológico veio revelar uma debilidade estrutural da ciência: o facto de que a sua capacidade para produzir novas tecnologias é imensamente superior à sua capacidade para prever as consequências sociais dessas tecnologias. Entramos, assim, num novo milénio com um Estado enfraquecido na sua capacidade de protecção e com uma ciência cada vez mais incerta a respeito das suas consequências. Para tentar disfarçar as suas incapacidades recíprocas, o Estado e a ciência procuram vincular-se mais e mais um ao outro, desculpando-se um com o outro. Assim, o Estado fraco é cada vez mais científico e a ciência incerta é cada vez mais política. As ilustrações deste fenómeno inquietante abundam: as vacas loucas, os organismos geneticamente modificados, o "impacto" ambiental, as radiações de urânio empobrecido, os riscos para a saúde pública da co-incineração de resíduos industriais perigosos, etc., etc.

Dado o muito que está em causa, nem o Estado pode ser deixado aos políticos nem a ciência pode ser deixada aos cientistas. O Estado será mais eficaz se assumir a participação activa dos cidadãos como o seu principal critério político. A ciência será mais eficaz se assumir a incerteza: se for mais aberta à pluralidade de opiniões no seu seio e menos arrogante em relação ao saber-testemunho dos cidadãos que sofrem na pele as consequências da sua imprevisão.

Visão, 11 de Janeiro de 2001

O PRINCÍPIO DO FUTURO

O Fórum Social Mundial (FSM) cumpriu, em 2011, dez anos de existência. A primeira edição, realizada na cidade brasileira de Porto Alegre, berço do Orçamento Participativo, deu um contributo determinante para a criação de uma sociedade civil transnacional e para a coordenação das lutas sociais à escala global. Desde então, reuniu anualmente, numa cidade ou em edições policêntricas; saiu do continente americano para se realizar também em África e na Ásia; estimulou a criação de uma miríade de Fóruns Sociais Regionais, Nacionais e Temáticos.

Não existe um momento fundacional da chamada Era das Mobilizações Globais. Para esta contribuiu tanto a insurreição Zapatista iniciada a 1 de Janeiro de 1994, como a mobilização contra a Cimeira da Organização Mundial de Comércio em Seattle, a 30 de Novembro de 1999. A novidade do FSM foi a capacidade de acrescentar ao protesto e à mobilização colectiva a lógica propositiva da Contra-Cimeira. É por isso mesmo que surge como alternativa ao Fórum Económico Mundial de Davos. O FSM afirmou-se como constituinte de uma contra-hegemonia, a globalização alternativa, onde emergiram discursos silenciados pela monocultura do neoliberalismo, onde a negação do status quo se aliou estreitamente à enunciação de vários mundos possíveis capazes de superar o realmente existente. | HUGO DIAS

Porto Alegre foi uma demonstração eloquente que não existe globalização e sim globalizações. Para além da globalização neoliberal do capitalismo que só aceita as regras que ele próprio impõe, há uma globalização alternativa, a globalização de um desenvolvimento democraticamente sustentável, das solidariedades e das cidadanias, de uma prática ecológica que não destrua o planeta, e de uma sociedade global que só aceite o comércio livre enquanto comércio justo.

Este foi o grande mérito de Porto Alegre uma vez que até agora se dizia que os que se opunham às reuniões do Banco Mundial (BM), do Fundo Monetário Internacional (FMI), da Organização Mundial do Comércio (OMC) eram grupos contra a globalização e sem alternativas. Mostrámos aqui que somos a favor da globalização, mas de uma globalização justa que não produza a destruição e miséria para a maioria da população mundial. Quando se verifica que quatro cidadãos americanos têm tanta riqueza quanto o conjunto de 43 países menos desenvolvidos com uma população de 600 milhões de pessoas, não é preciso ser de esquerda para considerar que isto, além de injusto, é absurdo. E é absurdo precisamente porque há alternativas realistas, tanto no plano técnico como no plano político. Entre as que foram aqui apresentadas menciono, a título de exemplo, o perdão da dívida dos países menos desenvolvidos; o imposto Tobin sobre as transacções financeiras de divisas que gerariam 200 biliões de dólares por ano para o desenvolvimento; a democratização do FMI e do BM; a articulação entre os grandes países de desenvolvimento intermédio – Brasil, Índia, África do Sul, etc. – para negociarem em conjunto melhores condições com as instituições multilaterais; a aplicação de boa-fé da Convenção da biodiversidade e dos acordos sobre o efeito estufa; a aceitação de parâmetros de qualidade mínima do trabalho usado na produção dos produtos que circulam no mercado mundial.

Tudo isto é possível e está ao nosso alcance. Os 4000 delegados que estiveram em Porto Alegre e as centenas de organizações que aqui apresentaram o seu trabalho e as suas iniciativas foram uma demonstração pujante de que as alternativas estão apenas à espera da força política da sociedade civil global para serem postas na agenda política internacional. Foi esta sociedade civil global que teve aqui um auspicioso ponto de partida. Por isso Porto Alegre tem de ser prosseguido e vai ser prosseguido. Está decidido que em 2002 se reunirá de novo e de novo aqui, nesta cidade que se está a transformar na cidade global das alternativas. E tem uma justa aspiração a esse estatuto em vista da portentosa capacidade organizativa que revelou. Claro que o próximo Fórum não será igual ao primeiro, pois aprendemos aqui que há ajustamentos a fazer na articulação entre as temáticas e há ainda que tornar o Fórum mais mundial (por exemplo, os países de língua portuguesa tiveram uma presença modesta). Mas com este começo tão auspicioso, estou certo que se farão todos os acertos para tornar o próximo Fórum uma afirmação ainda mais pujante da globalização alternativa.

Visão, 1 de Fevereiro de 2001

A NOSSA PRISÃO PERPÉTUA

Em 17 de Julho de 1998, 120 Estados adoptaram o Estatuto de Roma, a base jurídica para o estabelecimento do Tribunal Penal Internacional (TPI). Em 5 de Fevereiro de 2002 o Ministro Português dos Negócios Estrangeiros depositou nas Nações Unidas o instrumento de ratificação do Estatuto de Roma do TPI. Com esta ratificação, Portugal tornou-se o 51º Estado parte e o 13º membro da União Europeia (UE) a completar o processo de validação. O Estatuto de Roma entrou em vigor em 1 de Julho de 2002, após a ratificação por 60 países.

A criação do TPI foi considerada um marco importante no esforço de estabelecer um sistema jurídico internacional sendo anunciado como um instrumento contra a impunidade dos responsáveis pelas mais graves violações dos direitos humanos. O TPI tem jurisdição universal e permanente sobre o genocídio, crimes de guerra e crimes contra a humanidade e é complementar das jurisdições nacionais.

Em virtude da sua posição supra-nacional, o tribunal suscitou amplos debates sobre o significado da soberania dentro dos Estados que ratificaram o seu estatuto. A crónica mostra como a divisão entre os apoiantes e os adversários da ratificação ultrapassou simples trincheiras ideológicas. Foi uma provocação para repensar a identidade democrática portuguesa, não só a nível nacional, mas também internacional. | MIHAELA MIHAI

O debate em curso sobre a ratificação do Tribunal Penal Internacional é importante não tanto pelas questões jurídicas e constitucionais que levanta, mas pelo que nele se revela sobre o nosso imaginário colectivo e a nossa identidade como nação, e o modo como nos apropriamos deles consoante os interesses e as circunstâncias. Raramente estes rios subterrâneos afloram no debate político apesar de sempre lhe alimentarem as raízes. Isto acontece porque o debate político é muito codificado tanto na linguagem como no horizonte de posições que legitima. Tudo o que extravasa do código é facilmente descredibilizado por irrelevante, despropositado ou senão mesmo ofensivo. Só assim não sucede nos raros casos em que o debate político é surpreendido por uma questão que escapa à codificação. Quando o código vacila deixa-se inundar pelo magma social. É isto o que está a suceder no caso do TPI.

A ninguém escapará que as posições sobre o TPI não se quadram com o dualismo básico do código político: esquerda e direita. As diferenças de opinião atravessam tanto a esquerda como a direita, dando lugar a convergências e divergências surpreendentes. Isto não significa que a posição sobre o TPI esteja para além ou acima da divisão esquerda/direita. Significa apenas que nem a esquerda nem a direita conseguiram até agora codificar o que está em causa no TPI. Não surpreende que assim seja. Tanto a esquerda como a direita constituíram as suas identidades por referência ao Estado e à sociedade nacionais e têm, por isso, dificuldade em codificar uma instituição que, sendo o embrião de uma governação e de um espaço público transnacionais, interfere com as matrizes nacionais de referência.

É uma circunstância propícia à emergência do nosso imaginário colectivo povoado pela nossa diferença em relação aos demais povos europeus e pelos nossos brandos costumes ensopados num caldo de humanismo cristão conservador. Como todo o imaginário, é selectivo e discriminador: privilegia a precedência histórica na abolição da pena de morte e o carácter incruento das convulsões políticas de que não se esquece; branqueia a ditadura, os seus crimes e a guerra colonial; faz vista grossa às violações dos direitos humanos dos trabalhadores, dos imigrantes, das minorias, dos doentes em lista de espera e dos presos em prisão preventiva. Este imaginário é apropriado diferentemente pelos diferentes participantes no debate sobre o TPI. Quem à direita é contra vê no TPI uma agressão anti-nacionalista e na prisão perpétua uma contradição com os nossos brandos costumes. Quem à direita é a favor orienta-se pela ideia de que a modernização democrática e conservadora da sociedade portuguesa tem de ocorrer num marco internacional económico, político e cultural, sendo o TPI uma fatalidade. Quem à esquerda é contra vê no TPI um atentado à soberania nacional e na prisão perpétua um possível veículo para que a tentação autoritária que habita os nossos brandos costumes venha a contrabandear no futuro outras excepções aos direitos, liberdades e garantias. Quem à esquerda é a favor coloca num prato da balança o indesejado regresso da prisão perpétua e no outro a possibilidade de Portugal participar numa luta internacional de prevenção contra os regimes totalitários; decide-se a favor do último tanto mais que, dada a tentação autoritária caseira, a democracia portuguesa está mais segura se estiver na frente da defesa da democracia a nível internacional.

Visão, 8 de Março de 2001

PAIVENSES, SOUSELENSES, CANENSES

Março de 2001 ficará para sempre marcado na memória colectiva por um acontecimento avassalador: a queda da ponte Hintze Ribeiro, em Castelo de Paiva. O país uniu-se na dor e no luto pelas cinquenta e nove vidas perdidas. Estas vidas anónimas, distantes, parte de um certo Portugal esquecido ou simplesmente ignorado, tornaram-se-nos familiares, presos que estávamos às operações de resgate, cativados por estas imagens que faziam lembrar o longe. Um longe que se mede pela arrogância política e cultural do Estado. Castelo de Paiva não foi, nem continua a ser, a única vítima dessa arrogância. Souselas, Canas de Senhorim, Barrancos, por outras razões e com distintas consequências, são exemplos igualmente flagrantes. O que estes três locais vítimas de diferentes formas de arrogância têm em comum é o facto de, a dado momento, terem colocado o Estado à prova.

Falar em sub-identidades é reconhecer que a cidadania é uma tarefa colectiva sempre inacabada mas, acima de tudo, que existem cidadãos e cidadãs que padecem do não reconhecimento a participar plenamente num colectivo, que padecem, pois, de uma sub-cidadania. | PEDRO ARAÚJO

Por trágicas razões, os portugueses viram nas últimas semanas a sua identidade nacional acrescentada de mais uma sub-identidade, a de paivenses. Esta nova identidade veio juntar-se a algumas outras que em tempos recentes têm vindo a enriquecer a soma do que somos. Distingo três: souselenses, canenses e barranquenhos. O que há de comum entre as populações que reivindicam estas identidades é o partilharem entre si a distância a que são votadas pelo Estado, uma distância que se traduz em esquecimento ou em incompreensão, mas que envolve sempre arrogância política e cultural. Por isso, apesar de muito distintas entre si, estas identidades têm muito em comum e as reivindicações em que se traduzem só poderão ser satisfeitas se o Estado reinventar globalmente o seu modo de se relacionar com o país.

Estas identidades são distintas, porque são distintas as formas de arrogância política e cultural a que são sujeitas. Distingo quatro formas de arrogância. A primeira é a arrogância do esquecimento, ilustrada pela situação dos paivenses. É a arrogância do Estado novo-rico que se esquece ou tem vergonha do parente pobre que vive na província, algures para além do Parque das Nações em Lisboa. O parente pobre escreve-lhe cartas anos a fio a contar de si e das suas dificuldades. Vão todas para o lixo até que um dia acontece uma desgraça maior. Minado pela má consciência momentânea, o novo-rico desfaz-se em atenções pelo tempo necessário, sempre breve, para a aplacar. A segunda forma de arrogância é a arrogância da imposição de riscos ilustrada pela situação dos souselenses. É a arrogância das decisões autoritárias sobre riscos e probabilidades de acidente, avalizadas por uma ciência encomendada e duvidosamente científica. Tais decisões são impostas a populações pobres, politicamente indefesas sobre o pretexto de que têm de ser solidárias para com um modelo de desenvolvimento de que só partilham os custos.

A terceira forma de arrogância é a arrogância da recusa de autonomia, ilustrada pela situação do povo de Canas de Senhorim. É a arrogância com que, sob o falso pretexto de racionalidade administrativa, os jogos político-partidários amordaçam a legítima aspiração de uma localidade a ser sede de concelho (que, aliás, já foi). Vinte e cinco anos de luta contra um muro de incompreensão centralista alimentados por uma forte pulsão identitária e com o único objectivo de realizar na prática o que o Estado apenas realiza nos discursos de inaugurações: evitar a desertificação do interior. Finalmente, a quarta forma de arrogância é a arrogância politicamente correcta ilustrada pela situação do povo de Barrancos. Trata-se da arrogância de um Estado urbano e europeu novo que arvora a sua moral pequeno-burguesa em norma universal e à luz dela criminaliza as práticas "desviantes" de populações rurais postas na contingência de terem de transformar a vontade ancestral da festa num direito à diferença.

Porque todas estas arrogâncias são variantes da mesma arrogância política e cultural, há muito de comum entre paivenses, souselenses, canenses e barranquenhos, e entre eles e cada um de nós. É por isso que o direito dos paivenses à dignidade do desenvolvimento não será eficazmente garantido sem o direito dos souselenses a defender a sua saúde contra a co-incineração, o direito dos canenses a terem o seu concelho, ou o direito dos barranquenhos à festa.

Visão, 22 de Março de 2001

O OUTRO ESTADO DA NAÇÃO

Um dos mitos mais estruturantes da ortodoxia neoliberal, ao serviço de uma agenda política destruidora do contrato social, da justiça distributiva e do bem--estar colectivo, consiste na separação artificial e capciosa entre Estado e sociedade civil. A semântica é simples: o primeiro é mau (preguiçoso, burocrata e despesista) e a segunda é boa (livre, criativa, empreendedora e dinâmica). A defesa do Estado mínimo e a denúncia da subsídio-dependência e do garantismo laboral, repetidas à exaustão, são afinal protagonizadas pelos grandes clientes e dependentes do erário público de que as parcerias público-privadas são exemplo luminoso. O dinamismo e a espontaneidade de uma sociedade civil que é, no fundo, parasitária, são a face mistificadora do rentismo e da transumância entre o topo da actividade política e a administração das grandes empresas.

Num cenário de profunda crise económica e social, que exige sacrifícios desiguais aos cidadãos sob a chantagem irracional e insaciável dos mercados internacionais, o Estado serve uma nova geração de políticas públicas que, ao invés de proteger o trabalho e o risco social, financia calorosamente o capital incompetente e proto-criminoso, com o patrocínio ou tolerância da comunicação social. | TIAGO RIBEIRO

Há um outro estado da nação, o que não cabe no debate sobre o estado da nação, o que não muda com mudanças de governo. Diz respeito a longas durações na sociedade portuguesa, a pactos seculares das elites, a desamparos e fragilidades de uma entidade colectiva abstracta que todos amam: o povo. Este outro estado da nação revela-se no particular, em acontecimentos que, apesar de isolados, revelam, pela sua exemplaridade, aspectos cruciais da vida colectiva que a conveniência política expulsa das generalizações com que constrói o estado da nação oficial. Um desses acontecimentos é o caso da Universidade Moderna, e refiro-o aqui pela exemplaridade com que ele revela o outro estado da nação.

Sociedade civil íntima. Há entre nós uma pequena sociedade civil cuja intimidade com o Estado e a classe política lhe permite realizar para benefício próprio uma dupla privatização do Estado, quer quando o Estado abre mão dos bens públicos e os "devolve" à sociedade, quer quando o Estado reserva para si a salvaguarda do interesse geral. Esta sociedade civil não reconhece a distinção entre o público e o privado e reproduz-se precisamente através da promiscuidade que promove entre os dois domínios. Paradoxalmente fá-lo recorrendo a serviços e cumplicidades de profissionais a quem é pedido, a troco de dinheiro, manterem a sua colaboração no nível estritamente técnico e funcionalmente confinado e não perguntarem pelo "esquema maior" em que se integram.

Desigualdade perante a lei. Esta sociedade civil tem ao seu dispor todos os recursos da legalidade e da ilegalidade, e usa uns ou outros segundo as suas conveniências. Opera pelo tráfico legal e ilegal de influências. Quando, raramente, a ilegalidade é descoberta, tem ao seu serviço os melhores advogados e os mais competentes pareceres dos professores de direito. Não há inconveniente, antes pelo contrário, que haja conflitos de interesses. As elevadas remunerações existem para os resolver. No caso concreto, não há contradição nenhuma em que um dos advogados seja, por um lado, o pai e coordenador de uma reforma que almeja uma fiscalidade mais justa e mais eficaz e, por outro lado, defenda arguidos alegadamente envolvidos em evasões e paraísos fiscais. Dada a "complexidade" do caso, haverá certamente pareceres pelos quais são pagos milhares de contos. Passará despercebido que os casos "complexos" são os casos de quem tem dinheiro para comprar a complexidade.

A manipulação da opinião pública. A sociedade civil íntima tem no espaço público o seu maior inimigo e vê na comunicação social livre e independente uma ameaça constante. Daí que a procure controlar e, como sempre, pelo recurso em que abunda, o dinheiro. É, para ela, um factor de esperança que haja em Portugal muitos jornalistas avençados, tanto pelo Estado como pelos interesses económicos e que os jornalistas livres e independentes vão sendo gradualmente substituídos por fabricantes de conteúdos.

Este outro estado da nação, que não se esgota neste elenco, é vivido como trivial pelo cidadão comum enquanto olha ou lê distraído os debates sobre o estado oficial da nação. Mas o trivial não é vivido necessariamente com fatalismo. Por exemplo, no caso exemplar aqui referido, o cidadão pensará com os seus botões: "se estes não forem parar à cadeia então nunca mais nenhum poderoso será punido pela justiça que temos". E ficará na expectativa.

Visão, 28 de Junho de 2001

AS LIÇÕES DE GÉNOVA

Antes de Génova (2001), duas manifestações contra a globalização neoliberal tiveram uma visibilidade à escala mundial, nomeadamente, em Seattle (Novembro de 1999), por ocasião da terceira Conferência Ministerial da Organização Mundial do Comercio; e em Praga (em Setembro de 2000), contra a reunião anual do Banco Mundial e Fundo Monetário Internacional. Como em Seattle e Praga, as acções de protesto de Génova marcaram a agenda política mundial pelo que as motivou e pelo ambiente de violência em que decorreram.

Embora o governo italiano tivesse suspendido provisoriamente a vigência do Tratado de Schengen, os manifestantes, recorreram à desobediência civil e à acção directa como instrumentos de afirmação política e insurgiram-se contra o capitalismo global, considerado o principal causador de muitos dos males de que padece o mundo contemporâneo: guerra, pobreza, fome, exclusão social e degradação do ambiente e da condição humana. A reacção do Estado foi brutal, tendo causado centenas de feridos e a morte de um jovem activista, Carlo Giuliani. Desde então, uma pluralidade de iniciativas e de lutas – diversificadas do ponto de vista geográfico, temático, dos objectivos, das estratégias ou até da composição dos respectivos protagonistas – tem lugar em todo o mundo, propondo a construção de uma globalização alternativa, contra-hegemónica, ou simplesmente de um mundo melhor. | ANDRÉ CRISTIANO JOSÉ

São quatro as principais lições do que se passou em Génova durante a reunião dos G-8. Tê-las-emos presentes no Segundo Fórum Social Mundial de Porto Alegre em Fevereiro de 2002.

Primeira lição: Esta globalização é insustentável.
O relatório mais importante da reunião dos G-8 foi elaborado por quem lá não esteve, pelos Ministros das Finanças dos sete países mais ricos. Esse relatório, intitulado "O alívio da dívida e para além dele", é revelador da contradição insanável entre a economia neoliberal e o bem-estar da maioria da população mundial. Reconhecendo que esse bem-estar depende hoje do alívio da dívida externa dos países mais pobres, o relatório proclama o êxito da iniciativa nesse sentido em relação a 23 países (entre os quais, três de língua oficial portuguesa:

a Guiné-Bissau, Moçambique e São Tomé e Príncipe) e assegura que, a médio prazo, a sustentabilidade da dívida assenta na maior integração desses países no comércio mundial. No entanto, é o próprio relatório a afirmar que a participação dos países menos desenvolvidos no comércio mundial diminuiu na última década e por isso se empobreceram. Ora, não se propondo no documento nada radicalmente novo que altere este estado de coisas, a hipocrisia não poderia ser maior: impõe-se como solução a metade da população mundial o que se reconhece ter sido até agora o seu problema. E a hipocrisia atinge o paroxismo na abordagem das pandemias (HIV/SIDA, malária e tuberculose) que afligem os países menos desenvolvidos. Depois de reconhecer que estas doenças matarão 15 milhões de pessoas por ano, insiste-se que a produção de medicamentos mais baratos deve ser feita sem violação da protecção dos direitos de propriedade intelectual das multinacionais farmacêuticas.

A contradição deste modelo é insanável porque a liberalização das trocas sem condições é como um combate de boxe entre um peso-pesado e um peso-pluma. Se o Mali controlasse o preço internacional do algodão a sua dívida não seria, como é de novo, "insustentável". Se Moçambique pudesse ter resistido à imposição do Banco Mundial no sentido de eliminar as tarifas sobre a exportação do caju, não teria destruído a sua indústria de processamento de caju. Haveria menos fome no mundo se os países menos desenvolvidos pudessem proteger as suas actividades económicas da voracidade das 200 maiores empresas multinacionais que detêm 28% do comércio global mas apenas 1% do emprego global. Se os países, endividados em dólares, pudessem resistir à desvalorização das suas moedas não veriam as suas dívidas aumentar por mero efeito da desvalorização. A balança comercial dos países menos desenvolvidos não se deterioraria tão drasticamente se os seus produtos não estivessem sujeitos ao proteccionismo dos países ricos (a mãe de todas as hipocrisias do neoliberalismo) e não tivessem que competir com produtos altamente subsidiados.

Segunda lição: Está em curso uma globalização alternativa.
À medida que o neoliberalismo deixa cair a máscara, vai emergindo uma opinião pública mundial assente no seguinte: os governos nacionais estão hoje reféns dos grandes interesses económicos e a democracia disfarça essa dependência ao ser mais ou menos efectiva nas áreas que não interferem com tais interesses; sem formas de controlo político democrático efectivo, a nível local, nacional e global, a busca incessante do lucro cria disparidades eticamente repugnantes entre ricos e pobres e causa danos irreversíveis ao meio ambiente; num modelo

económico assente no respeito sagrado pela propriedade privada, a magnitude da falta de controlo público sobre a riqueza mundial reside no facto dos 100 maiores Produtos Internos Brutos (PIB) mundiais, 50 não pertencerem a países mas a empresas multinacionais; este modelo de (in) civilização não é inelutável, tem pés de barro e a sua força reside sobretudo na apatia e no conformismo que produz em nós. Esta opinião pública mundial começa a dar vida a centenas de milhares de organizações não-governamentais, e de redes de advocacia transnacional que vão organizando a resistência à globalização hegemónica e formulando alternativas que, na cacofonia da sua diversidade, têm em comum a ideia de que a dignidade humana é indivisível e que só pode florescer em equilíbrio com a natureza e numa organização social que não reduza os valores a preços de mercado.

Terceira lição: O diálogo entre as duas globalizações é inadiável.
O capitalismo global – representado pelos governos dos países ricos e pelas agências financeiras e comerciais multilaterais que eles dominam – que pensava ter caminho livre depois da queda do Muro de Berlim é hoje obrigado a erigir muros de aço e de cimento para que os seus representantes possam continuar a tomar decisões que ele reclama. A violência deste sistema alimenta-se da violência de alguns grupos minoritários que lutam contra ele mas alimenta-se sobretudo da falta do reconhecimento da globalização alternativa, protagonizada pelos que se sentem solidários com os interesses dos muitos milhões excluídos das reuniões e vítimas das decisões. O diálogo é, pois, inadiável para que se passe de uma retórica cínica de concessões vazias à elaboração de um novo contrato social global caucionado por uma nova arquitectura política democrática também ela global. Será um diálogo difícil e certamente confrontacional, mas incontornável.

Quarta lição: De Génova 2001 a Porto Alegre 2002 há um longo caminho a percorrer.
À medida que cresce a globalização contra-hegemónica, cresce a responsabilidade dos seus protagonistas. Essa responsabilidade vai ser medida a três níveis: organização, actuação e objectivos. A qualquer destes níveis as tarefas são exigentes. A energia do movimento pela globalização alternativa reside na sua diversidade interna, nas múltiplas formas de organização e de actuação e nos múltiplos objectivos que acolhe. Esta diversidade vai ser mantida quanto mais não seja porque não há no movimento nenhum grupo ou organização capaz de a cooptar ou eliminar a seu favor. No entanto, ao nível da organização vai ser

necessário aprofundar os processos de coordenação e de assegurar o carácter global e democrático destes. Ao nível das formas de actuação, o movimento tem de proceder a uma distinção fundamental entre violência que deve ser rechaçada, e ilegalidade que deve ser acolhida sempre que os meios legais não estejam disponíveis ou não bastem. O capitalismo global, ao mesmo tempo que provoca a desregulamentação da economia dos países, impõe uma nova legalidade que, por exemplo, torna ilegal proteger os direitos dos trabalhadores ou o meio ambiente. Todos os grandes movimentos democráticos começaram com acções ilegais (manifestações e greves não autorizadas, acção directa, desobediência civil). Há que elaborar uma teoria democrática da ilegalidade não violenta.

Finalmente, ao nível dos objectivos há que distinguir entre os primeiros passos e os horizontes. Neste momento, os primeiros passos estão razoavelmente bem definidos e são eles que integrarão os primeiros e mais difíceis momentos do diálogo entre globalizações: perdão efectivo da dívida; impostos Tobin; democratização dos processos de decisão das agências financeiras multilaterais; sujeição a referendo das mais importantes iniciativas de liberalização do comércio; inclusão em novas negociações comerciais (sobretudo no âmbito da Organização Mundial do Comércio) dos direitos humanos, em especial dos direitos laborais e ambientais. Mas estes primeiros passos devem ser integrados num horizonte civilizacional mais amplo, no horizonte de um mundo melhor. Só assim se garantirá que o sistema actual, já de si bastante injusto, não venha a ser, pela perversão dos objectivos contra-hegemónicos, substituído por outro ainda pior. São tarefas urgentes na agenda do povo de Porto Alegre.

Folha de São Paulo, 26 de Julho de 2001

PORQUÊ PENSAR?

Todo o tempo histórico erige duas linhas de muralhas à volta da cidadela do pensamento: a muralha que limita o agir – pela forma como transforma as veleidades da acção em meros gestos reactivos –, e a muralha que limita a imaginação – pelo modo como deporta a utopia para sórdidos lugares comuns. Assim, pensar, enquanto o radicalismo daqueles que não se conformam, reclama tanto ousadia como humildade. Por um lado, a ousadia de transcender os espaços carcerários em que os guardiões dos privilégios nos ensinaram a habitar. Por outro, a humildade de guardar as lições daqueles que, em cada tempo, conseguiram provar o imenso realismo que jaz na arte da fuga.

Numa passagem célebre, Clifford Geertz afirmava que "o homem consegue adaptar-se a tudo aquilo com que a sua imaginação consegue lidar"; mais dizia: "o que vem, vem, e o que é importante é que lhe dês algum sentido". Não obstante, a interpelação a pensar é também a interpelação à necessidade de colocar limites àquilo que é suportável, aceitável e decente. Implica rejeitar que a imaginação das gerações seja consumida no esforço de dar ao sentido ao que acontece, sobretudo quando aquilo que acontece é absurdo. Pensar, como Boaventura diz noutro lugar, é perscrutar ausências e intuir presentes pouco considerados. Um dos mais centrais desafios postos pelo absurdo que vivemos passa pela democratização do pensar contra as muralhas da cidadela. No fundo, trata-se de juntar a fuga e o combate numa mesma arte. | BRUNO SENA MARTINS

Recentemente, os cientistas sociais do Centro de Estudos de Cultura Contemporânea (CEDEC), um prestigiado centro de investigação sociológica do Brasil, propuseram-me que, juntamente com eles, tentasse responder à pergunta: porquê pensar? O interesse específico deles era encontrar razões e caminhos para pensar o Brasil mas queriam encontrá-los a partir de uma reflexão mais geral sobre porquê e como pensar as sociedades dos nossos dias e a nossa existência pessoal nelas. A pergunta soa necessariamente estranha num tempo em que tanto se fala da sociedade de informação e do conhecimento, a qual conota o triunfo do esforço mental sobre o esforço físico, num tempo que se diz auto-reflexivo, em que os indivíduos se assumem cada vez mais como sujeitos autónomos, senhores das suas escolhas, capazes de usar a reflexão para alterarem, tanto os processos de trabalho, como as trajectórias de vida. A verdade é que, num tempo que parece exigir o pensamento activo de todos nós, são muitos, talvez a grande maioria da população mundial, que não têm condições para pensar pelas mais variadas razões: porque estão demasiado subnutridos para terem sequer energia para pensar; porque vivem um quotidiano tão cansativo e absorvente que não lhes deixa tempo para pensar; porque na ânsia de fruir a sociedade de consumo, pensam que parar para pensar seria um desperdício; porque acreditam que os meios de comunicação social e as elites políticas e culturais pensam por eles tudo o que há a pensar. Por isso, aceitei o repto e eis algumas das respostas que propus para a pergunta: porquê pensar?

Primeira resposta: porque as condições que destroem a capacidade ou a disponibilidade de pensar destroem também a vida, a qualidade de vida e sobretudo a felicidade. Vivemos num mundo que tanto esgota as pessoas pelo trabalho como pela falta dele. Crescentemente, o bem-estar mínimo é obtido à custa de fortes doses de medicalização.

Segunda resposta: porque não podemos confiar em quem pensa por nós. Nunca como hoje o pensamento público esteve tão ligado a interesses minoritários mas poderosos que avaliam a sociedade – quer pelo que mostram dela, quer pelo que ocultam – em função dos benefícios que podem colher dela. Promovem o conformismo (a aceitação do que existe), o situacionismo (a celebração do que existe) e o cinismo (o conformismo com má consciência).

Terceira resposta: porque nem tudo está pensado. O possível, por ter mais energia, é mais rico que o real. Por isso, não é legítimo reduzir o real ao que existe. Há alternativas e o importante é que o pensar que os permite ver seja o mesmo que os permite avaliar. Só assim poderemos distinguir as boas das más alternativas.

Quarta resposta: porque pensar não é tudo. A lucidez das nossas acções pressupõe que elas sejam pensadas, mas se forem só pensadas nunca serão acções. É preciso agir e sentir porque o pensamento só é útil a quem não se fica pelo pensar. Aqueles que se arrogam a só pensar, passam a vida a espalhar a morte no que escrevem, a mesma morte que está dentro deles.

Quinta resposta: porque as acções lúcidas não conduzem sempre a resultados lúcidos. Quantas causas nobres terminaram em crimes hediondos? De quantas boas acções está o inferno cheio? O lado mais positivo do mundo em que vivemos reside em que aqueles que o querem mudar para melhor não dispensam ter razões para o que fazem e para o que é feito em nome deles.

Visão, 23 de Agosto de 2001

EU, PECADOR, ME CONFESSO

Durban, na África do Sul, entre os dias 31 de Agosto e 08 de Setembro de 2001, foi palco da Terceira Conferência das Nações Unidas sobre Racismo. Os EUA e Israel não participaram. A motivação da ausência pode ter derivado da sua recusa em aceitar a inclusão do sionismo como forma de racismo. A refutação dessa equiparação já havia sido objecto de resolução da Assembleia Geral das Nações Unidas em 1992.

Na declaração da Conferência de Durban responsabilizou-se o colonialismo pela atrocidade da escravidão e lamentou-se a persistência de suas estruturas e práticas como factores que contribuem para as desigualdades sociais e económicas em muitas partes do mundo. O documento alude a alguns Estados que pediram perdão e pagaram indemnização às suas vítimas questionando a eficácia da aplicabilidade dessa "Justiça Restaurativa".

Em Genebra, na Conferência de Revisão da Conferência de Durban em 2009, discutiu-se o progresso e a implementação das decisões de Durban, ratificando-se as deliberações anteriores, manifestando-se preocupação por ainda não terem sido superados muitos dos obstáculos assinalados na declaração e solicitando aos Estados a garantia de um acesso rápido à justiça e a compensação justa e adequada para as suas vítimas. Conduzir-nos-á esse paradigma à superação das mazelas provocadas pelo apartheid, colonialismo e pelos regimes militares? | Criziany Machado Felix

Pese embora a psicanálise, confessar pecados, pedir a absolvição e cumprir a penitência continua a ser, na cultura ocidental, o modo paradigmático de os indivíduos e grupos sociais se reconciliarem consigo mesmos e com os outros. Este paradigma, não sendo originário da Igreja Católica, adquiriu com ela uma impregnação cultural hegemónica que transcende hoje o religioso e se estende às zonas de contacto da cultura ocidental com outras culturas. A Conferência das Nações Unidas sobre o Racismo, que se está realizar em Durban (África do Sul), é a manifestação mais recente deste paradigma cultural e está presente, de maneiras diferentes, tanto na questão do pecado da escravatura como na da equiparação do sionismo ao racismo. Na última década, as muitas Comissões de Verdade e de Reconciliação que se constituíram nos períodos pós-*apartheid* (África do Sul) e pós-ditadura militares (América Latina) obedecem ao mesmo paradigma.

Este paradigma assenta em três pressupostos. Em primeiro lugar, os grupos sociais em presença são constituídos, um, em agressor, e o outro, em vítima e é a vítima que preside à confissão e concede a absolvição mediante uma penitência. O segundo pressuposto é, pois, o da vitória da vítima. Trata-se, contudo, de uma vitória muito parcial. Tal como na confissão católica a penitência é uma licença para pecar livremente, também aqui a vítima pode impor uma penitência mas não tem poder para impedir a reincidência no pecado. Este paradigma torna apenas possível uma justiça «restaurativa» que permite a reconciliação com o passado mas não impede que o futuro seja diferente dele. Assim, as Comissões de Verdade possibilitaram o aperto de mão, entre racistas e vítimas do racismo, entre torturadores e presos políticos ou familiares de desaparecidos, mas não puderam eliminar as condições económicas e sociais responsáveis pelo sistema de injustiça estrutural que continua a produzir o *apartheid* social na África do Sul (onde 3% da população detém a quase totalidade da terra fértil) e na América Latina submete a maioria da população a formas cruéis de exclusão social que, quando convivem com democracias de baixa intensidade, não significam mais que a transformação do fascismo político em fascismo social.

O terceiro pressuposto deste paradigma social cultural é que a dicotomia entre agressor e vítima tem de ser inequívoca e permanente. A transformação da vítima em agressor conduz à paralisia do juízo. O holocausto transformou merecidamente o povo judaico na vítima mais vitoriosa do século XX. O Estado de Israel foi a penitência com que a má consciência do mundo ocidental procurou perdoar-se de um pecado hediondo. Só que tal penitência foi realizada à custa da criação de uma outra vítima, o povo palestiniano. Por falta do cumprimento pleno das decisões da ONU, os israelitas transformaram-se num povo agressor: à expulsão e morte dos palestinianos em 1948 seguiu-se uma ocupação brutal a partir de 1967. Hoje o Estado de Israel submete os palestinianos que vivem no seu interior (eufemisticamente chamados "árabes israelitas") a formas degradantes de *apartheid*, e os que vivem fora, à ocupação e à expulsão. Devido em parte à força do *lobby* sionista, a imagem do judeu-vítima impede que se veja o judeu-agressor. É por isso que o holocausto continua a perdoar tudo e o sionismo não é visto como racismo.

Visão, 6 de Setembro de 2001

MUDANÇAS NO ESCURO

No dia 11 de Setembro de 2001, os Estados Unidos da América presenciaram um ataque que resultou na destruição de uma parte do Pentágono e na queda das torres gémeas e do edifício nº 7 do World Trade Center, em Nova Iorque. Apesar de uma série de lacunas e incoerências, a narrativa oficial dá conta de uma iniciativa levada a cabo pela Al-Qaeda, liderada por Osama Bin Laden, guerrilheiro que anos antes fora financiado pela CIA na luta afegã contra a invasão soviética. A retórica que se seguiu aos acontecimentos, inflamada pelo ódio e desejo de vingança, conseguiu justificar, perante o público americano, duas guerras, primeiro contra o Afeganistão e depois contra o Iraque. Também conseguiu levar a cabo a implementação de uma política global de securitização e perda das liberdades individuais. A ideia de que o Ocidente é atacado por forças malignas, nomeadamente uma versão radical do Islão, parece ser um forte antídoto para o multiculturalismo e para o convívio esclarecido entre povos e crenças. Contra o ataque dos "primitivos", as metanarrativas do Império (capitalismo selvagem, comércio livre, segurança humana) adquirem um estatuto inelutável e fundacional. | António Carvalho

Tal como as pessoas, as sociedades raramente vivem em situações de equilíbrio. Os desequilíbrios são o motor da transformação social. No entanto, quando se acumulam para além de certo limite, põem as sociedades numa encruzilhada donde é possível vislumbrar diferentes e contraditórias alternativas de transformação, sem que seja possível prever qual delas virá a concretizar-se. É esta a situação em que nos encontramos depois dos trágicos acontecimentos de 11 de Setembro. Eles significaram uma acumulação extraordinária de desequilíbrios porque a magnitude da sua novidade só é comparável à novidade da sua magnitude: pela primeira vez, na história da modernidade ocidental, sempre capitalista e cristã, e sucessivamente colonialista, imperialista e globalizadora, grupos sociais que se arrogam representar povos e causas por ela oprimidos, humilhados ou silenciados contra-atacam de forma violenta e dramática no coração actual dessa modernidade e usando de forma exímia os meios por ela disponibilizados. Nunca os índios das Américas ou os colonizados da África alguma vez tentaram algo comparável.

Perante tamanho desequilíbrio, mudanças talvez profundas estão já em curso mas, como estamos numa encruzilhada, é impossível saber ao que conduzirão. A um futuro melhor ou a um futuro pior? As mudanças que me parecem mais ambíguas dizem respeito às relações entre o Estado e o mercado. Vivemos os últimos vinte anos sob a hegemonia crescente do mercado, transformado em elixir capaz de resolver todos os males da sociedade e sobretudo os causados pelo Estado burocrático e intervencionista. Com as Torres Gémeas caiu por terra este mito do mercado. Em primeiro lugar, foi chocante a insensibilidade do mercado ao sofrimento da sociedade americana e aos apelos à solidariedade: a bolsa de valores fechou para não mostrar a sua face egoísta; as companhias aéreas apressaram-se a lançar milhares de pessoas no desemprego; as seguradoras ameaçaram deixar de honrar os seguros; o máximo que os directores das empresas aceitaram foi o congelamento dos seus fabulosos salários durante dois anos; algumas empresas que mais empregados perderam nas Torres recusaram-se a apoiar os familiares das vítimas. Se alguém tinha dúvidas que uma sociedade de mercado seria eticamente repugnante, deixou de as ter. Em segundo lugar, o Estado readquiriu uma centralidade que há muito julgava perdida. Por um lado, viu bater-lhe à porta o antes omnipotente mercado, pedindo apoio financeiro extraordinário apenas para repor o *business as usual*. Por exemplo, passou quase despercebido que as companhias aéreas usaram a tragédia para repor os seus lucros: despediram primeiro e depois é que pediram os subsídios. Por outro lado, os cidadãos deram-se conta da vulnerabilidade ao risco que lhes tinha sido criada pela desregulamentação da economia e pela privatização da segurança nos aeroportos e exigiram uma maior intervenção do Estado.

Em face disto, estamos perante uma mudança do movimento do pêndulo, de novo na direcção do Estado? O congelamento de contas, a quebra do sigilo bancário, a supervisão de movimentos financeiros, o encerramento eventual dos paraísos fiscais e bancos *offshore* significarão uma desaceleração da globalização? Qual o impacto disto nos movimentos que lutam por uma globalização alternativa? A maior intervenção do Estado trará consigo a censura, o segredo de Estado, o estado de emergência, em suma, o Estado-fortaleza, a perda das liberdades e o empobrecimento da democracia? Estamos na encruzilhada.

Visão, 4 de Outubro de 2001

O ANTRAZ DOS RICOS

A lógica proprietária sob a justificativa de incentivo para a produção de conhecimento subjacente aos direitos de propriedade intelectual tem alastrado desmesuradamente, incidindo sobre medicamentos, sementes, plantas, até códigos genéticos, em franco desrespeito por direitos fundamentais do ser humano, como o direito à saúde ou à alimentação.

Os acontecimentos prévios à Conferência Ministerial da Organização Mundial do Comércio (OMC) em Doha – influenciaram decisivamente a Declaração final que estabelece que países em desenvolvimento (PEDs) possam utilizar meios de flexibilização de forma a assegurar aos seus cidadãos medicamentos a preços mais acessíveis. Desde então, tais mecanismos têm começado timidamente a ser accionados em distintos pontos do globo: é o caso do Brasil que, em 2007, emite uma licença compulsória relativa a um medicamento da farmacêutica Merck, optando pela compra de versões genéricas produzidas na Índia e posterior produção nacional (medida inédita na América Latina, que já ocorrera em outros países como Canadá, Tailândia, Malásia, Moçambique, Itália).

É evidente o longo caminho que ainda se enfrenta para garantir o acesso universal a políticas públicas de saúde; para o abreviar, será imprescindível uma estratégia de cooperação Sul-Sul sólida e persistente, vigorada pelo envolvimento de uma sociedade civil crítica e participativa. | JOANA DIAS

Os desdobramentos dos ataques de 11 de Setembro vão-nos continuar a surpreender por muito tempo. Eis uma das surpresas: muitas das políticas internacionais dos países ricos, apesar de justificadas com referência a interesses gerais – «o comércio livre traz prosperidade a todo o mundo» – resultam apenas do facto de esses países nunca se terem imaginado na posição dos países pobres. A ilustração mais clara disto é o que se passa com a ameaça da propagação do bacilo do Antraz nos EUA e no Canadá e as reacções destes países face à empresa (a Bayer) que detém a patente sobre o antibiótico considerado mais eficaz para combater a doença (Cipro).

Antes do Uruguai Round, concluído em 1994, cerca de 50 países, Portugal incluído, não concediam protecção a patentes de produtos farmacêuticos, e foi com base nisso que se desenvolveram as indústrias nacionais nesse sector. Desde então, com o acordo sobre os aspectos comerciais dos direitos de propriedade inte-lectual (TRIPS), já no âmbito da OMC, as grandes empresas farmacêuticas, que detêm as patentes da esmagadora maioria dos medicamentos, passaram a poder impor internacionalmente as suas patentes por um período mínimo de 20 anos, o que significa que durante esse período têm o monopólio do mercado e fixam os preços livremente sem a concorrência dos produtores dos genéricos. Só em casos de extrema emergência nacional podem os Estados preterir os direitos de patente.

Desde 1994, os países pobres e em desenvolvimento têm vindo a insurgir-se contra este regime, que os impede de ter acesso a medicamentos baratos para tratar as epidemias da sida, tuberculose, malária e diarreias. Com a catástrofe da sida, a situação tornou-se absurdamente desumana. Há 34 milhões de pessoas infectadas com HIV, 24 dos quais em África, onde diariamente morrem 5500 pessoas com SIDA. A África do Sul, com 5.6 milhões de infectados, com SIDA, teve de lutar em tribunal para poder importar medicamentos baratos e mesmo assim não suficientemente baratos para os fornecer a toda a população. Para se ter uma ideia da diferença de preços, um dos anti-retrovirais, o 3TC (Lamivudine), produzido pela Glaxo, custa 3271 dólares por ano e por doente nos EUA, enquanto o genérico correspondente é produzido por uma firma indiana ao preço de 190 dólares. O Quénia, onde a esperança de vida em 1990 era de 59 anos e é hoje de 52, não podendo produzir localmente anti-retrovirais, terá de os importar mas só o poderá fazer se o seu preço for acessível. No entanto, como acaba de alertar, a OMC está-lhe a proibir a importação dos genéricos do Brasil e da Índia. Só os poderá obter se lhe forem oferecidos.

O pânico do Antraz está instalado nos EUA e Canadá. Nos EUA morreram 3 pessoas e umas dezenas estão contaminadas; no Canadá nenhuma. No entanto, tanto bastou para que estes países ameaçassem produzir o genérico do Cipro e para que a Bayer, que vende cada comprimido a 6 euros aceitasse vendê-los a estes Estados a menos de euro. O contraste entre os países ricos e os países pobres não podia ser mais chocante. O facto de os primeiros se verem agora a bra-ços com um perigo que os últimos há muito conhecem como realidade poderia ser um estímulo a que na próxima reunião da OMC no Qatar tomassem a única decisão justa: a de as patentes se subordinarem ao interesse da saúde pública.

Visão, 1 de Novembro de 2001

O CAPITALISMO UNIVERSITÁRIO

A universidade é uma das mais antigas instituições modernas. Ciosa de uma cultura de autonomia muito própria, coloca obstáculos particulares a qualquer projecto de transformação que a confronte, hegemónico ou não. Daí talvez o proselitismo do Banco Mundial (BM) e Organização Mundial do Comércio (OMC) na promoção de um capitalismo universitário global, que numa primeira fase passou pela abertura de um espaço concorrencial através do desinvestimento na universidade pública e sua mercadorização, aproximando-a do modelo privado. Esta opção revestiu-se de múltiplas formas, entre as quais o aumento de propinas, substituição de bolsas por empréstimos, empresarialização das universidades, declínio do financiamento público face ao privado (autofinanciamento), submissão crescente dos curricula aos imperativos da economia (na vulgata, "aproximar a universidade à sociedade"), promoção da concorrência, polarização entre universidades de elite e fábricas de diplomas. O desígnio manifesto da declaração de Bolonha era a criação de um Espaço Europeu de Ensino Superior, assente em métodos de avaliação de competências (European Credit Transfer and Accumulation System, ou seja, Sistema Europeu de Acumulação e Transferência de Créditos – ECTS) e títulos comuns reconhecidos universalmente, organizados em três ciclos sucessivos, facilitando a livre deslocação de estudantes. Na prática, foi um veículo privilegiado para a imposição do capitalismo universitário a nível nacional. | JOSÉ MANUEL REIS

Escrevo de Guadalajara onde estou a participar numa reunião do Conselho Latino-Americano de Ciências Sociais (CLACSO) em que estão representados os 130 centros de investigação mais importantes da região. Duas décadas de neoliberalismo e os efeitos devastadores que provocaram nas sociedades latino-americanas contribuíram para que as ciências sociais do continente começassem a ganhar mais distância em relação às suas congéneres norte-americanas e procurassem reencontrar-se com a sua tradição crítica e analítica, renovando-a em função dos novos desafios. Esta reunião foi testemunho disso. Mas foi também testemunho da dificuldade desse reencontro num contexto universitário que se alterou profundamente nas duas últimas décadas e precisamente por influência das políticas neoliberais promovidas pelo BM.

Os títulos dos livros recentes sobre as universidades são elucidativos: *Universidade em Ruínas, Universidades na Penumbra, O Naufrágio da Universidade, A Universidade Sitiada*, etc. As causas de um diagnóstico tão negativo têm a ver com a aplicação das políticas do BM as quais, aliás, têm vindo a ter uma aplicação universal, inclusive no nosso país. Consoante os contextos, estas políticas são impostas como parte de pacotes financeiros ou são adoptadas por elites locais, técnicos de educação prestigiados e com poder político. Essas políticas têm o seguinte perfil geral: promoção da privatização; fim da gratuitidade das universidades públicas, substituída por um sistema compensatório de bolsas de estudo; criação, mediante esquemas de avaliação, da estratificação entre universidades, com acessos desiguais a recursos e com valores de mercado diferenciados atribuídos aos seus licenciados; atenuação da responsabilidade financeira do Estado pela universidade pública e o correspondente incentivo a que esta gere receitas próprias.

Estas políticas têm sido aplicadas de modo muito diferenciado. Por exemplo, o Canadá defendeu a universidade pública melhor que a Austrália, a Espanha, melhor que Portugal, o México, melhor que o Brasil. Mas, em geral, o que está em causa é a criação de um mercado educativo e a constituição de um capitalismo universitário. Três desenvolvimentos recentes são elucidativos. Primeiro, a emergência de universidades globais, quase todas norte-americanas e europeias, que vendem às universidades do Sul pacotes de programas de pós-graduação, presenciais ou à distância, mediante o sistema de *franchising*. Neste sistema, o controlo da qualidade e da certificação dos títulos conferidos pela universidade local é feito pela universidade global. Segundo, o desenvolvimento das universidades de empresa, de que a General Motors foi pioneira em 1950 e de que há hoje, só nos EUA, cerca de 1600, onde se destacam a Universidade de Computadores da Dell ou a Universidade Sim Microsoft. Segundo um analista do *Financial Times*: "os investidores vêem o mercado da educação como uma nova fronteira que mal começou a ser colonizada pelas eficiências da internet". Este constitui o terceiro elemento da mercantilização da universidade e da educação em geral. O BM pretende deixar de ser um banco de desenvolvimento para passar a ser um banco de conhecimento e os documentos recentes da OMC sobre educação vão no mesmo sentido. A ideia é ambiciosa e assenta na premissa de que toda a actividade humana se organiza melhor se se organiza como mercado. Vai envolver a criação de empresas de serviços de professores, empresas de produção de materiais e textos e de empresas de avaliação dos alunos e de certificação. Vai envolver, sobretudo, a promoção do acesso ao conhecimento através de bancos de dados patenteados e, portanto, sujeitos ao pagamento de *royalties*.

Com este cenário em pano de fundo, como vai ser possível manter a autonomia analítica e crítica da investigação e do ensino universitários? Como escrevi um dia, se a universidade não se repensar, a curto prazo só terá curto prazo.

Visão, 29 de Novembro de 2001

A ERA DOS EXTREMOS

No imediato pós-11 de Setembro, a tensão securitária atingia índices elevadíssimos nos Estados Unidos da América. Um mês e meio depois dos ataques ao Pentágono e ao World Trade Center (e quando as tropas americanas e aliadas haviam já invadido o Afeganistão e desencadeado uma campanha contra o "eixo do mal"), o Congresso promulgava o Patriot Act. Entre outras medidas, o documento possibilitava a intercepção de comunicações telefónicas e de correio electrónico, facilitava a retirada da cidadania americana a nacionais suspeitos de colaborar com terroristas e permitia a invasão de lares sem mandato judicial. Tudo isto numa lógica em que se ampliava a noção de "terrorismo" e se secundarizavam direitos constitucionais consagrados. Em diferentes países são aprovadas leis anti--terrorismo e a própria legislação internacional foi alterada. Ao mesmo tempo que o incremento dos métodos de vigilância conduzia a severas suspensões da liberdade e dos direitos civis, construía-se uma nova face para o inimigo: o "terrorista muçulmano". Rapidamente os árabes e os muçulmanos se transformaram no "outro hostil" sob o qual se deveria exorcizar o medo. Numa sociedade cada vez mais vigiada, o libelo de "terrorista" ganhava a terrível propriedade de se poder colar, de maneira expedita, ao estrangeiro, ao diferente e ao insubmisso. Ou simplesmente a quem recusava a confiscação da liberdade pela segurança e da democracia pelo terror. E esses estavam – e estarão, por princípio – num outro lugar que não o das trincheiras engendradas pelos extremismos. | MIGUEL CARDINA

A história é simples e foi publicada no *New York Times*. Al-Najjar, palestiniano, foi para os EUA em 1984 para se doutorar e aí ficou a ensinar numa universidade. Em 1997 foi preso por alegadamente, segundo "prova secreta", ter reunido fundos para uma organização terrorista. Há cerca de um ano, o tribunal decidiu, em sentença de 56 páginas, que não se tinha provado qualquer colaboração com o terrorismo e mandou-o em liberdade. No final de Novembro passado voltou a ser preso por ligações ao terrorismo com base nas mesmas provas que o juiz declarara improcedentes. Está em regime de isolamento durante 23 horas por dia e não pode ver a família. Como é apátrida e provavelmente nenhum país o aceitará sendo "terrorista", corre o risco de ficar o resto da sua vida na prisão sem nunca ter sido condenado por nenhum crime.

Esta história ilustra o extremismo que está por detrás das novas leis anti-terroristas promulgadas nos EUA, do *USA Patriot Act* à ordem presidencial de criação de tribunais militares, os quais, apesar de se basearem em prova secreta e não admitirem recurso, podem declarar a pena de morte. A onda de suspeição e de repressão que se abate sobre os estrangeiros residentes de origem árabe ou de religião muçulmana começa a estender-se aos cidadãos americanos, com os novos poderes concedidos ao FBI para vigiar organizações políticas e religiosas. A definição de quem é terrorista ou de quem acolhe terroristas é tão vaga que o *Financial Times* se pergunta se ser senhorio de um terrorista é vínculo suficiente ao terrorismo. Muitas das organizações que têm participado na luta anti-globalização podem ser consideradas terroristas ou atentatórias da segurança nacional nos termos das novas leis.

Este extremismo ocorre em simultâneo com o que se abate na Palestina. De um lado o extremismo do Governo de Israel e do outro o extremismo do Hamas. Entre eles, um cadáver adiado, o de Arafat. Em ambos os lados do Atlântico, o mesmo discurso de guerra contra o terror, a mesma tentação dos governantes de utilizarem as crises para concentrarem os seus poderes e se furtarem ao controle democrático dos cidadãos e dos tribunais. É um extremismo tentacular com prolongamentos que passam despercebidos. Nas recentes eleições na Nicarágua foi manifesta a ingerência dos EUA contra o candidato sandinista, Daniel Ortega. Um dos *spots* publicitários mais eficazes do candidato apoiado pelos EUA tinha a foto do Osama bin Laden e em voz *off*: "Se ele pudesse votar na Nicarágua votaria no Comandante Daniel Ortega".

Eric Hobsbawm definiu o que designou por "curto século XX" (1914-1991) como uma era de extremos para significar o carácter dramático dos conflitos e das transformações que ocorreram em tão curto período, das guerras mundiais à revolução, do nazismo, do fascismo ao socialismo, dos "anos de ouro" ao colapso da União Soviética, do desenvolvimento técnico-científico sem precedentes ao risco de aniquilamento da humanidade pela ameaça nuclear ou pela catástrofe ecológica. E terminava o livro com a advertência que, se o mundo não rompesse com este passado, o futuro seria tenebroso. Os recentes acontecimentos mostram que continuamos em plena era dos extremos. Ao extremismo da desigualdade entre ricos e pobres que se agravou nas duas últimas décadas, junta-se o extremismo dos Estados poderosos e o extremismo dos únicos opositores que eles temem e agora chamam terroristas. Num mundo assim polarizado, onde está o lugar para a democracia e para os democratas?

Visão, 13 de Dezembro de 2001

2002

*Nos próximos tempos vamos ouvir os apelos da nova maioria
às virtudes e capacidades da sociedade civil, a quem devem ser devolvidas
responsabilidades que até agora foram assumidas pelo Estado.*

O FIM DA IMAGINAÇÃO DO CENTRO

Com a assinatura do Tratado de Maastricht, a Europa comunidade passou a cobiçar a unidade. De lá para cá, enquanto os retrocessos na afirmação da identidade do espaço comum têm-se espelhado num conceito cambiante de cidadania europeia, os avanços repercutiram-se com a consolidação do Sistema Monetário Europeu e o lançamento da moeda única.

Esta crónica, publicada num contexto de recente circulação do Euro, reflecte sobre os limites e os desafios colocados à sociedade portuguesa com a integração europeia. De acordo com a geopolítica das relações de poder entre centro, semi--periferia e periferia do sistema-mundo, Boaventura identifica uma diferenciação estrutural nos ritmos de adesão dos Estados-Nação ao projecto de União Europeia. No caso português, as práticas e o imaginário da integração são profundamente influenciados pela sua condição semi-periférica. A auto-representação de Portugal no contexto europeu é paradoxal. Ao mesmo tempo que não se revê enquanto nação periférica, oscila entre as aspirações de um nível de desenvolvimento similar aos dos países centrais e as limitações de um crescimento económico e social subalterno.

As intempéries trazidas pela crise económica vieram demonstrar que o futuro político da UE só está verdadeiramente em causa quando as diferenças que estão na base do projecto europeu ameaçam a sua sustentabilidade económica. | ÉLIDA LAURIS

Em meados da década passada defini como imaginação do centro uma das funções centrais do Estado português após a adesão à União Europeia (UE). Tal função consiste em formular os problemas da sociedade portuguesa como sendo os problemas próprios das sociedades desenvolvidas que connosco partilham a UE. Tendo sido o Estado português o grande protagonista da nossa integração na UE, é também ele o principal sujeito do discurso da imaginação do centro. Este discurso produz um duplo efeito de ocultação. Por um lado, oculta o facto de que a sociedade portuguesa é uma sociedade de desenvolvimento intermédio e que, como tal, tem problemas próprios muito diferentes daqueles que enfrentam países como a Alemanha, a França ou a Suécia. Por outro lado, dada esta realidade, a imaginação do centro é um discurso que não tem tradução adequada na prática real da governação. Daí a discrepância muito acentuada entre o país oficial retratado pela imaginação do centro e o país não oficial que vive na pele a distância entre essa imaginação e a vida real de todos os dias. Ainda muito recentemente vivemos um momento alto do discurso da imaginação do centro. Ocorreu quando a Comissão Europeia confrontou Portugal e a Alemanha com a possibilidade da repreensão do «alerta rápido» ante a derrapagem do défice orçamental. O Governo e a comunicação social forneceram então aos Portugueses a imagem de que estávamos a ter um problema idêntico ao dos Alemães. Do mesmo modo, a «solução feliz» encontrada, a mesma para os dois países, mais contribuiu para inculcar a ideia de estarmos nas mesmas condições que os Alemães. Este discurso ocultou o facto decisivo de que o défice orçamental tem na Alemanha, um dos países mais desenvolvidos da UE, um significado muito diferente daquele que tem no nosso país, um dos países menos desenvolvidos da Europa. Tem causas e consequências distintas e possibilidades de solução igualmente diferentes.

O discurso da imaginação do centro vai certamente continuar a reproduzir-se. Penso, no entanto, que a sua credibilidade tenderá a diminuir nos próximos tempos, quer por razões estruturais, quer por razões conjunturais. Quanto às primeiras, o euro vai ser um decisivo factor de aproximação mercantil entre os países da UE, mais vai ser também um poderoso medidor das distâncias sociais entre eles. Os Portugueses vão poder fazer comparações simples entre preços de bens de consumo e sobretudo entre salários e entre pensões e medir o fosso que separa o seu nível de vida do dos Europeus mais desenvolvidos. Quanto às razões conjunturais, o período eleitoral está a assumir a característica de mudança de ciclo político (mesmo na hipótese de o governo continuar a ser liderado pelo PS). É um tempo propício ao regresso da política sob a forma de crítica aos políticos, o que explica, por exemplo, a proliferação recente de manifestos. A lógica desta política é conferir à imaginação do centro o seu verdadeiro estatuto e, nessa medida, subvertê-la. A imaginação do centro deixa então de ser a invocação de uma experiência (somos um país desenvolvido) para passar a ser a referência a um estado imaginário, uma expectativa que gostaríamos de ver realizada um dia (virmos a ser um país desenvolvido). Nos próximos tempos, a sociedade portuguesa vai debater-se dilematicamente entre a experiência fictícia e a aspiração utópica de uma centralidade que, de uma ou de outra forma, tanto nos pertence como nos escapa.

Visão, 21 de Fevereiro de 2002

UMA SOCIEDADE EM BUSCA DE MEDIDA

Como podemos alinhavar uma sociedade? Sobre o tecido em retalhos da sociedade portuguesa de 2002 que tipo de cruzamentos, rigidez e maleabilidade encontramos na costura das suas diferentes partes? Para medir os seus contornos biográficos, familiares, socioculturais, económicos e políticos devemos contar números ou contar uma história? Durante trinta anos o nosso corpo mudou. Em passos acelerados caminhou sobre uma descolonização, revolução, democratização e (as)sentou-se na casa da velha Europa. Numa das mãos segura 25 cravos de Abril enquanto a outra está cravada àquilo que deixámos por fazer ou não conseguimos mudar. Somos um corpo que carrega menos filhos mas mais carregado de rugas. Somos um corpo com mais escola mas com menos acesso às cadeiras frágeis e desniveladas do emprego e da cultura. Somos um corpo que consome mais enquanto os ganhos emagrecem e não esticam para fora do bolso. Somos uma mulher sem barriga enfiada em calças de trabalho a prazo, com um pé em casa e outro na rua. Somos um imigrante com muitas línguas presas à boca e poucas gavetas para arrumar os trapos da sua cultura. Somos um corpo encostado ao Estado (em que estamos) mas que empurra com mãos e moedas solidárias quem a nós se encosta. Sob o tecto hipotecado, somos o corpo do velho e da criança que balança sem a "social segurança" de bengala ou berço. Com as partes que mudaram e as que não mudam e sem grandes direitos ou esquerdas endireitamos o corpo... novos fatos não se fazem ao espelho, mas na Rua. | Susana De Noronha

As sociedades são teias complexas de vasos comunicantes onde tudo tem relação com tudo. As infinitas e tantas vezes caóticas interacções entre as diferentes dinâmicas, ritmos, impulsos e resistências nos múltiplos campos sociais vão definindo relações e articulações entre si que, ao estabilizarem-se, conferem uma lógica – uma medida – à sociedade no seu conjunto. É essa medida que nos permite falar de sociedades desenvolvidas, dinâmicas ou progressistas ou, pelo contrário, de sociedades subdesenvolvidas, estagnadas ou conservadoras. Em todos estes tipos de sociedade há movimentos e mudanças. O que varia é o ritmo e a direcção. Enquanto nalgumas todos os movimentos convergem com alguma coerência em redor de um padrão, noutras há movimentos e contra-movimentos que se neutralizam mutuamente, mudanças aceleradas ao lado de resistências fortes à mudança.

A nossa sociedade não se encaixa bem em nenhuma das tipologias convencionais. É por isso que a temos designado como sociedade de desenvolvimento intermédio. Mas, nas condições actuais, esta caracterização é menos a afirmação de uma medida do que o convite à busca de uma medida que nos escapa. A razão desta perplexidade reside no facto de a sociedade ter passado nos últimos vinte e sete anos por vários processos acelerados e turbulentos de transformação social que tiveram impactos intensos, selectivos e contraditórios em diferentes campos da vida social e que até agora não se sedimentaram numa nova medida, ou seja, numa nova imagem coerente da sociedade em que os portugueses se revejam de maneira consensual. Esses processos foram quase todos de ruptura, da revolução dos cravos à descolonização, da transição para o socialismo à transição para a democracia, da intervenção do Fundo Monetário Internacional à integração na União Europeia. Por terem sido processos de ruptura e por essas rupturas terem ido em sentidos políticos distintos, criaram expectativas que muitas vezes não se cumpriram e puseram em movimento transformações que foram frequentemente bloqueadas. Assim, as rupturas acabaram por conviver subrepticiamente com continuidades, algumas longas de séculos. Consoante o olhar e a perspectiva, a sociedade portuguesa pôde ser credivelmente vista como uma sociedade ávida de mudança ou, pelo contrário, como uma sociedade resistente à mudança, como uma sociedade em movimento vertiginoso ou, pelo contrário, como uma sociedade parada à beira de uma vertigem.

Estes jogos de imagens contraditórias, de rupturas e de continuidades têm ressonâncias insondáveis nos comportamentos dos indivíduos, dos grupos sociais e das instituições. Os comportamentos ora são comandados pelo conforto e a segurança da rotina, das raízes, da identidade, ora são comandados pelo desejo de afirmação e de aventura vislumbráveis numa fuga para a frente ou num salto no escuro. As mesmas pessoas ou as mesmas instituições podem oferecer-se a pulsões contraditórias em momentos diferentes ou em diferentes áreas da actividade social. Por isso, em todo o português que viveu intensamente estas últimas décadas há sempre um reformista na sombra do conservador e há sempre um conservador na sombra do reformista. Não há que esperar coerência entre padrões de comportamentos contraditórios, nem é de presumir que os mesmos tipos de comportamentos decorram das mesmas motivações ou de motivações igualmente profundas. O que pode aparecer como uma opção pode não ser mais que o produto do medo de não perder o comboio ou do desespero de se adaptar a uma nova situação considerada ameaçadora. Nestas condições, é tão fácil manipular as emoções dos portugueses, como é difícil esperar deles lealdades profundas. Enquanto não houver medida tudo aquilo que mede desmede e a desmedida, por reiterada, pode passar por medida. Somos uma sociedade fractal, feita de infinitas indeterminações por onde circula uma insuspeitada rigidez.

É contra este pano de fundo que devem ser analisados os dados estatísticos sobre a sociedade portuguesa. Na sua nudez agregadora eles não dizem respeito a cada um de nós individualmente. Em 1997, nenhum homem teve a primeira relação sexual aos 17,4 anos com uma mulher de 20,6 anos, também ela a viver a sua primeira relação sexual. Por isso, não admira que perante os dados tenhamos por vezes a sensação de estarem a falar doutra sociedade que não a nossa e de outras pessoas que não nós. Mas, por outro lado, a surpresa que, por vezes, eles nos suscitam na primeira leitura é gradualmente substituída pela ideia de que exprimem afinal a turbulência por que passou a nossa sociedade nos últimos anos e o modo como nós fomos gerindo essa turbulência individualmente e nas nossas relações com os outros. E nessa medida são merecedores de reflexão. Apenas para dar um exemplo, em que medida essa turbulência individual e colectiva se exprime no brutal aumento do consumo de antidepressivos? Fomos sujeitos a pressões novas e intensas para que não estávamos preparados? A sociedade exigiu de nós novos e desafiantes desempenhos sem nos oferecer as condições mínimas para os cumprirmos sem nos destruirmos e às nossas relações com os que nos estão próximos? Entrámos numa competição absurda em que competimos mais com nós próprios do que com os outros?

O que um medicamento pode dizer de nós depende muito do significado que atribuirmos ao conjunto mais vasto de dados que nos são revelados. Começamos pelo mais básico, a população. Nas últimas três décadas a estrutura da nossa população sofreu transformações profundas. Fomos durante séculos um país de emigrantes e as nossas identidades colectivas devem muito ao imaginário e à experiência de outras paragens, às distâncias e estranhezas com que fomos construindo as proximidades e as intimidades que nos servem de raiz. No espaço de poucos anos, diminuiu drasticamente a emigração, sobretudo permanente, e passámos a importar imigrantes, primeiro africanos e brasileiros e, na última década, europeus de leste e oriundos do Bangladesh e Paquistão. Tornámo-nos numa placa giratória que importa e exporta migrantes, que serve de ponto de passagem aos que buscam, a partir de nós, paragens mais acolhedoras. Habituados a ver os nossos conterrâneos a servir nos restaurantes da Europa, vimo-nos, de repente, a ser servidos, em restaurantes portugueses, por croatas, ucranianos ou moçambicanos. E as novas caras, as novas línguas, as novas características fenotípicas não emergem apenas nos grandes centros urbanos. Penetram no âmago da nossa territorialidade, nas nossas aldeias e vilas.

Nas últimas décadas, a sociedade portuguesa absorveu dois importantes fluxos populacionais. Em meados da década de setenta foram os retornados das ex-colónias, mais de 500 000 em poucos meses; na última década foi a intensificação brusca da imigração. O primeiro fluxo permitiu que a sociedade portuguesa mostrasse a sua extraordinária capacidade de integração: uma enorme massa populacional espalhou-se pelo tecido social sem grandes convulsões e sem que servisse de matéria-prima para a emergência de um partido de extrema-direita. O segundo fluxo está em aberto e é ainda mais complexo porque são mais variadas as culturas e as línguas, porque são mais precárias as condições de fixação, porque há condicionantes europeias e, sobretudo, porque a sociedade portuguesa já não é a mesma da de meados da década de setenta. Somos hoje uma sociedade multicultural, mas quantos de nós se sentirão multiculturais ou, sequer, confortáveis com a ideia de multiculturalismo? Nós, que fomos durante décadas vítimas do racismo e da xenofobia, interiorizámos os valores da tolerância e do cosmopolitismo com que então nos defendemos ou, pelo contrário, aprendemos com quem nos humilhou a humilhar quem de nós precisa?

Qualquer destes dois fluxos de pessoas contribuiu para aumentar a nossa população, neutralizando a quebra da natalidade, a outra transformação profunda e rápida da estrutura da nossa população, juntamente com o envelhecimento da população, decorrente dessa quebra e também do aumento da esperança de vida. Em 1970, a fecundidade era em Portugal de 3,0 filhos por mulher; na década de noventa, era de cerca de 1,5 filhos. Foi uma das transições demográficas mais rápidas nas sociedades contemporâneas. Muitos factores contribuíram para ela: o 25 de Abril e a libertação dos homens e das mulheres em relação à ditadura reprodutiva da Igreja Católica; o acesso a contraceptivos; a alteração do estatuto social e económico das mulheres com a sua rápida e intensa inserção no mercado de trabalho; o decréscimo da mortalidade infantil; uma nova maneira de encarar a criação e a educação dos filhos, mais exigente e mais cara de levar à prática. No Inquérito do INE à Fecundidade e à Família de 1997 «a crise económica e o desemprego» era apontado por 80,4% dos inquiridos como o principal motivo da quebra da fecundidade, enquanto «os encargos financeiros de educar uma criança» eram apontados por 74,8%. No mesmo inquérito, 59,2% dos inquiridos considerava dois, o número de filhos desejados.

Estas transformações tiveram repercussões significativas na família e na conjugalidade. A maior escolarização das mulheres e a sua intensa participação no mercado de trabalho adiou a idade do casamento e a idade do primeiro filho. Por sua vez, as relações familiares tornaram-se mais flexíveis, com a diminuição do casamento e o aumento das uniões de facto e do divórcio. As famílias tornaram-se mais pequenas e aumentou o número de indivíduos a viver sozinhos bem como o número das famílias monoparentais. Todas estas mudanças foram simultaneamente causas e consequências do défice de vasos comunicantes, de mecanismos compensatórios que atenuassem o stress das transformações ou permitissem que elas ocorressem mais lentamente. Os mecanismos compensatórios que faltaram foram, por exemplo, uma política feminista nos mercados de trabalho, as infra-estruturas de apoio à família em boas condições e a baixo custo (creches, jardins de infância, lares, serviços de proximidade), valores adequados das prestações familiares, o apoio eficaz à multiplicação de dependentes decorrente do envelhecimento da população.

O que melhor caracteriza a sociedade portuguesa neste momento é o facto de todas estas mudanças terem ocorrido de par com permanências e resistências à mudança igualmente importantes. A desmedida da sociedade portuguesa reside precisamente na intensidade das contradições e no enfraquecimento das mediações entre elas. Nela reside, por exemplo, a relação profunda entre o aumento do consumo de antidepressivos e a manutenção do elevado número de abortos clandestinos. Como nenhuma mulher aborta por gosto, o aborto é uma solução para a mulher que não tem outra solução. O aborto clandestino é algo muito distinto. É a assunção de um alto risco físico e de uma ilegalidade só concebível à beira do abismo da autodestruição, o mesmo lugar onde se tomam os antidepressivos. Aqui reside a desmedida da contradição: como é possível que a sociedade que tanto se modernizou nas últimas décadas, que abriu às mulheres tantos espaços que antes lhes estavam vedados, que permitiu as uniões de facto e as uniões unissexuais, que produziu uma legislação progressista contra a toxicodependência, caia desarmada nas mãos de uma Igreja Católica ultramontana que manipula um primeiro-ministro socialista e beato (ser católico é algo mais respeitável) para dar um golpe na vontade democrática do povo? Estamos a falar da mesma sociedade ou de duas sociedades que convivem em regime de *apartheid*?

Mas as permanências e resistências à mudança não são todas negativas. Pelo contrário, muitas delas são responsáveis por que a desmedida não tenha redundado em caos ou em perda irreversível de coesão social. Uma delas é o que temos designado por sociedade-providência. Trata-se das redes de entreajuda, baseadas em laços de parentesco ou de vizinhança, através das quais pequenos grupos sociais trocam bens e serviços numa base não mercantil, antes solidária ou de reciprocidade. Com mais rigor talvez devêssemos falar de mulheres-providência em vez de sociedade-providência, já que são as mulheres quem suporta os encargos e as prestações de que é feita a sociedade-providência. Entre muitas outras vertentes, a sociedade-providência é ainda hoje forte nas relações entre pais e filhos. Por quanto tempo o será é uma questão em aberto. Neste domínio, a sociedade-providência funciona ao invés do Estado-Providência no âmbito da segurança social pública. Enquanto nesta última são os jovens de hoje que pagam as pensões dos mais velhos de hoje, tal como estes, quando mais novos, pagaram as pensões dos mais velhos de então, na sociedade-providência são os mais velhos de hoje a contribuir para o bem-estar dos mais novos de hoje. Assim, os casais jovens continuam muitas vezes a beneficiar da solidariedade dos pais, apesar de a residência já não ser comum, na guarda das crianças, nas refeições conjuntas, nas relações de sociabilidade e lazer.

Essas prestações solidárias explicam em parte o acesso dos mais jovens aos bens de consumo mais caros, como carros e equipamentos domésticos, e mesmo o acesso à casa própria. Neste último caso, a ajuda dos pais é muitas vezes fulcral, quer no caso da auto-construção (sobretudo através da doação de terrenos), quer no pagamento da "entrada" para aquisição do apartamento ou na facilitação do acesso ao crédito. Onde termina a sociedade-providência, começa o sobretrabalho (o recurso a trabalhos suplementares para reforçar o orçamento doméstico) e o endividamento que, como é sabido, tem aumentado drasticamente nos últimos anos. A resistência da sociedade-providência é fonte de perplexidade, tanto para portugueses, como para os estrangeiros interessados em conhecer a nossa sociedade. Será um resíduo pré-moderno? Será o modo específico de Portugal se inserir sem grandes traumas num processo acelerado e contraditório de modernização? Será o modo pós-moderno de quem não teve tempo de amadurecer no individualismo da modernidade? Em qualquer dos casos, a sociedade-providência não substitui o Estado-Providência. Sem ela, no entanto, o fraco Estado-Providência que temos teria muito menos condições para disfarçar a sua fraqueza.

Perante a turbulência das rupturas e das continuidades, os portugueses estão divididos entre a vontade de navegar e a vontade de ancorar. Navegar significa viajar para onde o quotidiano não dói. Ancorar significa ter a certeza da segurança contra as tempestades do risco. Uma e outra vontade apelam para tipos de sociedade em que nós, portugueses, ainda hoje apenas vivemos parcialmente. A vontade de navegar apela à sociedade de consumo, sobretudo dos consumos culturais. A vontade de ancorar apela à sociedade dos direitos. Quanto à vontade de navegar, é evidente a tendência para o crescimento dos consumos culturais e das práticas de lazer dos portugueses, muito associada ao crescimento das classes médias urbanas, ao aumento dos níveis médios de escolarização e à intensificação destas práticas entre as camadas juvenis. É manifesto, ao longo dos últimos trinta anos, o domínio esmagador das práticas culturais realizadas na esfera doméstica e, portanto, a sua prevalência relativamente às que se dirigem para o espaço público. Entre as práticas domésticas, destaca-se claramente a televisão que é, a uma distância muito grande de todas as outras, a actividade cultural que revela maiores taxas de consumo. A televisão apresenta-se, de resto, como o produto cultural de consumo socialmente mais transversal. O peso esmagador que os consumos televisivos ocupam nos consumos culturais dos portugueses enuncia um traço importante da cultura de massas no nosso país. É que embora, do lado da oferta, seja visível a expansão crescente de outras expressões da cultura de massas (cinema, imprensa, livro, música), a verdade é que elas são hoje muito pouco massificadas entre nós. Do lado dos consumos, só a televisão parece constituir-se como um campo de inequívoca afirmação da cultura de massas em Portugal.

O que estes dados sobre os consumos culturais não revelam é a diferenciação social no acesso à cultura. Navegar para longe do quotidiano penoso continua a ser entre nós um privilégio de alguns. O nível de instrução, a condição sócio-profissional, a idade e a residência (urbana ou rural) continuam a ser factores muito diferenciadores no acesso à cultura.

Para além disto, os dados apresentam ainda alguns pormenores que vale a pena reter: a crise do teatro, bem manifesta na queda continuada da frequência; a quebra do cinema até meados da década de noventa, ajudada pela concorrência do vídeo e televisão, e a recuperação a partir de então, muito auxiliada pelo incremento dos consumos juvenis e pelo surgimento das salas multiplex em espaços comerciais, onde a dimensão convivial e lúdica parece ser um factor crucial para impulsionar a apetência pela cultura; a tendência ténue, mas visível, para o aumento dos hábitos de leitura, que não deve ser desvinculada da intensificação da aposta governamental, sobretudo no último governo,[1] na expansão da rede nacional de bibliotecas; a alteração no mercado editorial, com aumento dos títulos editados (e portanto com diversificação da oferta), mas redução das

---

[1] Referência ao XIII governo constitucional chefiado por António Guterres (Partido Socialista).

tiragens, atestando as limitações do mercado nacional; os baixos níveis de leitura de jornais, que não deve iludir no entanto a recente expansão do mercado das revistas (temáticas e orientadas para públicos segmentados).

Em mais uma manifestação de como a sociedade portuguesa se furta a ser lida de modo simplista pelos dados quantitativos que dela se extraem, é importante ter em conta que os dados relativos ao número de horas despendido em diversos tipos de actividades (inquérito aos usos do tempo) não ilustram cabalmente a importância que as práticas de lazer com maior componente de sociabilidade e convivialidade desempenham nos hábitos dos portugueses. Na verdade, se é certo que, de modo geral, as chamadas "saídas culturais" têm uma baixa expressão entre os portugueses, quando comparadas com os consumos culturais domésticos, uma excepção deve ser aberta para as práticas de saída de cariz mais convivial, que revelam em geral forte expressão entre nós: saídas em família ou com amigos para passeio (nos parques, praia, centros comerciais, centros das cidades), para restaurantes, visitas entre amigos e familiares. Esta dimensão, se é certo que de um certo ponto de vista pode reflectir um prolongamento do espaço doméstico fora da casa (muitas vezes para outras casas), enuncia também uma propensão para o uso do espaço público que os indicadores relativos às formas culturais mais convencionais parecem negar. E não será esta mais uma dimensão – a dimensão expressiva – da sociedade-providência?

Os portugueses navegam, pois, como podem e à sua maneira. Não navegam à toa e é bem evidente a vontade de ancorar. E a vontade de ancorar significa consumir ou divertir-se sem o espectro do desemprego ou da desvalorização da pensão de reforma, sem o risco de ocorrência de despesas incomportáveis na educação dos filhos, na manutenção da saúde da família, sem o medo de ser vítima de fraudes imobiliárias ou outras, de crimes, acidentes ou ilegalidades sem receber indemnizações devidas. Estas âncoras pressupõem nas sociedades modernas a vigência ampla e eficaz de uma sociedade de direitos. Aqui reside uma das desmedidas mais inquietantes da sociedade portuguesa. Trata-se da discrepância, particularmente elevada no contexto europeu, entre a declaração formal dos direitos cívicos, políticos, económicos, sociais e culturais e a sua efectiva aplicação. Esta discrepância tem múltiplas causas: a continuidade de uma cultura autoritária e de submissão que não tem deixado desenvolver uma cultura democrática, de cidadania activa, reivindicativa dos seus direitos; a debilidade dos movimentos sociais que vulnerabiliza o acesso aos direitos por parte daqueles que mais necessitam deles; a presença de fortes grupos de pressão que privatizam o Estado e transformam em pseudo-direitos os privilégios que obtêm no negócio de pilhar os bens públicos; uma justiça morosa, ineficaz, corporativa, ainda dominada por uma cultura laxista que deixa impune desempenhos deficientes.

A continuar, esta discrepância chocante entre o país oficial dos direitos e o país real da denegação impune dos direitos vai tirar aos portugueses a âncora das expectativas fundadas e, com o tempo, pode mesmo aniquilar-lhes a vontade de ancorar. E como sem âncora não se navega, a sociedade portuguesa poderá ficar bloqueada no cais de embarque, atulhada de equipamentos para viagens vertiginosas mas, em verdade, apenas vertiginosamente parada. Para que tal não aconteça, os portugueses terão de saber que na Europa de que fazem parte os direitos de cidadania não foram historicamente uma concessão desinteressada das classes dominantes ou das elites políticas. Foram antes uma conquista difícil, resultado de lutas sociais frequentemente consideradas, no seu início, criminosas ou utópicas. A vontade da viagem tem de se manter intacta e forte para que não desistamos facilmente da vontade de ter âncora.

Visão, 7 de Março de 2002

BELGAIS, PORTUGAL

Maria João Pires – uma das mais celebradas pianistas da atualidade – fundou em 1999 um centro de cultura numa região conhecida pelo nome de "Raia", no interior oeste de Portugal. O Centro de Belgais foi a concretização de um projecto antigo, que correspondia a vários objectivos: proporcionar a artistas em formação ou consagrados um quadro excepcional e preservado, propício ao aprofundamento pessoal e a encontros estimulantes; desenvolver uma pedagogia da arte original e alternativa, fundada no respeito mútuo e na compreensão do ritmo de cada um; elaborar uma "filosofia" da educação; promover a difusão da cultura através da organização de espectáculos e concertos numa região pouco dotada neste plano. A este projecto agregou também a escola pública rural da vizinha aldeia da Mata. Em 2006, na sequência de graves problemas de saúde, Maria João Pires, após uma breve passagem por Salamanca, fixa residência em Salvador da Bahia com o propósito de respirar e recomeçar de novo. Ao optar pelo exílio voluntário, seguiu os passos de outros intelectuais e artistas portugueses como José Saramago, Eduardo Lourenço ou Paula Rego, para citar apenas alguns, que escolheram a distância como forma de lidar com um país que continua a pecar pela incapacidade de reconhecer e acarinhar atempadamente os seus melhores. De tudo o que se disse e escreveu a propósito dos desmandos financeiros que conduziram ao afundar definitivo do projecto em 2009, restam claras as palavras escritas pelas crianças da aldeia da Mata – "A terra vai ser simples/e bonita como a noite", "o poema é as flores/o piano é um poema". | Margarida Filipe Gomes

Nos próximos tempos vamos ouvir os apelos da nova maioria às virtudes e capacidades da sociedade civil, a quem devem ser devolvidas responsabilidades que até agora foram assumidas pelo Estado. O conceito de sociedade civil é um conceito central da teoria política liberal que designa o conjunto dos interesses que devem ser prosseguidos sem interferência do Estado. Ao longo dos últimos 150 anos este conceito passou por múltiplas transformações. Se inicialmente os interesses contemplados pela sociedade civil eram apenas os da burguesia, integraram-se nela gradualmente muitos outros interesses de outras classes e grupos sociais. Ao lado da sociedade civil dos negócios surgiu a sociedade civil da solidariedade. Por outro lado, foi-se tornando claro que a sociedade civil, para se desenvolver, exigia alguma intervenção do Estado, e a contestação política passou a centrar-se no sentido e medida dessa intervenção. A direita liberal pretendeu uma intervenção menor e, de preferência, de apoio às empresas: «uma sociedade civil forte pressupõe um Estado fraco». A esquerda social democrática pretendeu uma intervenção maior e socialmente diversa: «uma sociedade civil forte pressupõe um Estado forte».

À luz disto, é de prever que os apelos do novo governo[1] à sociedade civil suscitem outros com diferentes conteúdos políticos. Torna-se claro que circulam na sociedade portuguesa vários conceitos de sociedade civil. Distingo quatro. A sociedade civil 1 é constituída pelos interesses económicos privados, do capital industrial, financeiro e comercial. É esta a sociedade civil a que apelará o novo governo e que conduzirá à privatização do que resta do sector empresarial do Estado, à privatização parcial dos serviços públicos, sobretudo da saúde e da segurança social, e a uma política fiscal regressiva. A sociedade civil 2 é constituída pelos movimentos sociais e pelos sindicatos que vão ser convocados a um novo activismo. No caso do movimento sindical, a sua força vai depender da sua unidade e esta vai depender das transformações no PCP e, portanto, nas cúpulas da CGTP que ele controla. A sociedade civil 3 é constituída pelas organizações não-governamentais (ONGs). Trata-se de um conjunto politicamente muito diversificado onde coexistem organizações autónomas com outras totalmente dependentes do Estado. É de prever que as ONGs ligadas à Igreja Católica sejam as mais apoiadas pelo novo governo.

Finalmente a sociedade civil 4 é constituída pelas iniciativas que designo por constituintes porque são sementes da emergência de um novo tipo de sociedade, assente em modelos alternativos de desenvolvimento, de cultura, de educação, de criação cultural, de relação sociedade/natureza. São iniciativas que criam novos e mais elevados patamares de dignidade humana. Entre nós, a mais notável dessas iniciativas é o Centro para o Estudo das Artes de Belgais, criado pela Maria João Pires. Em Belgais constrói-se uma nova ideia de país que passa totalmente à margem do país oficial e dos interesses que o constituem. A excelência desta iniciativa consiste em que, sendo nossa e tendo nas crianças e nos jovens da Beira Baixa um dos seus públicos-alvo, é também um património universal e confere a Portugal uma competitividade internacional insuspeitada para os nossos economistas. A força de Belgais está em

---

[1] Ao tempo desta crónica, Portugal era governado pelo XIV Governo constitucional chefiado pelo primeiro-ministro António Guterres.

que, necessitando do apoio do Estado, nunca tal apoio poderá comprometer a sua autonomia. Este deve ser o conceito de sociedade civil que mais interessa promover no nosso país.

Visão, 21 de Março de 2002

A CONSTRUÇÃO DE UM INSULTO

"Um Discurso sobre as Ciências", de Boaventura, publicado em 1987, foi alvo, 15 anos depois, um violento ataque por parte do físico António Manuel Baptista (AMB) com "O Discurso Pós-Moderno Contra a Ciência". É um trabalho descuidado em que AMB reconhece não estar familiarizado com os debates no âmbito da sociologia do conhecimento científico; cita incorrectamente; ignora os trabalhos de Boaventura sobre questões epistemológicas depois de 1987; omite totalmente os desenvolvimentos e as divergências no seio dos estudos de ciência e tecnologia e comete o erro primário de considerar os sociólogos da ciência "relativistas".

O livro de Boaventura, alvo da ira autista de AMB, traça a história das ciências modernas, explora a sua crise a partir de debates dos anos 80 e a possibilidade de saberes emergentes. Desde então, o pensamento de Boaventura atingiu uma maturidade ímpar e desenvolveu plataformas que permitem interpretar a forma como se faz ciência, como esta se deve relacionar com a comunidade e com outros saberes. O "Conhecimento Prudente para uma Vida Decente", editado por Boaventura em 2004, conta com a participação de investigadores nacionais e internacionais das mais diversas áreas científicas, e leva a cabo uma profunda reflexão inter-disciplinar e partilhada acerca dos saberes e da ciência. | ANTÓNIO CARVALHO

A 9 de Março o *Expresso* publicou uma entrevista de António Manuel Baptista (AMB) sobre um livro seu em que ataca violentamente o meu livro *Um Discurso sobre as Ciências*. O livro de AMB é insultuoso, irracional na sua virulência, mostrando um total desconhecimento dos debates epistemológicos dos últimos vinte anos, distorcendo e falsificando as minhas posições, partilhadas por muitos epistemólogos e cientistas, furtando-se, através desse artifício, ao labor de efectivamente as refutar.

É surpreendente que seja agora e desta forma que venha ser posto em causa um livro publicado há 15 anos. Neste prossegui os seguintes objectivos. (1) Mostrar que, nos inícios da década de oitenta, o debate epistemológico sobre as condições de validade e de rigor do conhecimento científico deixara de ser um debate entre filósofos e cientistas, como fora antes, para passar a ser um debate entre cientistas, o que era, em si mesmo, o resultado do avanço extraordinário da ciência desde o início do século XX. Daí que nesse livro cite muito poucos filósofos da ciência e quase nenhum sociólogo da ciência. O meu argumento é construído na base de reflexões de cientistas, na grande maioria físicos. (2) Mostrar que o positivismo científico estava em crise à medida que a história, a contingência, a incerteza, a irreversibilidade e a complexidade faziam a sua entrada na ciência, não como corpo estranho, mas como produtos do próprio desenvolvimento científico. (3) Mostrar que o debate epistemológico abria novas perspectivas às relações entre as ciências físico-naturais e as ciências sociais. Procurei fundamentar as minhas posições com razões que obviamente são falíveis, susceptíveis de refutação, mas só por outras razões que razoavelmente as revelem como incorrectas ou inadequadas. O único debate possível é com positivistas sérios que façam jus ao rigor, à objectividade com que, segundo eles, a ciência se eleva acima dos contextos culturais, sociais e políticos em que é praticada, o que não é o caso do escrito de que sou alvo.

Passo, pois, a repor as minhas posições pela ordem por que são falsificadas na entrevista.

1. Sobre Einstein. Espanta-se AMB que eu considere Einstein o "primeiro rombo no paradigma da ciência moderna, aliás, mais importante do que o que Einstein foi subjectivamente capaz de admitir" (*Um Discurso sobre as Ciências*, p. 24). De facto, esta posição é dominante entre historiadores da física. Rombo significa ruptura parcial. Por um lado, a teoria da relatividade, que veio restringir a validade da física newtoniana ao domínio das velocidades pequenas e dos campos gravitacionais fracos, é considerada a realização culminante da física clássica. Por outro lado, Einstein, que contribuiu de modo fundamental para a mecânica quântica, nunca quis admitir que com ela se pusesse em causa o determinismo e por isso rejeitou a interpretação de Copenhaga. Estas mesmas ideias estão expressas, por exemplo, em *O Código Cósmico*, do físico Heinz Pagels: "Albert Einstein é uma enorme figura de transição na história da física... da transição da física Newtoniana para a teoria quântica... Mas a grande ironia foi que Einstein, que abriu o caminho para a nova teoria quântica que despedaçou a imagem determinista do mundo, rejeitou a nova teoria quântica. Ele não podia aceitar intelectualmente que os fundamentos da realidade física fossem governados pelo acaso" (p. 25). Verdadeiramente espantoso é o espanto de AMB, porque esta citação é de um livro publicado pela Gradiva, com tradução revista e apresentada por... AMB.

2. Sobre o princípio da incerteza. AMB cita-me como dizendo que "não se podem medir simultaneamente os erros da medição da velocidade e da posição das partículas" e comenta, ironizando, que "não se sabe o que seja medir erros de

medição". É de facto um disparate, mas que assenta numa falsificação grosseira do que eu escrevo. A citação exacta é: "não se podem reduzir simultaneamente os erros da medição da velocidade e da posição das partículas" (*Um Discurso sobre as Ciências*, p. 26). Entre "medir um erro" e "reduzir um erro" vai toda a distância. Quem faz a confusão e dela tira tantas ilações, ou é incompetente ou está de má-fé. O que digo é apenas que estamos perante "observáveis incompatíveis": as condições experimentais que permitem medir com grande precisão a quantidade de movimento das partículas são distintas das que permitem medir com grande precisão a sua posição e por isso não podem ocorrer simultaneamente.

3. As ciências naturais e as ciências sociais. O autor declara que ciência há só uma, a ciência natural, e que tudo o mais, nomeadamente a sociologia e as "chamadas ciências culturais", nada tem a ver com a ciência. AMB mostra desconhecer o debate que surgiu no início do século XX sobre a distinção entre ciências nomotéticas (que no livro de AMB são "nomotécnicas") e ideográficas e os que se lhes seguiram até aos anos 60. Depois destes debates e da própria institucionalização das ciências sociais, foi-se sedimentando a ideia de que a ciência tem modos diversos de ser exercida e que é nessa pluralidade metodologicamente controlada que reside verdadeiramente o dinamismo da empresa científica. A esta luz, a posição de ABM é um anacronismo.

4. Filosofia do conhecimento. AMB mostra uma estupefacção alarve ante afirmações que descontextualiza e cuja inserção numa longa tradição filosófica é incapaz de vislumbrar. Assim, a expressão "todo o conhecimento científico-natural é científico-social" decorre da complexidade que rodeia hoje a distinção entre natureza e sociedade e, para a fundamentar, apresento razões que corroboro com posições coincidentes de físicos de quem compreensivelmente AMB não gosta. Claro que, com base na mesma complexidade, é possível defender a posição oposta, ou seja, a de que "todo o conhecimento científico-social é científico-natural". Tem sido defendida e com razões razoáveis. Não é, contudo, o caso de AMB. Por outro lado, a expressão "todo o conhecimento é auto-conhecimento" tem uma longa tradição na filosofia ocidental de Sócrates a Hume, a Heidegger e a Wittgenstein. Pior que a arrogância só a ignorância arrogante.

5. Pós-modernismo e relativismo. É ilegítimo que AMB retire das suas poucas leituras sobre este tema a confusão entre relatividade do conhecimento e relativismo. A distinção é crucial e funda a posição que defendo. A confusão está na base do espanto de AMB sobre a expressão "todo o conhecimento é local e total". É uma formulação sintética sobre os novos debates a respeito do conceito

de totalidade e de sistemas de referência. Deles decorre a perspectiva de que as totalidades são contextuais, isto é, locais mesmo quando assentam na afirmação da sua validade para além ou acima de todos os contextos. Todas as culturas têm concepções de verdades últimas, mas como são várias essas concepções nenhuma delas tem a totalidade de que se arroga. Em *Toward a New Common Sense: Law, Science and Politics in the Paradigmatic Transition*, Nova Iorque: Routledge, 1995, (p. 338) afirmo: "Todas as culturas são relativas, mas o relativismo cultural como postura filosófica é errada... Contra o relativismo devemos desenvolver critérios processuais inter-culturais que nos permitam distinguir política progressista de política regressiva, capacitação de desarme, emancipação de regulação".

6. Porquê? Este escrito e o modo como ele tem sido promovido suscita uma questão sociológica: porquê agora e desta forma? Qual o objectivo de toda esta virulência e do ataque pessoal? Suspeito que este escrito tem menos a ver com uma necessidade súbita, mas genuína, da comunidade científica do que com o perfume do poder que está a inebriar uma nova direita sobre a ciência e a educação. É uma direita temerosa de que as ideias críticas levem os seus filhos à perdição ou os impeçam de aceder a uma cultura científica quando foi no confronto de ideias e na criatividade da crítica que se constituiu a cultura científica moderna. Pretende esta nova direita ultrapassar o atraso científico e educacional do país com o recurso a concepções de ciência e de educação elas próprias atrasadas. O dilema desta direita é que a forma como se pretende rejuvenescer mais a envelhece.

O Expresso – Revista, 23 de Março de 2002

O NOVO ESPECTRO

Entre os elementos que explicam a emergência do "espectro bicéfalo" de que fala Boaventura, destaca-se a crise da social-democracia, que, segundo Bergounioux (Le Monde, 26.05.2002), tem as suas origens em grande parte no processo de globalização. Como chegar a compromissos nacionais quando a produção se deslocaliza, quando os mercados financeiros se tornam independentes do carácter nacional da actividade económica? Resultado inequívoco desta situação tem sido a crescente fragilização do estatuto do trabalhador.

Servindo de paradigma ao novo fascismo de que fala Boaventura, a Itália representava um regime onde a democracia e o pluralismo político coabitavam com um certo grau de violência social que viu muitas das vítimas votarem na Forza Itália em Maio de 2001. Berlusconi mostrou que a combinação do poder económico (1ª fortuna de Itália, 14ª do mundo em 2002) com poder mediático conduzia quase automaticamente ao poder político. O "novo fascismo chegou", afirmou na mesma altura Dario Fo (Le Monde, 12.01.2002). Sujeito ao medo do dia seguinte, parte do eleitorado não percebeu a possível articulação entre os seus problemas crescentes e as consequências da globalização para o Sul. Em 2002, metade do planeta vivia abaixo do limiar de pobreza, mais de um terço na miséria, um bilião e meio de seres humanos não tinha acesso a água potável. | FABRICE SCHURMANS

Em 1848 Marx e Engels anunciavam que um espectro assombrava a Europa, contra o qual todos os poderes da velha Europa se uniam, tentando exorcizá-lo. Esse espectro era o comunismo, a luta dos operários contra o capitalismo que transformara a dignidade pessoal em valor de troca e reduzira todas as liberdades a uma só, a do comércio livre: "estes operários... são uma mercadoria como qualquer outro artigo de comércio e estão, por isso, igualmente expostos a todas as vicissitudes da concorrência, a todas as oscilações do mercado".

No passado século e meio, este espectro foi exorcizado por três vias principais: a social-democracia, o comunismo soviético e o nazi-fascismo. Os dois últimos, depois do Holocausto e do Gulag, passaram de exorcismos a outros tantos espectros a exorcizar. E para os exorcizar restou apenas a social-democracia. Desde há duas décadas, a globalização neoliberal tenta transformar a social-democracia num espectro a exorcizar pelo comércio livre. A esquerda europeia, legítima herdeira da social-democracia, não se deu conta de que, ao aceitar exorcizá-la, em nome do neoliberalismo, se ia a pouco e pouco transformando, ela própria, num espectro de si mesma. Teremos fechado o círculo? Será que o neoliberalismo está a transformar-se, igualmente, de exorcismo em espectro? Será esse espectro o neofascismo?

A história não se repete, embora não deixe de ser perturbador que os grupos sociais que menos integração obtiveram na social-democracia ou que mais rapidamente estão a ser dela expulsos – os jovens e os trabalhadores atingidos pela precarização da relação salarial – se sintam numa situação algo semelhante à descrita pelo Manifesto Comunista. A história europeia mostra que o espectro de uns foi o exorcismo de outros, e vice-versa. Daí a importância crucial do modo como se define o espectro.

À direita europeia interessa que o espectro seja definido como neofascismo. Com isso ela conseguirá o esvaziamento definitivo da esquerda, já quase exangue. É uma armadilha em que a esquerda europeia facilmente cairá, tão profunda está nela inscrita a luta antifascista. Para sobreviver, no entanto, a esquerda não poderá cair nela. Em minha opinião, o espectro não é o neofascismo mas algo de mais novo. É um espectro bicéfalo. A sua primeira cabeça é a eventualidade de, à medida que a democracia perde a sua capacidade para redistribuir riqueza social, estarmos a caminhar para sociedades que são politicamente democráticas mas socialmente fascistas. O novo fascismo não é, assim, um regime político; é antes um regime social, um sistema de relações sociais muito desiguais que coexiste cumplicemente com uma democracia política socialmente desarmada. A segunda cabeça do espectro é a tentação hegemónica de se pensar que a primeira cabeça do espectro pode ser exorcizada nos países ricos mediante a contínua e crescente exploração e humilhação dos países pobres. Esta segunda cabeça é a globalização neoliberal e é a mais insidiosa porque, no deserto de alternativas por ela criado, se arroga credivelmente ser a única solução do problema que ela própria constitui.

Nesta definição, o espectro, longe de ser europeu, é global e só pode ser exorcizado globalmente. Isto significa que as lutas locais e nacionais têm de ser articuladas globalmente, no pressuposto de que não é possível outra Europa mais solidária sem que outro mundo, mais solidário, seja igualmente possível.

Visão, 2 de Maio de 2002

A IDEIA DE SERVIÇO PÚBLICO

Em 2002, o recentemente eleito governo do Partido Social Democrata colocava em marcha um plano para reformar a comunicação social gerida pelo Estado, a Rádio Televisão Portuguesa (RTP), a Rádio Difusão Portuguesa (RDP) e a LUSA. A RTP apresentava nessa altura um grande descontrolo, a qualidade da programação era discutível e a situação financeira deficitária aumentava a visão crítica do que devia ser um serviço público de televisão. A magnitude das mudanças planeadas foi interrompida pela saída de Durão Barroso para a Comissão Europeia e com a subida de José Sócrates (Partido Socialista) ao poder. Um serviço público de televisão deve tentar colmatar limitações que o funcionamento dos operadores privados não garante, estimulando a cidadania, a educação e a difusão internacional da Cultura e da Língua Portuguesa. Um serviço público de televisão deve fomentar a produção nacional de conteúdos e ser uma base para a originalidade e criatividade neste domínio. Mesmo considerando algumas das críticas, por vezes justas, dos canais privados, estes pela sua abordagem necessariamente comercial não subordinam, na maior parte do tempo, as suas grelhas de programação ao tipo de actividades que um serviço público de televisão deve privilegiar. No quadro da austeridade resultante da crise, Miguel Relvas, ministro dos Assuntos Parlamentares, mantém a intenção de arrancar com a privatização da RTP até ao final de 2012. Que futuro para o serviço público de televisão? | HUGO PINTO

Vão maus os tempos para a ideia de serviço público no nosso país. O governo e os meios de comunicação social que lhe servem de caixa de ressonância têm vindo a abrir várias frentes de ataque ao serviço público. Duas delas são particularmente virulentas: o "inchaço" e a ineficiência da função pública e o "inchaço" e o despesismo da RTP. São ataques distintos mas a ambos subjaz o mesmo pressuposto, o de que o mercado é superior ao Estado, sendo por isso necessário que os critérios de mercado funcionem como disciplinadores da acção do Estado. É de prever que estes ataques se acentuem nos próximos tempos, que abranjam mais áreas e que o seu pressuposto apareça cada vez mais à luz do dia convertido em novo senso comum. A razão deste movimento é simples. Estão a iniciar-se na Organização Mundial do Comércio os trabalhos referentes ao próximo *round* de liberalização do comércio: depois da liberalização dos produtos, será a liberalização dos serviços. Muitos desses serviços, que são hoje "serviços públicos" têm potencialidades mercantis quase infinitas. Para que tal aconteça sem grande perturbação social é necessário que a ideia de serviço público vá sendo desmoralizada. A estratégia mais eficaz consiste em partir de generalizações falsas, tomar medidas cegas e justificá-las com argumentos populistas (contra o "esbanjamento do dinheiro dos contribuintes"). É o que está a acontecer entre nós.

Para ser eficaz, esta política tem de fazer omissões escandalosas do ponto de vista dos direitos de cidadania e dos valores democráticos. No caso da função pública, tem de omitir três factos: 1. a integração nos quadros da função pública foi muitas vezes o resultado do cumprimento de leis que o Estado durante muito tempo impôs a outros empregadores mas que ele próprio se dispensou de cumprir. 2. nos últimos seis anos o nosso país deu passos importantes na consolidação de um Estado-Providência e foram as novas tarefas que exigiram outras qualificações para as quais os "velhos" funcionários não estavam preparados. 3. justificadas como actuando contra os "excessos", as medidas omitem o impacto negativo que os despedimentos terão na qualidade de vida dos cidadãos (para já não falar na dos funcionários despedidos).

No que respeita à RTP, as principais omissões são as seguintes:

1. Durante o cavaquismo a RTP foi sujeita a uma pilhagem sistemática feita com o objectivo de favorecer a televisão privada. A estratégia visou colocar a TV pública num dilema mortal: se é forte, faz concorrência desleal à TV privada; se é fraca, precisa de recorrer aos privados para se "fortalecer".

2. A identidade de um serviço público de televisão é o espelho da identidade do país. A importância que se atribui à TV pública é o espelho da importância que se atribui: à informação equilibrada, plural e autónoma; às especificidades culturais, sociais e regionais do país; à promoção da inovação audiovisual para além do que o mercado garante; à formação da coesão nacional, não nacionalista mas também não desarmada ante agentes económicos e culturais sem qualquer lealdade ao país; à resposta democrática à diversidade das exigências dos públicos independentemente da sua capacidade de consumo dos bens objecto de publicidade; à vontade política de promover o espectador-cidadão em detrimento do espectador-consumidor.

3. Dado o impacto da televisão no nosso país quem ataca o serviço público de televisão fá-lo para promover uma identidade nacional inerme, uma sociedade mercantil excludente, uma cultura política autoritária.

Visão, 29 de Maio de 2002

A IGREJA E A NOVA REFORMA

Boaventura tem a capacidade de encadear temas, questões e reflexões de uma enorme amplitude recorrendo a poucas palavras e a um pensamento límpido. Os factos referentes à Igreja Católica dos EUA são descritos como sintomas de problemáticas profundas e ramificadas que alteram a nossa forma de perceber a realidade. Tratando-se de sintomas surgidos no tecido eclesial, era natural (ou, pelo menos, compreensível) que o sociólogo tivesse escolhido um teólogo como interlocutor. Poderá este responder ao desafio?

A primeira coisa a realçar é precisamente o meu acordo teológico não só com o diagnóstico mas também com as medidas profiláticas sugeridas. Boaventura apela à renovação da Igreja e, por conseguinte, do seu lugar, função e auto-compreensão na actualidade como contexto geral em que a questão sexual ali debatida se deve inserir. Boaventura coloca-se assim no trilho do labor teológico a que o II Concílio do Vaticano deu origem. Mas esta concentração eclesiológica pode ser deturpadora. Demasiada atenção à Igreja como problema teológico e sociológico pode colocá-la num lugar que não lhe pertence. As ideologias à volta da reforma da Igreja (entre o Ecclesia semper reformanda de uns e a "reforma da reforma" de outros) partem do pressuposto teológico da necessidade da mediação eclesial para a comunhão com Cristo, a relação com Deus e o seu testemunho no mundo. Aquilo que se tende a esquecer ou até a ocultar são, no entanto, as condições humanas, sociológicas e culturais que possibilitam e dão uma forma concreta a tal mediação. Quando a teologia o ignora, só a sociologia e as ciências humanas o poderão voltar a colocar sobre a mesa. | Ângelo Cardita

Em 31 de Outubro de 1517, Lutero afixou as suas noventa e cinco teses na porta da Igreja de Todos os Santos de Wittenberg. O Vaticano pouca importância deu ao facto. A verdade é que se estava então a iniciar o movimento que até hoje mais abalou a Igreja, a Reforma. O escândalo da pedofilia e da efebofilia que avassala a Igreja Católica dos Estados Unidos da América tem sido tratado pelo Vaticano como um acontecimento circunscrito ao "excepcionalismo americano", produto de uma comunicação social hostil à Igreja, sedenta de sexo e de uma sociedade dominada por advogados obcecados pela rapina das indemnizações. Será esta a história toda do futuro? Impossível de dizer.

Quem lê os jornais ou vê televisão nos EUA chega facilmente à conclusão que a Igreja Católica não tem neste país o poder que tem, por exemplo, na Europa ou na América Latina. Implantada com os imigrantes irlandeses em meados do século XIX, a Igreja Católica dos EUA conheceu ao longo do século XX um grande desenvolvimento, mas a sua implantação social foi sempre inferior à sua implantação política, e até hoje só deu ao país um presidente, John Kennedy. Sendo uma Igreja que se tem mantido distante das cruzadas mais recentes da política norte-americana, sejam elas a guerra do Golfo, a política pró-israelita, a luta contra o terrorismo ou a pena de morte, é uma instituição politicamente vulnerável e os seus inimigos não deixarão de capitalizar no seu descrédito. Se esta for toda a história, o Vaticano pode minimizar e descansar.

Não creio, contudo, que o seja. O excepcionalismo americano tem, neste caso, mais a ver com a forma do que com o conteúdo. O que se passa na Igreja norte-americana é a versão dramática de um mal-estar moral e institucional que atravessa todo o mundo católico. Tem, por isso, um potencial antecipatório. O mal-estar assenta em dois factores principais. O primeiro é a falência cada vez mais evidente de um modelo institucional autoritário e arrogante, que não aceita a efectiva participação de comunidade dos crentes na governação da Igreja, da gestão pastoral à gestão financeira (nunca a metáfora do rebanho foi tão literal); que assenta no secretismo e na opacidade, servindo-se para isso de uma interpretação manipuladora do Pentecostes; que se vangloria do privilégio da *ignorantia affectata*: o poder invocar a pretensa ignorância a respeito da má conduta de bispos e padres para tornar possível a combinação de cumplicidade com impunidade.

O segundo mal-estar reside na misoginia ancestral de que a Virgem Maria foi a primeira vítima e que é hoje cada vez mais intolerável. São hoje muitos os historiadores que interpretam a imposição do celibato, a partir do século XII e dos Concílios de Latrão, pelo medo do Vaticano de que os filhos dos padres viessem a herdar os bens da Igreja. Como quer que seja, ela não tem nenhum fundamento dogmático e foi por isso que ela sempre tolerou a duplicidade. Enquanto a Igreja do Norte da Europa interpretou a imposição do celibato como total renúncia ao sexo, a Igreja do Sul da Europa, da América Latina e da África sempre distinguiu entre casamento e sexo e soube, com isso, fazer respeitar as governantas das paróquias. Com o Concílio Vaticano II, a outra presença proibida às mulheres, a do sacerdócio, avantajou-se como um dos outros sinais incompreensíveis de imobilismo. Quarenta anos depois, se se deram alguns passos neste domínio, foram passos atrás.

O escândalo da pedofilia e da efebofilia pode ter dois impactos de consequências imprevisíveis. O primeiro será a redução da sexualidade dos padres e bispos à pedofilia e efebofilia, uma redução particularmente fácil numa sociedade puritana como é a norte-americana. Esta redução, a imperar, será mais um dos sinais da falência moral da igreja católica norte-americana. É lamentável assistir à retirada do Arcebispo Weakland, de Milwaukee, um dos prelados mais lúcidos e progressistas dos EUA apenas porque lhe foi descoberta uma relação homossexual com um adulto.

A outra consequência imprevisível do escândalo é o facto de a comissão de leigos nomeada para investigar os abusos sexuais de padres e bispos ter poderes para denunciar os casos às autoridades civis para procedimento criminal. Esta competência choca com preceitos do direito canónico sobretudo no que respeita aos bispos. Qual vai ser a reacção do Vaticano? E a dos fiéis? A Igreja dos EUA é das que mais depende das doações dos fiéis e estes estão a dar sinais de não estarem dispostos a que as suas contribuições vão parar aos bolsos dos advogados.

A pedofilia e a efebofilia não têm aparentemente nada a ver com o "sacro negócio" da compra e venda de bulas e indulgências, o rentismo transcendental que tanto revoltou Lutero. Mas no fundo estamos perante o mesmo abuso de uma posição de autoridade privilegiada que trafica com a ingenuidade ou a indefensibilidade das pessoas a quem vende Deus para delas receber o corpo e a dignidade. Não estaremos perante uma Nova Reforma. Mas aos milhares de padres e bispos honestos e generosos e aos milhões de católicos que nunca se deixaram reduzir à condição de rebanho é hoje claro que a Igreja precisa de reforma.

Visão, 27 de Junho de 2002

UM FUTURO SUSTENTÁVEL?

Nos últimos vinte anos, o desafio do desenvolvimento sustentável tornou-se o centro das discussões, colocando em evidência o questionamento do modelo vigente, e a necessidade de formular um outro, que leve em consideração os limites do crescimento e a necessidade da preservação ambiental. Apesar de a Cimeira do Rio, ter estabelecido, em 1992, com amplo reconhecimento internacional as bases de um novo paradigma e ter proporcionado férteis debates, a verdade é que os compromissos para que apontava se foram diluindo com os anos. Esta constatação permitiu que em 2002 fosse realizada em Joanesburgo, a Conferência das Nações Unidas sobre o Desenvolvimento Sustentável.

A suspeita de que esta conferência não cumpriria com as suas expectativas confirmou-se plenamente. Os esforços estiveram concentrados em evitar retrocessos em relação às conquistas de 1992 e não na promoção de avanços significativos, evidenciando a falta de espaço para novas propostas. Agudizou-se então, o confronto entre o modelo neoliberal e o modelo de desenvolvimento sustentável.

As conferências intergovernamentais de Nairóbi (2006), Bali (2007), Copenhaga (2009) e Cancún (2010), também não conseguiram responder satisfatoriamente aos compromissos assumidos, deixando claro a necessidade urgente de um acordo pós-Kyoto (1997). Contra este panorama desolador deve salientar-se, a Conferência Mundial dos Povos sobre Mudanças Climáticas (2010), realizada na Bolívia, que trouxe uma luz de esperança num cenário cada vez mais nebuloso, ao debater a crise climática planetária a partir de uma visão do Sul e das necessidades e aspirações dos povos do mundo. | ALEXANDRA MARTINS

Ultimam-se os preparativos da Conferência das Nações Unidas sobre o Desenvolvimento Sustentável que se realizará em Joanesburgo no final de Agosto. Também conhecida como Conferência Rio Mais Dez, a importância desta conferência reside precisamente no facto de nela serem avaliados os resultados da Agenda 21 formulada na Cimeira do Meio Ambiente e Desenvolvimento, realizada há dez anos no Rio de Janeiro. Neste tipo de conferências, a análise dos trabalhos preparatórios permite antever com grande aproximação o êxito ou o fracasso da reunião. À luz dessa análise, se nada de dramático ocorrer em contrário nos próximos dois meses, tenho razões para estar céptico a respeito da Conferência de Joanesburgo. Eis, porquê.[1]

Certamente desde há vários séculos mas, na sua forma actual, desde o início da década de noventa do século passado, dois modelos de desenvolvimento se digladiam a nível internacional: o modelo neoliberal e o modelo do desenvolvimento sustentável. O primeiro modelo, de longe, dominante, assenta nas seguintes ideias: liberalização dos mercados; prioridade ao crescimento económico e à competitividade; intervenção mínima do Estado no pressuposto de que o mercado é eficiente; privatização dos serviços públicos, da educação à saúde, de fornecimento de água e de energia à segurança social. Por sua vez, o modelo de desenvolvimento sustentável assenta no seguinte: é possível e necessário combinar produtividade com protecção social e equidade ambiental; o modelo neoliberal, além de agravar as desigualdades sociais para além do que é tolerável, é ecologicamente insustentável na medida em que os seus padrões de produção e de consumo estão a destruir o planeta e a tal ponto que as necessidades básicas das gerações futuras deixam de estar asseguradas; as relações entre países ricos e países pobres devem combinar comércio com solidariedade; as responsabilidades na protecção do meio ambiente são comuns mas diferenciadas na medida em que os países desenvolvidos contribuíram mais para a destruição dos recursos naturais e a degradação ambiental; os estados dos países em desenvolvimento, as Nações Unidas e as organizações não-governamentais devem ter poderes que contrabalancem os do BM, do FMI e das empresas multinacionais.

Ao longo da última década, estes dois modelos tiveram múltiplos confrontos e, em todos eles, o modelo neoliberal aprofundou o seu domínio. De facto, a Cimeira do Rio foi o momento em que o modelo do desenvolvimento sustentável teve a sua mais convincente afirmação. Apesar da ausência de sanções e de fiscalização que assegurassem o cumprimento dos compromissos assumidos, a verdade é que os países desenvolvidos se sentiram na necessidade de fazer cedências aos países menos desenvolvidos em nome da justiça social e da equidade ambiental. Foi, porém, sol de pouca dura já que a reacção do modelo neoliberal não se fez esperar. Logo no ano seguinte, concluíram-se as negociações do Uruguai Round e nas Nações Unidas era eliminada a agência que se propunha estabelecer códigos de conduta para as empresas multinacionais.

---

[1] Dez anos mais tarde, em Junho de 2012, o mesmo cepticismo viria a confirmar-se na Conferência das Nações Unidas sobre Desenvolvimento Sustentável (CNUDS), a Rio+20.

Em 1994 nascia a Organização Mundial do Comércio totalmente consagrada à promoção do modelo neoliberal e dotada de mecanismos para impor sanções efectivas (comerciais) aos não cumpridores. Desde então para cá, e apesar da emergência do movimento por uma globalização alternativa, o modelo neoliberal tem vindo a impor as suas regras com acrescida arrogância. Tremeu em Novembro de 1999 em Seattle, mas ganhou novo fôlego depois do 11 de Setembro de 2001. Esse fôlego manifesta-se hoje nos trabalhos preparatórios da Conferência de Joanesburgo. Daí o meu cepticismo. Dez anos depois do Rio, para a maioria dos países do mundo não estão garantidos nem o desenvolvimento nem a sustentabilidade, e muito menos o desenvolvimento sustentável.

Visão, 25 de Julho de 2002

FAÇA-SE JUSTIÇA

À data desta crónica, aguardava-se o julgamento dos alegados responsáveis pelo assassinato de Carlos Cardoso, jornalista moçambicano que morreu por colocar o jornalismo ao serviço da democracia. Cardoso foi próximo de Samora Machel e afastou-se da Frelimo após a morte do ex-Presidente. Em 1992, ajudou a criar a Mediacoop, uma cooperativa independente de jornalistas que lançou o jornal Mediafax, apostando no jornalismo livre e de investigação. Em 1997, abandonou esse projeto e fundou o jornal Metical, mantendo elevada a fasquia do jornalismo independente. Desde finais dos anos 80, Moçambique convertia-se em democracia capitalista e, nesse contexto, o jornalista investigava suspeitas de lavagem de dinheiro, corrupção, fraude, entre outras e incomodava o poder.

Em 2003, os seis homens referidos na crónica como pronunciados vieram a ser condenados. No decorrer do julgamento, Nympine Chissano, filho do então Presidente da República, foi mencionado como autor moral do crime e a empresária Cândida Cossa viu o seu nome envolvido no caso. Instaurado um processo paralelo, este veio a ser arquivado após ambos os suspeitos terem perdido a vida. Se houve um teste à justiça, esta foi demasiado lenta. Em 2001, um outro assassinato ocorreu em circunstâncias semelhantes ao de Carlos Cardoso. António Siba Siba Macuacua foi atirado pelo vão de escadas de um 10º andar no momento em que procedia à investigação das contas do Banco Austral e aos créditos mal parados. A verdade continua por apurar. | SARA ARAÚJO

Em 22 de Novembro de 2000 foi barbaramente assassinado o jornalista moçambicano Carlos Cardoso, um dos mais insignes e corajosos jornalistas de língua portuguesa. Para quem acompanhava a sua luta quase solitária contra a corrupção em Moçambique – uma luta conduzida no seu jornal distribuído por fax, o *Metical* – este acto hediondo quase não surpreendeu. Manifestamente executado por assassinos profissionais, o crime tinha a marca de uma encomenda e esta só poderia ter vindo dos visados por Carlos Cardoso. Entre as suas investidas contra a corrupção e o abuso do poder, uma se destacava: uma fraude de 14 milhões de dólares do Banco Comercial de Moçambique. O montante da fraude, o possível envolvimento de gente com muito poder económico e político e a passividade ostensiva das autoridades de investigação criminal, tudo isto atiçava o zelo do jornalista na sua luta por um país mais justo, mais transparente e mais democrático.

A repercussão nacional e internacional deste crime foi enorme. Graças à viúva e aos amigos, aos colegas de profissão em vários países e aos democratas moçambicanos foi grande a pressão sobre a polícia, o Ministério Público e o sistema judicial em geral para que fossem averiguados os motivos do crime e identificados e julgados os seus autores. Por força desta pressão ou simplesmente devido ao zelo especial das autoridades neste caso, a verdade é que a justiça moçambicana deu provas de grande eficácia ao identificar e prender os executantes do crime e, pelo menos, alguns dos mandantes. Estão neste momento presos e pronunciados três executantes, um deles de nacionalidade portuguesa, e três mandantes.

Os sucessivos recursos dos réus determinaram alguns atrasos no processo mas tudo leva a crer que o julgamento se inicie dentro de poucas semanas. O julgamento será presidido por um juiz com boa reputação na magistratura moçambicana, o que constitui, por si, um bom augúrio. Há, no entanto, algumas razões para que os que lutam por que se faça justiça estejam apreensivos. Os atrasos podem ter produzido alguma deterioração da prova, tem havido tentativas de fuga dos réus, a acusação pública dá sinais de alguma passividade e sobretudo causa estranheza que alguns dos réus tenham podido comprar páginas inteiras de jornais para fazerem a sua defesa extrajudicialmente e, assim, pressionarem a opinião pública e o próprio sistema judicial.

Este julgamento vai ser um teste decisivo para o sistema judicial moçambicano e, afinal, para a democracia moçambicana dado que esta não pode deixar de assentar numa justiça livre, independente, justa e eficaz. Merece, pois, a atenção dos moçambicanos, de todos os cidadãos de língua oficial portuguesa e de todos os que lutam por um jornalismo de investigação dotado de mínimas condições de segurança. É de esperar e de saudar que jornalistas de vários países da CPLP e organizações de direitos humanos observem este julgamento. É também de esperar e de saudar que o governo português faça o mesmo uma vez que um dos réus é de nacionalidade portuguesa. Portugal deve estar interessado em que a um cidadão português sejam garantidos todos os direitos de defesa. E deve estar igualmente interessado em que, se ele for condenado, cumpra efectivamente a pena, em condições semelhantes às que são garantidas aos reclusos nas cadeias portuguesas. Dada a gravidade do crime, e existindo entre os dois países um acordo judiciário que expressamente o prevê, Portugal deve manifestar a Moçambique a sua disponibilidade em encarregar-se da execução da pena.

Visão, 8 de Agosto de 2002

UM ANO DE DESASSOSSEGO

Um ano de desassossego, 2001, a que se têm seguido anos de outros desassossegos. As torres gémeas colapsaram em Nova Iorque sob ataques terroristas e desviaram os nossos olhares para elas e para as tragédias que ali estavam a acontecer. Mas foi assim por tempo determinado uma vez que os destroços sobre a paz, o ambiente, a equidade e a justiça se têm sucedido e as suas ondas de choque multiplicado.

Ao mito da eficácia da violência tem vindo a juntar-se o mito da eficácia dos mercados e da desregulação financeira. Ao terror da destruição bélica junta-se o terror da indignidade da extrema pobreza. E a todo este ímpeto de derrocada junta-se mais um mito: que o planeta, a natureza e as suas criaturas poderão suportar esta negação do nada e a escolha do terror pelo terror.

O mundo está mais inseguro do que em 2001 e nenhuma política multilateral ou governamental parece ser suficientemente forte e convicta para desacelerar esta tendência e, muito menos, a inverter.

Contudo o desassossego é o lugar que se segue à recusa de deixar de sonhar. Outro será, aquele desassossego, que se sucede à ideia da inevitabilidade e da razão única e monocórdica da história. Mas todo o desassossego é sempre uma turbulência qualquer e, neste sentido, é movimento e a antítese da paralisia do terror. | TERESA CUNHA

Um balanço perturbador

Um ano depois da sua ocorrência, não é possível analisar as causas do 11 de Setembro sem analisar as suas consequências. No entanto, a este respeito ocorre uma disjunção perturbadora. Um ano depois, o 11 de Setembro é tão misterioso nas suas causas como transparente nas suas consequências. Enquanto as perguntas "por que ocorreu?" e "como foi possível que ocorresse?" continuam a desafiar a imaginação e a capacidade analítica dos cientistas sociais e dos comentadores políticos, as consequências estão à vista de todos. Em 11 de Setembro de 2002 o mundo é mais injusto, mais violento, mais inseguro, mais opaco, menos democrático.

Em 10 de Setembro de 2001, estavam em curso discussões no Banco Mundial, no Fundo Monetário Internacional e noutros foros internacionais sobre alterações no sistema financeiro internacional, nas regras do endividamento dos países pobres, na ajuda internacional, nos processos de decisão das instituições financeiras multilaterais de modo a aliviar a pobreza no mundo segundo as metas estabelecidas na cimeira do milénio convocada pela ONU. Estas discussões colapsaram com menos estrondo que as Torres Gémeas, mas, por agora, com a mesma aparente irreversibilidade. Estavam igualmente em curso os trabalhos preparatórios da Conferência das Nações Unidas sobre o desenvolvimento sustentável que acaba de se realizar em Joanesburgo. Era já evidente que os países ricos, uma década depois da Cimeira do Rio, estavam menos inclinados do que nunca a comprometer-se com metas e prazos na mudança do modelo de desenvolvimento e na eliminação da injustiça mundial que este agrava cada dia. Nos primeiros momentos após o 11 de Setembro pensou-se numa inversão auspiciosa de curso suscitada pela ideia de que a solidariedade internacional seria a melhor resposta contra terroristas interessados em dramatizar o fosso entre países ricos e países pobres. Em verdade, em vez de inversão, houve acentuação de curso empresas multinacionais cada vez mais transformados em interesses nacionais dos países com os interesses dos ricos. Os resultados da Conferência de Joanesburgo (ou a falta deles) são o espelho do novo (e velho) egoísmo internacional.

O complexo militar-industrial, também chamado keynesianismo militar, ressuscitou da sua morte anunciada pelo fim da Guerra-Fria. O multilateralismo que, com altos e baixos, dominou nas relações internacionais nos últimos cinquenta anos, deu lugar ao unilateralismo protagonizado pelos EUA com a consequente humilhação dos aliados, nomeadamente a União Europeia, e a redução à irrelevância das mais importantes instituições multilaterais do pós-guerra: as Nações Unidas e a NATO. Embora viesse de trás, desde a eleição de Bush, a pulsão unilateralista ampliou-se dramaticamente depois do 11 de Setembro com a guerra contra o Afeganistão, a confirmação da recusa da ratificação do Protocolo de Kyoto sobre o aquecimento global e a cruzada contra o tribunal penal internacional. Esta cruzada, em particular, pareceu absurda para boa parte da opinião pública mundial, já que as atrocidades cometidas por Bin Laden e seus acólitos configuravam um crime contra a humanidade, precisamente o tipo de crime para cuja punição foi criado o tribunal penal internacional. A verdade é que a administração norte-americana se apressou a declarar que se não tratava de um crime contra a humanidade e sim de um acto de guerra contra os EUA. Em vez de uma resposta judicial, exigia-se uma resposta militar, e a resposta foi a guerra contra o Afeganistão. A injustiça desta guerra – para além do facto de nunca se ter averiguado o envolvimento efectivo dos fanáticos do governo de Kabul no terror que assolou os EUA – residiu em que nela morreram tantos ou mais civis inocentes quantos os que morreram na Torres Gémeas ou no Pentágono. Esta simetria macabra, que mais pareceu obra de um instinto de vingança do que de um desígnio militar – que, aliás, não foi atingido: "Bin Laden, vivo ou morto" à boa maneira do Far West – foi, no entanto, substituída pelos media globais pela disjunção entre as imagens dramáticas do horror nos EUA e a abstracção do conceito de "danos colaterais" em comunicados militares sem imagens nem estatísticas. No teatro de guerra, para que haja contagem de mortos são necessários soldados vivos no terreno para a fazer. As bombas não sabem contar e os satélites só se interessam pelo terreno antes dos ataques.

Mas a unilateralidade das decisões e o consequente acréscimo da violência na resolução de conflitos e da insegurança de populações inocentes não se reduziu à Ásia Central. De facto, transformou-se numa versão nunca antes tão generalizada da doutrina do realismo político segundo a qual cada Estado deve resolver os conflitos em que está envolvido de acordo com o seu interesse nacional e com meios exclusivamente definidos em função do seu poder relativo ao do dos seus inimigos. Foi assim que o conflito israelo-palestiniano – para muitos, uma das causas próximas dos ataques às Torres Gémeas e ao Pentágono – em vez de se resolver, se agravou. Apoiado, como nunca, pelos EUA, Sharon pôde transformar a agressão contra o povo palestiniano em guerra contra o terrorismo e de transformar a Palestina num pequeno Afeganistão, com a agravante de a violência, igual na desmedida, ser mais duradoura e ocorrer em zonas densamente povoadas. Foi assim que, igualmente apoiado pelos EUA, o Presidente da Colômbia, André Pastrana, cancelou unilateralmente as negociações de paz com as forças da guerrilha, lançando o país numa onda de violência sem precedentes onde as vítimas, mais uma vez, são quase sempre civis inocentes. Foi assim que o Presidente Putin da Rússia se sentiu internacionalmente apoiado para investir com renovada violência e cometer todas as violações dos direitos humanos na luta contra os rebeldes da Tchetchénia.

Um mundo, pois, mais injusto, violento e inseguro. Mas também um mundo mais opaco e menos democrático. E esta opacidade e perda de democraticidade propagou-se a todas as regiões do globo, mesmo àquelas onde a transparência da informação e a democracia são os mitos fundadores da nação, como é o caso dos EUA. Uma nova equação foi criada entre segurança nacional, por um lado, e direitos humanos e primado da lei, pelo outro, nos termos da qual os valores da liberdade e da igualdade perante a lei têm de pagar um preço mais alto do que antes para que seja possível garantir o valor da segurança. Foi chocante, ainda que compreensível pelo pânico do momento, observar o alinhamento acrítico dos meios de comunicação social com a versão oficial dos acontecimentos. Foi chocante o interrogatório (e, por vezes, a detenção) de um número indefinido de estrangeiros (imigrantes, estudantes, residentes de longa data), apenas pela sua ascendência árabe, e a estigmatização pública dos que manifestaram reservas como, por exemplo, reitores de universidades prontamente apodados de anti-patriotas e simpatizantes de terroristas. Pouco depois foi promulgada uma nova lei – a *USA Patriot Act* – que atribuiu novas competências às políticas de investigação, cerceou os direitos e as liberdades dos investigados e criou instituições paralelas às existentes, menos sujeitas ao respeito pelas garantias processuais. Com a justificação absurda que um não cidadão suspeito não pode gozar dos mesmos direitos de que o cidadão no tribunal comum, foram criados tribunais militares onde não há publicidade, as detenções são por tempo indeterminado e as garantias de defesa fortemente cerceadas. Aliás, a estes tribunais podem ser igualmente sujeitos cidadãos americanos desde que sejam declarados "combatentes inimigos". Perturbador é que quem determina quem é suspeito de actividades ou simpatias terroristas ou quem é combatente inimigo são as autoridades político-administrativas sem contraditório nem recurso. Com a nova lei ficou claro que quem pensa que o seu correio electrónico é privado vive numa doce ilusão. Tal como quem pensa que as suas preferências de leitura numa biblioteca pública só a ele dizem respeito. De facto, os bibliotecários podem ser solicitados a informar a polícia sobre as preferências de leitura e, no caso de o serem, não podem informar os seus superiores da natureza da solicitação.

Uma análise difícil
O balanço que acabo de fazer é tanto mais perturbador quanto persiste a disjunção entre a evidência das consequências do 11 de Setembro e a opacidade das suas causas. Este ano foi, de facto, um ano difícil para os cientistas sociais e para os seus intentos de explicar, contextualizar ou compreender a tragédia humana das Torres Gémeas e do Pentágono. As dificuldades tiveram duas causas principais que, apesar de relacionadas, são diferentes.

A primeira reside no predomínio das teorias da conspiração. As teorias da conspiração procuram as causas de acontecimentos graves na acção clandestina e singularizada de indivíduos ou grupos de indivíduos, nos seus motivos e métodos. A explicação está na identificação destas acções individuais e não no contexto social e político em que ocorrem. Para resolver o problema não é preciso conhecer a sociedade, basta identificar e eliminar os culpados. A credibilidade das teorias da conspiração é, em geral, pequena porque estas acolhem hipóteses hiperbolicamente contraditórias sem que seja possível determinar qual delas é verdadeira. Apesar disso, as teorias da conspiração florescem em certos períodos, e um deles foi certamente o ano que passou. As hipóteses não podiam ser mais contraditórias e mirabolantes. De um lado, estão aqueles que defendem que os ataques, se não foram orquestrados pelos serviços secretos americanos, foram, pelo menos, do conhecimento antecipado destes, que, no entanto, nada fizeram para os impedir porque previam que, com a sua ocorrência, o público seria mobilizado para apoiar o Governo na guerra contra o terrorismo e no aumento do orçamento militar e da espionagem. Uma variação desta teoria pretende que os serviços secretos israelitas, a Mossad, sabia do que ia acontecer mas nada fez, pois esperaria que dos ataques emergisse uma opinião pública anti--árabe e pró-israelita. No pólo oposto destas teorias, estão aquelas para quem as causas dos ataques residem exclusivamente em Bin Laden e no seu grupo, a Al Qaeda, nos seus objectivos e nos seus métodos. Só eles os poderiam levar a cabo e, logicamente, se eles forem eliminados, os ataques não se repetirão e o problema estará resolvido. Esta última teoria é muito próxima da interpretação oficial do 11 de Setembro.

As teorias da conspiração são assim hostis a explicações que procurem causas em factores sociais e políticos colectivos não redutíveis a indivíduos ou grupos e, portanto, susceptíveis de causar os mesmos acontecimentos ou outros semelhantes mesmo se tais indivíduos ou grupos não existirem. Mas as dificuldades das ciências sociais durante este ano não resultaram apenas da proliferação das teorias da conspiração. Resultaram também da ideia, prevalecente sobretudo nos primeiros meses após os ataques, de que tentar compreender, explicar ou contextualizar o 11 de Setembro equivalia a trivializá-lo, a reduzir o seu horror, se não mesmo a desculpá-lo e a mostrar simpatia para com os seus autores. Não conheço nenhum cientista social sério que não tenha expressado a sua condenação inequívoca de um acto tão brutal quanto gratuito e injusto e que não tenha manifestado a sua solidariedade para com as vítimas inocentes. No entanto, no momento em procurou uma explicação ou uma compreensão, foi em regra publicamente censurado e, por vezes, com uma violência nada habitual em democracia. Não foi a primeira vez que a opinião convencional reagiu com o dito: "tudo compreender é tudo perdoar". Foi, por exemplo, assim que reagiu quando os primeiros criminologistas, no final do século XIX, procuraram causas sociais ou biopsíquicas para as acções dos criminosos. Mas nos últimos cem anos nunca tal reacção tinha sido tão intensa e tão estridente.

A pouco e pouco, porém, os cientistas sociais foram-se recompondo e os resultados das suas investigações não tardarão a ser conhecidos. Por agora, há a referir as linhas principais de investigação e as perguntas que elas suscitam. Eis algumas delas.

1. *O que é o terrorismo e quem o pratica?* Em certos momentos da história de diferentes sociedades, certos conceitos adquirem uma coerência inusitada e com ela vai normalmente de par a vacuidade do seu conteúdo. São conceitos que adquirem uma capacidade voraz de expansão. No passado, em momentos de maior repressão, aconteceu isso com o conceito de comunismo. No Portugal do Estado Novo era comunista (ou filocomunista), no discurso oficial, aquele que se opunha mais veemente e ameaçadoramente contra o regime. Nos EUA da era do macartismo (anos 50) era comunista quem se manifestava com menos entusiasmo ou com mais espírito crítico em relação à onda de conservadorismo que assolava o país. Foi assim que Robert Oppenheimer perdeu a confiança das autoridades, apesar de ser o pai da bomba atómica. Em condições politicamente opostas, no Portugal do imediato pós-25 de Abril, era fascista todo aquele que manifestasse menos entusiasmo pela revolução em curso. É isto o que sucede hoje com o conceito de terrorismo e de terrorista. Qualquer acto de opinião política extra-parlamentar, mesmo não violento, pode ser considerado potencialmente terrorista na medida em que a não-violência pode sempre redundar em violência. Quem quer que mostre menos entusiasmo pela guerra contra o terrorismo carrega consigo a suspeita de ser, pelo menos, amigo de terroristas.

A história do conceito de terrorismo é complexa. Mas em tempos menos agitados que o presente tende a significar actos de violência indiscriminada e, portanto, potencialmente contra vítimas inocentes, cometidos por grupos organizados, com fins políticos ou outros, mas sempre com o objectivo de criar pânico e intimidação no Estado e/ou na população civil. Quando o Estado está directamente envolvido em tais actos, fala-se de terrorismo de Estado, e se são praticados pelas Forças Armadas fala-se de "guerra suja". À luz desta definição, os ataques às Torres Gémeas e ao Pentágono são actos terroristas. Mas são igualmente actos de terrorismo, por vezes terrorismo de Estado, muitos outros actos de violência política, entre os quais muitos em que os EUA colaboraram activamente para depor Governos considerados hostis aos interesses dos EUA (quase sempre idênticos aos interesses de empresas norte-americanas): o Irão em 1953; a Guatemala em 1954; o Líbano em 1956; a República Dominicana em 1965; o Chile em 1973. Em muitos casos, isso significou financiar grupos que praticavam violência indiscriminada contra civis e eram por isso terroristas.

Ainda na década de setenta, o apoio à UNITA em Angola; na década seguinte, o apoio à RENAMO em Moçambique, aos Talibãs e mujaedines no Afeganistão, aos grupos paramilitares conhecidos por "contras" na Nicarágua e El Salvador. No caso afegão, a jihad armada é talvez mais um produto da CIA do que do Islão.

Ao contrário do que pretende a interpretação oficial do 11 de Setembro, reconhecer estes factos não significa desculpar o terrorismo. Significa, pelo contrário, considerar que é um fenómeno muito mais amplo e recorrente e que para lhe pôr fim é necessária uma mudança radical no sistema de relações internacionais vigente e um reforço dramático de umas Nações Unidas transformadas.

2. *Em que é que o 11 de Setembro é uma novidade?* Não é hoje fácil saber em que medida o 11 de Setembro transformou o mundo ou, ao invés, em que medida é ele o produto de um mundo transformado. A novidade dos ataques reside em três factores: na escala da violência levada a cabo, não por um Estado inimigo, mas antes por agentes "privados"; na sofisticação tecnológica; no facto de atingir os símbolos do poder mundial hegemónico, no território deste e usando instrumentos de tecnologia avançada por ele desenvolvidos. O problema não está, pois, na identificação da novidade, mas nas suas causas e no impacto que pode ter. Será o 11 de Setembro um resultado perverso da globalização? Em boa medida é-o, pois foi a globalização que permitiu a difusão das tecnologias, que acelerou os processos migratórios, que liberalizou os mercados financeiros, tornando-os insensíveis aos motivos da circulação do dinheiro, que limitou a capacidade dos Estados para fiscalizarem as acções dos que actuam nos seus territórios. Se assim for, é possível afirmar que depois do 11 de Setembro se aprofundou a complexidade da globalização. Desde Novembro de 1999 em Seattle e desde Janeiro de 2001 em Porto Alegre, sabíamos que a globalização neoliberal hegemónica tinha criado o espaço e a necessidade para uma globalização alternativa pela solidariedade, pelos direitos humanos, pela luta por um modelo de desenvolvimento sustentável, enfim, pela justiça social global. Desde o 11 de Setembro, ficámos na expectativa angustiante de estar na forja uma terceira forma de globalização, a globalização do terror. E se tal hipótese fatídica se confirmar, qual o melhor meio de a combater?

3. *A injustiça global fomenta o terrorismo?* Esta questão ainda não está no centro dos debates, mas prevejo que venha a estar nos anos mais próximos. Nenhuma injustiça de nenhum tipo justifica o terrorismo, uma vez que este inclui sempre a possibilidade da destruição de vidas inocentes. Mas o agravamento das desigualdades sociais entre ricos e pobres e o aumento da pobreza e da exclusão mais abjecta, paredes-meias com a opulência mais escandalosa,

não podem deixar de criar ressentimento e desespero. Claro que estes podem ser produtivamente aproveitados para ampliar e fortalecer a luta pacífica contra a globalização neoliberal e por um mundo melhor, mais justo, mais pacífico e ambientalmente mais equilibrado. É essa luta e são esses objectivos que presidem ao Fórum Social Mundial e à globalização alternativa e solidária que ele constitui. Mas é evidente que o ressentimento e o desespero podem igualmente ser manipulados por grupos extremistas para atingir os seus objectivos, e estes podem ter menos a ver com a justiça social do que com a luta contra Satã ou o império do mal e incluir, entre os seus métodos, o "terrorismo dos pobres". Dir-se-á que se o objectivo de tais extremistas não é a justiça social global, lutar por esta de pouco adiantará como medida preventiva contra o terrorismo. Mas poderá contra-argumentar-se que, não sendo possível eliminar a possibilidade de grupos extremistas, é possível criar contextos sociais e políticos que eficazmente isolem esses grupos e lhes retirem o apoio e a legitimidade populares que fazem deles os salvadores e os vingadores dos oprimidos. Estou convencido de que, a longo prazo, a diminuição da desigualdade no mundo e o concomitante aumento da inclusão social e da participação democrática serão os remédios mais eficazes contra o terrorismo e, em geral, contra todas as formas de violência, organizada ou não, política ou não política.

4. *As diferenças culturais ou religiosas fomentam o terrorismo?* Também neste caso, é difícil saber em que medida o 11 de Setembro é uma causa ou uma consequência do choque de culturas. Sem dúvida que o 11 de Setembro foi um choque cultural antes de mais para os próprios norte-americanos. Mesmo para um observador estrangeiro que passa vários meses por ano nos EUA, como é o meu caso, é surpreendente a perplexidade dos cidadãos deste país ante a constatação do ódio que gente tão estranha, tão diferente e tão distante lhes possa ter e, sobretudo, ante a possibilidade de esse ódio se traduzir numa agressão violenta no seu próprio território. Afinal, os EUA estão fundados sobre o mito da terra prometida, abençoada por Deus, com graças excepcionais que fazem dos EUA o país mais cobiçado do mundo e os tornam (por vezes, relutantemente) guardiães do mundo livre, democrático e civilizado. Este mito é confirmado todos os dias em práticas tão diferentes quanto o afluxo constante de imigrantes em busca de uma vida melhor e a organização militar territorial. A qualquer estrangeiro, é surpreendente que as forças armadas dos EUA não estejam dispostas no território para o defender de possíveis invasores, como acontece em qualquer país, mas estejam antes dispostas em função das suas possíveis missões em diferentes regiões do mundo.

Nestas condições, se é pouco imaginável que estrangeiros considerem a globalização hegemónica um mal, é-o ainda menos que esse mal seja atribuído à América e que lhe façam pagar um preço por ele. A mudança cultural que está a ocorrer nos EUA em resultado do 11 de Setembro corre por enquanto em labirínticos rios subterrâneos e não se sabe sob que formas aflorará no futuro: em correntes caudalosas e avassaladoras ou em deltas aprazíveis, repousados e em harmonia com o meio ambiente?

Mas esta é a face menos visível do choque cultural. A mais visível é obviamente a que resulta da litania, tanto dos conservadores do Ocidente como dos do Oriente, de que o choque das culturas ou das civilizações está em curso e de que as Cruzadas dos cristãos, com que se iniciou o segundo milénio, estão a ser vingadas pelo fundamentalismo Islâmico no início do terceiro milénio. Nesta leitura, o 11 de Setembro é simultaneamente uma consequência de longa duração e uma causa de duração imprevisível do choque de culturas. Se a globalização neoliberal veio pôr fim ao desenvolvimento nacional que muitos países periféricos tiveram na década de setenta, declarada pela ONU como a década do desenvolvimento, a leitura do choque cultural ou civilizacional pode pôr fim a todos os avanços no reconhecimento das diferenças e na promoção do multiculturalismo granjeados nas duas últimas décadas.

O choque de culturas é particularmente inverosímil quando aplicado ao Islão que tem a seu crédito uma história de tolerância e de convivência com a diferença (que, contudo, nunca incluiu as mulheres) de que nem os cristãos nem os judeus se podem orgulhar. Talvez por isso e porque os muçulmanos são hoje minorias importantes, tanto nos EUA como na Europa, e são maiorias em muitos países «amigos» noutros continentes, a leitura do choque entre culturas teve pouca duração na sua formulação inicial e foi sendo substituída por uma variante interna, a do choque entre os bons islâmicos, contra os quais o Ocidente nada tem, e os maus islâmicos, contra os quais a luta será implacável e interminável se tal for necessário. Esta leitura não tem mais consistência do que as teorias da conspiração referidas acima. O que há de específico no Islão que torna crucial a imposição a partir de fora de uma distinção tão fracturante? Não haverá igualmente que distinguir entre bom e mau cristianismo ou entre bom e mau judaísmo? Não será preferível pensar que em todas as culturas ou civilizações há bons e maus cidadãos e que as leis nacionais e internacionais devem ser accionadas para punir os casos em que a maldade se traduz na prática de crimes?

Um futuro incerto

As possibilidades de futuro nunca foram tantas e tão discrepantes. Não sabemos se estamos no fim de uma época se no começo de uma época. Este último ano ora pareceu o mergulho num novo inquietante, ora a repetição mil vezes ampliada de uma normalidade que só por isso pareceu anormal. Num mundo polarizado entre poderosos e oprimidos e entre ricos e pobres, os oprimidos e os pobres continuaram a viver o seu mundo de humilhações e privações. Alguns suficientemente menos oprimidos e menos pobres para lerem ou verem notícias poderão ter tido um consolo momentâneo ao constatarem que os poderosos e os ricos também podem ser humilhados. Mas esse consolo em nada se traduziu que melhorasse de facto as suas experiências e as suas expectativas de vida. Por sua vez, os poderosos e os ricos e os que vivem em condições suficientemente próximas das deles para não se sentirem nem oprimidos nem pobres, perderam a inocência ao verificar o ressentimento e o desespero que as desigualdades e a humilhação podem causar e as reacções violentas e terríveis a que podem dar azo.

Bin Laden e os seus acólitos cometeram um crime contra a humanidade que o tribunal penal internacional poderia vir a julgar e a punir ante uma opinião pública confiante na eficácia das instituições democráticas. Em vez disso, iniciou-se uma guerra, que não pôde ser declarada como tal, contra um inimigo mal definido e com objectivos suficientemente vagos para poder continuar enquanto os interesses particulares dos que a promoveram o exigirem. Com isso, fizeram-se mais vítimas inocentes; violaram-se os direitos humanos como se quem foi vítima de uma violação brutal dos direitos humanos se pautasse pelo mesmo código de conduta dos seus agressores; intimidaram-se os opositores políticos e procurou-se limitar o âmbito e o modo do dissenso legítimo; perdeu-se o pudor em ocultar que as regras da ortodoxia económica neoliberal são afinal flexíveis e podem ser alteradas por razões políticas, legitimando o perdão e o reescalonamento da dívida externa do Paquistão apenas pelo papel deste na luta contra o terrorismo.

A incerteza do futuro pode resumir-se nesta pergunta: até que ponto pode a democracia resistir contra aqueles que em nome dela destroem as suas condições de sobrevivência?

Visão Especial, 11 de Setembro de 2002

O BRASIL E O MUNDO

Para um académico de extensa e reconhecida carreira internacional, o ato de defender abertamente a candidatura de um representante político, especialmente quando o emissor da opinião não vive nem vota no referido país, não é uma tarefa banal. Há muitos perigos envolvidos na associação pública a qualquer concorrente do sistema de democracia liberal representativa, seja de qual partido, facção ou tendência for. São notórios os casos de "traição" a causas e prioridades arduamente defendidas durante o período eleitoral que depois se "desmancham no ar" no decorrer dos mandatos propriamente ditos.

Passadas duas gestões do ex-metalúrgico à frente do governo federal e a eleição de sua sucessora (a atual presidenta Dilma Rousseff) é justo pensar que a recomendação foi segura. As dimensões do alargamento democrático e da influência do Brasil no xadrez da geopolítica global dos nossos dias parecem ser inegáveis. Ainda assim, Boaventura tem mantido a sua postura crítica, principalmente quanto ao modelo de desenvolvimento ancorado no extrativismo de ordem colonial (haja em vista o suporte ao agronegócio e à mineração), que continua a ameaçar a sobrevivência e a reprodução social de comunidades e povos que vivem, pensam e sentem em comunhão com a natureza. | MAURÍCIO HASHIZUME

O resultado das próximas eleições no Brasil é importante não só para o Brasil como para o resto do mundo. O Brasil, além de ser uma das maiores economias do mundo, é hoje o palco de uma luta desenfreada entre os interesses financeiros da globalização neoliberal e a aspiração da maioria dos cidadãos brasileiros por uma globalização mais justa e sustentável.

Para se ter uma ideia da dimensão dessa luta, a especulação dos mercados financeiros ante a possível vitória do Lula fez com que na semana passada o prémio de risco dos bilhetes do tesouro do Brasil fosse igual ao dos da Costa do Marfim, um país em pleno golpe de Estado (*Financial Times* de 25 de Setembro). É este contexto que torna a vitória de Lula tão importante. Por duas razões principais.

A primeira é que a vitória de Lula representa a verdadeira conclusão da transição democrática iniciada em meados da década de oitenta. A quem, como eu, acompanhou de perto o Brasil nos últimos vinte anos não escapam as profundas mudanças políticas que ocorreram, não apenas ao nível das instituições, como, sobretudo, ao nível das práticas e das sociabilidades dos brasileiros no seu dia-a-dia. O código social do "sabe com quem está falando" foi a pouco e pouco sendo confrontado com a consciência e a linguagem dos direitos e da cidadania, com a emergente capacidade colectiva dos movimentos e das organizações populares de formular reivindicações e exigir o comprometimento ético dos governantes. Sendo o Brasil um dos países mais injustos do mundo esta emergência democrática está sempre à beira da frustração e da vulnerabilidade a novos autoritarismos. Para que tal não aconteça, tem de ser consolidada através de práticas políticas, éticas, transparentes, participativas e redistributivas. Se o Lula ganhar, os democratas do mundo inteiro terão direito a um momento de alívio.

A segunda razão diz respeito ao momento presente da globalização neoliberal. O sistema financeiro internacional está a ser posto em causa por vozes particularmente autorizadas, a dos que o conhecem por dentro e têm acesso a informação que mais ninguém tem. Entre essas vozes destacam-se Joseph Stiglitz e George Soros. A irracionalidade e a injustiça do sistema e a sua propensão a transformar crises financeiras em crises económicas são hoje do domínio público e o consenso que se está a gerar a seu respeito não pode deixar de levar a transformações a curto prazo. Quem está em melhores condições para governar os países nos tempos que se avizinham? Não certamente quem se formou na obediência cega à ortodoxia, agora em causa, porque esse vai certamente correr o risco de ser recorrentemente mais papista que papa e sobretudo não vai ser capaz de explorar as novas capacidades de manobra que se vão abrir. Fernando Henrique Cardoso (FHC) governou o país num período de fundamentalismo neoliberal e de algum modo contribuiu para ele. O futuro creditar-lhe-á o facto de, apesar disso, não ter bloqueado a efervescência democrática de que falei acima. O modelo que seguiu está hoje reconhecidamente num beco sem saída e é precisamente de efervescência democrática que advirão as energias políticas para uma apropriação pacífica e justa das novas condições. Lula é assim o melhor sucessor de FHC, único capaz de ultrapassar o impasse a que a ortodoxia chegou, resgatando o que ela não foi capaz de destruir. No plano internacional, a vitória do Lula significa a credibilidade de uma transição pacífica e gradual por parte de um grande país para um novo pacto financeiro e económico global, mais equilibrado e mais comprometido com o bem-estar dos cidadãos.

Visão, 3 de Outubro de 2002

VIEMOS DE BAGDAD

Em 2002 era já clara a decisão de avançar para a guerra, levada a cabo contra a vontade de milhões de cidadãos que, em Fevereiro de 2003, se manifestaram nas ruas por todo o mundo. A decisão baseava-se na criminosa manipulação de dados sobre armas de destruição em massa e da ameaça que representavam para o mundo ocidental. Os anos subsequentes vieram confirmar os temores manifestados nesta crónica. Os documentos divulgados pelo Wikileaks em 2010 revelam como a defesa da ingerência militar com o propósito de instaurar rapidamente democracias de mercado, serviu para dar mais um passo no desmantelamento do sistema de segurança das Nações Unidas, proclamando a lei do mais forte na exploração dos recursos ao nível global e relegando definitivamente para o domínio da retórica a garantia da segurança humana. Esta foi cada vez mais colocada nos termos da 'segurança' das elites ocidentais e dos investimentos privados, e cada vez menos na segurança das vítimas da cobiça ocidental. Esse é o drama instigado por um projecto que se arroga a capacidade de impor a 'paz' e a 'democracia' através da guerra, descredibilizando ainda mais a possibilidade de ingerência humanitária nos casos em que ela é mesmo necessária. Um estudo do "The Guardian", a partir de várias fontes, estima que até Janeiro de 2012 o conflito tenha provocado cerca de 162.133 mortos. | SÍLVIA ROQUE

Recapitulemos o drama. Os EUA decidiram invadir o Iraque e não é previsível que algo os possa deter. Conquistar o Iraque é considerado essencial para controlar a região. Em primeiro lugar, é um alvo mais fácil que o Irão porque, enquanto o poder neste último é ocupado por dois complexos estratos de poder (secular e religioso) sobrepostos onde os indivíduos pouco contam, no Iraque o poder está nas mãos de um só homem e bastará derrubá-lo. Em segundo lugar, Iraque tem uma cultura secular (em tempos recentes, cultivada pelo partido de Saddam Hussein, mas isso não é dito) que facilita a segurança das futuras bases militares, uma segurança que é sempre precária nos estados religiosos da Arábia Saudita e do Kuwait onde os norte-americanos serão sempre infiéis. Entretanto, e porque o Iraque é muito mais "complexo" que o Afeganistão, consultam-se os dossiers da ocupação do Japão e da Alemanha, após a Segunda Guerra Mundial, para escolher o melhor sistema pós-Hussein. Por seu lado, os especialistas militares fazem cálculos de custo/benefício. Um dos que veio a público calcula que morrerão 75.000 pessoas (na esmagadora maioria iraquianos), o que é considerado um preço "razoável" para os benefícios que advirão da conquista.

Não sabemos se estes factos são o fim ou o começo de uma época. Mas há algo neles intrigantemente repetitivo. De facto, não é a primeira vez que Bagdad se revela importante para os destinos do mundo e é, por isso, objecto de cobiça. Entre 750 e 1258 da nossa era, Bagdad foi a capital do califato Abassida e, entre o século VIII e o século X, viveu um período de esplendor social e cultural que fez dela o centro do mundo. A geografia do século X descrevia Bagdad como estando "perto do centro do mundo" pelo seu esplendor e pela crença que a espécie humana teria ali nascido, na Mesopotâmia, uma crença que se manteve até à nossa época. Esses dois séculos foram a idade de ouro, do desenvolvimento das artes e das ciências, das escolas de medicina e de direito, dos observatórios astronómicos, dos contos das Mil e Uma Noites. Foi em Bagdad que se preservou a filosofia grega, tornando possível que, séculos mais tarde, os tradutores de Toledo entregassem esse legado à cultura ocidental. Mas Bagdad foi importante nesses séculos, como cidade global, centro comercial da região do mundo, o Médio Oriente, que até ao século XIV foi o ponto fulcral do sistema mundial que assegurou as trocas comerciais entre o Oriente e o Ocidente. Por ela passava um dos três grandes caminhos para o Oriente antes de os Portugueses descobrirem o quarto no século XV, a partir de então, dominante. Durante quinhentos anos, Bagdad foi a referência do "civilizado" e do "moderno". Quase todas as especificidades europeias a que Max Weber atribuiu a génesis da Modernidade ocorreram séculos antes no mundo muçulmano.

Pela sua importância, Bagdad foi sempre objecto de cobiça. Em 1258, quando estava já longe do seu apogeu, Bagdad foi conquistada e parcialmente destruída pelos mongóis. O historiador persa, Wassaf, que testemunhou a queda de Bagdad, descreveu de forma inesquecível o horror da cidade transformada "em brinquedo do monstro Tártaro."

A dívida histórica do Ocidente é grande para com Bagdad. A ela regressamos sempre que visitamos as raízes da nossa cultura. Desta vez, porém, o Ocidente parece estar a regressar a Bagdad com outro espírito, o dos invasores mongóis. Daí a dúvida se este regresso não é afinal o regresso do "monstro Tártaro", sob a pele de um Ocidente que a inexorável jangada de pedra separou há muito das suas raízes, dando origem a um despotismo bem maior do que o despotismo oriental de que falavam Marx e Weber.

Visão, 17 de Outubro de 2002

A UNIVERSIDADE DE COIMBRA

Ao longo da última década, as universidades públicas têm sido sujeitas a um conjunto de reformas que, supostamente realizadas em nome do reforço da sua autonomia, visam, na realidade, reduzir os apoios estatais e instituir – em certas vertentes do sistema – lógicas de mercadorização e de empresarialização.

O desinvestimento público nas universidades portuguesas, cujo enquadramento revela a ofensiva neoliberal sobre o Estado Social, é hoje evidente. O peso das receitas próprias nos orçamentos de funcionamento tem vindo a crescer de modo continuado, tendo atingido uma média de quase 40% em 2009. As propinas, que sempre foram anunciadas como tendo unicamente em vista a melhoria da qualidade de ensino, tornaram-se imprescindíveis para suprir as despesas correntes mais diversas (representando, em média, cerca de 33% do volume de receitas próprias e 22% do orçamento global de funcionamento das universidades).

O sistema de ensino superior público teve 30 por cento de cortes nos últimos dois anos. João Gabriel Silva, actual reitor da Universidade de Coimbra, chegou a afirmar publicamente que "se o Estado português tivesse tido os mesmos cortes, não precisávamos da troika".[1] Atendendo à dificuldade que denotam para se repensarem e reposicionarem face aos novos tempos, marcadas por aceleradas transformações e interdependências, as universidades portuguesas enfrentam uma crise que é, em larga medida, o resultado combinado de uma ofensiva externa e de uma persistente letargia interna. | NUNO SERRA

A leitura, mesmo superficial, dos muitos livros que em tempos recentes se têm vindo a publicar em diferentes países sobre a situação das universidades públicas mostra a recorrência dos seguintes temas: asfixia financeira, desresponsabilização do Estado sob o pretexto da autonomia, concorrência desleal das universidades privadas, generalização de critérios empresariais que transformam a educação em mercadoria e perda de influência na formação das elites. Quanto maior foi a proeminência passada da universidade na prestação do serviço público, maior é o sentimento de crise. As melhores universidades procuram

---

[1] Em Portugal integram a troika a União Europeia, o Fundo Monetário Internacional e o Banco Central Europeu.

transformar este sentimento de crise em energia de renovação. A Universidade de Coimbra (UC) é a instituição pública portuguesa que mais relevantes serviços prestou ao país durante mais tempo. Ao longo de séculos, foi um protagonista decisivo das grandezas e misérias da nossa história. Continua a ser hoje uma das instituições portuguesas mais conhecidas internacionalmente. Não admira que a crise do serviço público universitário a tenha atingido com particular virulência.

Com a desastrada demissão do último reitor, a UC bateu no fundo e, como grande universidade que é, sentiu nesse choque que o momento da viragem e da renovação tinha chegado. Vejamos os caminhos e, depois, as condições da renovação. Por mais urgente que seja a questão do financiamento e saber como a universidade vai sobreviver no próximo ano, a questão decisiva é a formulação de um pensamento estratégico que defina o que a UC quer ser daqui a vinte anos, num contexto de decréscimo de população estudantil portuguesa, de crescente mobilização estudantil e de professores no espaço europeu, de crescente internacionalização da investigação e da busca de excelência. A estratégia pensa-se sempre a partir do melhor que se tem. A vantagem comparada da UC é o seu capital simbólico, o seu prestígio internacional. Não há conflito entre humanidades e tecnologias; há, isso sim, conflito entre mediocridade e excelência. No caso específico da UC, há que identificar criteriosamente as áreas científicas em que a excelência está já consolidada. São elas que estão em melhores condições para valorizar a curto prazo o capital simbólico. A prioridade que lhes for dada deverá ser orientada para abrir o espaço aos novos saberes tecnológicos, sociais e artísticos e às novas metodologias de ensino e de extensão. Pela mesma razão, a força da UC na Europa constrói-se com a força que tiver na América Latina (sobretudo Brasil) e em África. É viável que, daqui a 10 anos, 75% dos estudantes de mestrado e doutoramento venham do Brasil e dos PALOPs e que seja aqui que, privilegiadamente, os estudantes e professores europeus encontrem os seus colegas de outros continentes.

A médio prazo, as condições de renovação dizem respeito ao sistema de financiamento, à reforma institucional e à reforma eleitoral. A valorização do capital da UC exige que a reitoria seja o navio-chefe e não o ferryboat errante entre um arquipélago de Faculdades-ilhas autónomas. Exige que os serviços dependentes da Reitoria, tão importantes na ligação à comunidade, vejam devolvida a sua dignidade. Exige que a comunidade seja tanto Coimbra, como o Maputo ou Porto Alegre. A curto prazo, a renovação depende exclusivamente do bom senso dos membros do colégio eleitoral por duas razões infelizes. Primeiro, 52% do colégio é constituído por funcionários e estudantes. Os mais responsáveis pela renovação estratégica estão em minoria. Segundo, nos últimos vinte anos, a eleição dos reitores foi dominada por tácticas partidárias e critérios corporativos imediatistas, com total menosprezo pela valorização da universidade a médio prazo. Só haverá renovação se o colégio se guiar pela discussão estratégica e não pelo cálculo partidário ou corporativo.

Visão, 28 de Novembro de 2002

2003

Estamos no projecto europeu, mas ainda não somos o projecto europeu. Tal como estivemos nas colónias sem muitas vezes sermos colonizadores efectivos. Tal como então, estamos no lugar fora do lugar.

2003

DESCONCERTAÇÃO SOCIAL

De acordo com dados do Eurostat, em 1996, o rendimento de 20% da população portuguesa com salários mais elevados era 6,7 vezes superior aos rendimentos de 20% da população com salários mais baixos. Este rácio atinge, em 2003, o valor de 7,4 verificando-se que no contexto europeu (UE15), no mesmo período, se regista uma descida de 4,8 para 4,6. Segundo dados do Anuário do Instituto Nacional de Estatística de 2012, em 2009, Portugal era já campeão da União Europeia em termos de risco de pobreza, que afecta 17,9 por cento da população, percentagem que subiria para 26,4 sem as prestações sociais concedidas pelo Estado. O risco de pobreza consiste na proporção de população com rendimento abaixo de 60% do rendimento médio.

O Estado social português é uma realidade frágil. Instituído de modo tardio e imperfeito no último quartel do século XX, confronta-se crescentemente com a ofensiva das lógicas de liberalização, de retracção das políticas públicas e de cerceamento das condições de diálogo social.

A entrada de Portugal na CEE,[1] em 1986, parecia poder garantir as condições para uma efectiva aproximação ao modelo social europeu. Isto é, a uma organização do Estado e da sociedade assente na consagração de direitos sociais universais e na instituição de mecanismos de consenso entre interesses contraditórios, ao abrigo dos processos de concertação social. Vinte e seis anos depois, as perspectivas de progresso social e equidade revelam-se sombrias, mostrando como a escassa consolidação do Estado-Providência português é um traço marcante da sua vulnerabilidade. | NUNO SERRA

Na sua mensagem de Ano Novo, o Presidente da República pediu aos portugueses para serem optimistas. Infelizmente não há razões para optimismo. Só há razões para optimismo quando as expectativas futuras são positivas em relação às experiências do presente. Ora, para a esmagadora maioria dos portugueses tais expectativas são negativas, e sê-lo-iam ainda mais se eles

---

[1] Comunidade Económica Europeia (CEE) foi uma organização internacional criada em 1957, visando a criação de um mercado único europeu. Com a formação da União Europeia (UE), passou a integrar esta nova união económica e política.

pudessem ver todas as implicações das mudanças económicas e legislativas em curso, as quais ameaçam inverter o processo de aproximação real à Europa dos últimos vinte anos.

O capitalismo europeu (ao contrário do norte-americano) depende da combinação de altos níveis de produtividade, assentes na inovação tecnológica, com altos níveis de protecção social, obtidos em sede de concertação social sob a égide do Estado-Providência. A situação portuguesa afasta-se cada vez mais deste modelo. Porque não se investiu na educação, na formação profissional e na investigação científica e tecnológica, não foi possível alterar significativamente o padrão de especialização da nossa economia. Daí que tenhamos de continuar a competir com os países menos desenvolvidos, sobretudo com os que se preparam para entrar na UE. Sendo tarde de mais para a competição tecnológica, procura-se a competição legislativa. Daí a "urgência" do novo Código de Trabalho. Só que também é tarde de mais para a competição legislativa, dadas as grandes diferenças salariais entre os países em competição. Nenhuma alteração legislativa impedirá a deslocalização das empresas. A nova legislação traz prejuízos aos trabalhadores e nenhum benefício a médio prazo à economia portuguesa.

Se não houver um dramático aumento de investimento científico e tecnológico, Portugal será insustentável, a médio prazo, enquanto país europeu.

Porque o modelo europeu está cada vez mais distante, substituiu-se a concertação social pela "auscultação" social. No caso do trabalho, tal substituição é talvez provisória e visa alterar as regras do jogo da futura concertação. Tal objectivo está presente na revisão da representatividade sindical para negociar convenções de trabalho. Tudo leva a crer que tal revisão, talhada à medida da UGT, reconfigure toda a negociação colectiva futura. Mas a suspensão da concertação ocorre mais gravosamente numa área onde surpreendentemente a contestação social é quase inexistente. Refiro-me à nova lei de bases da segurança social. Uma vez adoptada, a privatização parcial do sistema público de pensões, ao contrário das alterações na lei do trabalho, é irreversível.

Experiências recentes de países tão díspares quanto o Chile, a Inglaterra e a Suíça, mostram que, em períodos de crise dos mercados financeiros, serão os cidadãos (ou o Estado) a assumir os custos da baixa das taxas de remuneração. Ou seja, as pensões em capitalização podem baixar ou, em casos extremos, desaparecer, de um mês para o outro. Com isto, a segurança da pensão de reforma transforma-se num risco social adicional.

É urgente que os portugueses se dêem conta deste risco. Perguntem-se se era necessária uma nova lei de Segurança Social dois anos depois de ser aprovada a anterior, regulamentada na base de um amplo consenso em sede de concertação social. Se não é estranho que Bagão Félix, que foi o "pai" da lei de bases de 1984, tenha tido tanta pressa em ser o pai da lei de 2002. Se a flexibilidade revelada pelo Ministro na revisão das leis do trabalho não estará relacionada com a sua determinação na aprovação da lei da segurança social. Se não há aqui uma agenda de reformismo conservador bem persistente. Perguntem-se, sobretudo, como podemos ser optimistas quando os direitos são restringidos, como podemos ter auto-estima quando até as sanduiches nos comboios são espanholas.

Visão, 23 de Janeiro de 2003

LULA, A UTOPIA REALISTA

Utopia significa, literalmente, "não-lugar" – daí o seu sentido de inefável, o que não pode ser atingido. A ideia de utopia realista, sobre a qual este texto se desdobra, traz novas dimensões à palavra: Boaventura propõe uma utopia que é, antes, uma heterotopia. Ao invés de um lugar situado algures, convida a um deslocamento radical dentro do mesmo lugar – o nosso. Ao invés de fantasia inatingível, sua utopia torna-se um propósito a ser conquistado.

Esta crónica desenvolve-se a partir de um espaço-tempo: o cenário é a América Latina e o tempo é 2003; época em que Lula dava os primeiros passos como presidente do Brasil e Chávez estava às voltas com uma recente tentativa de golpe de Estado – portanto, à beira de um colapso que não chegou a concretizar-se.

Lula ficou no poder até 2011, quando passou a faixa presidencial para a sua candidata, Dilma Rousseff. Entre polémicas, Chávez fez revisões constitucionais e alterações estruturais, como por exemplo a criação dos conselhos comunais na Venezuela. Na Bolívia, Evo Morales, o primeiro presidente indígena, venceu as eleições de 2005. No Equador, Rafael Correa comemorou a vitória no fim de 2006.

Estes e outros fatos sinalizam alterações nos destinos do continente, outrora colonizado. "Outro mundo é possível", já anunciava o Fórum Social Mundial. Desde aquele início do século XXI, o texto explora a construção de mundos plurais e cabíveis, apesar das lacunas. Analisa criticamente a correnteza de acontecimentos flagrados nos corredores do poder e nos movimentos sociais. A futura condução desta história confirmará – ou não – que utopias podem significar conquistas palpáveis. | CARLA ÁGUAS

Não é a primeira vez que, no último meio século, políticos de esquerda chegam ao poder por via democrática no continente latino-americano. No próprio Brasil, João Goulart (1961-1964), no Chile, Salvador Allende (1970-1973) e na Venezuela, Hugo Chávez (1998-). Os dois primeiros casos terminaram violentamente em ditaduras e o terceiro está à beira do colapso. Em todos os casos, a interferência dos EUA foi importante. Faz, pois, todo o sentido perguntar o que distingue Lula dos casos anteriores e nos faz crer que o seu destino será diferente. Mesmo sabendo que as condições são sempre diferentes e que a história não se repete, o que está em causa não é o destino específico desta exaltante experiência política, mas antes a análise dos seus factores de êxito. Para além de muitos outros factores – densidade política do Partido dos Trabalhadores (PT), consolidação democrática, carisma de Lula – o que verdadeiramente distingue Lula é a substituição da ideologia pela ética enquanto registo da confrontação política. Em vez do socialismo ou da revolução bolivariana, a honestidade e a transparência do governo, a solidariedade para com os mais fracos, a luta contra a fome e a pobreza. Esta reconfiguração ética do seu programa abriu espaço para os dois grandes factores do seu êxito: no plano interno, a construção de alianças amplas e a redução da rejeição; no plano externo, a credibilidade do seu propósito de respeitar os compromissos financeiros do país, utilizando a pequeníssima margem de manobra para realizar políticas sociais, uma postura algo semelhante à mais recente do Fundo Monetário Internacional. O primeiro factor permitiu-lhe ser hoje um dos políticos eleitos com maior número de votos na história da democracia. O segundo factor fez com que os investidores e credores estrangeiros passassem da hostilidade à neutralidade armada. Estes factores parecem fazer assentar a diferença de Lula no seu realismo. Mas, assim sendo, onde está a utopia? Qual é o significado político real do ex-operário a subir a rampa do Palácio do Planalto? A questão básica é de saber se e em que medida o governo de Lula conseguirá alterar as estruturas de poder social que transformaram o Brasil num dos mais injustos países do mundo. Uma resposta positiva a esta questão depende, em meu entender, de uma série de condições exigentes. Passo a mencionar as principais. A primeira é que o governo de Lula capitalize nas melhores práticas políticas de que o PT foi protagonista nos últimos dez anos. Entre essas práticas, destacam-se as experiências de democracia participativa, sob a forma do orçamento participativo, na gestão de mais de cem cidades do Brasil. O PT deve o seu êxito ao ter sido sempre um partido- -movimento e não pode deixar de sê-lo pelo facto de ser governo. O PT, que inventou o orçamento participativo, deverá inventar outras formas de demo- cracia participativa adequadas aos diferentes níveis e sectores da governação. Ou seja, sem a reforma democrática do Estado é pouco crível que qualquer outra reforma tenha êxito. Esta condição está relacionada com a segunda: a gestão sábia e democrática das frustrações.

A eleição do Lula aumentou exponencialmente a discrepância entre as experiências actuais da grande maioria dos brasileiros e as expectativas quanto às melhorias que poderão decorrer do seu governo. Tal discrepância vai redun- dar em frustração que só não será disfuncional para o governo de Lula se for assumida democraticamente, ou seja, se o governo de Lula for solidário mesmo na formulação da impossibilidade de o ser. A este respeito há um paralelo perturbador entre o Brasil de hoje e a África do Sul de há dez anos. Em ambos os países, o simbolismo da subversão democrática atingiu o paroxismo: num caso, um negro a chegar ao poder, no outro, um operário. Tal como Lula, Mandela escolheu para as áreas económicas do governo gente credível ante "os mercados", deixando as áreas sociais a cargo de políticos mais à esquerda. Não tendo sido estabelecidas nenhumas mediações entre as duas áreas, as áreas sociais acabaram por definhar ante a necessidade de abrir o país aos imperativos neoliberais, colocando a grande central sindical, a Congress of South African Trade Unions (COSATU), forte apoiante do partido do governo (o African National Congress – ANC), numa posição de impasse que dura até hoje. A situação brasileira é felizmente distinta, não só porque a mediação está criada através do forte investimento político no Conselho Económico e Social, mas também porque a abertura ao neoliberalismo foi feita antes e zelosamente pelos governos de Fernando Henrique Cardoso. Em todo o caso, as dificuldades que se avizinham terão de ser parte da democracia e não o limite desta.

A terceira condição reside em o Brasil deixar de se ver como demasiado grande e passar a ver-se como demasiado pequeno, pelo menos na sua capacidade para resistir à globalização neoliberal. Essa miniaturização criará a energia para duas globalizações regionais alternativas. A primeira é continental: o Mercosul. É sabido que a Associação de Livre Comércio das Américas (ALCA) transformará o Brasil numa imensa maquiladora como está a acontecer no México (e sem ter o benefício da emigração à mão). A ALCA inviabiliza, à partida, a ideia do novo contrato social proposta pelo Presidente Lula. Não vai ser fácil resistir à imposição da ALCA e será impossível sem uma alternativa consistente.

O Mercosul é a instância que confere credibilidade à ideia da aproximação ao capitalismo social democrático da Europa, ou seja, à combinação de elevada competitividade com elevada protecção social mediante uma regulação pública activa. A desglobalização só faz sentido enquanto proposta de reglobalização alternativa. O êxito desta globalização regional vai depender em parte da própria União Europeia e da sua capacidade para abandonar a hipocrisia de querer ser uma alternativa global aos EUA sem, contudo, nunca os confrontar fora da Europa. A outra forma de globalização regional alternativa é transcontinental e diz respeito à articulação política com outros países de desenvolvimento intermédio, nomeadamente com a Índia, a China e a África do Sul. Só assim será possível confrontar o super-Estado paralelo constituído pelos imperativos transnacionais do neoliberalismo.

A articulação entre o Brasil e a Índia no âmbito da Organização Mundial do Comércio, no que respeita à luta pela supressão dos direitos de propriedade intelectual em casos de emergência de saúde pública (como, por exemplo, no caso do HIV/SIDA), é um bom exemplo do muito que pode ser feito. A quarta condição para que a diferença de Lula faça diferença é paradoxalmente global e nacional e exige um esforço aturado de mediação entre diferentes escalas e horizontes de transformação social. Acaba de realizar-se em Porto Alegre o Fórum Social Mundial (FSM). Não é segredo para ninguém o papel do PT e dos movimentos sociais e ONGs seus simpatizantes no êxito do Fórum. Teria sido trágico se a óbvia autonomia recíproca entre o governo Lula e o FSM tivesse degenerado numa forma de "dissonância cognitiva", quer sob a forma de uma distanciação agressiva próxima do enjeitamento, por parte do governo do Lula, quer sob a forma da utilização do Fórum, por parte de grupos esquerdistas, dentro e fora do PT, para dar cobertura internacional às críticas ao "realismo" ou "oportunismo" lulista.

A primeira atitude teria retirado a utopia ao realismo, enquanto a segunda teria retirado o realismo à utopia. Qualquer delas ter-nos-ia deixado na condição estúpida de não termos aprendido nada nestes anos. Sobretudo não termos aprendido que o outro mundo possível só é possível neste mundo e não noutro. Felizmente, o exigente esforço de mediação para neutralizar qualquer destas atitudes foi coroado de êxito. O êxito do Fórum foi o primeiro e mais auspicioso augúrio da era Lula. Ao Governo e ao movimento dos movimentos compete dar sustentabilidade às mediações sem as quais a era Lula não terá identidade própria.

Folha de São Paulo, 3 de Fevereiro de 2003

O POTENCIAL DE UMA REGIÃO POTENCIAL

Seja fugaz ou mais atento, um olhar sobre o território português continental constata, de forma inescapável, a projeção das suas áreas metropolitanas, que sugerem estar-se perante as regiões mais "avançadas" do país, em termos de desenvolvimento. A essa imagem junta-se, consequentemente, a percepção implícita de um interior "estagnado" (sobretudo a norte e no Alentejo) e de espaços "intermédios", menos fáceis de qualificar, como a Região Centro e o Algarve.

Esta visão simplista do espaço continental, que de certa forma convida a intuir diferenças assinaláveis em termos de "progresso" social e económico, esconde porém outros contrastes e equilíbrios. Ignora, por um lado, que as áreas metropolitanas de Lisboa e do Porto são – em si mesmas – espaços de grande contradição (como mostra, por exemplo, o facto de nelas coexistirem altos níveis de escolarização superior a par de acentuados índices de pobreza e exclusão). E obscurece, por outro lado, processos de desenvolvimento menos desiguais, de que a Região Centro pode servir de exemplo (mesmo considerando as diferenças, comparativamente mais esbatidas, entre o seu litoral e interior).

Nada disto escamoteia, como é óbvio, o padrão de favorecimento sistemático com que o poder central tem tratado as áreas metropolitanas (em particular a de Lisboa) relativamente ao resto do país. Pelo contrário, os contrastes e equilíbrios que se escondem por detrás das macrocefalias metropolitanas exigem a adopção de um novo paradigma de políticas públicas de ordenamento, que seja justamente capaz de conferir maior coesão intra e inter-regional, corrigindo os desajustes que resultam do crescimento desmesurado e estimulando, de forma sustentável, os espaços regionais menos estruturados. | Nuno Serra

A Região Centro não é uma região central. Paradoxalmente, a sua posição territorial tem sido impeditiva da criação de centralidade sociológica. Situada entre as duas grandes áreas metropolitanas do país e polarizada pelos efeitos de atracção que elas geram, tem tido dificuldade em consolidar a sua coesão regional e em afirmá-la nacionalmente por força das suas especificidades virtuosas. Paradoxalmente também, esta dificuldade e esta fragilidade são o outro lado das suas enormes potencialidades. Ou seja, no momento em que a Região Centro conseguir endogeneizar os efeitos de atracção de Lisboa e Porto, segundo uma lógica de coesão e não segundo uma lógica de fragmentação, como ocorre agora, será uma região decisiva para o desenvolvimento equilibrado do país, constituindo a mediação que impede a dupla macrocefalia do país. Constituída por um quadro físico difícil, condicionante das acessibilidades, tem sido compartimentada num mosaico de espaços com fracas articulações entre si e a sua identidade tem-se afirmado como uma identidade também ela em mosaico, feita de pertenças territoriais à espera de um elemento aglutinador. A própria organização multipolar da rede urbana reflecte esta organização do território. É uma região sem metrópole e sem grandes cidades. Apesar de Coimbra ser uma das principais cidades do país, tem tido dificuldades em polarizar o território da região.

Com efeito, e entre outras razões, as carências nalguns sectores de serviços, nomeadamente os de apoio à produção, têm contribuído para o descentramento da região, ao favorecer as articulações interregionais. A própria lógica do desenvolvimento e do investimento público, colmatando embora algumas debilidades estruturais, tem introduzido novas tensões, tendências centrífugas e factores de diferenciação intraregional. Por exemplo, nas acessibilidades, a ausência de eixos estruturadores intraregionais faz com que o grande anel rodoferroviário envolvente favoreça o relacionamento com o exterior em detrimento da densificação regional. Por outro lado, a expansão dos serviços públicos, designadamente os da saúde e da educação, tem constituído um aspecto relevante para a afirmação das cidades do topo da hierarquia urbana, dificultando ainda mais a afirmação de uma capital regional. Do ponto de vista da sua base produtiva, igualmente, a proximidade às áreas metropolitanas por parte dos "sistemas produtivos locais" dinâmicos, do Litoral Norte e Sul, tem impedido que tal dinâmica seja totalmente endogeneizada, o que fragiliza ainda mais uma estrutura produtiva marcada pela importância da base agrária, pela fraca integração regional da sua base industrial, bem como por áreas submetidas a processos de declínio ou de reconversão industrial. Deixar actuar e intensificar estas tensões desagregadoras significa rendermo-nos ao processo de metropolização que tem caracterizado o espaço nacional dominado pela lógica das novas formas de economia, com dinâmicas mais agressivas que potenciam novos fenómenos de exclusão territorial e novas assimetrias regionais. Se tal processo não for controlado, a região será definitivamente pulverizada e, com isso, serão segregadas e marginalizadas muitas das vastas áreas que a constituem.

O papel e o sentido da Região é, actualmente, o de substituir o cimento do aparelho administrativo tradicional por formas de coesão institucional que assegurem as políticas e instrumentos valorizadores das especificidades e complementaridades de cada uma das suas parcelas. Tudo isto aponta para a necessidade de colmatar défices. E significa concretizar decididamente algumas medidas, nas quais regionalmente nos reconhecemos: encarar de forma inovadora a articulação urbano-rural, considerando de forma criativa as novas funções do espaço rural, apoiando iniciativas como o Acert[1] e Belgais, por exemplo; desafiar o envelhecimento da população, lançando programas especiais no interior; afrontar os desafios ambientais que o abandono da floresta e agricultura acarreta; inovar e valorizar as universidades e centros de investigação; fixar a mão-de-obra qualificada e regionalmente formada; reforçar a importância do território para a internacionalização da economia, a sua competitividade e eixos de desenvolvimento; apoiar a excelência nas áreas da saúde e das ciências da vida; fortificar dinâmicas tecnológicas; construir redes de acessibilidades capilares e modernizar as ferroviárias; desenvolver cooperações intermunicipais; promover culturas urbanas de proximidade que sejam eficazes agentes de descentralização e diversidade culturais.

A Região Centro constitui hoje um desafio às políticas públicas territoriais. Só ela o pode enfrentar e se o souber enfrentar eficazmente aí residirá o embrião da sua centralidade sociológica.

Público, 5 de Março de 2003

---

[1] Associação Cultural e Recreativa de Tondela. Formada em 1979, a ACERT assume um sentido de actuação pluridisciplinar, em termos das áreas artísticas, assentando a sua vertente criativa no núcleo que lhe deu origem: O TRIGO LIMPO teatro ACERT.

O SEGREDO DE JUSTIÇA

A existência ou não de segredo de justiça é ponto fulcral do sistema penal desde 1987, ano da entrada em vigor do novo código de processo penal em Portugal. Com esse diploma, assistiu-se à consagração do paradigma do segredo de justiça absoluto durante toda a investigação (fase de inquérito) e até à instrução ou, em casos especiais, até ao julgamento propriamente dito – esse sim obrigatoriamente público. Acalmando eventuais ânsias – decorrentes de 48 anos de ditadura –, essa fase de investigação secreta seria judicial, liderada por um magistrado coadjuvado por um juiz de instrução defensor das liberdades. Com o crescente interesse e recorrentes atropelos ao segredo em face de uma justiça mais mediática e mediatizada, a solidez deste princípio foi sofrendo um processo de erosão. As angústias/escrúpulos perante a opaca cortina envolvendo a investigação criminal, que só por alguns eram sentidas, tornaram-se comuns por via da qualidade e quantidade de sujeitos expostos, e no ano de 2003, em plena guerrilha mediática, o ataque ao segredo de justiça estava ao rubro. A reforma de 2007 veio alimentar discussões e especulações, e a opção tomada quanto ao segredo de justiça foi das mais polémicas. O conflito veio desembocar naquilo que na prática foi uma alteração de paradigma, do segredo para a publicidade. A cirúrgica alteração de 2010 (relativa a prazos e à clarificação do conceito de acto processual aberto ao público) não trouxe alteração substancial – nem pacificação: agradar a ambos os lados parece ser virtualmente impossível. | Diana Fernandes

A justiça portuguesa tem vivido nas últimas semanas momentos de grande perturbação. Os portugueses – perplexos com a existência de indícios da prática do crime de pedofilia por um dos maiores comunicadores televisivos e com a sua prisão preventiva – assistem a uma vaga de *reality shows*, debates e artigos de opinião sobre o direito e a justiça, o desempenho dos tribunais e dos agentes judiciais, sem precedentes na história da comunicação social portuguesa. Duas das questões centrais do debate, distintas mas relacionadas, são a questão do segredo de justiça e a da relação entre os tribunais e a comunicação social. Centro-me, hoje, na primeira.

Na fase do inquérito, a fase fundamental da investigação penal, o segredo de justiça tem duas vertentes: veda o acesso ao processo a todas as pessoas não autorizadas e obriga todos os que têm acesso ao dever de guardar segredo, sob pena de incorrerem no crime de violação do segredo de justiça. A questão do segredo de justiça é uma questão recorrentemente controversa no interior do sistema judicial, reactualizada, com contornos mais dramáticos, sempre que os arguidos são pessoas económica, política ou socialmente poderosas. Confrontam-se basicamente duas posições: de um lado, aqueles que enfatizam a forte contracção dos direitos e garantias dos arguidos enquanto vigorar no processo o segredo de justiça; do outro, aqueles para quem o segredo é fundamental para o sucesso da investigação em que assentará a decisão sobre se alguém será ou não levado a julgamento, sendo tanto mais fundamental quanto mais poderosos forem os investigados.

Para os primeiros, o actual regime do segredo de justiça deve sofrer duas alterações fundamentais: deve ser restringido a uma fase de investigação com prazos peremptórios e não deve ser regra para todos os processos. O Ministério Público deverá requerer expressamente em cada processo a imposição do segredo de justiça. Para os segundos, qualquer alteração ao segredo de justiça deve ser mínima e não deve pôr em causa os interesses e o êxito da investigação criminal.

Em minha opinião, a segunda posição é, sem dúvida, a mais adequada às realidades sociológicas e judiciais do nosso país. Somos um país em que as elites sociais, políticas e económicas estão habituadas à impunidade que lhes é, em parte, garantida pelas reconhecidas debilidades da nossa investigação criminal e pela pusilanimidade dos nossos magistrados. Vivemos um momento crucial em que esta situação se está de algum modo a inverter, sendo visível alguma capacidade e alguma vontade política para começar a investigar e a julgar "os de cima".

Não admira que a reacção destes seja agressiva. Para bem de todos nós, é decisivo que esta reacção não atinja os seus objectivos. Para isso, porém, é também preciso que quem "guarda" o processo defina expressamente quem tem acesso a ele e puna exemplarmente quem violar o segredo. Recomendo que se siga o modelo da Holanda, cujo sistema judicial definiu regras especiais de segurança para os processos polémicos, que vão desde a colocação de vidros especiais nas janelas das salas até ao fechamento dos processos em cofres-fortes, à restrição do acesso de magistrados e funcionários a determinadas zonas, e à definição de regras rígidas para a rotina dos que têm acesso ao processo.

Já no âmbito da pequena e média criminalidade (36% da criminalidade julgada são crimes de emissão de cheques sem provisão e crimes rodoviários), onde é pouca ou nula a investigação, o segredo de justiça, com a actual extensão, pode ser um obstáculo à adopção de medidas processuais mais céleres como, por exemplo, o processo sumaríssimo e a suspensão provisória do processo. Aí admito algumas alterações.

Visão, 6 de Março de 2003

SUICÍDIO COLECTIVO?

A 20 de Março de 2003, a "pulsão de morte" materializava-se na invasão unilateral do Iraque pela coligação militar anglo-americana a despeito da oposição institucional do Conselho de Segurança da ONU e do protesto público que apelara em uníssono à "afirmação da vida" pelas urbes do globo a 15 de Fevereiro de 2003.

Sob o espectro de uma ameaça global que ascendia do "eixo do mal" traçado por George W. Bush, a "guerra preventiva" era justificada pela pretensa posse de armas de destruição massiva pelo regime iraquiano e pela premência em expandir a democracia para o garante da segurança mundial.

Enlaçando discursivamente uma missão salvífica na prática da guerra, arraigavam-se os fundamentos para o sacrifício que a última impunha.

Transcorridos sete anos de perpetuação de uma guerra que se pulverizou numa guerra civil, a evidência da carência de evidências de uma ameaça global cedeu lugar à constatação da fraude argumentativa e do acesso das empresas multinacionais às reservas de petróleo do Iraque e à exploração da reconstrução do país, e a sua contabilidade permite estimar, além de milhares de mortos, a privação dos vivos do acesso a bens básicos como água potável ou cuidados de saúde.

Se a "pulsão de morte" se nutre da ideia do fim da história, evidenciará a história recente o necessário fim dessa ideia? | ALICE CRUZ

Segundo Franz Hinkelammert, o Ocidente tem recorrentemente caído na ilusão de tentar salvar a humanidade através da destruição de parte dela. Trata-se de uma destruição salvífica e sacrificial, cometida em nome da necessidade de concretizar radicalmente todas as possibilidades abertas por uma dada realidade social e política sobre a qual se supõe ter um poder total. Foi assim no colonialismo com o genocídio dos povos indígenas e dos escravos africanos e com as guerras e chacinas em África e na Ásia. Foi assim no período de lutas imperialistas que causaram milhões de mortos em duas guerras mundiais e muitas guerras coloniais na África e na Ásia. Foi assim no estalinismo com o Gulag e no nazismo com o holocausto. É assim hoje no neoliberalismo com o sacrifício colectivo do Terceiro Mundo. Com a guerra contra o Iraque, cabe perguntar se está em curso uma nova ilusão genocida e sacrificial e qual o seu âmbito. Cabe sobretudo perguntar se a nova ilusão não anunciará a radicalização e perversão última da ilusão ocidental: destruir toda a humanidade com a ilusão de a salvar. Se assim for, tratar-se-á de uma radicalização do mesmo tipo da que, por razões muito diferentes, há muito vem sendo denunciada pelo movimento ecológico.

O genocídio sacrificial decorre de uma ilusão totalitária que se manifesta na crença de que não há alternativas à realidade presente e de que os problemas e as dificuldades que esta enfrenta decorrem de a sua lógica de desenvolvimento não ter sido levada até às últimas consequências. Se há desemprego, fome e morte no Terceiro Mundo, isso não resulta dos malefícios ou das deficiências do mercado; é antes o resultado de as leis do mercado não terem sido aplicadas integralmente. Se há terrorismo, tal não é devido à violência das condições que o geram; é antes devido ao facto de não se ter recorrido à violência total para eliminar fisicamente todos os terroristas e potenciais terroristas.

Esta lógica política, assente na suposição do poder e do saber totais e na recusa das alternativas, é ultraconservadora, na medida em que pretende reproduzir infinitamente o *status quo*. É-lhe inerente a ideia do fim da história. Durante os últimos cem anos, o Ocidente passou por três versões dessa lógica e, portanto, por três versões do fim da história: o estalinismo com a sua lógica da eficiência insuperável do plano; o nazismo com a sua lógica da superioridade racial; e o neoliberalismo com a sua lógica da eficiência insuperável do mercado. Os dois primeiros momentos envolveram a destruição da democracia. O último trivializa a democracia, desarmando-a ante actores sociais suficientemente poderosos para privatizarem a seu favor o Estado e as instituições internacionais. Tenho caracterizado esta situação como uma combinação de democracia política com fascismo social. Uma manifestação actual desta combinação reside no facto de a fortíssima opinião pública mundial contra a guerra se revelar incapaz de parar a máquina de guerra posta em marcha por governantes supostamente democráticos.

Em todos estes momentos domina uma pulsão de morte, um heroísmo de catástrofe, a ideia da iminência de um suicídio colectivo só prevenível pela destruição maciça do outro. Paradoxalmente, quanto mais ampla é a definição do outro e eficaz é a sua destruição, tanto mais provável é o suicídio colectivo. Na sua versão genocida sacrificial, o neoliberalismo é uma mistura de radicalização do mercado, neoconservadorismo e fundamentalismo cristão. A sua pulsão de morte tem assumido várias formas, desde a ideia das "populações descartáveis" para referir os cidadãos do Terceiro Mundo inaptos para serem explorados como operários e consumidores até ao conceito de "danos colaterais" para designar a morte de milhares de civis inocentes em consequência da guerra. Este último heroísmo da catástrofe está bem evidente em dois factos: segundo cálculos fiáveis da Organização Não-Governamental MEDACT de Londres, morrerão no Iraque, durante a guerra e nos três meses seguintes, entre 48 000 e 260 000 civis (isto no caso de não haver guerra civil nem ataques nucleares); a guerra custará 100 biliões de dólares, o suficiente para custear as despesas de saúde dos países mais pobres durante quatro anos.

É possível lutar contra esta pulsão de morte? É importante ter em mente que historicamente a destruição sacrificial esteve sempre associada à pilhagem económica dos recursos naturais e da força de trabalho, ao desígnio imperial de mudar radicalmente os termos das trocas económicas, sociais, políticas e culturais ante a quebra das taxas de eficiência postuladas pela lógica maximalista da ilusão totalitária em vigor. É como se as potências hegemónicas passassem recorrentemente, tanto em sua fase de ascensão como em sua fase de declínio, por momentos de acumulação primitiva, legitimadores das mais ignominiosas violências em nome de futuros onde, por definição, não cabe tudo o que se tem de destruir. Em sua versão actual, o momento de acumulação primitiva consiste na combinação da globalização económica neoliberal com a globalização da guerra. Contra ela está em curso a globalização contra-hegemónica, solidária, protagonizada pelos movimentos sociais e ONGs de que o terceiro Fórum Social Mundial (FSM) foi uma manifestação eloquente.

O FSM tem sido uma portentosa afirmação da vida no seu sentido mais amplo e plural, incluindo seres humanos e natureza. Que desafios defronta ante a cada vez mais íntima interpenetração da globalização económica e da globalização da guerra? Penso que a nova situação obriga o movimento dos movimentos a repensar-se e a reconfigurar as suas prioridades. É sabido que o FSM, logo em sua segunda reunião, em 2002, identificou a articulação entre o neoliberalismo económico e o belicismo imperial e, por isso, organizou o Fórum Mundial da Paz de que a segunda edição teve lugar em 2003. Isso, porém, não basta. É necessária, em meu entender, uma inflexão estratégica. Os movimentos sociais, quaisquer que sejam as suas áreas de luta, devem dar prioridade à luta pela paz como condição necessária ao êxito de todas as outras lutas. Isto significa que têm de estar na frente da luta pela paz, não deixando que esta seja solitariamente ocupada pelos movimentos pela paz. Todos os movimentos contra-hegemónicos são, a partir de agora, movimentos pela paz. Estamos em plena quarta guerra mundial e a espiral de guerra vai certamente continuar a girar. O princípio da não violência que consta da Carta de Princípios do FSM tem de deixar de ser uma exigência feita aos movimentos para passar a ser uma exigência global dos movimentos. Esta inflexão é necessária para, nas actuais condições, contrapor à vertigem do suicídio colectivo a celebração da vida, um humanismo novo, cosmopolita, construído contra as abstracções iluministas, a partir da resistência concreta ao sofrimento humano concreto imposto pelo verdadeiro eixo do mal: neoliberalismo e guerra.

Visão, 20 de Março de 2003

O IMPÉRIO INCESSANTE

Vencedora do grande prémio do World Press Cartoon 2012, a charge do cubano Aristides Esteban Guerrero, conhecido como Ares, é simples e provocativa. Trata-se do desenho de um avião de guerra despejando uma sequência mortífera de bombas. Em close, os referidos artefatos em queda revelam-se como reproduções de parte do antebraço e da mão direita da Estátua da Liberdade, um dos maiores símbolos dos EUA. Aquilo que reconhecemos de forma imediata acaba sendo dissecado, processado e reinterpretado, pela pena do artista, em algo maior.

Boaventura utiliza um mecanismo semelhante para abordar mais uma invasão militar, política, económica e cultural derivada da conjugação entre a colonialidade, a modernidade e o sistema capitalista, promovida pelo que definiu como "império incessante". No dia 20 de Março de 2003, os EUA iniciaram sua ofensiva bélica contra o Iraque; o ataque estava em pleno curso à época da publicação da referida crónica.

Em vez de aumentar o "zoom" de suas lentes para ler a realidade que desfila diante de si (como fez o cartunista Ares), Boaventura opta pelo caminho inverso: alarga o campo de análise e insere o episódio como mais um entre tantos outros que se fundam no modelo ocidental de negação da "existência do outro como igual". A crónica toca inicialmente no holocausto para acentuar essa perspectiva mais ampla da questão em foco. A Guerra do Iraque não pode ser concebida, adverte Boaventura, nela própria. Faz parte de um amplo rol de devastadoras violências cometidas, como o saque de territórios e massacres de povos indígenas mundo afora, em nome de uma pretensa "superioridade civilizacional do Ocidente". | Maurício Hashizume

Escrevendo no final da 2ª Guerra Mundial, o filósofo Levinas afirma que o horror nazi não o surpreendeu. Segundo ele, não tendo sido inevitável o nazismo, tão pouco surgiu por acaso. A violência e a guerra em que se traduzira estavam inscritas nas concepções de ser e existência que têm dominado o Ocidente. Há nessas concepções uma violência ontológica que consiste em negar a existência do outro como igual. Trata-se de uma ideia colonial do ser que justifica a aniquilação do outro. Levinas pretendia com isto mostrar como surgira o antisemitismo. Penso que a colonialidade do ser e do poder são inerentes às sociedades modernas pelo menos desde o século XV e que as suas manifestações são muito mais vastas que o antisemitismo. São o racismo, o sexismo, a guerra, o colonialismo, o apartheid, e o imperialismo.

Essa colonialidade consiste em atribuir-se o direito de definir quem é igual e quem é diferente e de decidir a sorte do diferente porque inferior. A justificação da decisão é dupla: por um lado, o inferior é perigoso, por outro lado, não sabe o que é bom para ele. O tempo e o espaço do inferior são vazios de sentido e por isso disponíveis para serem ocupados. Esta ideia de vazio de sentido provém de uma ignorância activamente produzida a respeito do inferior. Do inferior não se pode ter um conhecimento detalhado porque isso complica o objectivo da ocupação. As terras dos indígenas da América estavam vazias porque ocupadas por seres sub-humanos. Tal como para Freud a sexualidade é masculina e a mulher, um ser castrado pronto a ser ocupado pelo desejo do homem. Tal como para Bush os iraquianos desejam a ocupação para serem libertados ou têm de se resignar a serem objectos de ocupação imperial. A possibilidade de resistência por parte deles não cabe na ignorância que se tem deles. Por isso, causa surpresa. É um comportamento bizarro. Porque conscientemente instrumental, o conhecimento que se tem do ser inferior é selectivo, estritamente direccionado para ocupação e imune a qualquer contaminação de proximidade. As bombas inteligentes são a versão mais acabada deste conhecimento em acção.

A ocupação imperial é sempre reivindicada em nome do espaço vital, a expansão do campo de acção para que o ser colonizador possa desenvolver plenamente a sua humanidade. Este espaço vital tanto podem ser as terras indígenas da Conquista, como o continente africano depois da Conferência de Berlim, o corpo da mulher, dos escravos ou dos recrutados para o trabalho forçado, ou agora os poços de petróleo do Iraque. Para ser eficaz, a reivindicação do espaço vital tem de ser unilateral e inconsciente da sua unilateralidade. Na semana passada, o jornalista financeiro da Antena 1 afirmava com a máxima circunspecção: "Para levantar a moral dos mercados é fundamental que Bagdade seja ocupada esta semana".

A humanidade só pode chegar ao colonizado por via da ocupação. Por isso é tão fácil destruir a democracia em nome da democracia, eleger ditaduras e reservar os direitos humanos para quem os merece. Em 5 de Março, o jornalista da *Fox News* comentava assim a tortura a que teria sido submetido um alegado membro da Al Qaeda: "é um pedaço de lixo humano sem direitos de nenhuma espécie". A ocupação é uma destruição criadora. Por coerência, a reconstrução do Iraque tem de começar no dia da sua destruição. Quanto mais destrutiva é a ocupação, mais alta é a justificação. Dizia Hitler: "Deus está connosco". Neste particular, Bush não é diferente.

Estava errado Kant quando pensava que o iluminismo traria a paz perpétua. Ao contrário, a guerra é inerente à modernidade. Estava errado Lenine quando pensava que o imperialismo era uma fase superior do capitalismo. Ao contrário, o capitalismo tem sido sempre imperial. Estava errado Marx quando pensava que o capitalismo era um sistema económico. É, ao contrário, um sistema de dominação global que inclui a guerra, o sexismo, o racismo, o *apartheid*, o colonialismo e o imperialismo.

Visão, 3 de Abril de 2003

DEAR ISSA

Na sequência do 11 de Setembro de 2001, os EUA iniciam o que denominam de "guerra ao terrorismo" à escala global. Como bem recordamos, depois de iniciar a guerra no Afeganistão em Outubro de 2001, à revelia das Nações Unidas, o presidente George Bush alegou junto da Organização das Nações Unidas (ONU) indícios de produção de armas de destruição maciça pelo Iraque para a invasão do país. Apesar da Comissão das Nações Unidas responsável pela inspecção do programa de armamento do Iraque (UNMOVIC) não ter encontrado provas de produção de armas de destruição maciça no país, os EUA e aliados invadiram o Iraque em Março de 2003. Em Setembro de 2004, Kofi Annan, Secretário-Geral da ONU, reconhecia esta guerra como ilegal à luz da Lei Internacional e da Carta das Nações Unidas.

Esta crónica enquadra-se nas acções de boicote de intelectuais a regimes que violam sistematicamente os direitos humanos, como ocorreram por exemplo contra o regime do apartheid, ou acontecem actualmente contra Israel pela ocupação da Palestina. A acção do Prof. Shivji além de condenar a invasão do Iraque, manifesta uma crescente desconfiança sobre as "boas intenções" do militarismo ocidental, uma desconfiança partilhada pela "Carta ao Presidente Bush"[1] escrita por Mia Couto em Março de 2003. Tais acções de resistência pacífica levantam a questão do papel do intelectual perante situações políticas que violam os direitos humanos. | HÉLIA SANTOS

Issa Shivji é professor da Faculdade de Direito da Universidade de Dar es Salaam (Tanzânia). Internacionalmente conhecido e um amigo meu de longa data, foi convidado há meses para participar num Colóquio Internacional sobre o Direito e a Justiça no Século XXI que o Centro de Estudos Sociais está a organizar e que se realizará na Universidade de Coimbra de 29 a 31 de Maio próximo. Com este colóquio, em que participam conferencistas vindos da Europa, África, Américas e Ásia, pretendemos promover uma reflexão internacional sobre os desafios que o direito e a administração da justiça enfrentarão nas próximas décadas. Entusiasmado, Issa Shivji aceitou há meses

[1] Ver http://ebookbrowse.com/mia-couto-carta-ao-presidente-bush-pdf-d201785510.

o convite. Na semana passada escreveu-me a decliná-lo, com a justificação de não querer continuar a colaborar com os países ocidentais depois da invasão ilegal do Iraque e da barbárie *high-tech* infligida aos iraquianos. Diz ele a certa altura: "Como poderei eu teorizar sobre o direito e a justiça como campo de luta pela libertação dos oprimidos, tese que me é tão cara, quando bombas americanas pesando uma tonelada e rotuladas "libertação do Iraque" enterram crianças de 13 anos, como o meu filho, em profundas crateras... A hegemonia institucional das nossas universidades apenas nos permite partilhar a nossa indignação nos bares, ao final da tarde, depois de termos apresentado as nossas circunspectas comunicações sobre o direito e a justiça. Basta de esquizofrenia intelectual!" Respondi-lhe, pedindo que reconsidere. Eis alguns trechos da minha mensagem: "A tua integridade moral e política, a tua lucidez crítica a respeito das concepções hegemónicas dos direitos humanos, a tua luta pela democracia participativa e por um conhecimento solidário estiveram na base do convite que te dirigi e, naturalmente, dói-me o coração que sejam essas mesmas razões as que te levam a declinar o nosso convite. Queria dizer-te que a ciência que procuramos realizar aqui tem muitas atinências com a que tens vindo a realizar de modo brilhante. Para nós a ciência, objectiva mas não neutral, é um exercício de cidadania e estamos certos de que não há justiça social global sem justiça cognitiva global...

Ao contrário de Habermas, penso que o nazismo e Bush não são desvios ou aberrações da modernidade Ocidental. São constitutivos dela. Não tinham de acontecer necessariamente, mas tão-pouco aconteceram por acaso. Como português, sinto-me envergonhado e revoltado com a posição do governo do meu país a favor da guerra, quando a grande maioria da população é contra. Tenho vindo a lutar contra essa posição por todos os meios democráticos ao meu alcance. Mas a luta tem de ser global e tem de nos mobilizar a todos. A ciência e os cientistas não podem dispensar-se de responder à questão: de que lado estou? Porque se o fizerem estão, de facto, a alinhar com a barbárie. Como sabes, tenho estado muito activo nos trabalhos do Fórum Social Mundial e a ideia que nos norteia é que não podemos render-nos ao pensamento único e à arrogância tecnológica do capitalismo selvagem e belicista. Não podemos desistir. É isso o que os falcões instalados na Casa Branca desejam. Por isso, meu Caro Issa, peço-te que faças da visita a Coimbra um momento de denúncia e de luta. Não quero que faças uma comunicação com ideias diferentes das que constam da tua mensagem. Se não vieres, lutaremos sem ti, ainda que a pensar em ti. Será, pois, mais difícil. Daí o meu pedido para que reconsideres.

Os nossos filhos reconhecerão que as nossas ideias e as nossas lutas por uma sociedade mais justa e solidária não têm a eficácia das bombas, mas são a única alternativa digna de seres humanos."

Visão, 17 de Abril de 2003

A JUDICIALIZAÇÃO DA POLÍTICA

Nas últimas décadas transformou-se significativamente o contexto sociopolítico do desempenho das funções judiciais, visível na emergência de situações de tensão institucional entre o sistema político e o sistema judicial e no crescente protagonismo social e político dos tribunais. Com o desenvolvimento do Estado-Providência e a politização da vida social, o Estado passou a ter uma acção mais abrangente. A emergência dos direitos económicos e sociais levou o Estado a intervir nas áreas da habitação, da segurança social, da saúde e da educação, aumentou o potencial de litigação e abriu o caminho para os tribunais serem envolvidos na questão da justiça social e na avaliação da legalidade da actuação do Estado e dos seus agentes. Esta passagem teve várias intensidades nos diferentes países. Em Portugal, em 2003, o "caso Casa Pia" deu uma visibilidade sem precedentes aos tribunais levando ao escrutínio público a regulamentação das questões do segredo de justiça, da prisão preventiva e das escutas telefónicas, o que levou a que várias entidades, desaconselhassem o momento para fazer transformações de fundo nos códigos Penal e de Processo Penal, sob pena de serem associadas e justificadas aos olhos dos cidadãos pelo caso concreto. Entretanto, surgiram na imprensa outros casos mediáticos, como o Caso "Apito Dourado" ou "Fátima Felgueiras", ao mesmo tempo que algumas vozes se levantavam contra algumas propostas de revisão em concreto. A reforma dos Códigos Penal e de Processo Penal surgiria em 2007. | MADALENA DUARTE

As relações entre o sistema judicial e o sistema político atravessam um momento de tensão sem precedentes cuja natureza se pode resumir numa frase: a judicialização da política conduz à politização da justiça. Há judicialização da política sempre que os tribunais, no desempenho normal das suas funções, afectam de modo significativo as condições da acção política. Tal pode ocorrer por duas vias principais: uma, de baixa intensidade, quando membros isolados da classe política são investigadores e eventualmente julgados por actividades criminosas que podem ter ou não a ver com o poder ou a função que a sua posição social destacada lhes confere; outra, de alta intensidade, quando parte da classe política, não podendo resolver a luta pelo poder pelos mecanismos habituais do sistema político, transfere para os tribunais os seus conflitos internos através de denúncias cruzadas, quase sempre através da comunicação social, esperando que a exposição judicial do adversário, qualquer que seja o desenlace, o enfraqueça ou mesmo o liquide politicamente.

No momento em que ocorre, não é fácil saber se um dado processo de judicialização da política é de baixa ou de alta intensidade. Só mais tarde, através do seu impacto no sistema político e judicial, é possível fazer tal determinação. Enquanto a judicialização de baixa intensidade retira a sua importância da notoriedade dos investigados, a de alta intensidade retira-a da natureza dos conflitos subterrâneos que afloram judicialmente. É, por isso, que só esta última tende a provocar convulsões sérias no sistema político. À luz destas considerações, pode concluir-se que a "operação mãos limpas", desencadeada pelo Ministério Público italiano, no início da década de noventa, constituiu uma judicialização da política de alta intensidade, enquanto a que ocorreu ao longo da década na Espanha, Bélgica e França foi de baixa intensidade. Pelas mesmas considerações, não é possível saber neste momento se estamos, entre nós, perante uma judicialização da política de baixa ou de alta intensidade. Qualquer que seja o caso, uma coisa é certa: a judicialização da política está a conduzir à politização da justiça. Esta consiste num tipo de questionamento da justiça que põe em causa, não só a sua funcionalidade, como também a sua credibilidade, ao atribuir-lhe desígnios que violam as regras da separação dos poderes dos órgãos de soberania.

A politização da justiça coloca o sistema judicial numa situação de stress institucional que, dependendo da forma como o gerir, tanto pode revelar dramaticamente a sua fraqueza como a sua força. É cedo para saber qual dos dois resultados prevalecerá, mas não restam dúvidas sobre qual o resultado que melhor servirá a credibilidade das instituições e a consolidação da nossa democracia: que o sistema judicial revele a sua força e não a sua fraqueza. Revelará a sua força se actuar celeremente, se mostrar ao país que, mesmo em situações de stress, consegue agir segundo os melhores critérios técnicos e as melhores práticas de prudência e consegue neutralizar quaisquer tentativas de pressão ou manipulação.

A complexidade do momento presente reside em que os portugueses não podem por agora obter resposta para duas questões que os assaltam: quais as razões da judicialização da política em curso? É perigosa ou é salutar para a nossa democracia? Por agora, teremos de nos contentar em analisar as manifestações da politização da justiça que decorrem dela e tentar identificar, a partir dela, os parâmetros de respostas futuras. Identifico três manifestações principais: as relações entre os meios de comunicação social e o sistema judicial; a polémica sobre o segredo de justiça; e a polémica sobre a prisão preventiva.

1. A politização da justiça transforma a plácida obscuridade dos processos judiciais na trepidante ribalta mediática dos dramas judiciais. Esta transformação é problemática devido às diferenças entre a lógica da acção mediática, dominada por tempos instantâneos, e a lógica da acção judicial, dominada por tempos processuais lentos. É certo que tanto a acção judicial como a acção mediática partilham o gosto pelas dicotomias drásticas entre ganhadores e perdedores, mas enquanto o primeiro exige prolongados procedimentos de contraditório e provas convincentes, a segunda dispensa tais exigências. Em face disto, quando o conflito entre o judicial e o político ocorre nos media, estes, longe de serem um veículo neutro, são um factor autónomo e importante do conflito. E, sendo assim, as iniciativas tomadas para atenuar ou regular o conflito entre o judicial e o político não terão qualquer eficácia se os meios de comunicação social não forem incluídos no pacto institucional. É preocupante que tal facto esteja a passar despercebido e que, com isso, se trivialize a lei da selva mediática em curso.

2. Num contexto de politização da justiça, o problema do segredo de justiça é o problema da violação do segredo de justiça. O que se está a passar neste domínio é uma vergonha nacional. Não deixa de ser paradoxal que, num momento político-judicial que se apresenta como de luta contra a tradicional impunidade dos poderosos, quem quer que tenha poder para violar o segredo de justiça o possa fazer impunemente. O segredo de justiça protege tanto os interesses da investigação criminal como o bom nome e a privacidade dos arguidos. Sobretudo no domínio da criminalidade complexa, o segredo de justiça é uma condição de eficácia da investigação e, por isso, o respeito pelos direitos dos arguidos não está na atenuação do segredo. Está na aceleração do inquérito criminal por parte do Ministério Público e, portanto, na dotação das condições para que tal seja possível. A vulnerabilidade do segredo de justiça numa situação de stress institucional reside no facto de os que estão interessados em destruir o bom nome dos arguidos têm a cumplicidade dos que pretendem descredibilizar a investigação.

3. A prisão preventiva é tão importante à eficácia da investigação criminal quanto o segredo de justiça, mas, ao contrário deste, pode e deve ser substituída por medidas alternativas sempre que possível. O excesso de prisão preventiva entre nós resulta da morosidade da justiça e do tipo de criminalidade. Não há dados fiáveis sobre a incidência total da prisão preventiva. Há-os apenas sobre os presos preventivamente em processos à data de julgamento, estando assim excluídos os presos em fase de inquérito a que se não seguiu acusação e os que, tendo sido acusados, viram a prisão preventiva substituída por outra medida

antes do julgamento. Do total dos processos julgados em 2001, 2,4% dos réus estavam em prisão preventiva. Desses, 44% eram julgados por crimes de droga; 19% por roubo; 15% por furto qualificado; 5,6% por homicídio. Dez anos antes, em 1991, 1,8% dos réus estavam em prisão preventiva, dos quais 49% por furto qualificado, 14% por crimes de droga, 11% por roubo e 7% por homicídio. A grande diferença reside no facto de os crimes de droga terem quadruplicado em dez anos, crimes para os quais o juiz não vê muitas vezes alternativa à prisão preventiva para que a actividade criminosa não continue a ser praticada. Em 2000, 92,7% dos réus em prisão preventiva foram condenados; dez anos antes, essa percentagem foi de 95,6%. Ao longo da década, aumentou a duração média da prisão preventiva. Em 1992, em 54,2% dos casos, durou até 6 meses, e em 2,7% mais de 18 meses. Em 2001, os números foram, respectivamente, 31,4% e 5,8%. Não são fáceis as estatísticas comparadas neste domínio. Por exemplo, enquanto entre nós, se houver recurso depois da condenação em primeira instância, o réu continua tecnicamente em prisão preventiva até à decisão transitar em julgado, em vários países europeus a prisão preventiva termina com a decisão da primeira instância, o que obviamente faz encurtar a sua duração. Estes dados talvez nos ajudem a reflectir que, embora dramatizado em fase de politização da justiça, o problema da prisão preventiva tem pouco a ver com esta.

Público, 26 de Maio de 2003

BLOQUEIO EM MOVIMENTO

Poderemos comparar a sociedade portuguesa a um objecto? A dezena de anos que nos pousou em 2003 acrescentou materiais e divisões a uma caixa de rectangularidade, aparentemente, simples. Um lado da caixa foi atado ao chão e às raízes que nele param e o outro foi preenchido de engrenagens pensadas para o movimento acelerado. Retirámos terra do seu interior e acrescentámos pedaços de cidade e estrada. Ao povo miúdo que se mexia na sua base juntaram-se as mãos e os papéis de gente de outros lugares e com outras História(s). A mistura humana cresceu, ganhou voz e agitou-se na defesa daquilo que cada um e cada grupo carrega como bagagem. Abrimos vitrinas decoradas com o brilho de telemóveis, portáteis, livros e palcos que ainda se fecham ao toque de muitos. Queimámos as notas poupadas e acumulámos cartões de plástico em fundos falsos. Entortámos a caixa com menos votos e mais divisões entre político e povo, colocando mais peso no "bloco esquerdo" onde se tenta e (a)firma o seu endireitamento. Na tampa, que não conseguimos abrir totalmente, desenharam-nos a Europa, para onde devem convergir os nossos olhares, vidas e vontades. Aquilo que fomos, somos e queremos ser é um conteúdo tão fixo quanto desmontável. Entre o espectro do fascismo e o corpo da Europa, parte dele já foi desenhado em Abril de 74 e são mais de 25 as voltas a dar às suas diferentes partes. Entre a casa, a rua e a instituição, temos de virá-la com ciência e tecnologia, com cabeça e braços, com ambição e esforço e com gentes e coisas que saíam da base para o topo. | SUSANA DE NORONHA

A sociedade portuguesa mudou muito nos últimos dez anos, mas muitas dessas mudanças só são notórias contra o pano de fundo de resistentes continuidades. Talvez por isso não haja consenso sobre o âmbito, o sentido e a intensidade das mudanças. Se para alguns foram demasiadas e demasiadamente rápidas, para outros, elas não conseguiram arrancar-nos dos atávicos imobilismos. Esta divergência de opiniões é normal em todas as sociedades que passam por processos semelhantes. Mas entre nós tem um significado próprio, e é sobre ele que me debruçarei.

Eis um elenco possível das principais mudanças sem ordem de precedência: aumento da imigração (depois de África, o Brasil e os países de Leste) com a correspondente alteração da estrutura social e cultural da população; emergência de movimentos sociais amplos e transversais, do apoio à independência de Timor-Leste à defesa do meio ambiente e à luta contra a guerra; aumento das assimetrias regionais e intensificação do processo de metropolização territorial (Lisboa e Porto), mas, ao mesmo tempo, incremento da intensidade urbana (aumento da oferta de serviços e padrões de consumo) em pequenas e médias cidades; ascensão e queda da nova economia; explosão da micro-informática e dos telemóveis (em 1998 só os países escandinavos nos ultrapassavam); aumento da oferta do ensino superior; consolidação do sistema público de segurança social, entretanto posta em causa pelo actual governo; criação de um sistema nacional de ciência e de tecnologia; melhoria dos indicadores de pobreza com um decréscimo de 24% para 21% da taxa de pobreza relativa (percentagem da população residente com rendimento inferior a 60% da média do rendimento nacional); aumento da precarização do emprego (contratos a prazo e desestruturação das carreiras); aumento do desemprego de licenciados/as; incremento da discrepância entre rendimento e padrões de consumo, com o consequente e dramático aumento do endividamento das famílias; reforço do direito dos homens a gozarem de licenças para assistência aos filhos (licença de paternidade e licença parental); aumento importante da cultura como área de intervenção política do Estado e, sobretudo, das autarquias; incremento das indústrias culturais, da produção mediática e da publicidade, em parte ligado à privatização da televisão; informalização e desjudicialização da justiça e a introdução de novas tecnologias de informação e de comunicação no sistema judicial; emergência de novos (ou velhos, mas até agora não denunciados) tipos de criminalidade, do crime económico organizado às associações criminosas, corrupção, tráfico de drogas e de armas, pedofilia; aumento da participação das mulheres em muitas áreas da vida social (não política) e, nomeadamente, na administração da justiça; começo do fim da impunidade dos poderosos; aumento da distância entre os cidadãos e o sistema político com a subida da abstenção e a fraca participação nos referendos; incremento da mediatização da política; emergência e consolidação do Bloco de Esquerda; entrada da homossexualidade e dos direitos sexuais no discurso político.

A sociedade portuguesa é uma sociedade em movimento. Todas as sociedades são sociedades em movimento, mas entre nós essa constatação tem um significado específico que não tem noutras sociedades europeias. É que vivemos na presença de um tempo passado, mas recente, de imobilismo, de estagnação e, portanto, de decadência, contra o qual imaginamos estar a impor-se a presença rival de um tempo de ruptura e de mudança. Nas representações dos Portugueses, o tempo do imobilismo é o tempo do fascismo, Estado Novo, ditadura, Salazar, Cerejeira, PIDE, províncias ultramarinas, censura, União Nacional, guerra colonial, saudade, fado, futebol e Fátima, a Bem da Nação, censura, Marcelo Caetano, Movimento Nacional Feminino, brandos costumes, orgulhosamente sós, a aldeia mais portuguesa, agricultura camponesa, Deus, Pátria e Família, Mocidade Portuguesa, Angola é nossa, mulher-mãe-e-esposa, conversa em família, enxovais para os pobrezinhos, Abril em Portugal, povo que lavas no rio, cópia e ditado, criada de serviço, madrinhas de guerra. Por sua vez, o tempo de mudança é o tempo do 25 de Abril, liberdade, democracia, descolonização, partidos políticos, manifestações, União Europeia, Zeca Afonso, greves, coca-cola, escola nova, Mário Soares, gestão democrática, Xico Fininho, nacionalizações, privatizações, contratos a prazo, computadores, vídeos, telemóveis, mulher-operária-e-profissional, drogas, endividamento, Maria de Lurdes Pintasilgo, Expo 98, Siza Vieira, discotecas, turismo rural, Procuradoria Geral da República, Eduardo Lourenço, José Saramago, euro, rádios locais, internet, *disk jockeys.*

Estas duas presenças estão profundamente enraizadas no imaginário dos portugueses. E são ambas, em grande medida, ilusórias. Nem o tempo do salazarismo foi só de imobilismo, nem o tempo do 25 de Abril tem sido só de mudança. Se no primeiro tempo vivemos a mudança sob a forma do imobilismo, no segundo tempo vivemos o imobilismo sob a forma da mudança. Esta mudança nas formas vivenciais dos dois tempos é em si mesma significativa. No primeiro tempo, a mudança foi socialmente desvalorizada, ocorrendo subterrânea e anonimamente. Foi por isso que o 25 de Abril colheu de surpresa a grande maioria dos Portugueses. No segundo tempo, é o imobilismo que é socialmente desvalorizado, ao ponto de tornar-se inominável ou irrepresentável. A negação do imobilismo é também a negação da ruptura com ele. O facto de o 25 de Abril ser desvalorizado, ou mesmo estar ausente, em muitas das nossas escolas não significa que se desvalorize a ruptura com o imobilismo da sociedade anterior. Desvaloriza-se, isso sim, que a sociedade anterior alguma vez tenha existido de forma diferente e relevante para o que hoje somos.

Esta mudança de percepção e de perspectiva é, de facto, a mais significativa de todas porque é ela que condicionará o sentido e o modo como o futuro nos surpreenderá. Se no tempo do imobilismo foi o 25 de Abril que nos surpreendeu, o que nos surpreenderá no tempo de mudança? Algo que não será nem ruptura com o presente, nem trará algo de novo e melhor? Algo como um imobilismo assumido, o imobilismo que se afirma na manutenção desta mudança em que vivemos hoje? A surpresa estará em termos de concluir que, afinal, não saímos do lugar onde sempre estivemos, ou, pelo contrário, que o lugar em que estamos se desloca tão lentamente que nem como jangada de pedra percebemos o seu movimento?

Vivemos um entre-tempos, duas presenças rivais e, de facto, nenhuma delas suficientemente consistente ou convincente para desalojar a rival. E assim vamos viver por mais tempo. Esta vivência dividida divide também as lealdades, os critérios e os projectos, o que leva a que as clivagens entre os Portugueses não sejam nunca assumidas como muito vincadas. O que é mais significativo, que no espaço de dez anos tenhamos passado de conferências em prosa para conferências em power point ou de escrita em português para mensagens SMS em telemovês, ou, pelo contrário, que continuemos, como há séculos, a formar a mão-de-obra menos qualificada da Europa ou a premiar a ganância fácil em detrimento do trabalho e do investimento produtivos ou, como há décadas, que o nosso Estado (e, sobretudo, as nossas empresas) dediquem à investigação as percentagens do PIB mais baixas da Europa?

É mais significativo que a diversidade religiosa tenha aumentado expressiva-mente nos últimos dez anos ou que a Igreja católica portuguesa continue, como há séculos, conservadora e "instrumento do reino" (sob a sua égide entra um neoliberalismo baptizado com a reforma da segurança social e novo código do trabalho)? É mais significativo que tenhamos passado de um país de emigrantes a um país de imigrantes ou que continuemos a ter os salários mais baixos da Europa? Não há consenso entre os que pensam que as mudanças acabarão por arrastar consigo as continuidades e aqueles que pensam que as continuidades acabarão por boicotar ou tornar irrelevantes as mudanças. Mas este discurso não potencia, ao contrário do que seria de pensar, a emergência de clivagens políti-cas ou culturais fortes. É que nenhum português está do lado da valorização da mudança ou da continuidade em todas as áreas da vida social. Se nalgumas áreas valoriza a mudança, noutras valoriza a continuidade. E como quer as mudanças, quer as continuidades podem ter, na grande maioria dos casos, aspectos positivos e aspectos negativos, alguns valorizam-nas pelo que têm de negativo, enquanto outros as valorizam pelo que têm de positivo.

Este entrecruzar de percepções de mudança e percepções de imobilismo e de valorização, ora positivas, ora negativas, do que muda e do que permanece, faz com que em Portugal seja difícil formar blocos sociais e políticos que pro-movam projectos inequívocos e coerentes de transformação social (ou de recusa dela). Daí que as forças de esquerda não se identifiquem entre si senão pelo que as divide; daí que não haja entre nós um forte partido de extrema-direita; daí que entre a esquerda «responsável» e a direita «responsável» haja, sobretudo, em comum a mesma falta de sentimento de responsabilidade por um projecto político, social, económico e cultural coerente e inequívoco. Politicamente, em Portugal o centrismo prospera, não como projecto, mas como ausência de projecto. E a ausência de projecto, por tão reiterada pelo hábito, passa facilmente por projecto alternativo a si mesma.

Esta ausência de projecto feita projecto tem hoje uma versão particular que se vincou muito nos últimos dez anos. Essa versão é a União Europeia (UE). Na aparência, a UE representa o fim da multissecular ausência de projecto. Finalmente, somos parte de um verdadeiro projecto que excede em muitos aspectos o nosso presente, que tem objectivos claros e dispõe de um plano, métodos e estratégias para os atingir. É, além disso, um projecto hegemónico, ou seja, um projecto que concita entre nós o mais generalizado consenso, sendo legítimo ver nele a verdadeira razão da despolarização na sociedade portuguesa. Atrevo-me, no entanto, a pensar que o projecto europeu, pelo menos até agora, é mais uma versão da ausência de projecto. Sem dúvida que a entrada na UE transformou profundamente a sociedade portuguesa e, na esmagadora maioria dos casos, tratou-se de uma transformação positiva, para melhor. Penso, no entanto, que até agora (repito) essas transformações são menos assumidas como parte de um projecto que adoptámos com peso e medida do que como resultado auspicioso de novas rotinas que nos aconteceram.

Estamos no projecto europeu, mas ainda não somos o projecto europeu. Tal como estivemos nas colónias sem muitas vezes sermos colonizadores efectivos. Tal como então, estamos no lugar fora do lugar. Esta continuidade está bem expressa no aventureirismo que caracteriza o modo como temos utilizado os fundos estruturais e de coesão em muitos aspectos semelhante ao aventureirismo que caracterizou o modo como explorámos as colónias. Nestas fomos quase sempre aventureiros e poucas vezes colonos. Explorámos com insaciável avidez a riqueza fácil e à mão, mas raramente nos instalámos para, com trabalho e tecnologia, valorizar os recursos locais e multiplicá-los em projectos de desenvolvimento sustentável, como hoje se diria. É por isso que, enquanto na América Espanhola se fundaram 23 universidades entre o século XVI e o século XIX, as colónias portuguesas tiveram de esperar pelo século XIX, ou mesmo pela segunda metade do século XX (no caso de África) para inaugurarem as suas universidades. No caso dos fundos estruturais e de coesão, deixámos que eles se tornassem presa fácil de corrupção impune, enterrando-os em cimento e betão em vez de os pôr ao serviço da viragem educativa e científico-tecnológica, a viragem que nos permitiria apropriarmo-nos do projecto europeu como verdadeiramente nosso. Estamos, pois, nele mas, por enquanto, a partir de fora. Mais como hóspedes do que como anfitriões. Até agora, a entrada na União Europeia é mais uma versão da ausência-de-projecto-feita-projecto-de-si-mesma.

Por estas razões, a ausência-de-projecto-feita-projecto-de-si-mesma é o que melhor caracteriza o entre-tempo presente. Ela tem de facto uma enorme plasticidade que lhe permite transfigurar-se simultaneamente em imobilismo e em mudança. As suas duas transfigurações, aparentemente opostas, são o realismo e o quixotismo. O realismo é, entre nós, uma atitude de renúncia a mudar a realidade. A mudança da realidade exige um projecto; não havendo projecto, a rotina é o melhor seguro contra o futuro incerto. A rotina é o governo do conhecido pelo conhecido. É a força de quem não tem força, ou, tendo-a, não sabe que a tem ou acha desperdício ou perigoso exercê-la. Na rotina é-se contra o método, o rigor e a previdência em nome da facilidade, do comedimento e do bom senso naturais do deixar correr. Aubrey Bell escrevia no início do século XX que a outra palavra tipicamente portuguesa, além da saudade, era «desleixo», a qual, em seu entender, implicava menos a falta de energia do que a íntima convicção de que «não vale a pena...»

Este realismo pedestre é uma das mais longas durações da nossa existência colectiva e é talvez mais lucidamente observável a partir daqueles que colonizámos. Diz Sérgio Buarque de Holanda nas Raízes do Brasil: «a rotina e não a razão abstracta foi o princípio que norteou os portugueses, nesta como em tantas outras expressões da sua actividade colonizadora. Preferiram agir por experiências sucessivas, nem sempre coordenadas umas às outras, a traçar de antemão um plano para segui-lo até ao fim. Raros os estabelecimentos fundados por eles no Brasil que não tenham mudado uma, duas ou mais vezes de sítio, e a presença clássica da vila velha ao lado de certos centros urbanos de origem colonial é persistente testemunho dessa atitude tacteante e perdulária».

O realismo pedestre está sempre a um passo de se converter em perda de auto-estima. As rotinas são o imobilismo em movimento, e qualquer mudança que aflore da sua ruminação subterrânea tende a provocar surpresa. Não havendo plano, diagnóstico ou desígnio, há surpresas, isto é, consequências em busca de causas. Como foi possível o 25 de Abril? Como foi possível o desastre da equipa portuguesa no campeonato do mundo de Seul? Como é possível que o bar do comboio entre Lisboa e Porto sirva sanduíches espanholas? De algum modo, nem merecemos o que nos acontece de bom, nem o que nos acontece de mau.

Nisto consiste a fragilidade da nossa auto-estima, aquilo a que tenho chamado o luso-merdismo, o desfocar das expectativas, tanto negativas como positivas. É por isso que é tão forte, entre nós, o discurso do «bota abaixo» como o discurso do «basta de bota abaixo».

Mas a ausência-de-projecto-feita-projecto-de-si-mesma manifesta-se sob outra forma, o quixotismo. O quixotismo é o realismo pedestre quando monta a cavalo. A ausência de plano, método ou razões abstractas, torna possíveis as fulgurações. As fulgurações são a interrupção das rotinas, sem peso nem medida, e traduzem-se em intervenções mal calibradas, contrafactuais. Tivemos recentemente duas manifestações eloquentes de quixotismo. A primeira consistiu na monocultura política do controlo do défice orçamental. Em vista da fragilidade da nossa economia e da conjuntura internacional, tal política foi uma afirmação quixotesca de lealdade exagerada e desfocada ao projecto europeu, uma lealdade que seria ridícula se em vez de hóspedes fossemos anfitriões neste projecto.

O resultado é a recessão económica, o crescimento negativo do PIB (único na Europa), retrocesso na convergência (os piores dias que virão com o alargamento da União Europeia) e o golpe de Estado financeiro que o Estado central acaba de infligir às autarquias. A segunda manifestação de quixotismo foi o apoio entusiasta do Primeiro-Ministro à invasão do Iraque, contra a posição do núcleo duro da UE, o eixo França-Alemanha. Aqui, a lealdade peca por defeito e mostra igualmente em que medida o projecto europeu nos é exterior. Um país pequeno, com problemas de convergência, se levasse a sério o projecto europeu e o tivesse como seu, teria todo o interesse em alinhar-se pelo núcleo duro da Europa e ainda para mais apoiado pela opinião pública. Sucedeu o contrário porque Portugal, inconformado com a sua pedestrialidade, decidiu cavalgar um projecto mais amplo do que a União Europeia, a União Atlântica. Como se, para nos vingarmos de a Europa ser grande de mais para o Portugal dos Pequenitos, quiséssemos mostrar que Portugal é grande de mais para a Europa dos Pequenitos. Sem força para tamanha cavalgada, terminámos nas margens de ambos, metaforicamente nos Açores. Perdemos a alma, mas ganhámos umas subempreitadas.

No momento em que se aperta o cerco à sociedade portuguesa, no momento em que a economia portuguesa, em processo de espanholização dependente, não parece preparada para enfrentar o desafio europeu, no momento em que nos evidenciámos como hóspedes, não apenas relutantes, mas também ingratos da UE, neste momento a ausência-de-projecto-feita-projecto-de-si-mesma torna-se insuportável. Não é suportável que a mudança não continue a ser possível senão ao ritmo do imobilismo. Não é suportável que continuemos a inculcar nos nossos jovens os escapes alternativos do realismo chão e desistente e do quixotismo aéreo e inconsequente, ou alternativas do bota abaixo/basta de bota abaixo.

Há trinta anos vivemos um momento limite deste bloqueio em movimento, simbolizado na figura de Marcelo Caetano e retratado brilhantemente num livro notável de Vasco Pulido Valente (Marcelo Caetano, *As Desventuras da Razão*, Gótica, 2002). Trinta anos depois não precisamos de um outro 25 de Abril porque o que temos não está esgotado. E não está esgotado porque é inesgotável a expectativa democrática que nos inculcou. Com o 25 de Abril aconteceu-nos a democracia, mas até agora não nos demos conta da enorme exigência que ela nos faz se levada a sério, no parlamento como no governo, nos tribunais como nas polícias, nas escolas como nos hospitais, nas comunidades como nas empresas, na rua como em casa. É por isso que a ausência de projecto tem passado por projecto, um projecto que, para ser nacional, tem de ser europeu e, para ser europeu, tem de incluir os países de língua oficial portuguesa.

Mas o bloqueio em movimento, sendo recorrente na nossa história, não é uma necessidade histórica. Nos últimos dez anos tivemos exemplos de boas práticas que, se continuadas e emuladas, permitiriam romper o bloqueio. Dou o exemplo da prática que, desta perspectiva, considero mais consequente neste período: a política científica de Mariano Gago. O seu incontestável êxito assentou nas seguintes premissas: assumir com lealdade e sem reservas o projecto europeu; com trabalho e dedicação, conhecer intimamente os dossiers comunitários, os da nossa comunidade científica e os dos outros países comunitários; com tenacidade e imaginação, maximizar a nossa capacidade de manobra e o respeito pelas nossas especificidades, usando como critério de orientação o espírito do quadro jurídico comunitário e não a sua letra; na frente interna, lutar contra o luso-merdismo – promovendo a auto-estima sem quixotismo –, ampliar as alianças na comunidade científica – conferindo cidadania às ciências sociais e humanas sem o fazer contra a incontestada cidadania das ciências naturais –, criar, com fortes investimentos em infra-estruturas e recursos humanos, um sistema coerente de ciência e tecnologia e, acima de tudo, criar um clima hegemónico, de consensos mobilizadores.

Em resultado desta política, Portugal foi, entre 1996 e 2002, o país da Europa com maior crescimento na grande maioria dos indicadores de ciência e tecnologia. Se aplicada, com as devidas adaptações, noutras áreas de governação, esta política desbloquearia em poucos anos o país e pô-lo-ia em verdadeiro movimento, com peso e medida.

Não há que optar entre imobilismo e mudança; há que interpretar de modo não tradicional a tradição para abrir o caminho à inovação consistente. Não há que tentar sínteses entre o quixotismo de *Os Lusíadas* e o realismo de *O Soldado Prático* de Diogo do Couto. Essas só são possíveis na literatura e a mais brilhante de todas é a de Fernando Pessoa. Mas se Portugal não é apenas uma questão de literatura, é urgente esquecer Fernando Pessoa em nome de Fernando Pessoa.

Visão, 8 de Maio de 2003

O FÓRUM SOCIAL PORTUGUÊS

A 21 de Setembro de 2002, um conjunto amplo de cidadãs/cidadãos e organizações, adotam a "Declaração de Coimbra", e decidem convocar o primeiro Fórum Social Português (FSP) para Junho 2003, no espírito do "movimento dos movimentos". Declaravam: "este espaço não pretende representar o conjunto da sociedade portuguesa, mas amplificar a voz d@s muit@s que condenam as políticas económicas, sociais, ambientais e culturais do neoliberalismo, a guerra, o sexismo, o racismo, a homofobia, a xenofobia, a pobreza, a exclusão social e a injustiça".

A sua primeira edição teve lugar a 7-10 de Junho de 2003, na Cidade Universitária de Lisboa, reunindo mais de 2000 pessoas e 240 organizações em cerca de 120 iniciativas. A 14 de Maio de 2005, realiza-se em Évora um encontro (intercalar) subordinado ao tema "Resistências e Alternativas", e a 13-15 de Outubro de 2006, a 2ª e última edição do FSP, na cidade de Almada.

A complexidade do processo de construção da 1ª edição do FSP, constituiu um equilíbrio frágil que não conseguiu transformar de forma definitiva a relação entre partidos e movimentos no sentido advogado por Boaventura. Seriam precisos passos mais sólidos no sentido do reconhecimento da sua autonomia recíproca e complementaridade no aprofundamento de uma democracia de alta intensidade. Atualmente, a ditadura dos mercados, convertida em políticas austeritárias, deveria servir como incentivo para uma recomposição deste nexo, que só poderá ser bem--sucedida se tiver a capacidade de aprender com os erros do passado. | Hugo Dias

No momento em que escrevo, o Fórum Social Português (FSP) ainda está a decorrer mas pode dizer-se desde já que teve pleno êxito. Pela participação que teve de cidadãos e de delegados de movimentos e associações, pelo modo como decorreu e pela variedade dos temas que nele foram discutidos, o FSP constituiu um facto político da maior importância, o seu significado tornar-se-á ainda mais claro à medida que se avançar na preparação do segundo FSP. O FSP ocorreu num momento oportuno. O país atravessa um período complexo em que se combina a crise económica com a instabilidade política decorrente da turbulência institucional provocada pelos casos de corrupção e de pedofilia. É um período que, para ser ultrapassado sem grandes convulsões, exige que todas as energias democráticas dos portugueses sejam convocadas.

Hoje, mais do que em qualquer outro momento nos últimos 29 anos, os partidos políticos não estão em condições de, em exclusivo, canalizar e fazer frutificar essas energias. Para além delas, existem, hoje, entre nós, centenas de movimentos sociais e de associações, a maioria de âmbito local especializado, mas muitas de âmbito nacional e generalista em que participam milhares de cidadãos que, numa lógica solidária e não competitiva (a lógica que caracteriza a acção dos partidos), lutam pela dignificação democrática das lutas dos trabalhadores, das mulheres, dos emigrantes, das vítimas das falências, das crianças, dos jovens e dos idosos, dos utentes dos serviços públicos, dos imigrantes, dos ecologistas, dos cooperativistas e dos agentes de desenvolvimento local, da educação intercultural, da luta pela paz, por uma comunicação social solidária e democrática, pela preservação e não privatização da água, pela gestão municipal participativa, por um novo ordenamento do território, contra a violência doméstica e sinistralidade laboral, o sexismo e o racismo, a manipulação genética dos alimentos, o tráfico de órgãos e a prostituição infantil e de mulheres.

Deste vasto leque de preocupações e de aspirações democráticas só uma pequeníssima parte entra na agenda política do governo ou do parlamento. O primeiro contributo do FSP para a democracia portuguesa é, pois, o de contribuir para o alargamento da agenda política como meio de diminuir a enorme distância que hoje separa representantes e representados bem traduzida no aumento do abstencionismo. Mas o contributo do FSP para a nossa democracia é ainda outro mais decisivo: fortalecer as bases para a emergência entre nós de uma democracia de mais alta intensidade assente na complementaridade entre democracia representativa e democracia participativa. As experiências embrionárias que já existem a nível municipal vão certamente proliferar depois do FSP. Esta nova configuração democrática assenta numa relação de tipo novo entre os partidos, por um lado e movimentos e associações, por outro. Começou a ser gestada no FSP. A relação entre partidos e movimentos não tem sido fácil por duas razões principais: por um lado, os partidos arrogam-se o monopólio da política e por isso ou ignoram os movimentos e associações, ou os hostilizam, ou os tentam instrumentalizar; por sua vez, muitos movimentos e associações consideram-se apolíticos, ou promotores de uma política incompatível com a dos partidos. O processo de construção do FSP foi um processo complexo e muito rico precisamente porque partiu destas posições para, a pouco e pouco, chegar outra em que se reconhece a autonomia recíproca dos partidos e movimentos e se reconhecem as possibilidades de complementaridade entre uns e outros no aprofundamento da democracia.

O primeiro FSP foi um facto político novo por tudo o que aconteceu nele – pelos debates sérios e a convivência pacífica, fraterna e jovial – mas foi-o sobretudo porque, a partir dele, a política deixou de ser entre nós monopólio, quer dos partidos, quer dos movimentos. A política reside na relação virtuosa entre uns e outros. Por isso, a nossa política será diferente depois do primeiro FSP e, quiçá, ainda mais depois do segundo que, por certo, se realizará.

Visão, 12 de Junho de 2003

AS LIÇÕES DE CANAS

No dia 1 de Julho o Parlamento português aprovou a elevação de Canas de Senhorim a concelho e, dois dias depois, a Lei – Quadro da Criação de Municípios, diploma que prevê a alteração dos critérios para criação de novos concelhos. No dia 31 de Julho a referida Lei é vetada pelo então Presidente da República, Jorge Sampaio. Esta crónica surge num momento particularmente sensível na luta para a elevação de Canas de Senhorim a concelho.

O movimento de elevação de Canas de Senhorim a concelho constituiu um genuíno movimento popular, sem qualquer suporte institucional, perdurando desde 1975, independentemente dos revezes sofridos. Em 2004, no ano seguinte à publicação desta crónica, assistimos a um braço-de-ferro entre o Presidente da República e a população de Canas e a manifestações nas quais ocorreram confrontos entre a GNR e a população.

Tal como em outros casos, também neste caso verifica-se uma desarticulação entre a escala local e a escala nacional. Preconizando uma estratégia top-down, o poder central planeia o território nacional sem ter em atenção as idiossincrasias do espaço local. Iniciativas como o movimento de elevação de Canas de Senhorim a concelho constituem valiosos contributos para uma maior compatibilização entre o processo de decisão e a escala de actuação. O movimento de elevação de Canas de Senhorim a concelho contribuiu para resolver problemas locais, como os problemas dos seus trabalhadores e a necessidade de requalificar as minas da Urgeiriça. | Susana Freiria

Não sou adepto da multiplicação discricionária de municípios. Não será por essa via que se conseguirá a redistribuição mais equitativa de recursos pretendida pela frustrada regionalização. Mas há casos e casos e Canas de Senhorim é o caso de uma localidade que merece inteiramente ser elevada a concelho. As perspectivas e as escalas de análise dos comentadores políticos são incapazes de detectar e valorizar os factores que fazem do movimento municipalista de Canas um processo exemplar de luta democrática pelo direito a ter uma voz autónoma nas tarefas de desenvolvimento do país. Eis alguns desses factores.

1. Tratou-se de um genuíno movimento popular, dominado por um forte espírito comunitário caldeado em experiências de trabalho nas fábricas e nas

minas e de rico associativismo local e orientado para um objectivo concebido como de participação democrática: a autonomia municipal. Isto explica a tenacidade e durabilidade da luta – o movimento remonta a 1975 – e sua capacidade para manter ao longo de quase três décadas altos níveis de mobilização.

2. A força do movimento foi-se alimentando de permanente construção de uma memória comum – e não esquecendo que Canas foi concelho entre 1196 e 1852 e entre 1867 e 1868 – assente na concepção e execução das formas de luta, na assunção de símbolos agregadores e politicamente transversais e na comemoração de datas marcantes do movimento. É por isso que o dia 2 de Agosto será provavelmente escolhido para feriado municipal, por ter sido nesse dia, em 1982, que a população se mobilizou contra a saída da estação dos correios da vila, tendo cortado a linha férrea e entrado em confronto com as forças policiais. É por isso também que essa data e esse acontecimento se festeja anualmente no largo 2 de Agosto, tendo sido aí também que a população explodiu de alegria e de festa para celebrar a elevação a concelho.

3. Sobretudo a partir de 1997, o movimento assumiu uma estrutura organizativa própria de democracia participativa com reuniões e sessões de esclarecimento regulares onde se confrontavam diferentes vozes e opiniões e se definiam estratégias de acção. E neste domínio é de salientar o papel das mulheres, uma presença activa mobilizada e mobilizadora ao longo de todo o processo de luta, com uma participação por vezes autónoma a significar a sua diferença no modo de serem iguais na reivindicação da cidadania no espaço público. Não surpreende por isso que as mulheres tenham decidido organizar autonomamente um dos dias de festas que se seguiram à elevação a concelho.

4. O movimento soube combinar a acção directa pacífica com a acção institucional. É sabido que a vitalidade da democracia se alimenta de ambos os tipos de acção e, por isso, na articulação entre elas, se sabiamente feita, reside o aprofundamento democrático. O movimento de Canas recorreu à acção directa em múltiplas ocasiões e foi perspicaz na trama da atracção dos meios de comunicação social. A algumas acções menos felizes seguiram-se outras verdadeiramente notáveis pela sua criatividade (como a do avião que fizeram aterrar na Assembleia da República). No plano da acção institucional souberam, em geral, manter a autonomia do movimento em relação aos partidos. E valha a verdade, os partidos corresponderam a essa vontade, suspendendo as suas actividades na localidade. Quaisquer que tenham sido os acidentes da votação final, é significativo que a elevação a concelho tenha sido aprovada com os votos do PSD, CDS, PCP, BE e PEV.

Num momento de pessimismo nacional é consolador ver uma comunidade a festejar o êxito da sua luta pela auto-estima, um êxito que se afirma numa vitória democrática traduzida numa votação da Assembleia da República.

Visão, 10 de Julho de 2003

OS NEOCONSERVADORES

O imperialismo requer ideologias que o justifiquem. O neoconservadorismo foi uma delas e bem adaptada a um tempo de confiança no fim da história, numa versão de capitalismo expurgada de impurezas sociais e dotada de um Estado militar e penal capaz de garantir a sua expansão. É sabido que o neoconservadorismo, enquanto visão elitista, teorizou a ideia de que teria de haver uma verdade para as elites e outra para as massas. Estas últimas são servidas com doses cavalares de romance de mercado com muito moralismo à mistura, onde os EUA aparecem como a expressão nacional dos valores reaccionários que se querem hegemónicos. As elites ficam com as mãos livres para se sujarem em todas as aventuras militares e empresariais, requeridas para assegurar o funcionamento de um capitalismo que por ser global não deixa de ser menos imperial, muito pelo contrário. Se a guerra do Iraque pode ter assinalado uma perda de fôlego do neoconservadorismo, acentuada pelas revoltas populares árabes, a verdade é que as intuições neoconservadoras, apesar dos recuos tácticos, estão bem inscritas num panorama mediático afunilado ideologicamente, em todas as instituições políticas de pilotagem do capitalismo erigidas contra a democracia ou em todos os complexos militares que planeiam as próximas aventuras imperiais, por exemplo no Irão. De resto, a lógica da construção da ansiedade e do medo, o estado de excepção, tem hoje declinações económicas poderosas que são usadas como outras tantas outras oportunidades para aprofundar o mesmo programa regressivo de sempre. | João Rodrigues

Parafraseando o *Manifesto Comunista*, pode dizer-se que um novo espectro avassala o mundo. É o neoconservadorismo. Distingue-se do conservadorismo do século XIX porque a radicalidade das suas propostas é incompatível com o *status quo*. Tem a sua origem nos EUA e vai colhendo adeptos em círculos cada vez mais amplos da opinião pública de vários países da Europa e de outros continentes onde quer que os laços políticos e culturais com os EUA sejam mais intensos. Se não domina já o comentário político nos media portugueses, está bem próximo disso. Como qualquer outra ideologia política radical, o seu ideário prima pela simplicidade e, de facto, pela recusa hostil da complexidade, da ponderação equilibrada entre interesses contrapostos ou da possibilidade de diálogo entre perspectivas diferentes. Sendo uma ideologia transnacional, os seus princípios, além de simples, são vagos, de modo a poderem adaptar-se às necessidades e às agendas de cada país. Assim, dadas as diferenças entre Portugal e os EUA, os neoconservadores portugueses distinguem-se dos norte-americanos apenas na exacta medida do que é necessário para, nas nossas condições, serem tão genuinamente neoconservadores quanto eles.

Os inspiradores do movimento neoconservador norte-americano vieram da extrema-esquerda, do movimento trotskista dos anos trinta e quarenta, tornaram-se ferozmente anticomunistas nas três décadas seguintes, construíram o seu ideário político nos anos oitenta e noventa e chegaram ao poder com George W. Bush. Herdaram das suas origens o gosto pela radicalidade e pelo politicamente incorrecto, e, na designação usada por um dos neoconservadores, Dinesh D'Souza, pela "guerrilha social". Eis, em linhas gerais, o ideário. A "América" é um país excepcional pela sua origem e pelo seu destino. Porque é moralmente superior aos outros países, o patriotismo e o nacionalismo são valores não só intrinsecamente bons na "América" como necessários ao resto do mundo. O que é bom para a "América" é bom para o mundo. A proposição inversa é absurda. Essa superioridade moral está constantemente ameaçada por inimigos internos e externos e, como bem supremo que é, deve ser defendida por todos os meios, pois que, por definição, neste caso, os fins justificam os meios. Compete ao intelectual neoconservador justificar à *posteriori* a clareza moral dos resultados, quaisquer que tenham sido os caminhos para chegar a eles. A coerência é sempre o começo da rendição.

Os inimigos externos ou querem destruir a "América", e devem ser esmagados pelas armas, ou querem rivalizar com a sua superioridade moral e devem ser divididos. É o caso da Europa. É imperiosa a divisão da Europa e, de preferência, feita pelos próprios europeus. A soberania nacional dos EUA é de natureza global e por isso não reconhece outras senão na medida em que a servem. Quanto aos inimigos internos, eles residem acima de tudo na própria natureza humana, que é fraca, sujeita à tentação do mal. O mal colectivo é sempre pior que o mal individual. O mal colectivo teve a sua incarnação moderna no Estado e, por isso, a luta contra ele é luta democrática por excelência, uma luta de múltiplas frentes: guerra ao contrato social, às políticas sociais e às concepções de democracia que os defendem; privatizações; o mercado como critério de eficácia e de sociabilidade; descentralização; estigmatização dos pobres como moralmente indignos. Por sua vez, o mal individual combate-se mantendo as populações em constante estado de alerta ante as ameaças que lhes são feitas e os riscos que correm. A união constrói-se, antes de tudo, sobre a ansiedade colectiva. Por isso, a visão apocalíptica do mundo é, no fundo, a única realista e eficaz.

Visão, 24 de Julho de 2003

ANGOLA NA VIRAGEM

A morte de Jonas Savimbi em 2002, precipitou o final de uma guerra civil que durou quase três décadas e na qual terão morrido mais de um milhão e meio de pessoas. O Protocolo de Luena de Abril de 2002, apelando à necessidade de se amnistiar todos os crimes cometidos na guerra civil, marca o início de um novo período de paz.

De uma economia essencialmente agrícola, passou-se a uma quase dependência da exploração de recursos não renováveis beneficiando de vastos privilégios, numa primeira fase ditados pelas urgências da guerra civil e legitimados pela falta de vontade política, perpetuando elites e redes de influência.

O crescimento angolano não foi acompanhado por um desenvolvimento social e político, mantendo-se altos níveis de corrupção e um baixo índice de desenvolvimento humano, o que pode fazer perigar a consolidação da paz e impede um crescimento económico sustentável.

Dezasseis anos depois da realização das primeiras e únicas eleições desde 1975, as eleições legislativas de Setembro de 2008, tiveram como vencedor o Partido MPLA. O MPLA aprovou, em Janeiro de 2010, uma nova Constituição, centrada na figura do Chefe de Estado/Governo que veio consagrar a validade e força jurídica do costume, não podendo o estudo e a reforma do sistema judicial angolano desligar-se de dois factores fundamentais: o pluralismo jurídico e o Estado heterogéneo. | João Pedro Campos

Acabo de regressar de uma visita a Angola onde não ia há 23 anos. Em 1980, os cooperantes cubanos, que na altura dominavam a universidade, não acharam conveniente que eu falasse aos estudantes. Em compensação, passei um tempo maravilhoso em cavaqueira amena com o Manuel Rui, um grande escritor angolano e meu amigo. Os tempos mudaram. Desta vez, fui a convite da Faculdade de Direito para lançar um projecto de investigação e proferir palestras sobre "a globalização, o Estado nacional e o direito" e "o desafio da democracia e o desenvolvimento democraticamente sustentável", esta última em co-patrocínio do Instituto Superior de Ciências da Educação (ISCED) e da ADRA (Acção para o Desenvolvimento Rural de Angola). Há muito tempo que não tinha o privilégio de falar para um auditório de jovens tão ávidos de conhecimentos e tão instigantes nos seus questionamentos.

A primeira impressão que se tem hoje em Luanda – onde, em consequência da guerra, vive cerca de um terço da população do país – é de que o país está ainda a saborear a paz que agora se acredita que seja duradoura. O país está há quarenta anos em guerra e são agora mais evidentes do que nunca as imensas potencialidades deste país antes reprimidas pela violência. E é desta evidência que surge a segunda impressão: os enormes desafios que se põem ao Estado e à sociedade angolanos neste momento de viragem. Identifico quatro desafios principais. O primeiro desafio é o desafio da desigualdade social. Angola é um país riquíssimo e a esmagadora maioria do seu povo vive na miséria. A guerra serviu até agora para encobrir que nas desigualdades reside uma das mais persistentes continuidades entre a Angola colonial e a Angola pós-colonial. Aliás, embora as comparações sejam difíceis, a situação é hoje, neste domínio, mais grave que no tempo colonial. O segundo desafio é o da construção de um Estado democrático, eficiente e íntegro. Também aqui é pesada a herança do Estado colonial mas ela está longe de explicar tudo. Este desafio defronta dois grandes obstáculos. O primeiro é o da corrupção, ou seja, da privatização do Estado por parte da elite no poder. As histórias que correm em Luanda sobre negociatas fabulosas, envolvendo líderes políticos e seus familiares, são deveras preocupantes tanto mais que o sistema judicial assiste passivo ao que se passa. O segundo obstáculo é o da difícil interiorização da mentalidade democrática por parte das forças políticas que conduzem a transição democrática. O partido único não deixa de o ser pelo mero facto de reconhecer a existência de outros partidos e de aceitar a disputa eleitoral. O terceiro desafio é o da construção de um modelo político social e cultural genuinamente angolano, um modelo que assuma o legado cultural do país (muito dele preexistente ao colonialismo) e o faça de maneira não tradicionalista, ou seja, em nome de uma racionalidade mais ampla que a ocidental e de uma modernidade menos imperial e mais multicultural do que a imposta pelo colonialismo e pela globalização neoliberal. Finalmente, o quarto desafio é o desafio da reconciliação nacional. As tarefas de reconciliação nacional são particularmente exigentes em Angola porque não respeitam exclusivamente à reconciliação entre os inimigos da guerra civil. Diz também respeito ao fraccionismo que quase desde a sua fundação caracterizou o MPLA, desde a revolta activa e a revolta de leste de 1972 à facção Chipenda de 1974-75 e à revolta de 27 de Maio de 1977. Só nesta última terão morrido 60.000 pessoas no seguimento do veredicto de Agostinho Neto: "não perdoamos". Para sarar estas feridas, Angola deverá ter a coragem de constituir uma Comissão de Verdade e de Reconciliação.

Visão, 21 de Agosto de 2003

SAID, O INTELECTUAL E A CAUSA

Filho de árabes cristãos, nascido em 1935, em Jerusalém, Edward Said rumou com a sua família para os Estados Unidos da América em 1948, onde se viria a doutorar. Reconhecido internacionalmente como um dos mais importantes pensadores e escritores do nosso tempo, Said foi também uma influente voz política ao nível global.

A publicação de Orientalism *(1978), representa uma crítica pungente à fórmula engendrada pelo Ocidente (em particular, por intelectuais, literatos e políticos ingleses, franceses e norte-americanos) para pensar o espaço da cultura árabe-islâmica, obliterando os seus saberes, intenções ou invenções. Autor de numerosos livros sobre o conflito israelo-palestiniano, foi membro do Conselho Nacional Palestiniano, a partir do final dos anos 1970, tendo-se mais tarde afastado por oposição aos métodos utilizados pela direcção da Organização para a Libertação da Palestina (OLP). Adverso aos acordos de Oslo, que punham em causa o reconhecimento à autodeterminação, a recuperação da integralidade dos territórios ocupados em 1967 (incluindo Jerusalém Oriental) e a defesa de direitos legítimos de mais de três milhões de refugiados palestinianos, Said sustentava que a questão palestiniana não era "apenas uma questão árabe e islâmica (...) mas uma das grandes causas morais do nosso tempo".*

Edward Said morreu no final de Setembro de 2003 em Nova Iorque. O sangrento processo israelo-palestiniano não parece ter fim à vista. | ANTÓNIO FARINHAS

Edward Said não era muito conhecido entre nós. De origem palestiniana, professor de literatura comparada na Universidade de Columbia e o intelectual mais destacado na defesa da causa palestiniana, morreu aos 67 anos em Nova Iorque, no passado dia 24 de Setembro, vítima de leucemia. A importância de Said decorre de uma combinação única entre perfil, obra e causa. Said era um intelectual público, uma categoria de intelectual em extinção. O intelectual público é o profissional das ciências ou das artes que intervém fora do campo profissional, no espaço público, com o objectivo de defender ideias, valores, causas em que se revê como cidadão, consciente de que em tal defesa participam vários conhecimentos para além daquele de que ele é um profissional especializado. O intelectual público é um alvo fácil de críticas, quer por parte dos seus adversários políticos, quer por parte daqueles (às vezes, os seus melhores discípulos) para quem o intelectual se deve confinar ao campo intelectual, deixando a política aos profissionais da política. Pierre Bourdieu, outro notável intelectual público, também recentemente falecido, ilustra bem o que acabo de dizer. No caso de Edward Said, os ataques vieram dos conservadores norte-americanos, do *lobby* israelita e dos fundamentalistas islâmicos. Em 1999, a revista conservadora *Commentary* chamava-lhe "o professor do terror". Porquê? Na resposta fundem-se a obra a causa.

Crítico literário e musical e sociólogo da cultura, Said é sobretudo conhecido pelo seu livro *Orientalism*, publicado em 1978. Influenciado por Foucault, Fanon e Levi-Strauss, Said defende que há uma relação profunda entre cultura e poder, de tal maneira que as representações culturais entre grupos sociais ou entre países reflectem as relações de poder que há entre eles. Quanto mais desigual é essa relação mais enviesada é a representação do mais poderoso a respeito do menos poderoso. Foi assim, segundo ele, que se criou no Ocidente a imagem dos orientais, e nomeadamente dos árabes, como sensuais, corruptos, preguiçosos, atrasados, violentos, em suma, perigosos. Nos dois últimos séculos esta imagem legitimou o poder do Ocidente sobre o Oriente, sobreviveu ao fim do colonialismo e continua hoje a ser o fundamento da política internacional sempre que estão em causa estas duas regiões geopolíticas e geoculturais. O exemplo mais dramático da sua vigência é o tratamento internacional do conflito israelo-palestiniano, a causa de Said.

Nas últimas três décadas, Said foi o mais lúcido defensor das legítimas aspirações do povo palestiniano a viver em paz e com independência na sua terra, ao mesmo tempo que defendia o mesmo direito para os judeus. Isso lhe valeu a hostilidade dos fundamentalistas de ambos os lados. Sempre se manifestou contra o terrorismo mas nunca deixou de afirmar que o terrorismo dos fortes, do Estado de Israel, era muito mais ignominioso que o terrorismo dos fracos, dos bombistas suicidas. Revoltava-se, como muitos de nós, contra a renda do Holocausto de que o Estado colonialista de Israel continua a usufruir no Ocidente para poder perpetrar os seus crimes contra populações civis inocentes e beneficiar da isenção de condenações e sanções que foram aplicadas a outros governos repressivos, como foi o caso da África do Sul. Morreu atormentado pelo muro da vergonha que vai separar famílias, campos de culturas e até universidades, como é o caso da universidade palestina de

Al Quds[1]. Talvez sem o saber, o presidente desta universidade ilustrou bem a tese do orientalismo ao afirmar: "vamos ficar divididos em jaulas e o único movimento permitido será entre jaulas, tal como no jardim zoológico".

Visão, 2 de Outubro de 2003

---

[1] Fundada em 1957, tem hoje campos em Jerusalém, Abu Dis e al-Bireh.

TRIBUNAIS E COMUNICAÇÃO SOCIAL

Em 2012, como em 2003, a imagem mediática da justiça na comunicação social centra-se nos episódios-limite do sistema. A justiça mostra-se através dos seus mega-processos, com fortes repercussões sociais e económicas, saltando para o palco público uma dimensão restrita do quotidiano dos tribunais, que contagia as percepções públicas sobre a administração da justiça e que influencia determinantemente o sentido das reformas legislativas. Analisam-se, na comunicação social, os processos judiciais concretos a par e passo com as deficiências do sistema judicial e das leis vigentes.

Durante a fase de investigação do processo Casa Pia, discutiu-se na comunicação social, a veracidade das acusações dirigidas aos arguidos e, paralelamente, transmitiram-se em directo detenções, debateu-se publicamente a (i)legitimidade de decisões tomadas em sede de inquérito e instrução e dissertou-se sobre as constantes fugas de informação de um processo ainda em segredo de justiça.

A notícia era, como é ainda hoje, não só o facto que deu origem ao processo, mas o processo em si e a (in)capacidade do sistema judicial responder a casos mediáticos.

Em 2003, cerca de 15 anos depois dos factos e nove anos depois da sentença proferida em primeira instância, noticiava-se a repetição do julgamento do caso Costa Freire, sob a ameaça de prescrição. Hoje, noticiam-se os infindáveis recursos da recente sentença proferida no processo Casa Pia e a ameaça da sua prescrição. | PAULA FERNANDO

Os tribunais só recentemente ganharam visibilidade social junto da opinião pública. Este novo protagonismo dos tribunais está relacionado com novos tipos de criminalidade com forte repercussão social e política, como o crime económico organizado, a corrupção e a pedofilia. Mas este facto seria insuficiente para retirar os tribunais da obscuridade se, entretanto, não fosse consumido pela indústria da informação e da comunicação. Subitamente, os tribunais constituem conteúdos apetecíveis. Se é certo que os processos judiciais sempre tiveram o potencial de se transformarem em dramas, durante muito tempo tratou-se de um teatro para um auditório restrito. Hoje, os meios de comunicação social transformam esse teatro de culto num teatro de boulevard, entretenimento em linguagem directa e acessível a grandes massas.

Este novo protagonismo judiciário e a relação que lhe está subjacente levanta vários problemas. O primeiro decorre das muitas disjunções entre a lógica da acção mediática e a lógica da acção judicial. As disjunções ocorrem a vários níveis. Ao nível dos tempos, entre os tempos instantâneos da comunicação social e os tempos processuais que, em confronto com os primeiros, surgem ainda mais lentos do que aquilo que de facto são. Ao nível das gramáticas codificadoras do relato dos factos e da distribuição das responsabilidades, a disjunção é a seguinte: enquanto a adjudicação judicial moderna tem como característica saliente criar dicotomias drásticas entre ganhadores e perdedores, mas só depois de aturados e prolongados procedimentos de contraditório e provas convincentes, a comunicação social partilha com os tribunais a primeira característica mas não a segunda. A primeira cria uma cumplicidade entre tribunais e media que nem sempre é matizada pelas enormes diferenças que os dividem quanto à segunda característica. Um segundo problema decorre da relação de poder entre a justiça e os media. Esta relação é feita de instrumentalização recíproca. Os media recorrem às fontes judiciárias por pretenderem assumir, aos olhos da sociedade, uma função de justiça que a justiça nunca conseguirá atingir de forma satisfatória. A justiça recorre aos media para superar a sua estrutural debilidade em relação aos outros órgãos de soberania.

Porque os tribunais sempre dispensaram meios autónomos de comunicação com o público, esta relação redunda em dependência dos tribunais em relação aos media. A comunicação judicial, necessariamente complexa e com ritmo próprio, é substituída por uma comunicação instantânea, pretensamente descritiva, desprovida de nuances, interessada no que se passou, por culpa de quem. Isto significa que, mesmo que seja possível melhorar a comunicação autónoma dos tribunais com o público, é bem possível que os cidadãos não consigam reconhecer essa comunicação e continuem a reclamar uma outra, a dos media. Ou seja, o risco da mediatização da justiça é uma justiça incomunicável nos seus próprios termos.

Há que encontrar novas vias que nos façam sair da opção entre tribunais *reality shows* e tribunais socialmente distantes e incomunicáveis. Eis algumas delas: alterar a formação dos magistrados de modo a aumentar a sua competência social, política e cultural; promover a auto-regulação por parte dos profissionais de comunicação social; formar e credenciar jornalistas judiciários; criar gabinetes de imprensa das magistraturas para funcionar junto dos tribunais em que estejam a ser processados casos com notoriedade pública; reformar a Alta Autoridade para a Comunicação Social e institucionalizar um órgão com poderes disciplinares efectivos que coordene a gestão deontológica das empresas e dos profissionais de comunicação social.

Visão, 30 de Outubro de 2003

O PAÍS PORNO

Em Abril de 2012, em entrevista ao jornal alemão Frankfurter Allgemeine Sonntagszeitung, *o presidente da agência de rating Egan-Jones, indiferente aos efeitos de seus prognósticos, vaticina: "Portugal irá cair de certeza". Os veículos de comunicação social, face ao jogo de espelhos que perpetuam, reproduzem à exaustão o veredicto, apostando no consumo imediato da notícia. As razões de fundo que conformam a crise nos países europeus permanecem entretanto fora do debate público, escondidas pelo verniz de construção das audiências. O negócio mediático fundamenta-se na espetacularização da fatalidade.*

 Não é incomum que a imprensa informe omitindo. Em assuntos polémicos que contrariem a agenda dos grandes grupos económicos de comunicação, a capacidade de ressignificação dos factos e de esvaziamento político de temas de inequívoca relevância social impressiona. A pretensa neutralidade mediática esconde, no tom asséptico e descritivo que muitas vezes assume, um modo viciado de produção e circulação de sentido. Ao mesmo tempo, os media hegemónicos potenciam e espetacularizam factos, pessoas e conflitos sempre que eles funcionem como caixa de ressonância para os interesses das elites políticas e económicas. Neste sentido, a ausência ou invisibilidade de certas perspectivas e atores sociais na análise e cobertura de fatos do quotidiano (tais como impactos sócio-ambientais de novos empreendimentos económicos e implicações de agendas políticas) constitui sinal importante da necessidade de rediscutirmos o papel da comunicação no atendimento ao interesse público. | LUCIANE LUCAS

A informação internacional nos media globais dos países desenvolvidos obedece hoje a uma lei férrea. Os países próximos e importantes são noticiados em função dos temas relevantes para o normal funcionamento da globalização neoliberal: o desempenho económico, as grandes reformas estruturais, as eleições, a luta contra o terrorismo; os países distantes e insignificantes são noticiados em função da sua extravagância ou anormalidade: catástrofes naturais, escândalos, corrupção, violência interna. No primeiro caso, as notícias aprofundam a proximidade e a importância, enquanto no segundo sublinham a distância e a insignificância. Entre 1986 e 1998 Portugal foi internacionalmente noticiado segundo a lógica dos países próximos e importantes. Nos anos seguintes, houve prolongados silêncios, nos quais se operou a transição para a noticiação segundo a lógica dos países distantes e insignificantes. Foi assim que a contribuição de Portugal para a globalização sob a forma da União Europeia deixou de ser notícia e foi substituída pelos casos de pedofilia e pelas meninas de Bragança. No primeiro caso, os escândalos sexuais dos ricos e poderosos; no segundo, os escândalos sexuais dos comuns mortais. Em ambos os períodos, a informação tem um carácter transicional, expresso, no primeiro período, na surpresa de um país pouco conhecido e atrasado a aproximar-se da normalidade europeia e desenvolvida, e, no segundo período, na curiosidade de um país estranho e profundo a continuar a reinar sob o país oficial, incapaz de manter o verniz da normalidade que cabe a um país europeu. Em ambos os casos, a transição não permite estabilizar uma imagem não paradoxal do nosso país. Por isso, na lógica dos paradoxos, de Portugal só se sabem meias-verdades porque só há meias-verdades.

Os portugueses nada podem fazer para alterar esta lei de ferro e, no espaço de uma ou duas gerações, pouco poderão fazer para modificar a sua aplicação em relação a Portugal. Nada disto é, em si, muito grave, se tivermos em conta que a lógica dos media globais tem pouco a ver com a complexidade do que se passa nos diferentes países, com as dinâmicas contraditórias cujo desconhecimento é afinal o fundamento da construção da novidade das notícias. O que é grave é que os portugueses se estejam a ver a si próprios segundo esta lógica hegemónica, isto é, como um país distante e insignificante ante si próprio. Como um país onde o escândalo da verdade do agravamento das desigualdades sociais e do retrocesso na nossa integração na UE passa despercebido e é avassalado pela suposta verdade dos escândalos de elites certamente tão extravagantes quanto as de outros países e de mortais afinal tão trivial e globalmente comuns. A gravidade desta auto-imagem paralisante está nas causas da sua inculcação e difusão: uma comunicação social em grande medida controlada por grandes grupos económicos, servidos por comentadores neoconservadores, interessada em que a realidade da injustiça social, do desinvestimento na educação e na ciência, da privatização da saúde e da segurança social e de uma política económica suicida não desestabilize um governo conservador do qual esperam algumas rendas de curto prazo; sindicatos e movimentos sociais demasiado débeis para gritar que o rei vai nu de modo que se ouça nas ruas; elites habituadas a privatizar o Estado e tudo o que lhe pertence ou está à sua guarda (porventura crianças); uma classe política que, mesmo no seu melhor, não sabe o que é a separação de poderes e ignora que a responsabilidade política é muito mais exigente que a criminal.

Visão, 13 de Novembro de 2003

A UNIVERSIDADE PARTICIPATIVA

Boaventura sempre esteve atento às questões relativas à universidade. Em Pela Mão de Alice (1994: 163-202), o autor descreve três crises da universidade pública – de hegemonia, de legitimidade e institucional. A conversão dos saberes universitários em conhecimentos mercantilizados, a massificação do acesso à universidade sem a real democratização das funções da universidade, o corte de investimento estatal e a imposição de uma lógica de produtividade capitalista são as principais características dessa crise.

Os textos posteriores do autor sobre a universidade seguem duas direções. Por um lado, preconiza alternativas que coloquem as universidades a salvo da voragem das lógicas neoliberais; nesse sentido, defende ser crucial a adoção dos mecanismos de democracia participativa no seio das universidades. Por outro lado, o autor defende a criação de espaços de troca de saberes que vão além de conceções tradicionais de universidade, assim emerge a ideia de Universidade Popular dos Movimentos Sociais (UPMS), ideia que vem sendo construída com o tempo e com a prática. A UMPS nasce de uma proposta apresentada pelo autor no terceiro Fórum Social Mundial, com o objectivo de promover a auto-educação dos activistas dos movimentos sociais, dos cientistas sociais, dos investigadores e artistas empenhados na transformação social progressista. Aos processos de mercantilização e subjugação do saber, Boaventura vem sistematicamente contrapondo a universidade enquanto espaço de participação e de interconhecimento das agendas da globalização contra--hegemónica. | JÚLIA FIGUEIREDO BENZAQUÉN

O que leva a considerar em crise, num dado momento histórico, certas instituições tem menos a ver com o desempenho do que com o grau de coerência delas com o modelo civilizatório dominante. Depois de vários séculos de domínio económico e político, o capitalismo global conseguiu nos últimos trinta anos consolidar o domínio cultural e, ao fazê-lo, construiu um novo modelo civilizatório assente na absoluta primazia do mercado e na extensão da sua lógica a todos os aspectos da vida social. À luz deste modelo, tudo o que é público está, quase por definição, em crise. A crise da universidade pública não decorre, pois, de um problema de financiamento. Apesar do seu corporativismo e burocratismo, a universidade foi desde sempre uma instituição cultural dominada por uma forma de competição alternativa à do mercado, a competição pela excelência e pelo mérito, sendo a eventual tradução do mérito em valor mercantil um processo exterior à universidade.

No momento em que o capitalismo global conquista o domínio cultural, a competição pelo mérito só faz sentido enquanto competição pelo mercado e, para isso, é preciso transformar o mérito em mercado do mérito, não apenas fora, mas também dentro da universidade. E para funcionar o mercado do mérito é preciso que o mérito se redefina pelo seu valor mercantil. A resistência da universidade pública a esta transformação explica que ela esteja em crise não só no nosso país como no mundo inteiro. Em face disto, as forças sociais e políticas interessadas em transformar esta resistência, de sinal de crise, em estratégia de saída da crise, têm de tomar consciência que não irão muito longe se mantiverem a luta no plano do sim ou não às propinas. Terão de procurar o elo fraco deste modelo civilizatório, algo que ele tenha dificuldade em deslegitimar mesmo quando lhe é contrário.

Em meu entender, esse elo fraco é a democracia participativa. Daí a minha proposta para o caso de ser politicamente inviável a gratuitidade do ensino publico: uma vez garantida a igualdade de acesso, o pagamento das propinas deve ser um exercício de democracia participativa que permita à universidade reorientar estrategicamente o seu futuro, decidindo democraticamente o grau de consonância ou dissonância que pretende em relação ao modelo civilizatório dominante. A proposta consiste no seguinte. As universidades devem reorganizar a sua contabilidade de modo a tornar transparente e clara a distinção entre despesas correntes e despesas de investimento.

O Estado assegura a totalidade das despesas correntes e parte das de investimento; as propinas, que serão consideradas contribuições da sociedade e não dos estudantes, destinar-se-ão a complementar as despesas de investimento. No primeiro ano em que for adoptada a utilização participativa das propinas, uma assembleia universitária constituinte decidirá sobre o método a seguir. Proponho um método com o seguinte perfil. Haverá três assembleias interfacultárias, uma por cada corpo (docente, estudantes e funcionários). Cada assembleia deve incluir entre duas e três faculdades. As assembleias terão dois objectivos: 1) discutir a definir as grandes áreas de investimento e o grau de prioridades de cada uma; 2) eleger os delegados (1 delegado por x número de participantes) ao Conselho das Propinas (CP). A este último compete: 1) harmonizar as propostas vindas das assembleias; 2) hierarquizar as áreas de investimento e definir o montante financeiro disponível para cada área.

Nas votações do CP haverá uma ponderação do peso do voto dos delegados dos diferentes corpos. As decisões do CP serão explicadas em assembleias de faculdades abertas a todos os corpos. Tornadas públicas as áreas, as hierarquias e os montantes, será dado um prazo para a apresentação de projectos. Estes podem ser apresentados por qualquer grupo de docentes, estudantes e funcionários, pelas faculdades, centros de investigação, Reitoria e seus serviços centrais. O CP nomeará uma comissão de peritos para avaliar os projectos. Os projectos científicos serão avaliados por uma comissão constituída exclusivamente por docentes e investigadores. Todos os outros projectos serão avaliados por comissões com representantes dos três corpos. Em qualquer caso, os membros das comissões serão recrutados noutras universidades portuguesas ou estrangeiras. Feita a avaliação, compete ao CP decidir o montante a atribuir a cada projecto aprovado, tendo em conta o mérito do projecto e o grau de prioridade da área de investimento em que se integra. Os resultados serão amplamente difundidos. O CP nomeará uma comissão de acompanhamento encarregada de monitorar a realização dos projectos aprovados, que apresentará um relatório a ser discutido no CP e nas assembleias interfacultárias do ano seguinte. Um método com este perfil garantirá a transparência na utilização das propinas, mobilizará a universidade, e fará dela um testemunho da única alternativa à lógica do mercado: a democracia participativa.

Visão, 11 Dezembro de 2003

2004

A economia de mercado só é socialmente útil se a sociedade não for de mercado. Para isso, é necessário que os "bens sociais" como a saúde, a educação e o sistema de pensões sejam produzidos por serviços públicos, não sujeitos à lógica do mercado.

A QUALIDADE DA ACUSAÇÃO

Em 23 de Novembro de 2002, o jornal Expresso *publica uma reportagem sobre abusos de menores na Casa Pia, em Portugal. Em 15 de Setembro de 2007, a Reforma Penal entra em vigor. O (então) ministro da Justiça, Alberto Costa, admite dias antes em entrevista ao* Diário de Notícias *que o caso Casa Pia guiara as alterações. Em 3 de Setembro de 2010 dá-se a leitura do acórdão. Em Janeiro de 2011 são entregues os recursos ao tribunal da relação de Lisboa. Em 23 de Fevereiro de 2012, o Tribunal da Relação decide manter cinco das seis condenações e manda repetir parte do julgamento no que se refere aos crimes alegadamente cometidos na casa de Elvas.*

Embora as especificidades do processo tenham servido de justificação para a sua morosidade, dada a sua repercussão sociopolítica, subsistiu uma certa impaciência resultante da ideia de lentidão da justiça veiculada pela comunicação social. Por outro lado, num processo que colocou em causa o papel do Estado na protecção de menores em situação de especial vulnerabilidade, ficaram identificados os perigos da relação entre a mediatização e a legitimação social e política do sistema de justiça de que é exemplo a depreciação da importância do papel dos actores judiciais envolvidos, designadamente o Ministério Público, pela importância da qualidade da investigação e da acusação neste processo. | MARINA HENRIQUES

Os processos judiciais mediáticos confrontam-nos com um dilema: todos os comentadores, analistas e políticos responsáveis estão de acordo em que a justiça deve ser feita nos tribunais e não nos media, mas todos usam estes últimos para o afirmar. Um dilema a que eu, obviamente, não escapo. Já que é assim, o proveito da atenção dada pelos media a este tipo de casos reside na possibilidade de levar a um público mais amplo as análises da justiça que normalmente ficam confinadas aos operadores e aos estudiosos do sistema judicial.

O processo Casa Pia integra-se naquilo que designo por justiça dramática. Trata-se de casos em que a natureza dos crimes e a notoriedade dos presumíveis criminosos fazem com que sobre eles incida a atenção dos meios de comunicação social. Ainda que esta visibilidade pública cubra uma fracção infinitesimal do trabalho judiciário, é suficientemente recorrente para não parecer excepcional e mesmo para parecer corresponder a um novo padrão de intervencionismo judiciário. Os casos de justiça dramática transformam-se rapidamente em símbolos de justiça ou de injustiça, e o seu desenrolar e desfecho, em prova pública do bom ou mau desempenho do sistema judicial. Estes casos ocultam todo o trabalho judicial que extravasa deles, inclusive o que respeita a outros casos de justiça dramática. É da natureza destes casos não partilhar a ribalta. Foi, por isso, que o caso da Universidade Moderna desapareceu dos media no momento em que surgiu o caso Casa Pia. Tais factos bastariam para justificar a análise serena e detalhada destes casos. Mas duas outras razões podem ser aduzidas, ambas respeitantes aos estereótipos sociais sobre o que é crime e quem é criminoso. A primeira é que os casos de justiça dramática referem-se em geral a crimes (corrupção, crime organizado, pedofilia) muito diferentes daqueles que constituem a rotina do controle social e presidem à formação e ao preparo técnico dos investigadores (crime contra a vida, furto e roubo). A segunda é que os presumíveis criminosos são indivíduos ou organizações com muito poder social e político que, para além de fugirem ao estereótipo do criminoso, têm poder suficiente para virar o público contra o sistema judicial e para criar divisões profundas no seio deste.

A justiça dramática levanta assim dois problemas: a vontade política para investigar, acusar e julgar, e o preparo técnico para o fazer eficazmente. No caso Casa Pia está neste momento em causa a qualidade da investigação e da acusação. Estas, para serem de boa qualidade, têm de saber armar-se contra uma defesa que se adivinha forte. Têm que saber blindar o processo contra erros grosseiros de investigação e contra questões de ordem formal, obrigando a defesa a centrar as suas forças na discussão do mérito da causa (o réu cometeu ou não o crime?) e não nos formalismos processuais (foram ou não cumpridas todas as regras do processo?). Aliás, disto também beneficia a própria defesa, pois que, nestes casos, o réu absolvido por razões processuais é sempre um réu meio condenado perante a opinião pública.

O Estatuto do Ministério Público permite a constituição de equipas especiais para garantir a qualidade da investigação e da acusação em casos que particularmente o justifiquem. Foi o que se fez, por exemplo, no caso das FP25. Nessa altura, o Ministério Público constituiu uma forte equipa de magistrados, que chegou a ser apelidada, nos meios forenses, de "equipa imbatível", que imprimiu uma grande dinâmica e coesão a toda a actividade de investigação. O resultado foi um total sigilo e uma investigação célere e eficaz. Em breve saberemos se o caso Casa Pia é revelador da mesma vontade política e do mesmo preparo técnico que caracterizaram a investigação e a acusação no caso FP25.

Visão, 15 de Janeiro de 2004

MANIPULAÇÃO MACIÇA

A 20 de Março de 2003, fundamentando-se num conjunto de testemunhos e dados que indicariam a presença de armas de destruição maciça no Iraque, no hipotético apoio de Saddam Hussein a movimentos terroristas e em nome da liberdade do povo iraquiano, uma coligação de seis países liderada pelos Estados Unidos da América e pelo Reino Unido (juntamente com forças menos numerosas da Austrália, Dinamarca, Polónia e Espanha) invadiu aquele país contra o escrutínio do Conselho de Segurança da Organização das Nações Unidas.

Apesar da polémica não se ter extraviado, e de a popularização da expressão "Not my war" ter sido largamente mediatizada, passaram cerca de três anos durante os quais não foram descobertas as tão afamadas armas de destruição maciça, nem se verificaram as relações do regime liderado por Saddam Hussein com movimentos terroristas. Essa controvérsia foi alimentada pela descoberta de documentos oficiais que desmentiam os relatos de uma presença efectiva das armas de destruição maciça em território iraquiano, e que tinham justificado a invasão daquele país, expondo portanto a falibilidade argumentativa dos motivos que levaram a tal. Esta descoincidência levou à enfatização de um momento onde o debate sobre a legitimidade para a invasão do Iraque dominou os títulos noticiosos, colocando em causa a própria noção de democracia. | CARLOS BARRADAS

O relatório de Lord Hutton, exonerando o Governo de Tony Blair de qualquer manipulação dos dados dos serviços secretos para justificar a invasão do Iraque, e as comissões de inquérito que acabam de ser criadas nos EUA e na Inglaterra para averiguar se os serviços secretos induziram em erro os governos destes países na opção pela guerra, são reveladores dos riscos que corre a democracia nestas duas grandes 'pátrias' da democracia e, por implicação, no resto do mundo, dado o impacto do unilateralismo dos EUA nas relações internacionais pós 11 de Setembro. Nunca, em democracia, a aparência se pretendeu sobrepor tanto à realidade e nunca a disfarçou tão mal. Nunca os interesses de sectores restritos encastrados no poder se impuseram de modo tão ignóbil aos interesses das maiorias dos seus países e das dos países que transformaram em alvos. Nunca tal imposição se serviu tanto da grande comunicação social para transformar a voracidade dos poderosos em desígnios nacionais e missões civilizatórias. Nunca a grande comunicação social traiu com tanto despudor o ideal republicano da opinião pública, assente no acesso livre à informação diversificada e no debate racional sobre ela. Nunca, finalmente, tudo isto foi (e continua a ser) feito em democracia com tanta impunidade, com os governantes a saírem ilesos dos desastres que provocaram, e os jornalistas e comentadores a serem confirmados por sobre o magma das contradições dos seus editoriais e comentários.

À data da invasão do Iraque, em 20 de Março de 2003, sabia-se o seguinte. Mais de dez anos de embargo incapacitaram o Iraque para a produção de armas de destruição maciça. Nestas há que distinguir entre armas nucleares e armas químicas e biológicas. As primeiras são de fabricação complexa e o Iraque só as poderia obter por compra, por exemplo, à Rússia, uma hipótese altamente improvável. As segundas são feitas com materiais acessíveis e virtualmente todos os países as podem produzir, pelo que não é aceitável invadir qualquer país que as tenha, até porque a invasão pode desencadear o seu uso. Os serviços secretos dos EUA e da Inglaterra, em sucessivos relatórios, levantaram dúvidas à ideia de "ameaça iminente". Em face disso, os neoconservadores instalados no Pentágono criaram uma estrutura paralela, o Office of Special Plans, para fazer curto-circuito das verificações normais da informação e dar credibilidade a fontes, em geral, desacreditadas (os exilados do Iraque). Ainda no tempo de Clinton esses mesmos conservadores tinham enviado um relatório ao Presidente recomendando a invasão do Iraque para fortalecer o controlo dos EUA numa área problemática e garantir o acesso à segunda maior reserva de petróleo do mundo (podendo assim desarticular a OPEP), sem que as armas de destruição maciça tivessem alguma importância nesse plano.

Logo que a guerra «terminou», mostrou-se que eram falsas as provas da presença de armas de destruição maciça apresentadas na ONU por Colin Powell, (então Secretário de Estado norte-americano), em 5 de Fevereiro de 2003. Por outro lado, a desclassificação, depois da guerra, do documento apresentado pelo Director da CIA para justificar a invasão do Iraque revelou que o documento continha 40 cláusulas de reserva, incluindo 15 vezes o uso do advérbio "provavelmente", que foram eliminados da versão anteriormente publicada. A invasão do Iraque foi, pois, um objectivo premeditado, que apenas recorreu a uma justificação falsa por não poder usar a verdadeira. Não houve engano. Ou melhor, não foram os governantes que foram enganados pelos serviços secretos, foram os cidadãos que foram enganados pelos governantes. No solo estão milhares de mortos, na grande maioria civis inocentes, um país destruído à mercê dos fanáticos, e um precioso património cultural da humanidade pilhado ou reduzido a cacos. As armas de manipulação maciça utilizadas nesta operação macabra são a grande ameaça à paz e à democracia nos tempos mais próximos.

Visão, 12 de Fevereiro de 2004

INSEGURANÇA EM CURSO

O sistema público de Segurança Social em Portugal apenas se desenvolveu após o 25 de Abril de 1974, com a consagração constitucional do princípio de solidariedade entre gerações. A primeira Lei de Bases da Segurança Social data de 1984 e vem reafirmar o direito universal à segurança social e definir as fontes de financiamento, tendo sido alterada em 2000, onde foram definidos os critérios de tal financiamento.

Em 2002 surge uma nova alteração, proposta pelo (então) Ministro da Segurança Social e do Trabalho, Bagão Félix, do governo de coligação PSD-PP. A Lei 32/2002, veio alterar profundamente a arquitectura do sistema público da segurança social, passando a existir um sistema complementar, que permitia aos trabalhadores com salários mais elevados a opção por um fundo privado de pensões. Esta alteração conduziu a um debate sobre o direito à segurança social e sobre a privatização dos riscos sociais, desvirtuando o princípio intergeracional da protecção social e colocando no mesmo plano o sistema público e o sistema privado.

Se anteriormente o debate se centrava na privatização das pensões e na entrega ao mercado da regulação do "futuro dos pensionistas", no afastamento do Estado, actualmente assistimos a uma tentativa de estatização de alguns fundos de pensões, não como meio de capitalizar o sistema de segurança social, mas como forma de diminuir o défice público. Deste modo, a questão que se coloca é a de saber se o sistema público de segurança social continuará a garantir o princípio de solidariedade intergeracional, quando se assiste ao aumento da taxa de desemprego, a um envelhecimento da população e a uma crise dos mercados financeiros com os Estados a serem chamados a intervir. | TERESA MANECA LIMA

O Ministro da Segurança Social e do Trabalho[1] tem demonstrado uma grande capacidade para levar a cabo as reformas estruturais no sistema de segurança social sem provocar agitação social nem suscitar atenção mediática. A sua competência política tem beneficiado da concentração dos media no sistema judicial e

---

[1] Ao tempo da crónica, o Ministro da Segurança Social e do Trabalho era António José de Castro Bagão Félix.

do facto de grande parte do impacto das suas reformas na vida dos cidadãos não se sentir a curto prazo. Vem isto a propósito da regulamentação da Lei de Bases da Segurança Social de 2002, actualmente em curso, devendo estar concluída em Maio para que a lei entre em vigor no início de 2005. Esta lei, que modifica a Lei de Bases de 2000, foi uma das primeiras prioridades deste ministro, tendo conseguido a sua aprovação em tempo relâmpago. As alterações relativamente à lei de 2000 parecem poucas mas são profundas. Concentro-me numa delas, o sistema de pensões da Segurança Social. É criado um sistema de três pilares assente no "plafonamento" já previsto na lei anterior mas agora sem grande parte das limitações que lhe eram impostas. São dois os limites (plafonds) às contribuições para a Segurança Social. Prevê-se que até 2100 Euros mensais continuaremos a contribuir para a SS com direito a uma pensão pública gerida em repartição (1º pilar). De 2100 Euros até 3500 Euros contribuiremos obrigatoriamente para um esquema complementar gerido em capitalização (fundo de pensões, 2º pilar). Acima do segundo montante, somos livres de descontar ou não para um esquema privado (Planos de Poupança Reforma, 3º pilar). Ao tornar obrigatória a retirada do sistema público de uma parte das contribuições, este sistema cria um bolo financeiro há muito almejado pelas empresas nacionais, tanto seguradoras como gestoras de fundos de pensões. Desde a década de 80, quando participou na discussão da Lei de Bases da SS de 1984, que o Ministro Bagão Félix é um acérrimo advogado dos interesses destas empresas. Os lucros potenciais são tão elevados que a Comissão Europeia avisou recentemente o governo português de que este teria de cumprir o princípio da igualdade de tratamento, isto é, os fundos de pensões estrangeiros deveria ter os mesmos benefícios fiscais que os fundos de pensões nacionais. O bolo terá, pois, de ser repartido com empresas europeias e é bem passível que as nacionais fiquem apenas com as migalhas.

Os interesses do capital financeiro estão assim acautelados. Poderá dizer-se o mesmo do interesse dos futuros pensionistas? Penso que não.

Primeiro, pelo efeito da individualização do risco. O sistema público assente numa dupla solidariedade, intergeracional (dos mais novos para com os mais velhos) e intrageracional (contribuição universal para um fundo comum que só alguns usam, por desemprego, doença, velhice, etc.). Num esquema de capitalização, individual ou de grupo, esta solidariedade é nula ou muito restrita.

Segundo, pelo efeito da transferência de risco. É forte a tendência para um regime em que as contribuições são definidas mas não os benefícios (o montante da pensão deixa de estar garantido). O objectivo é transferir para os cidadãos os riscos associados aos fundos de pensões: contingência da carreira contributiva, volatilidade dos mercados financeiros, saúde financeira dos próprios fundos. Terceiro, pelo efeito da pauperização da SS. Os custos da transição para o novo sistema são altos. Como não será viável aumentar muito as contribuições para a SS, só restará a esta ser cada vez mais selectiva, voltada para os pobres, expulsando as classes médias e entregando-as ao mercado. Um sistema para pobres será certamente um sistema pobre. A última razão para a insegurança dos cidadãos é que, uma vez instaurado o novo sistema, não há recuo possível. Será demasiado tarde para voltar ao sistema público.

Visão, 26 de Fevereiro de 2004

OS DIREITOS HUMANOS

"Los derechos humanos los violan en tantas partes, en América Latina, domingo, lunes y martes". Estas palavras cantadas por Victor Jara imortalizam o drama de um continente em que as violações dos direitos fundamentais permanecem uma realidade. A Colômbia é um país que apresenta recordes mundiais neste campo, especialmente no que toca a violência sobre sindicalistas (2800 mortes reportadas desde 1986); execuções extrajudiciais (mais de 2000 casos verificados em 2010); e deslocados internos (4 milhões de pessoas nesta situação).

A hegemonia político-militar de Washington sobre o seu "quintal das traseiras" assumiu novas formas neste país, como é manifesto no "Plano Colômbia". Lançado em 2000 pelos EUA, como um programa anti-droga com propósitos contra insurgentes, conduziu a uma militarização da luta contra o narcotráfico, traduzindo-se numa ofensiva militar no sul da Colômbia. A par do debilitamento da guerrilha, a sua execução saldou-se na agudização do conflito e em repercussões ambientais e sociais nefastas, nomeadamente para os camponeses e povos indígenas.

O movimento indígena na Colômbia assumiu a linha da frente na contestação a estas políticas, através de múltiplas formas de protesto e mobilização social – as marchas, as "mingas", o bloqueio de estradas, a realização de um referendo sobre o Tratado de Livre Comércio, entre outras. A mobilização indígena tornou-se num dos principais rostos e dínamos – não só na Colômbia, em toda a América Latina – de um amplo movimento social de contestação às políticas neoliberais e à hegemonia norte-americana, convertendo-se numa das mais visíveis forças de oposição, sintomática do renascimento social e político indígena, que pela primeira vez em 500 anos trouxe estes povos para o centro do debate político. | MIGUEL HENRIQUES

Escrevo de Quito, no Equador, onde acabo de participar no 35º Congresso da Federação Internacional das Organizações de Direitos Humanos (FIDH). A escolha de Quito para a realização do congresso é, em si mesma, um comentário eloquente à situação dos direitos humanos no Continente Americano. O Congresso deveria realizar-se na Colômbia mas o governo colombiano recusou-se a garantir a segurança dos participantes no Congresso. Solidariamente, as organizações de direitos humanos do Equador disponibilizaram-se para o organizar. Fizeram-no com a consciência de que a situação dos direitos humanos no Equador, sem atingir a dramaticidade da Colômbia, é cada vez mais preocupante.

Os acontecimentos que rodearam o Congresso são bem prova disso. Há anos que realizo trabalho de investigação na Colômbia, juntamente com colegas colombianos. De cada vez que visito este país fico com a sensação de que a situação, de tão grave, não pode piorar. E, contudo, tem sempre vindo a piorar. O odioso "Plan Colombia" gizado pelos EUA para controlar militarmente a América do Sul, a partir da Colômbia, sob o pretexto da luta contra o narcotráfico, está a transformar a região num barril de pólvora pronto a explodir logo que os desígnios imperiais dos EUA se derem por cumpridos no Médio Oriente e as atenções se virarem para os vizinhos do Sul. A guerra "de baixa intensidade" que se trava nesta região é simultaneamente militar e económica, e o seu objectivo último é controlar o acesso aos cada vez mais preciosos recursos naturais da região: o petróleo, os minérios e, sobretudo, a biodiversidade. Os povos indígenas, que habitam boa parte das regiões onde estão esses recursos, transformaram-se na última década numa importante força política, que reivindica o controlo da riqueza dos seus territórios e avança propostas autónomas e alternativas às das empresas extractivas. Não admira, pois, que se tenham transformado num dos alvos principais da cobiça imperial. No plano militar, as operações centram-se na fumigação dos cultivos de coca. É uma guerra química, que destrói indiscriminadamente a agricultura de subsistência dos camponeses, com um impacto ambiental devastador. Para além da contaminação dos cursos de água, causa danos irreversíveis na saúde, sobretudo das crianças, e obriga à deslocação forçada de milhares de pessoas. No plano económico, a guerra consiste na pressão para a celebração de tratados de livre comércio que, na prática, colocam os territórios indígenas à mercê das empresas multinacionais. A pressão militar e a pressão económica vão de par e não são exercidas exclusivamente pelos EUA: por exemplo, a cooperação militar de Inglaterra e de Espanha com a Colômbia centra-se nos territórios onde estão activas as empresas petrolíferas destes países.

O movimento indígena é hoje o grande obstáculo a este projecto imperial, e as consequências estão à vista. Quando na semana passada visitei o Presidente da Confederação das Nacionalidades Indígenas do Equador, o portão de entrada estava cravado das balas de alto calibre que o tinham tentado assassinar dias antes, quando regressava de uma reunião continental contra a ALCA (a Associação de Livre Comércio das Américas). Nesse mesmo dia, era ameaçada de morte Nina Pacari, uma insigne advogada e uma das mais brilhantes líderes indígenas, que em Maio passado esteve em Coimbra para participar no Colóquio "Direito e Justiça no Século XXI", organizado pelo Centro de Estudos Sociais. Na altura – quando estava em vigor o efémero acordo entre o Governo e o Partido Indígena, Pashakuti – era Ministra dos Negócios Estrangeiros do Equador. Hoje, corre perigo de vida. A realização do Congresso da FIDH em Quito acabou por ser providencial, pois foi possível incluir nas resoluções finais uma denúncia firme desta e de outras violações dos direitos humanos.

Visão, 11 de Março de 2004

SARAMARGO

Em 2004, José Saramago publicou o Ensaio Sobre a Lucidez. *A trama do romance parte do insólito criado num acto eleitoral em que a esmagadora maioria da população decide votar em branco. A óbvia mensagem política de Saramago teve repercussões em Portugal, aquando das eleições legislativas de 2005, altura em que, na senda do Prémio Nobel, vários movimentos apelaram ao voto em branco. Ainda que nessa ocasião os votantes em branco não tenham ultrapassado 1,8% dos leitores, a força metafórica da situação imaginada por Saramago permanece. É essa força que Boaventura deslinda ao sublinhar que Saramago confere um estatuto inabitual ao voto em branco: longe de ser um acto de conformismo ou de desistência democrática, seria, ao invés, um acto de insurgência activa. Ou seja, o voto em branco, usado na escala que Saramago o concebe, constituiria um acto contra democracia minimalista. Assim, o voto que aparentemente nada escolhe é, afinal, o voto que denuncia a falência do sistema vigente.*

Oito anos depois da data em que foi escrita, a crónica de Boaventura mostra ser certeira no diagnóstico das potencialidades e limites do "surto" de voto em branco fantasiado por Saramago. Se, como Boaventura afirma, a importância de construir outra democracia a partir desta não pode ser negligenciada – e aí a pertinência do inconformismo na urna –, também é verdade que não podem ser negligenciadas outras formas de acção democrática. O papel central que as ruas assumem no actual cenário de indignação perante a austeridade, é um bom exemplo de como a contestação às instituições democráticas também pode e deve ser feita nas margens destas. | Bruno Sena Martins

Portugal é um país de conformistas exuberantes e de inconformistas silenciosos ou silenciados. Nestes nossos trinta anos de democracia, recordo, entre os últimos, dois homens notáveis, Jorge de Sena e Vitorino Magalhães Godinho. Inconformista é quem vai contra a corrente, contra o politicamente correcto. Faz análises contra o senso comum e propostas para além do que é considerado legítimo. Ser inconformista é muito difícil nos dias de hoje devido ao peso dos media. Por um lado, reforçam o conformismo ao transformá-lo na opinião pública. Por outro lado, ante o que identificam como inconformismo, ou ignoram-no, se podem, ou, se não podem, hostilizam-no pela dramatização, caricatura ou insulto. Esta actuação de hostilização só é accionada no caso dos inconformistas declarados. Entre os inconformistas silenciados e os inconformistas declarados há vários tipos de inconformismo ignorados pelo comentarismo conformista. Entre eles distingo os inconformistas pedagógicos sempre com esperança de desestabilizar o conformismo (Eduardo Prado Coelho, Maria de Lourdes Pintasilgo e Manuel Villaverde Cabral) e o inconformismo reflexivo, inconformado sobretudo ante o seu próprio inconformismo, de que temos um brilhante caso único, Eduardo Lourenço.

Nos últimos tempos assistimos a um surto de inconformismo declarado: Mário Soares, ao propor negociações com a Al Qaeda, e José Saramago, ao propor o voto em branco. Detenho-me hoje no último. O romance de Saramago é uma denúncia dos males da democracia em que vivemos: distância entre representantes e representados; incumprimento sistemático de programas eleitorais; vulnerabilidade à pressão dos interesses económicos; e, acima de tudo, deterioração dos direitos sociais à saúde, educação e segurança social, conquistados pela mesma democracia que agora os acha descartáveis. O consequente aumento das desigualdades sociais cria um padrão de relações entre cidadãos em que é patente o abismo entre a democracia política e a democracia social. Há quatro anos escrevi um livrito (*Reinventar a Democracia*, Gradiva, 1998) em que temia podermos estar a entrar num período em que as sociedades são politicamente democráticas mas socialmente fascistas.

A proposta do voto em branco é uma metáfora que, como tal, polariza a relação ideal-real. É uma profissão de fé na democracia porque só esta permite o voto em branco. Mas, sendo o voto em branco, é um acto de resistência contra esta democracia que, no entanto, valida, na medida em que a usa para a denunciar. O voto em branco é, assim, um apelo a que, a partir desta democracia, se construa outra. E aqui termina a sua eficácia enquanto metáfora. Compete aos cidadãos que se sentem interpelados por ela continuar a tarefa de reinventar a democracia de modo a que o real se aproxime um pouco mais do ideal. Nessa reinvenção não se pode prescindir da democracia representativa como o próprio voto em branco testemunha. Mas tem de se ir para além dela e complementá--la com a democracia participativa. Na democracia representativa os cidadãos elegem os decisores políticos, isto é, renunciam a decidir para além do voto, delegando nos eleitos as decisões e esperando que eles decidam a contento. O desencanto de hoje nasce da frustração sistemática dessa esperança. Na democracia participativa os cidadãos tomam as decisões de modo organizado. Porque obriga a uma partilha do poder decisório, a complementaridade entre democracia representativa e democracia participativa é difícil, mas, como mostram as experiências a nível municipal, não é impossível. Penso aliás que nessa complementaridade está o futuro da democracia.

Os inconformistas quase nunca têm razão nos precisos termos em que se manifestam. Mas quase sempre têm razão na identificação do problema que os inconforma e no sentido geral da solução que eventualmente lhe será dada. Aos inconformistas só a história, nunca os contemporâneos, pode dar razão.

Visão, 8 de Abril de 2004

1974-2004

Passaram 38 anos desde que se deu a Revolução dos Cravos, 37 anos depois do processo (ou processos) de descolonização e 26 anos desde que Portugal entrou na União Europeia. O passado, ainda que próximo, parece já distante, o presente é atribulado e o futuro, seja o das instâncias democráticas de poder e de decisão, seja o da investigação, é incerto.

Portugal partilha com a Europa e com o resto do mundo histórias e patrimónios comuns, mas nem sempre parece lembrar-se disso. Neste momento, partilha também um dos períodos mais conturbados da época contemporânea.

Os modelos herdados estão em crise, uma crise que ultrapassa as questões de índole financeira e orçamental e se propaga, de forma galopante, ao tecido estruturante da sociedade portuguesa. Uma sociedade endividada, externa e internamente, cuja classe média recorre à sopa dos pobres. O nível e a qualidade de vida entraram em espiral descendente. Os direitos sociais adquiridos com a Constituição de 1976, tais como os direitos dos trabalhadores, à segurança social, à escola gratuita e ao serviço nacional de saúde, estão em risco. O acesso à justiça é cada vez mais mirrado com o aumento das custas judiciais e a introdução de limites quanto aos benefícios e beneficiários. Com o fecho da 'torneira' do orçamento para estas áreas os cortes no apoio judiciário ou no fundo de garantia de alimentos irão, seguramente, aumentar. | PATRÍCIA BRANCO

Nos últimos trinta anos três mega-acontecimentos romperam com o passado profundo do nosso país: o 25 de Abril, o fim do império colonial e a adesão à União Europeia. Somos hoje uma sociedade muito diferente e muito melhor. No entanto, intrigantemente, continuamos a ser assombrados pelo que chamo o problema do passado. Consiste num conjunto de ideias que explicam as deficiências do presente em função de condições históricas que pela sua longa duração fazem prever dificuldades na superação de tais deficiências no futuro próximo. Alguns exemplos ilustram o fundamento deste problema. Sobre a debilidade da nossa economia: "qual há de nós que traga em si cousa feita em Portugal? Acharemos (e não ainda todos nós) que só o pano de linho e os sapatos são obras nossas" (Duarte Ribeiro de Macedo, 1675). Sobre o modo leviano com que se fazem nomeações para cargos políticos: "Lástima é que para escolher um melão se façam mais provas e diligências da sua bondade que para um conselheiro e para um ministro" (Francisco Manuel de Melo, publicado postumamente em 1721). Sobre a construção de estradas: "Supusemos que todo o progresso económico estava em construir estradas... Não pensámos que as facilidades de viação, se favoreciam a corrente de saída dos produtos indígenas, favoreciam a corrente de entrada de forasteiros, determinando condições de concorrência para que não estávamos preparados e para que não soubemos preparar-nos" (Oliveira Martins, 1881). Sobre as elites políticas: "Não houve da parte de diversos partidos a menor consideração pelos valores mentais, o menor interesse pelos nossos jovens. Por isso, o que há de mais... são e idealista nas aspirações populares dispersa-se por aí, impotente e vago, como simples nebulosa que não toma corpo, que não influi nos factos, que não chega a actuar" (António Sérgio, publicado em 1932).

O nosso problema do passado é real e não tem solução a curto prazo. Para o ir atenuando será necessário um esforço sustentado, ao longo de décadas, e tal só será possível se soubermos inserir no projecto europeu um projecto nacional, assente num novo contrato social que envolva os cidadãos e suas organizações, as instituições do Estado e o sistema político. Os pilares desse contrato são precisamente os três mega-acontecimentos que referi, entendidos agora como motores do desbloqueamento da sociedade portuguesa. O desbloqueamento pelo aprofundamento democrático (25 de Abril); pela liberação do potencial para um papel privilegiado, cosmopolita e multicultural, nas relações Norte/Sul (fim do império colonial); pela inequívoca e consistente prioridade dada à educação e ao conhecimento (UE).

Infelizmente são poucos os sinais de que estejamos a caminhar nesta direc-ção. O sistema político – muito restritivo da participação de cidadãos – continua por reformar. É espantosa a penúria intelectual e cultural dos nossos governan-tes. A política continua a ser a via mais fácil de ascensão social. O anacronismo é tal que se entra hoje para a política como no antigo regime se entrava para o seminário. E, como antes, é crucial entrar jovem, hoje, pelas Jotas.[1] Apesar de sermos o país com mais contactos com outros povos e outras culturas durante o período mais longo da história europeia, não temos sabido transformar esse facto numa vantagem comparativa. Finalmente, no momento em que Portu-gal começava a dar sinais de grande dinamismo científico, o Governo decide desestabilizar a comunidade científica com um modelo de financiamento e de

---

[1] Associações partidárias de jovens.

avaliação desajustado e retrógrado. Positivo neste domínio é apenas a reacção praticamente unânime dos cientistas portugueses em defesa da sustentabilidade do esforço feito nos últimos anos.

Visão, 6 de Maio de 2004

SOCIOLOGIA DA TORTURA

No início do ano 2004, documentos que testemunham comportamentos indignos por parte de membros do exército dos Estados Unidos e da CIA no Iraque tornam-se públicos e chegam a ser largamente difundidos nos meios de comunicação social. O relatório oficial redigido pelo Major General Antonio Taguba descreve numerosos abusos criminais impostos aos detidos pela brigada policial do exército como sistemáticos, ilegais e intencionais. As fotografias tiradas no complexo penitenciário de Abu Ghraib, localizado na periferia da cidade de Bagdade, atestam a existência de métodos de tortura psicológica, física e sexual com o objectivo de obter informações por parte dos detidos. Os documentos publicados mostram, em numerosas ocasiões, a lado de detidos humilhados e membros do exército, de uniforme, em atitude jocosa. Na sequência desta divulgação, foram proibidos quaisquer tipos de aparelhos de gravação vídeo e/ou áudio nos centros de detenções das forças americanas, como se bastasse quebrar o termómetro para fazer diminuir a febre. Estes factos não tiveram grande impacto na sociedade iraquiana, que não viu neles nada de novo. Entretanto, o governo norte-americano sublinhou o aspecto desviante desses comportamentos, considerados por Donald Rumsfeld, secretário da defesa nessa altura, como "un-american". As condenações do tribunal marcial interpretaram estes acontecimentos como incidentes isolados resultantes de condutas perversas e individuais, e os testemunhos que faziam menção às ordens de superiores hierárquicos, não foram levados em conta. No entanto, vários observadores definiram esse momento como paradigmático do modo de relacionamento dos Estados Unidos com as populações iraquianas e árabes. | OLIVIER GUIOT

A estupefacção e a indignação mundiais ante as imagens e relatórios sobre as torturas praticadas pela polícia militar norte-americana na prisão de Abu Graib são plenamente justificadas mas não devem dispensar-nos de reflectir sobre as causas profundas do que se passou, sobretudo porque o que se sabe do que se passou é a ponta do iceberg do que se está a passar e, muito provavelmente, continuará a passar. Eis algumas das causas.

1. **Guerra total.** Os nazis alemães desenvolveram pela primeira vez o conceito de "guerra total"[1] para justificar todas as violações do direito internacional contra militares e populações civis dos países inimigos e contra os judeus e os ciganos alemães e não alemães. As Convenções de Genebra de 1949 visaram varrer da história este conceito ignominioso. Não o conseguiram, porém. Foi ressuscitado pelos Israelitas, com Ariel Sharon e o seu projecto de extermínio dos palestinianos, e pelos EUA depois do 11 de Setembro. A violação das Convenções de Genebra foi superiormente aprovada pelo Departamento de Defesa norte-americano, nomeadamente no que respeita à aplicação das técnicas mais agressivas da "matriz de stress" para obter informações dos detidos. Em Guantánamo há "combatentes ilegais" privados dos direitos mais elementares e sujeitos às mesmas torturas que os iraquianos porque se está em "guerra total". Sabe-se que um grupo secreto do Departamento de Defesa viaja pelo mundo, à margem das leis nacionais e internacionais, para raptar suspeitos onde quer que estejam e levá-los para centros de detenção secretos. Para além de Guantánamo, há vários outros espalhados pelo mundo. Também porque a guerra é total nunca saberemos quantos milhares de civis iraquianos foram mortos nos últimos meses.

2. **Racismo.** O racismo é inerente ao Ocidente moderno. Teve no colonialismo a sua máxima expressão política mas impregnou de tal maneira a mentalidade, tanto dos colonizadores como dos colonizados, que continua hoje a vigorar apesar de o colonialismo clássico já ter terminado. As raças e as etnias consideradas inferiores não são consideradas plenamente humanas e, por isso, não há que tratá-las como se fossem. O tratamento sub-humano é o único meio eficaz de obter informações de sub-humanos.

3. **Orientalismo.** Consiste num conjunto de crenças desenvolvidas no século XIX a respeito da superioridade da cultura ocidental face à cultura oriental, nomeadamente islâmica, considerada estagnada, inimiga do progresso, fundamentalista e, como tal, uma ameaça à normal expansão da cultura ocidental. A profanação dos lugares sagrados e a pilhagem cultural, tal como a humilhação dos detidos, centrada na sua identidade cultural e religiosa, têm a seu favor a justificação da história: contribuem afinal para acelerar o triunfo da cultura ocidental.

---

[1] O conceito vem ainda dos tempos da revolução francesa. No entanto a referência à Alemanha resulta da publicação, em 1936, da obra do General Ludendorff's *Der Totale Krieg* (*"The Total War"*), sobre a I Guerra Mundial.

4. **O inimigo íntimo.** O inimigo estrangeiro tem sempre um duplo, nacional, e o tratamento que ele merece não é melhor que o que é dado a este último. Alguns dos torturadores são, na vida civil, guardas prisionais habituados à rotina dos maus tratos e da violência racista contra presos, na esmagadora maioria negros e jovens, muitos deles (em assustadora percentagem) a cumprir prisão perpétua por crimes que, por vezes, não vão além da prática repetida de pequenos furtos em supermercados. Mas o inimigo mais íntimo do torturador é o que está dentro dele próprio. A cultura dos EUA vive obcecada pelo medo da desintegração pessoal e coletiva provocada pelo desejo sexual, o qual, para ser contido, tem de ser mantido dentro de estritos limites de "normalidade" para além dos quais só existe perversão. As sevícias sexuais contra os detidos são uma ocasião única para exercer a perversão e simultaneamente negá-la pela normalidade da guerra total, do racismo e do orientalismo em que ela se insere.

Visão, 20 de Maio de 2004

BOICOTE A ISRAEL

A mobilização da comunidade internacional – cidadãos e cidadãs, movimentos sociais, ONGs, Estados, Organizações supra-nacionais – constitui parte integrante de uma estratégia que mantenha uma vigilância e crítica sistemática às violações dos direitos humanos que ocorrem um pouco por todo o planeta. Não se substitui às forças "internas" que lutam por caminhos de democratização, emancipação e justiça social, mas podem constituir alavancas potenciadoras da sua acção. O boicote ao apartheid sul-africano contribuiu de forma decisiva para a queda deste regime. A enorme mobilização, em 1999, em torno da causa do povo timorense, conseguiu evitar a continuação do massacre e criou as condições para a afirmação plena do direito à auto-determinação de Timor Lorosae.

Existem no entanto temas-tabu, que teimam em ficar de fora de uma agenda internacional devotada ao respeito pelo princípio da auto-determinação dos povos e garantia dos direitos humanos. A causa palestiniana é uma dessas. Nos últimos anos, a política de apartheid do Estado Israelita, longe de recuar, aprofundou-se. O "Muro da Vergonha", a pretexto da segurança interna de Israel, conduziu à expropriação de mais território palestiniano na Cisjordânia, tornando a aspiração de independência economicamente inviável, assegurando a expansão dos colonatos e o desejo velado de expulsão dos palestinianos de Jerusalém. O fim da impunidade passa também pela capacidade de indignação e mobilização por parte da comunidade internacional. | HUGO DIAS

O tema que vou tratar hoje não será abordado por nenhum dos candidatos ao Parlamento Europeu. É um tema "sensível". Para o tratar, socorro-me de fontes e interpretações judaicas, ainda que saiba que isso não me poupará de ser acusado de anti-semitismo. Tenho para mim que Israel é um Estado colonial que submete o povo palestiniano a formas de apartheid mais graves que as que foram infligidas às populações negras pela África do Sul racista pré-Mandela. Esta situação, que dura desde 1948, assumiu nos últimos dois anos proporções inauditas. O Estado de Israel foi longe de mais e não é provável que possa voltar atrás pela acção exclusiva de forças internas. É tempo, pois, de a comunidade internacional dizer: Basta! O holocausto não justifica tudo! E de converter essa exclamação em acções eficazes.

Uma delas é o boicote a produtos e cidadãos israelitas, e ninguém a poderá levar a cabo com mais eficácia que os cidadãos da União Europeia. Os parlamentares europeus que se associarem a esta acção estarão a dar um contributo importante para a paz no médio oriente. Reconheço que boicotar pessoas, muitas delas tão críticas do que se passa quanto nós, é tão doloroso para quem é boicotado como para quem boicota. Recordo, no entanto, que no caso da África do Sul esta foi uma das dimensões mais eficazes do boicote. Quando os artistas, os cientistas, os jornalistas sul-africanos verificaram que o apartheid punha em causa de modo muito concreto o normal desenrolar das suas vidas e não apenas o da dos negros, intensificaram muito mais a luta política interna anti-apartheid e aceleraram com isso o fim do odioso regime.

A criação do Estado de Israel envolveu a expulsão de milhões de palestinianos das suas terras ancestrais numa operação com traços de limpeza étnica, como se conclui de passos não censurados das memórias de Yitzhak Rabin. Começou então o "politicídio" dos palestinianos, como lhe chamou o sociólogo israelita Baruch Kimmerling, que passou pela ocupação da faixa de Gaza e da margem ocidental do Jordão, pela política dos colonatos judeus em territórios ocupados, pela construção de uma grelha de estradas destinada a separar as cidades e as aldeias palestinianas, pelas barreiras de estradas e checkpoints, pelos passes em tudo semelhantes aos que os negros sul-africanos tinham de mostrar para entrar nas zonas dos brancos.

Por fim, a construção do Muro de Segurança, uma parede de 8 metros de altura que, quando pronta, terá 700 quilómetros e se destina a encerrar os palestinianos num enorme campo de concentração, onde só faltarão os fornos de cremação. Já estão construídos 180km. Segundo a Agência das Nações Unidas para a coordenação da ajuda humanitária, já foram abatidas 102.320 árvores. Como este Muro da Vergonha está a ser construído dentro dos territórios palestinianos, já foram confiscados 1.140 hectares. As crianças palestinianas estão a aprender a trepar a parede para não chegarem tão tarde à escola.

Há hoje dois apartheids em Israel. Um, dentro do seu território, que atinge cerca de um milhão de palestinianos. O jornal israelita *Haarezt* da passada sexta--feira descreve o contraste chocante entre as condições sociais no bairro árabe (Rakevet) da cidade de Lod e as dos bairros judeus circundantes. Os habitantes do bairro não podem hoje sair dele sem passar por barreiras policiais. O segundo apartheid é o que está a fechar os palestinianos em territórios sem viabilidade económica, sem controlo sobre qualquer dos recursos básicos e donde não se pode sair sem autorização da potência ocupante. E como se isto não bastasse, estão a ser arrasados bairros inteiros na faixa de Gaza, onde a percentagem da população a viver abaixo do nível da pobreza é de 84%. É tempo de a comunidade internacional dizer: Basta!

Visão, 3 de Junho de 2004

REPÚBLICA DAS BANANAS

No início de Junho de 2004, a coligação de direita, que há dois anos governava o país, sob a direcção de Durão Barroso sofria uma estrondosa derrota nas eleições europeias. Poucas semanas depois, a 29 de Junho, Barroso, que, em 2003, tinha sido o anfitrião da bélica Cimeira dos Açores, anunciava a sua demissão do governo para assumir o cargo de Presidente de uma Comissão Europeia sob a tutela do eixo Paris-Berlim. Esta crónica em defesa da democracia foi escrita num momento de intenso debate público, duas semanas antes do (então) presidente Jorge Sampaio indigitar Pedro Santana Lopes para Primeiro-Ministro, recusando assim convocar novas eleições e mantendo no poder uma solução esgotada e sem legitimidade democrática: um teste falhado à qualidade da democracia e uma mancha na herança de Sampaio. Este secundou a fuga de Barroso para Bruxelas com o paroquial argumento de que seria um português a liderar a Europa. Estávamos em pleno romance europeu. Entretanto, a crise, a austeridade e o défice democrático da União acabaram com todas as ilusões. Esta Europa, com estas regras e com estes líderes, só pode ser "austeritária". | JOÃO RODRIGUES

A nomeação de Durão Barroso para Presidente da Comissão Europeia interroga duplamente a qualidade da democracia em que vivemos. A primeira interrogação pode formular-se assim: como é que na democracia europeia se constrói o mérito democrático? A nomeação de Durão Barroso constitui uma promoção política que ocorre na sequência da pesada derrota eleitoral da coligação governamental por ele presidida, uma derrota em que terá pesado a sua participação, na qualidade de hospedeiro açoriano dos invasores do Iraque, num dos actos mais divisionistas da unidade europeia das duas últimas décadas. Aos portugueses não escapará que esta dissonância entre mérito e recompensa se deve ao facto de estar menos em causa o mérito de quem é nomeado do que a conveniência de quem nomeia. Não é a primeira vez na história que Portugal sai "beneficiado" das disputas entre as grandes potências europeias. No final do século XIX, na Conferência de Berlim, Portugal pôde manter as suas colónias africanas, apenas porque as grandes potências – as mesmas que nomeiam agora Durão Barroso: Inglaterra, França e Alemanha – não se entenderam em como dividir entre si as colónias portuguesas. Do mesmo modo agora, um

A COR DO TEMPO QUANDO FOGE 189

presidente da Comissão politicamente enfraquecido e oriundo de um pequeno país a braços com uma profunda crise económica faz antever uma gestão dócil mantida nos estreitos limites do consenso entre as grandes potências europeias. Alguns comentadores políticos, acometidos de nacionalismo saloio, vêem nesta nomeação vantagens para o país sem nunca se perguntarem pelos seus inconvenientes para a Europa.

A segunda interrogação diz respeito ao modo como vai ser resolvida a crise política decorrente da demissão do primeiro-ministro. Estamos perante um dos testes mais sérios à qualidade da democracia portuguesa dos últimos trinta anos. Os portugueses elegeram um primeiro-ministro que optou por uma fórmula de governo, a coligação, de que assumiu plena responsabilidade política. Nas recentes eleições europeias, cerca de dois terços dos eleitores manifestaram a sua reprovação desta fórmula ou da sua execução. Se o primeiro-ministro decide furtar-se à responsabilidade de se confrontar com estes resultados, aceitando uma promoção que lhe cai do céu, só os portugueses poderão decidir, em eleições, as consequências políticas desse acto. E não se invoque o argumento da estabilidade contra a realização de eleições porque não há instabilidade maior em democracia do que a que resulta da revolta dos cidadãos ante a irrelevância do seu voto. Esta é a hora de os movimentos sociais mostrarem que a luta por uma sociedade mais justa passa por uma democracia representativa minimamente digna. Os partidos da oposição devem manifestar-se em uníssono e com veemência a favor de eleições antecipadas. Seria lamentável se algumas facções do PS, devoradas pelo desejo de derrotar Ferro Rodrigues no próximo congresso, dessem a entender a sua anuência a qualquer outra solução, pondo, assim, os seus pequenos interesses acima do interesse do país. Se o Presidente da República se deixou vincular ao compromisso de não convocar eleições, do que duvido, compete ao PSD desvinculá-lo em nome do interesse nacional. De que estranha maneira terminaria o Presidente da República o seu segundo mandato se o terminasse legitimando um governo não eleito, dominado por dois homens de direita, um, Paulo Portas, sem peso eleitoral (como decorre das eleições europeias), e outro, Santana Lopes, sem medida eleitoral (porque nunca sujeito a eleições nacionais), dois homens de cuja instabilidade tudo há a esperar e em quem, portanto, não se pode confiar! A herança de Jorge Sampaio ficaria irremediavelmente manchada.

Visão, 1 de Julho de 2004

MOMENTO SOMBRIO

Maria de Lurdes Pintasilgo nasceu em Abrantes, a 18 de Janeiro de 1930, e ficará na memória como a primeira mulher (e ainda única) na chefia do Governo, em Portugal. Desempenhou o cargo ao longo do V Governo Constitucional, em funções de Julho de 1979 a Janeiro de 1980. Para além do pioneirismo e da singularidade, esta engenheira química portuguesa foi também a segunda mulher Primeira--Ministra na Europa, tendo sido precedida apenas por Margaret Thatcher. Tal feito aconteceu num momento de aspiração democrática, marcado pela euforia do 25 de Abril. A morte da Ex-Primeira Ministra, em Lisboa, a 10 de Julho de 2004, ocorreu num momento sombrio da democracia portuguesa. A actualidade desta crónica surpreende-nos, provocando um certo mal-estar, diante da crise financeira globalizada e do crescente estrangulamento da democracia, não só nos países ocidentais, mas igualmente noutros, para onde a democracia tem sido exportada ou imitada acriticamente. Duas observações permanecem pertinentes: a força das instâncias doadoras e reguladoras da normalidade democrática permanece como uma incógnita, é desvalorizado o contributo dos movimentos nacionais e locais que impulsionam a incorporação de práticas mais justas a partir das lutas quotidianas das vítimas da injustiça social, da destruição e do sistema de opressão. No caso português, é a partir da vivacidade do testamento político de Pintasilgo que Boaventura acentua a sua crítica ao momento sombrio da democracia portuguesa, propondo uma constante busca de alternativas para a sua revitalização. | EURÍDICE MONTEIRO

A morte de Maria de Lurdes Pintasilgo ocorreu num momento sombrio da democracia portuguesa. No momento em que os interesses económicos e políticos dos poderosos confiscam a participação democrática antes que esta se vire contra eles; no momento em que os zeladores das instituições democráticas as esvaziam sob o pretexto de assegurar o seu regular funcionamento; no momento em que a violência da injustiça social, do desemprego, da pobreza, da destruição do serviço nacional de saúde entra na casa de milhões de portugueses enquanto uns milhares de compradores de decisões políticas enchem os bolsos de dividendos e fazem esgotar os bens de luxo no mercado; no momento em que um discurso político patético do mais alto magistrado da nação transmite uma mensagem de medíocre resignação, exigindo a continuação de políticas que os portugueses afirmaram democraticamente serem ruinosas e impedindo a ruptura com elas, por supor, obviamente, que, se a houver, será para pior; no momento, enfim, em que o poder tem sempre razão contra a razão dos que não têm poder.

Neste preciso momento morreu Maria de Lurdes Pintasilgo, angustiada sim, mas não por temer que estivesse em perigo a normalidade democrática. Ela não tinha da democracia uma concepção institucionalista e conhecia suficientemente bem a história europeia para saber que, por exemplo, foi o regular funcionamento das instituições que conduziu Hitler ao poder em 1933. Para ela, a gravidade da situação residia no perigo da perda da alma da nossa democracia, uma alma necessariamente frágil numa sociedade dominada por uma cultura política autoritária, por donos do poder habituados a privatizar, não só o Estado, por deficiente controlo público, mas também a própria sociedade civil, aproveitando-se da fraqueza das organizações autónomas de cidadãos e de uma comunicação social muitas vezes auto-censurada por antecipação do desejo dos donos.

Foi contra tudo isto que Maria de Lurdes Pintasilgo nos deixou um radioso testamento político que se pode resumir assim: concebamos a democracia como uma aspiração sem fim cuja vitalidade está na participação dos cidadãos, combinando a democracia representativa com a democracia participativa; acreditemos na política e nos políticos mas repudiemos frontalmente os empresários políticos que transformam a participação genuína dos cidadãos em matéria-prima para os seus projectos pessoais, gigantes na ambição mas minúsculos em humanidade e ética; lutemos por uma democracia com redistribuição social já que, sem ela, a democracia transforma-se em fachada benévola da injustiça social causada pelo capitalismo; aspiremos à igualdade efectiva da dignidade humana mas incluamos nela o reconhecimento da diferença igualitária entre mulheres e homens, negros e brancos, entre gerações, etnias e religiões; valorizemos o facto de a nossa democracia ser suficientemente jovem para não aceitar com facilidade que a hipocrisia se confunda com a verdade, a resignação como consenso, a falta de vontade política com a falta de alternativa; busquemos na nossa história o vigor de uma nova pulsão cosmopolita que transforme o nosso país num facilitador de trocas tanto quanto possível igualitárias entre a Europa, a África, a América Latina e a Ásia; assumamos a interculturalidade e a interreligiosidade e façamos do secularismo a asa que liberta o espírito para a transcendência em vez das algemas que o prendem a um quotidiano suicidado pelo seu sem-sentido.

É este o testamento político de Maria de Lurdes Pintasilgo. Revejamo-nos nos ideais vivos dos mortos no momento em que nos é tão difícil tolerar os ideais mortos dos vivos.

Visão, 15 de Julho de 2004

MOÇAMBIQUE POR CONTAR

A primeira edição do livro Uria Simango: um Homem, uma Causa *antecedeu em poucos meses as terceiras eleições presidenciais e legislativas de Moçambique, realizadas no ano 2004. O livro representa uma posição de ruptura em relação à historiografia oficial da Frelimo, partido no governo desde a independência nacional em 1975. Ainda no auge da experiência socialista de Moçambique, cientistas sociais militantes como Aquino de Bragança e Jacques Depelchin questionavam-se sobre os limites da historiografia produzida sobre a luta de libertação nacional. O livro de Barnabé Lucas Ncomo é uma das respostas ao apelo de transgressão da memória institucional, na qual tem havido pouco espaço para a análise de antagonismos de natureza ideológica, étnica, racial, sexual e de classe no seio do movimento de libertação nacional. Desde então têm sido publicados, em livro e na imprensa, novos testemunhos sobre a história contemporânea de Moçambique, incluindo de figuras históricas do Partido Frelimo. Com as virtudes e os riscos da história contada na primeira pessoa, esses testemunhos têm contribuído para a abertura de novos campos de discussão, alguns dos quais (ainda?) "proibidos" ou envoltos de uma certa nebulosidade. Se é certo que o actual contexto da democracia multipartidária proporciona as condições políticas para o florescimento do debate, não é menos certo que o relato da vida de Uria Simango (Vice-Presidente da Frelimo até 1969) trouxe um condimento especial à controvérsia.* | ANDRÉ CRISTIANO JOSÉ

Acaba de ser publicado em Maputo um livro perturbador. De autoria de Barnabé Lucas Ncomo, intitula-se *Uria Simango: um Homem, uma Causa* e é já um acontecimento editorial. No seu lançamento, a que assistiram várias centenas de pessoas, foram vendidos 450 exemplares. O livro está a agitar os meios políticos moçambicanos e sinal disso mesmo é o facto, relatado pelo conceituado semanário *Savana*, de a publicidade ao livro na televisão moçambicana ter sido censurada por razões políticas.

O livro é uma biografia de um dos fundadores da Frelimo, Uria Simango, e nele o autor procura demonstrar, com base em dados até agora desconhecidos do grande público, que o seu biografado, oficialmente considerado um "traidor" cujo paradeiro se desconhece, foi, de facto, assassinado pela facção vitoriosa da

Frelimo. Não tenho conhecimentos que me permitam avaliar a veracidade do que é relatado no livro e aos que o têm não facilitará a tarefa o facto de muitas das fontes de informação do autor serem anónimas. Por outro lado, suspeito que, numa luta ideológica com a violência com que se terá travado, é pouco crível que um dos contendores seja uma vítima sem mácula. Nada disto, porém, põe em causa o verdadeiro mérito do livro: questionar com alguma fundamentação, a história oficial da Frelimo e, portanto, a história contemporânea oficial de Moçambique.

A credibilidade do argumento do livro reconhece-se facilmente no Maputo, conversando com pessoas, hoje afastadas da política, que contactaram de perto com algumas das personagens referidas ou participaram de alguns dos acontecimentos narrados. Em suma, o livro "cheira" a verdade. Traz à memória outros desaparecimentos suspeitos de outros fundadores da Frelimo, como por exemplo Lourenço Mutaca, assassinado na Etiópia na década de 80, e Shafurdin Khan, na Zâmbia na década de 90. E faz sobretudo pensar nas mortes não totalmente esclarecidas do primeiro presidente da Frelimo, Eduardo Mondlane, e do primeiro presidente do país, Samora Machel, para não falar dos casos mais recentes da morte do jornalista Carlos Cardoso e do economista Siba-Siba Macuacua.

Moçambique não é caso único quanto a mortes políticas não esclarecidas. Quem matou os Kennedys? Sá Carneiro foi vítima de acidente ou de atentado? Mas isto não atenua o efeito de assombramento que este livro está a causar em Moçambique. É que não só o recurso à eliminação física parece ter sido uma componente "normal" da luta política no seio da Frelimo, como também – o que é bem mais importante – não está garantido que o macabro desfile da morte tenha terminado. À luz disto, este livro coloca dois desafios exigentes à sociedade moçambicana. O primeiro dirige-se aos cientistas sociais e historiadores moçambicanos, alguns dos quais já escreveram sobre o período analisado no livro sem considerarem nenhum dos factos relatados nele e reforçando, assim, a história oficial. Espera-se deles que ponham mãos à obra e que, com critérios ainda mais exigentes dos deste livro, reinterpretem os factos da história contemporânea do país. Todos anseiam por ela e especialmente os mais jovens que encheram as sessões de lançamento do livro.

O segundo desafio dirige-se à sociedade política moçambicana. Por mais doloroso ou difícil que seja, é urgente criar uma Comissão de Verdade e de Reconciliação na qual as atrocidades do passado sejam reveladas, mesmo que implique impunidade criminal. Se tal não acontecer, continuarão a surgir livros do teor deste e, com isso, os moçambicanos, sobretudo os mais jovens, ficarão impossibilitados de saber se se revêem no lado da vida ou no lado da morte da história contemporânea do seu país.

Visão, 26 de Agosto de 2004

O BARROCO TARDIO

Em Portugal, o direito ao aborto não foi consagrado no conjunto de direitos adquiridos após o 25 de Abril de 1974, pelo que, nas décadas seguintes, surgiram várias iniciativas, nomeadamente legislativas. Em 1998 teve lugar um referendo imprevisível que muitos percepcionaram como uma imposição, tendo o "não" saído vitorioso. Foi no cenário de um activismo esmorecido que um conjunto de ONGs convidou a organização holandesa Women on Waves (WOW) a desenvolver uma campanha em Portugal pela despenalização do aborto. Esta ONG assenta a sua campanha na viagem de um navio que traz consigo um contentor onde funciona uma clínica ginecológica equipada para realizar abortos a partir das 12 milhas náuticas, limite exterior do mar territorial de acordo com a Convenção das Nações Unidas sobre o Direito do Mar. Apesar das precauções para não ultrapassar os limites da lei portuguesa, a coligação PSD-CDS considerou que as actividades a desenvolver no navio constituíam uma ameaça à soberania nacional e à saúde pública. Assim, o governo enviou dois navios de guerra para se posicionarem perto do "Borndiep" e impedi-lo de entrar nas águas portuguesas. Pela primeira vez um navio da WOW era proibido de entrar nas águas territoriais de um país. Considerando que tal decisão atentava contra os direitos humanos (liberdade de expressão, circulação e reunião) das ONG envolvidas na campanha, estas recorreram aos tribunais portugueses, que decidiram a favor do governo. O caso foi, então, levado ao Tribunal Europeu dos Direitos Humanos, cuja decisão veio dar razão aos argumentos invocados pelas requerentes.

A campanha "Fazer Ondas Portuguesas" contribuiu para desafiar uma mentalidade barroca conservativa de um status quo opressor e para reintroduzir a discussão sobre a regulamentação da IVG na agenda política, processo que culminou com a realização do referendo em 2007. | MADALENA DUARTE

Quando em 1 de Julho passado escrevi nestas páginas que a não convocação de eleições antecipadas significava a entrega do governo do país a "dois homens de cuja instabilidade tudo há a esperar e em que, portanto, não se pode confiar" estava longe de pensar que a minha advertência fosse tão rapidamente confirmada com o patético bloqueio naval ao barco Borndiep. Quem poderia imaginar que um país da União Europeia ameaçaria com vasos de guerra uma organização não-governamental europeia que se dedica a sensibilizar a opinião pública europeia para a necessidade de consagrar a interrupção voluntária da gravidez como um direito fundamental da mulher, actividade que realiza com o escrupuloso respeito pelas leis nacionais de cada país? Quem poderia imaginar que o governo português iria mais longe na sua reacção que a Irlanda ou a Polónia, países onde a Igreja Católica é tida como mais influente nos actos da governação? Este governo é um desafio à imaginação catastrófica dos portugueses e suspeito que não ficaremos por aqui.

Pese embora a misoginia e o desequilíbrio emocional dos governantes, estes actos – no segundo país da Europa com a mais elevada incidência de gravidez adolescente, o único que pune criminalmente as mulheres que interrompem a gravidez e continua a ignorar as consequências dramáticas do aborto clandestino inseguro – só são possíveis porque se inserem no lastro profundo de uma mentalidade que designo de barroca e que tem uma existência multissecular entre nós. Caracteriza-se pela promoção de uma forma de poder que esconde e compensa a sua debilidade real através da dramatização exagerada dos símbolos do poder assente no culto dos efeitos especiais, do claro-escuro e da manipulação da surpresa, no aparato teatral da expressão e no ilusionismo, que se afirma tanto pelo despojamento como pelo virtuosismo técnico, mas é sempre indiferente às leis próprias da realidade material envolvente. Daqui decorre um realismo patético que manipula as emoções para impedir a argumentação racional, uma mentalidade anti-pragmática, com um gosto exacerbado pelo abismo onde não há lugar para a complexidade, a negociação ou a transformação. Salazar foi um exímio cultor do barroco.

A mentalidade barroca é estruturalmente frágil e por isso abre espaços para a transgressão, sendo de distinguir entre a transgressão consentida e a não consentida. A consentida tem duas formas históricas: o riso e a hipocrisia. As procissões do século XVII são um bom exemplo do riso e o mercado de compra e venda do pecado através das indulgências, da hipocrisia. Estas transgressões perpetuam a mentalidade barroca porque têm de a legitimar para a poderem ridicularizar. Nas condições contemporâneas, as transgressões não consentidas decorrem da luta contra a hipocrisia – tão patente no caso do aborto clandestino – e da defesa do espaço público onde seja possível debater racionalmente e deliberar democraticamente. Tal luta e tal defesa está na mão de todos os cidadãos e muito especificamente na mão das organizações de mulheres portuguesas que corajosamente defendem a interrupção voluntária da gravidez como um direito fundamental da mulher. Da justiça portuguesa pouco há a esperar dada a sua falta de experiência na confrontação com o poder político e a sua atávica falta de coragem em matéria de defesa dos direitos humanos. Mas, curiosamente, há talvez algo a esperar de uma Igreja Católica que já se terá dado conta da manipulação extremista da sua mensagem e do sofrimento injusto que decorre da insensatez feita governo.

Visão, 9 de Setembro de 2004

O NOVO SÉCULO AMERICANO

A vitória do republicano George W. Bush sobre o democrata John Kerry, em Novembro de 2004, assinalava a reeleição por mais quatro anos do presidente que lançara os Estados Unidos da América numa nova dinâmica ofensiva. Algumas semanas após o 11 de Setembro de 2001, uma coligação de países liderada pelos EUA ocupou o Afeganistão, derrubando os talibãs e procurando sem sucesso capturar Osama bin Laden. Em 2003, as atenções voltavam-se para o Iraque: a 20 de Março, o país era invadido com o pretexto de desenvolver armas de destruição em massa, argumento que foi sendo abandonado em favor da ideia de que a ocupação visava expandir a democracia ao território iraquiano.

Bush visava consolidar o expansionismo norte-americano com o domínio feroz das lógicas do mercado e com a difusão de valores conservadores de natureza confessional. Esses três pilares conjugavam-se para mudar verdadeiramente a face dos EUA. E faziam-no recorrendo a um novo idioma que transformava a "guerra ao terrorismo" numa espécie de nova "guerra-fria", com uma agenda de timbre religioso no campo da moral, da educação e da investigação científica e ao eclipse do velho liberalismo.

Num artigo publicado em 2006 – "O Silêncio dos Inocentes: da Estranha Morte da América Liberal" – Tony Judt nota precisamente como muitos intelectuais liberais se empenharam no apoio à Administração Bush e à sua estratégia de "guerra preventiva" ao mesmo tempo que menosprezavam a tradição de direitos humanos, diplomacia, justiça social e liberdade, ideais historicamente propugnados por esta corrente filosófica. | MIGUEL CARDINA

A um observador estrangeiro pode causar surpresa que tenha sido tão intensa a disputa eleitoral nos EUA, com recurso a tácticas ilegais para condicionar o resultado de uma eleição onde, segundo critérios políticos europeus, um candidato se posiciona no centro–direita (Kerry) e o outro na direita-extrema direita (Bush). E mais surpresa causará o facto de a guerra no Iraque, apesar do seu trágico fracasso, ter sido o ponto mais forte da campanha de Bush. Os factos que causam surpresa escondem os factos que podem desvanecê-la. Ao contrário do que se pode pensar, no domínio da política interna muito esteve em causa nestas eleições. A política da Casa Branca é hoje dominada por uma aliança entre neoconservadores e fundamentalistas cristãos, para quem a oportunidade que lhes foi criada pelo 11 de Setembro para pôr em prática as suas reformas mais radicais não pôde ser inteiramente aproveitada durante o primeiro mandato de Bush. É, pois, crucial um segundo mandato para mudar verdadeiramente os EUA e tornar a mudança irreversível. São três os pilares em que assentam essas reformas: o excepcionalismo imperial; a desigualdade e o mercado como motores do progresso; o apelo a "valores morais" como legislação de Deus.

A guerra do Iraque foi pensada como primeira fase de uma estratégia de domínio total da área, que inclui a invasão do Irão e a colonização das ex-Repúblicas Soviéticas da Ásia Central. O domínio não assenta só no objectivo de controlar o petróleo, mas não faria sentido sem ele. Se estes planos não puderem ser inteiramente cumpridos, há um eixo do mal alternativo a destruir: Cuba, a Venezuela e, se não se portarem bem, o Brasil e a Argentina (e certamente, desde há quinze dias, o Uruguai). Em coerência com esta concepção imperial do poder, os fins justificam os meios, que podem ser a guerra ou o unilateralismo extremo no plano externo, e a fraude eleitoral ou a redução das liberdades democráticas, no plano interno. Ao contrário do que pretendiam os conservadores tradicionais – muitos dos quais apelaram ao voto em Kerry – o Estado pode crescer e o défice orçamental aumentar, desde que tal seja necessário para cumprir o desígnio imperial. Como os recursos não são ilimitados e as despesas militares têm total prioridade, as despesas sociais devem ser reduzidas ao mínimo. Esta redução, sendo necessária por razões pragmáticas, é justificada por questões de princípio: o Estado não pode retirar aos indivíduos a responsabilidade pelo seu bem-estar; esta exercita-se antes de tudo no mercado; a vitalidade do mercado assenta na substituição da regulação pela adesão voluntária a códigos de conduta e na redução de impostos.

Os grandes interesses económicos não precisam de subscrever integralmente este delírio imperialista e reaccionário para poder beneficiar dele. O importante é não desperdiçar as insuspeitadas possibilidades de negócio que ele abre. Para a indústria militar, uma guerra potencialmente infinita – guerra total – significa que a luta pelo orçamento está ganha. Para a indústria farmacêutica, é crucial impedir o controlo do preço dos medicamentos e a sua importação. Para as companhias de seguros, é fundamental que os prémios de seguro possam continuar a subir a taxas cinco vezes mais elevadas que o salário, mesmo que com isso 45 milhões de cidadãos fiquem sem seguro médico. Para a indústria energética, esta é a oportunidade para ter lucros fabulosos com a subida do petróleo e, ao mesmo tempo, explorar o petróleo do Alasca, impedir o recurso às energias renováveis e eliminar o que ainda resta da protecção ambiental. Para a indústria educacional, a expansão do negócio está garantida se o sistema público de educação continuar a degradar-se e as propinas no ensino superior público continuarem a subir ao ritmo em que subiram nos últimos quatro anos (35%). Para o capital financeiro, é urgente o balão de oxigénio da privatização da segurança social e, em especial, do sistema de pensões. Esta é uma agenda ambiciosa, mas para os neoconservadores e fundamentalistas ela só fica completa quando se lhe junta a agenda religioso-ideológica, a os "valores morais": proibir o aborto, o planeamento familiar e os casamentos entre homossexuais; limitar estritamente a investigação com células estaminais e a investigação da cura do HIV/SIDA; reduzir a educação sexual à promoção da abstinência, como, de resto, já está a suceder no Texas.

Quais são as implicações da vitória de Bush?

1. Cidadãos com medo são facilmente manipuláveis. Nestas eleições, os americanos deixaram-se convencer por Bush de que o verdadeiro chefe é aquele que, em vez de reconhecer um erro, o repete tantas vezes quantas as necessárias para o transformar num acto de coragem. A máquina de propaganda montada para inculcar esta ideia foi impressionante, mas ela só foi eficaz porque culminou um processo de desinformação sobre a guerra no Iraque que faz dos norte- -americanos um dos povos mais mal informados do mundo.

2. Está em curso uma guerra civil nos EUA. De um lado, a América secular, moderada, que confia na ciência e na argumentação racional, tendencialmente isolacionista por temer os excessos do imperialismo, solidária para com os pobres, tanto no país como no mundo, olhando com alguma inveja para o modelo social europeu. Acredita em valores e inclui, entre eles, a paz, a solidariedade para com o próximo, mesmo que não pense como nós, ou a justiça fiscal. Do outro, a América religiosa ultraconservadora, para quem a Bíblia é fonte de verdade e os governantes, uma vez iluminados por Deus, são detentores de uma política revelada que deve ser seguida e não discutida. Todos os interesses terrenos devem ser subordinados à salvaguarda dos valores "legítimos": a família assente no casamento heterossexual, e a proibição do aborto. Estas duas Américas não se comunicam. Bush levou a divisão ao extremo e não concebe a união da América senão como rendição total da América "errada".

3. Foi redescoberto o potencial da religião como ópio do povo, como mecanismo eficaz para levar as classes populares a votar contra os seus interesses (emprego, salário decente, educação e saúde baratas). A manipulação do voto

pelo dinheiro não chega – e a prova é que os democratas nunca gastaram tanto dinheiro como nesta campanha – , é preciso juntar ao dinheiro a religião "verdadeira".

4. Segundo os ideólogos da Casa Branca, devemos preparar-nos para um choque apocalíptico entre a Cristandade e o Islão. Isto significa que, como aconteceu antes na história, os inimigos acabam por parecer-se muito entre si.

Visão, 11 de Novembro de 2004

FINLÂNDIA E PORTUGAL

Ao longo da última década, Portugal apresentou um crescimento económico débil e divergente da média da União Europeia, tendo-se assistido a um debate sobre qual seria o modelo de desenvolvimento mais adequado ao país. A Finlândia foi frequentemente apresentada como um exemplo a seguir. Em 2011, encontrava-se classificada como a quarta economia mais competitiva do mundo e a mais competitiva dentro da zona euro. O sucesso finlandês foi encarado essencialmente como resultado de dois aspectos particulares, embora inegavelmente fundamentais e interligados: a educação, em particular a aquisição de competências linguísticas e tecnológicas de alto valor instrumental, e o investimento em "actividades económicas de base tecnológica", sendo esta última uma aposta em grande medida uma consequência da deslocação das indústrias de trabalho intensivo para outras regiões do globo. Naturalmente, trata-se de medidas de longo prazo, cujos efeitos só poderão ser avaliados no tempo de uma geração. Mas pode ser feita a observação de que o desenvolvimento de uma sociedade resulta de uma história complexa que não pode ser subsumida às fragilidades económicas que se pretende corrigir com a aplicação de medidas pontuais cujas consequências a médio prazo são previsivelmente contraproducentes sob todos os pontos de vista. | EDUARDO BASTO

A Finlândia acaba de ser, mais uma vez, considerada a economia mais competitiva do mundo. Este facto, atribuído a um país, tal como Portugal, pequeno e situado na periferia da Europa deve ser objecto de reflexão por parte dos portugueses, sobretudo agora que nos preparamos para novas eleições. Se nada mais se soubesse sobre a Finlândia, a cartilha neoliberal, tão bem aprendida pela grande maioria dos nossos comentadores políticos e económicos, diria que tal desempenho estaria assente na prevalência das leis do mercado na vida económica e social, privatização de todos os serviços públicos considerados não "essencialmente estatais" (como a educação, a saúde e a segurança social), baixos impostos, sindicatos fracos, altos níveis de desemprego e de desigualdade social, e em geral, um Estado com pouco peso na economia e na sociedade. Ora como nada disto é verdade, os portugueses, devem suspeitar das "verdades" neoliberais com que vão ser bombardeados nos próximos meses.

O alto desempenho da economia finlandesa é significativo sobretudo por ser consistente com outros desempenhos notáveis no contexto internacional: uma das sociedades com menos corrupção e menos desigualdade social, com os mais elevados níveis de escolaridade, de qualidade do meio ambiente e de liberdade de imprensa. Aliás, estas características aplicam-se, em geral, aos países nórdicos e, ao contrário do que queriam os profetas do neoliberalismo no início da década de oitenta, assentam em culturas e instituições políticas que se têm mantido com grande dinamismo. Duas perguntas ocorrem: Qual o segredo de tudo isto? Poderá Portugal aspirar a tal excelência? Respondo à primeira e deixo aos leitores a resposta à segunda. O segredo assenta nas seguintes ideias:

1. A globalização não implica a perda de coesão da economia nacional, apenas faz com que ela se afirme (ou destrua) no modo como a economia nacional se insere na globalização. A diferença está na qualidade de inserção.

2. Para ter qualidade, a inserção global tem de ser um projecto nacional (e não de um sector do capital ou de uma agência internacional) e assentar em elevados níveis de educação e de fomento científico. A Finlândia é um dos países com a mais alta percentagem do PIB em investigação e desenvolvimento. Para além de ter um sistema de educação de alta qualidade, público, universal e gratuito. O contraste com Portugal é óbvio.

3. Só há projecto nacional se houver uma comunidade nacional e esta não existe se as desigualdades sociais forem grandes. Não há comunidade entre os cidadãos comuns e os que vivem em condomínios fechados, têm motoristas privados, criados e treinadores pessoais (de qualquer deles há proporcionalmente mais em Portugal do que na Finlândia). O Estado forte e eficaz é um factor importante na criação da coesão nacional, ao coordenar interesses divergentes e ao redistribuir riqueza através da tributação, traduzindo-a em serviços públicos de qualidade. Uma coisa é reformar o Estado e a administração pública para os tornar mais justos, transparentes e eficazes (Finlândia), outra coisa é atacar um e outra sob o pretexto de que são irremediavelmente injustos, opacos e ineficazes (Portugal).

4. A economia de mercado só é socialmente útil se a sociedade não for de mercado. Para isso, é necessário que os "bens sociais" como a saúde, a educação e o sistema de pensões sejam produzidos por serviços públicos, não sujeitos à lógica do mercado. Uma coisa é reformar para viabilizar o sistema nacional de saúde, de educação e de pensões (Finlândia), outra coisa é privatizá-los sob o pretexto de que são irreformáveis ou inviáveis (Portugal).

Visão, 9 de Dezembro de 2004

2005

*Portugal ganhou muito com a entrada na UE, mas teme agora
ser relegado para uma periferia medíocre e sem futuro.
É importante que os portugueses sejam europeístas
por algo mais que a euro-ignorância.*

OS PRÓXIMOS ANOS

Os discursos "hegemónicos", fruto da imposição económica das potências imperiais, alimentaram expectativas no que respeita aos fossos criados entre os que podem e os que são obrigados a aceitar, nomeadamente no contexto da crise económica actual. A tradicional dicotomia EUA/União Europeia (UE) tem-se agudizado, na medida em que a crise financeira que se iniciou nos EUA, acarretando a falência de várias instituições financeiras, se propagou à UE, quer a nível económico, quer a nível da instabilidade social. A par de uma série de invasões perpetradas sob a égide da liberdade, esta crise tem criado um pânico difuso que perpassa as sociedades.

Para além dos três factores enunciados na crónica, agudizou-se um quarto factor que se prende com a viragem de políticas migratórias nos EUA iniciada pelos anos 80, com o aumento da tipologia de crimes e penas para estrangeiros "não-cidadãos" implicando a expulsão destes e a perda de vários direitos adquiridos para outros. A atitude persecutória relativamente aos imigrantes, inflada na sequência dos ataques terroristas praticados no início do século, proporcionou a emergência do novo paradigma da "crimigração" nos EUA, fazendo a lei de imigração e a lei penal convergirem na criminalização de um leque abrangente de condutas, de que resultou um escalonamento no acesso aos direitos, o que se repercute na estratificação de cidadania.

A viragem política ocorrida em diversos Estados-membros da UE e a tendência de manter o "núcleo duro do Ocidente" EUA-UE apontam cada vez mais no sentido de uma convergência política neste campo. | Maria João Guia

Ao entrarmos no quinto ano da passagem do século e do milénio, é fácil ver que tais passagens são na realidade muito menos dramáticas do que os discursos que as celebram. Mesmo assim, ainda há bem pouco tempo, em 1999, não fazia muito sentido fazer algumas das perguntas que hoje dominam a actualidade internacional. Como, por exemplo, qual é o futuro da globalização neoliberal? A Europa e os EUA pertencem ao mesmo Ocidente? Estará a emergir um novo imperialismo, desta vez protagonizado pelos EUA? Em 1999, o futuro da globalização neoliberal parecia inquestionável. Era óbvio que a Europa ocidental e os EUA eram o núcleo duro do Ocidente, mesmo que as fronteiras deste fossem difusas (seria o Japão parte do Ocidente no mesmo sentido em que os japoneses eram tratados na África do Sul do *apartheid* como "brancos honorários"?). Com excepção dos latino-americanos, para quem o imperialismo dos EUA era evidente e velho de quase duzentos anos, ninguém imaginava que o multilateralismo, tão enraizado na diplomacia estadunidense, pudesse ser posto de parte e substituído por qualquer unilateralismo de vocação imperial.

Hoje, porém, estas três questões são cruciais, e prevejo que o sejam ainda mais nos próximos anos. Três factos decisivos são responsáveis por isso. A globalização neoliberal é uma nova versão do mecanismo que desde o século XV assegura a existência de um centro (dominante) e de uma vasta periferia (dominada) no sistema mundial. Consiste em os países centrais (mais ricos) imporem aos periféricos (mais pobres) o comércio livre, reservando para si o direito de serem proteccionistas no que lhes convier. Para funcionar eficazmente, este mecanismo exige uma estabilidade no sistema mundial que está fortemente abalada desde o final da década de 1990 pelas seguintes razões: o colapso da Argentina e o seu impacto na autoconfiança do neoliberalismo; a contestação mundial da globalização simbolizada no Fórum Social Mundial; a invasão do Iraque e o seu impacto, tanto no aprofundamento da debilidade da economia dos EUA, incapaz de sustentar a superioridade militar, como no reacender de nacionalismos ideológicos contrários ao livre comércio e à cultura que o acompanha.

O segundo factor é a emergência do euro e o seu êxito ao tornar-se em poucos anos uma moeda de reserva mundial em competição com o dólar, sendo, aliás, previsível que, a prazo, ganhe o euro. A rivalidade económica entre a União Europeia e os EUA é um dado incontornável, e a guerra do Iraque deu-lhe uma dimensão política que não tinha. Enquanto o capital norte-americano aconselha a aliança com a Europa como condição de estabilidade do comércio mundial, os neoconservadores, que agora dominam a Casa Branca, advogam a submissão da Europa, sobretudo por via do controlo do acesso às reservas do petróleo, tornado possível pela superioridade militar dos EUA. Apesar de todos os problemas internos, a Europa não tem razões para se deixar intimidar, já que a história demonstra que a superioridade militar sem superioridade económica tende a ser o canto do cisne.

O terceiro factor é precisamente a viragem unilateralista e belicista dos EUA. O projecto imperial é patente mas é-o igualmente o despreparo para o realizar, como bem demonstra o caos criado no Médio Oriente e na Ásia Ocidental. São, aliás, os representantes do capital quem melhor tem analisado a insensatez deste projecto. Escrevia há pouco Stephen Roach da Morgan Stanley: "Pode uma economia com escassa poupança continuar a financiar uma expansão contínua da superioridade militar? A minha resposta é um rotundo não... Um dólar fraco poderá ser a saída". Comparado com o colapso do dólar, o ataque da Al Qaeda às Torres Gémeas seria um pequeno acontecimento.

Visão, 6 de Janeiro de 2005

RITUAL DE PURIFICAÇÃO

A noite eleitoral portuguesa de 20 de Fevereiro de 2005 ficou marcada por uma vitória de todos os partidos da esquerda e por uma derrota das formações que integravam a coligação governamental. O PS conquistou a sua primeira maioria absoluta em 30 anos de democracia, e o PSD sofreu o pior resultado desde 1983. A inversão da tendência de queda da CDU e a quase triplicação dos deputados do Bloco de Esquerda foram outras notas dominantes destas eleições.

Perante a vitória expressiva da esquerda, o tom das análises e opiniões produzidas por comentadores (quase todos homens) nos meios de comunicação social é claramente negativo e o estilo é predominantemente crítico, indicador duma descrença generalizada no executivo e da desvalorização das alternativas.

Algumas asserções latentes nos comentários aos resultados eleitorais de 2005, como a perspectiva de continuidade relativamente às políticas anteriores por parte do novo executivo, acabaram por ecoar em desenvolvimentos posteriores, deitando por terra aspirações de corte com o passado. O cariz mais técnico da composição do governo então eleito dava sinal de que algo novo estava no ar, todavia, continuava a não reflectir o país onde a maioria são mulheres, contando apenas com duas ministras e quatro secretárias de Estado (em 36). A promulgação da lei da paridade no decorrer da legislatura favoreceu a chegada de mais mulheres à política em ciclos eleitorais posteriores, marcando os caminhos da igualdade de género e da paridade em Portugal. | MÓNICA LOPES

Na manhã do passado dia 21 de Fevereiro todos os portugueses se deram conta que estavam a acordar num país maioritariamente de esquerda. Mas talvez nem todos se tenham dado conta de que, nesse dia e nos dias seguintes, leram e ouviram na comunicação social as análises das eleições por comentadores (quase todos homens) que entre 70% e 90% são de direita ou de centro-direita. Não tiveram, pois, tempo de celebrar. Quando se preparavam para saborear a esperança, esta já lhes tinha sido confiscada e transformada pelos produtores nacionais de fruta amarga num alimento indigesto. A construção conservadora do acto progressista dos portugueses assenta em dois não-ditos, ou seja, em dois objectivos estratégicos que para serem eficazmente prosseguidos têm de ser mantidos em silêncio pela vozearia estridente das coisas ditas, as quais só na aparência os contradizem. O primeiro não-dito é que, em termos reais, a vitória do PS vale muito pouco. O diagnóstico dos problemas da sociedade portuguesa está feito e é consensual e, por isso, consensual é também a terapêutica.

As políticas terão de ser basicamente as mesmas e só vão ser postas em prática pelo PS porque o PSD teve um acidente chamado Santana Lopes. Portanto, os portugueses que pensaram ter votado na mudança estão muito enganados, e é bom que lhes vá sendo inculcada subliminarmente (o tal não-dito) a ideia de que o engano é tão próprio dos eleitores como a clarividência é própria dos comentadores.

O segundo não-dito é que os portugueses, não só não têm direito a alternativas reais, como não têm o direito a pensar e a agir alternativamente. Ou seja, a política de que não há alternativas tem de ser complementada pela neutralização da vontade de alternativas, sobretudo da vontade consistente de alternativas credíveis. Este objectivo por que visa ir mais fundo na manipulação da subjectividade política dos portugueses exigiu uma estridência especial. Assim irrompeu o coro unânime da desvalorização e da hostilização do Bloco de Esquerda. Não houve estrofe que não fosse bisada: como é possível que trotskistas pretendam passar por sociais-democratas, perguntam indignados comentadores ex-maoístas e ex-proalbaneses; o Bloco de Esquerda sofreu a pesada derrota ao não impedir que o PS tivesse maioria absoluta, sendo pouco relevante que tenha quase triplicado o número de deputados; o Bloco de Esquerda é uma esquerda de protesto, sem vocação para o governo, sem qualquer objectivo político logo que seja obtida a despenalização do aborto, não vindo ao caso que já hoje vivamos governados por algumas leis que saíram da iniciativa do Bloco de Esquerda; a postura virtuosa de Louçã é, no fundo, um defeito, sendo tão natural zurzi-lo com metáforas religiosas negativas («bispo», «pregador»), como utilizar a tão provável quanto colossal ilusão de Fátima para conquistar votos. Em suma, se os portugueses se enganaram em geral nestas eleições, enganaram-se em especial quando votaram no Bloco de Esquerda. O objectivo não-dito é, afinal, simples: em 2009, o melhor que pode acontecer ao PS é a maioria relativa e, para evitar que se crie uma maioria governamental de esquerda, é decisivo neutralizar desde já o Bloco de Esquerda. Nisto estarão unidos a direita e o PCP, e é por isso que, aos olhos da primeira, o segundo é já uma incubadora de inovação política. Estes dois não-ditos suscitam a primeira exigência do novo ciclo político, uma exigência que não é para o governo: que, ao menos, a comunicação social pública mude a grelha de comentadores para que ela reflicta o país real que votou maioritariamente à esquerda e onde a maioria são mulheres.

O primeiro não-dito das análises conservadoras tem uma ponta de verdade. O pântano da estagnação e da desagregação governamental a que nos conduziram, entre outros factores, às hesitações do Presidente da República, converteu estas eleições num ritual de purificação. Todos os rituais deste tipo implicam um corte abrupto com o passado e a confiança inocente num começar de novo. Nos últimos oitenta anos, os portugueses foram chamados a participar de dois rituais de purificação: a subida de Salazar ao poder e o 25 de Abril. Todos os rituais envolvem o sacrifício de animais. A grandeza do sacrifício indica a radicalidade das rupturas. No primeiro ritual, o animal sacrificado foi a democracia, no segundo, a ditadura. É importante ter-se em mente que nas últimas eleições o animal sacrificado foi de muito menor porte. Não foi sequer o PSD. Foi Santana Lopes. É, pois, de prever que as continuidades sejam mais significativas e os novos começos, menos novos. Como, aliás, deve ser em democracia.

Com estas limitações, compete à esquerda maximizar a possibilidade de começos novos. Eis as linhas inauguradoras fundamentais. Em primeiro lugar, a política simbólica. Trata-se das medidas que dão sinais credíveis de que algo novo está no ar. Entre tais medidas: menos ministérios, mais mulheres no governo, mais ministros nomeados por critérios de competência, nenhum jovem secretário de Estado, vindo das jotas sem qualquer competência ou experiência e apenas com a missão de fazer os fretes com que os ministros não se querem comprometer. Em segundo lugar, a política do país real. A nossa classe política conhece muito mal o país e quando chega ao poder tende a ignorar tudo o que está investigado na sua área de governo por especialistas credenciados. Será de desconfiar do ministro que, ao tomar posse, saiba tudo sobre o seu sector e tenha prontas todas as medidas. Em terceiro lugar, a política da participação. Contra os populismos da desconcentração é fundamental que em cada área de governação se estabeleçam, desde já, canais eficazes de consulta e articulação com a sociedade civil, uma política que tem de ser pró-activa no sentido de estimular a organização dos sectores mais vulneráveis, invisíveis e desorganizados. Esta política é tanto mais necessária quanto é pasmosa a perda de qualidade da representação que decorre das últimas eleições. Tomem-se as biografias sociais dos deputados eleitos pelo PS e pelo PSD e submetam-se a um referendo popular. Estou certo que 80% serão considerados inaptos para o cargo.

Visão, 3 de Março de 2005

MOMENTO DE ESPERANÇA

Boaventura escreveu esta crónica no rescaldo da vitória do PS nas eleições legislativas de 2005. Pode-se afirmar que a esperança de então foi gorada. Mas seria fundada e prudente? Não foram já a educação, a justiça, a política externa, bandeiras do PS, em que se não distinguiu das políticas de direita?

Foram reduzidos os orçamentos das universidades, aumentados os custos do ensino e nunca atendidas as reivindicações dos bolseiros. A corrupção e obscuras ligações entre o Estado e empresas eternizaram-se numa justiça ineficaz. Aprofundou-se o desmantelamento do Estado Social e agudizou-se a repressão. Foi perpetuada a submissão internacional de Portugal a objetivos imperialistas.

A esperança foi gorada pelo PS, negando rumos com os Partidos de esquerda e mantendo a política de direita, perdendo a maioria absoluta em 2009. Seguiu-se o rápido declínio, atacando quem menos tem, de PEC em PEC, culminando num pedido de "ajuda" externa.

Em 2011, as eleições antecipadas trouxeram a ascensão da direita neoliberal, com a coligação PSD-CDS/PP a assumir-se como serventuária da troika, protegida pelo acordo assumido pelo PS e indo mais além. Este Governo mantém e agrava a política de direita, em todos os aspetos, numa ofensiva sem precedentes contra os trabalhadores e o Estado Social.

Mas se a ofensiva gera medo, também a esperança se mantém, patente na contestação popular às políticas deste Governo. | ALFREDO CAMPOS

Tal como os indivíduos, as sociedades vivem entre o medo e a esperança, e só vivem felizes quando a esperança vence o medo. As estatísticas internacionais e as comparações que delas decorrem são hoje um dos instrumentos privilegiados para medir o medo e a esperança que cabem a cada sociedade. A posição intermédia que Portugal ocupa nessas estatísticas – recorrentemente os piores dados entre os países com melhores dados – faz com que a gestão do medo e da esperança seja facilmente manipulável entre nós. As conjecturas sobre medos abissais que assombram a sociedade portuguesa – chegando a pôr em causa a própria viabilidade do país – parecem tão realistas quanto as profissões de esperança num futuro garantido entre os países mais desenvolvidos que nos servem de referência. Não sendo fácil, nestas condições, que a esperança vença o medo, é importante não desperdiçar os factores que favorecem essa vitória. Os resultados das últimas eleições e o novo governo são um desses factores. Vivemos, pois, um momento de esperança, e é preciso assumir isso mesmo sem medo. Vejamos algumas das condições que militam a favor da esperança.

Educação e ciência. Se, como tudo leva a crer, a educação e a ciência forem a prioridade das prioridades, algo de novo e auspicioso estará a ocorrer. Nas condições globais em que nos inserimos, é menos importante a quantidade de emprego do que a qualidade de emprego e esta, tal como a produtividade, está intimamente ligada à qualificação profissional da força de trabalho e à componente científico-tecnológica da produção. Por incrível que pareça, a administração universitária é hoje dominada por uma atitude hostil à investigação. É preciso pôr-lhe termo para que a universidade volte a ser um factor de qualificação da sociedade como um todo. O processo de Bolonha pode contribuir para isso, mas para que não seja visto como mais uma armadilha é preciso começar por abolir as propinas.

Justiça social e serviço público. Um Estado democraticamente forte é a condição de uma sociedade civil forte. Os portugueses acreditarão tanto mais no que podem fazer por si quanto mais acreditarem no que o Estado pode fazer bem e eficazmente por eles. A reforma do sistema judicial, a luta contra a corrupção, a reforma da administração pública, a justiça fiscal e a criação de transparência e de prestação de contas por via de instrumentos de democracia participativa são pré-condições para que o nosso país deixe de ser o mais injusto da Europa.

Política externa cordial. Somos um pequeno-grande país que deve assumir as suas responsabilidades históricas para que o seu passado não sirva apenas para o futuro dos outros. É cordial a política externa que responder a este traço identitário subterrâneo: os portugueses aceitam que, pelo seu passado, sejam maiores do que aquilo que são no presente, mas não toleram que, pelo seu futuro, sejam menores do que aquilo que julgam merecer. Que Freitas do Amaral não se deixe intimidar por comentadores para quem ir da esquerda para a direita é normal (porque foi o que aconteceu a quase todos eles), enquanto ir da direita para a esquerda é anátema. Ou eu me engano muito ou Bush voltará a dar dores de cabeça à Europa. Estejamos atentos ao que se pode vir a passar no Irão ou na Venezuela.

Portugal votou à esquerda mas a produção de opinião pública é hoje hegemonicamente de direita. Por isso, ao contrário do que fazem prever as sondagens, este governo terá um curtíssimo período de estado de graça. Se o governo e as esquerdas se deixarem intimidar ou não se entenderem, é grande o risco de que o momento de esperança, em vez de florescer, seja reduzido a uma fugaz esperança do momento.

Visão, 17 de Março de 2005

A ECONOMIA E A GUERRA

A nomeação de Paul Wolfowitz para a presidência do Banco Mundial, em 2005, foi a expressão da ligação umbilical entre a economia e a guerra, entre as instituições internacionais que governam a economia mundial e os interesses imperiais da potência hegemónica. Sem qualquer experiência em questões de desenvolvimento, acabado de sair da administração Bush, este ideólogo da invasão do Iraque e do neoconservadorismo, o neoliberalismo da baioneta e da engenharia política moralista, cairia em desgraça passados dois anos, acusado de nepotismo. Paradoxalmente, a sua nomeação pode ser retrospectivamente lida como um momento do progressivo esgotamento do neoliberal Consenso de Washington. Os EUA deixam de conseguir obter o consenso activo das elites do Sul e passam a insistir cada vez mais na violência, incluindo a violência simbólica de ter Wolfowitz na presidência de uma instituição como o Banco Mundial. Entretanto, da América Latina ao continente asiático, governos, movimentos sociais e intelectuais críticos desafiaram com sucesso as prescrições desastrosas deste Consenso, derrotando-o na teoria e na prática. As políticas igualitárias de promoção dos mercados internos ou as políticas industriais de inserção estratégica na economia mundial, ambas dependentes da construção de Estados fortes e da promoção de capacidades colectivas, revelaram-se mais sensatas do que o governo económico-militar de Washington. | JOÃO RODRIGUES

A indicação de Paul Wolfowitz para presidente do Banco Mundial (BM) foi recebida com cepticismo e perplexidade nos países europeus e com indignação e revolta nos países do chamado terceiro mundo e nas organizações não--governamentais de ajuda ao desenvolvimento. No entanto, só pode causar surpresa a quem não conheça o programa neoconservador que hoje domina o governo dos EUA.

O BM e o Fundo Monetário Internacional (FMI) foram criados em Julho de 1944, na Conferência de Bretton Woods, com o duplo objectivo de financiar a reconstrução da Europa depois da devastação da Segunda Guerra Mundial e de evitar a ocorrência no futuro de depressões económicas do tipo da que assolou o mundo capitalista nos anos trinta. Nessa conferência foi ainda decidida a criação de uma terceira instituição multilateral, a Organização Mundial de

Comércio (OMC), com o objectivo de regular o comércio internacional, mas esta só veio a ser criada cinquenta anos depois, em 1995.

O FMI tomou a seu cargo a supervisão das políticas macro-económicas (défice orçamental, política monetária, inflação, défice comercial, dívida externa, etc.), a ser accionada em momentos de crise, enquanto o BM se encarregou das políticas estruturais (políticas públicas, mercado de trabalho, política comercial, alívio da pobreza, etc.). A ajuda ao desenvolvimento com que o BM veio a ser identificado nas décadas seguintes estava pouco presente no mandato inicial, uma vez que os países que mais tarde vieram a ser considerados "subdesenvolvidos" ou "em desenvolvimento" eram então colónias e o seu desenvolvimento era da responsabilidade das potências coloniais europeias. Tanto o BM como o FMI foram criados sob a égide do pensamento de Keynes, na crença de que os mercados funcionam frequentemente mal e que as suas falhas devem ser compensadas por uma forte intervenção do Estado na economia (política fiscal, investimento público, etc.).

A partir de 1980, com a era de Reagan e Thatcher, deu-se uma mudança radical (que envolveu purgas no BM) e as duas instituições passaram a ser as grandes missionárias da ideologia da supremacia do mercado e o Estado, antes visto como solução para os problemas económicos, passou a ser visto como problema, apenas solúvel com a redução do peso do Estado na economia e na sociedade.

Ao mesmo tempo que o BM e o FMI foram postos ao serviço do modelo norte-americano de capitalismo, o BM passou a ser visto como uma instituição dependente do FMI e este, por sua vez, vinculou-se mais e mais às orientações do Departamento do Tesouro dos EUA. Uma receita universal foi então imposta aos países em desenvolvimento: privatização (das empresas públicas, terra, educação, saúde e segurança social), liberalização dos mercados, desregulamentação da economia, precarização do emprego, descaso de preocupações ambientais. O resultado desastroso desta orientação está hoje à vista: o aumento dramático das desigualdades sociais; muitos países em África, na América Latina e na Ásia, à beira do caos social e político; 1,2 mil milhões de pessoas a viver com um dólar por dia e 2,8 a viver com dois dólares, ou seja, 45% da população mundial.

A partir de meados da década de noventa começou a ser notória a tensão entre o BM e o FMI, com o BM a querer preocupar-se com questões "heterodoxas", como o meio ambiente, a discriminação sexual e a participação democrática, e a aproveitar-se dos golpes na arrogância do FMI produzidos pelos vários fracassos das políticas de ajuste estrutural, culminando no colapso da

Argentina em 2001. Paralelamente, os movimentos sociais reunidos no Fórum Social Mundial têm vindo a exigir reformas profundas nas duas instituições ou mesmo a sua abolição. Em particular, denunciam a hipocrisia do BM e do FMI ao imporem a democracia aos países devedores quando elas próprias não são democráticas (47% do poder de voto no BM pertence à Europa e EUA). Estas críticas têm vindo a encontrar algum eco dentro do próprio BM e aqui reside uma das razões da indicação de Wolfowitz.

Para os neoconservadores o BM é, tal como a ONU, uma organização suspeita porque vulnerável ao multilateralismo. Só é tolerável se se puder garantir o seu alinhamento incondicional com os interesses estratégicos dos EUA. Esse alinhamento exige uma maior vinculação da estratégia económica à estratégia militar. Só assim o "terceiro mundo" deixará de sentir-se dividido entre a supremacia militar dos EUA e a supremacia económica crescentemente atribuída à União Europeia e ao Euro. Para isso é fundamental que a ajuda ao desenvolvimento recompense os países "solidários" na luta contra o terrorismo e puna os recalcitrantes. Por outro lado, é necessário preparar a entrada do BM no Iraque e convertê-la numa política de compensação para a retirada das tropas cada vez mais encurraladas num beco sem saída. É esta a missão de Wolfowitz: a economia é a continuação da guerra por outros meios.

Os movimentos e as ONGs do Fórum Social Mundial que ainda tinham dúvidas sobre o carácter imperialista e destrutivo do BM e do FMI deixaram de as ter, o que deve traduzir-se em mais forte mobilização para protestar contra estas instituições e para preparar alternativas realistas. A frase à entrada da sede do BM em Washington, DC, "o nosso sonho é um mundo sem pobreza", mostra agora a sua verdade cruel: o fim da pobreza será um sonho enquanto existirem instituições como o BM e o FMI.

Visão, 31 de Março de 2005

DIFÍCIL LIBERTAÇÃO DA TEOLOGIA

A teologia da libertação recorre à mediação sócio-política sem considerar que o governo da cidade dos homens necessite de uma sanção religiosa. Constitui, portanto, um problema tanto para aqueles que desejam uma Igreja completamente desligada da política como para os que consideram que a política tem que ser divinamente confirmada pela Igreja. Por outro lado, fazendo da praxis o seu âmbito de desenvolvimento e verificação faz do compromisso ético-político (religiosamente motivado ou não) o critério tangível da salvação.

As dificuldades e desconfianças que provoca talvez derivem da incompreensão denotando uma transformação na forma de entender e praticar a teologia em geral e não apenas uma escola ou perspectiva particulares.

Uma vez que tanto "Deus" como a "fé" só são acessíveis e manifestáveis através do testemunho, pareceria sensato definir a teologia como a "ciência das mediações do divino", isto é, as escrituras (ou mitos), ritos e instituições reconhecíveis como "religiosas". Se esta ciência assumir explicitamente um tom ético-humanizante, existe já sob a forma precisamente da teologia da libertação (mas também de outras teologias – políticas, narrativas, simbólicas, feministas, ecológicas – que se desenvolvem em íntima ligação com as ciências humanas e sociais).

Esta configuração epistemológica da teologia só é possível com a modernidade, mas torna-a capaz de auscultar também a actual situação de pluralismo cultural e religioso. Não se demarca das questões postas às religiões na sequência da modernidade assumindo-as antes como momento necessário e intrínseco. É dialogante e aberta, consciente da relatividade de toda a mediação do divino em relação precisamente a este divino semper major. | ÂNGELO CARDITA

Na vida como na morte, João Paulo II (JPII) foi um espectáculo mediático exaltante que revolucionou a imagem da Igreja no mundo católico e não católico. Agora que o espectáculo terminou, é tempo de reflectir sobre o legado do Papa e os desafios com que a Igreja Católica se confronta. Quando João Paulo II iniciou o seu pontificado, a Igreja Católica debatia-se com três problemas.

1. A questão da modernidade: como interiorizar os valores da modernidade como a liberdade, os direitos humanos e a democracia.

2. A questão ecuménica: quais as possibilidades e os limites do diálogo com outras religiões.

3. A questão social: como articular evangelização com promoção humana em sociedades onde as desigualdades sociais não cessavam de aumentar. Estas questões tinham estado no centro do Concílio Vaticano II (1962-65) e tinham dominado os debates teológicos subsequentes entre aqueles para quem o Vaticano II tinha ido longe demais e pensavam ser necessário desactivar o seu impulso reformista (os conservadores) e aqueles para quem o Vaticano II tinha de ser prosseguido, até porque não tinha ido tão longe quanto devia (os progressistas).

A eleição de João Paulo II significou a vitória dos conservadores. A questão da modernidade foi tratada de modo contraditório. A nível externo, os valores da modernidade foram abraçados como pedras basilares da luta anti-comunista. A modernidade tornou-se sinónimo de capitalismo e, pela primeira vez em sua história recente, a Igreja Católica identificou a sua mensagem com a de um sistema económico concreto (encíclica *Centesimus Annus*). Esta posição selou a aliança de João Paulo II com Reagan e Thatcher, parceiros na revolução conservadora dos anos oitenta. A nível interno, a questão da modernidade foi suprimida: democracia e liberdade são para vigorar na sociedade, não na Igreja. Esta, para ser fiel à sua missão, deve continuar a ser uma monarquia absoluta, centrada no Papa e na Cúria, e todos os desvios devem ser punidos. O povo de Deus só existe na comunhão com a hierarquia e, por isso, não tem voz nem voto para além dela. Todo o impulso democratizante pós-conciliar foi, assim, neutralizado: exacerbou-se o centralismo, com o esvaziamento do Sínodo dos Bispos; dezenas de religiosos e teólogos foram suspensos, silenciados, censurados, por ousarem abordar questões proibidas: sacerdócio das mulheres, celibato, uso de contraceptivos, aborto, culto mariano, infalibilidade do Papa, novas fronteiras da biologia.

Os jesuítas, entre quem soprava forte o vento da renovação, foram fustigados (substituição do Superior Geral, proibição da Congregação Geral de 1981). Pelo contrário, à Opus Dei – conhecida pelo seu conservadorismo teológico e disciplina rígida, e por defender a confessionalidade das instituições temporais – foi confiada a tecnologia institucional do restauracionismo, até ser convertida em prelatura pessoal do Papa, com o que passou a estar subtraída ao controle dos bispos locais.

A contradição entre o tratamento interno e externo dos valores da modernidade passou despercebida do grande público pela maestria com que o Papa reduziu a abertura da Igreja à democratização da sua imagem mediática. E o mesmo se passou com a questão económica. Devido à recusa de João Paulo II de qualquer abertura dogmática ou teológica, o diálogo inter-religioso ficou-se pelos espectáculos dos encontros ecuménicos. O mesmo se passou com a questão social, sendo que aqui a virulência conservadora de João Paulo II atingiu o paroxismo. Tratou-se de uma repressão brutal da teologia da libertação. Esta corrente teológica, assente na opção pelos pobres – "se Deus é Pai tem por missão tirar os seus filhos da miséria" – ganhava terreno na América Latina, continente onde vivem metade dos católicos do mundo, e traduziu-se num novo catolicismo popular que envolvia clérigos e leigos na luta social e política contra a injustiça social. É hoje sabido que João Paulo II se serviu de informações da CIA – sua aliada na luta contra o comunismo – para acusar bispos e padres de subversão marxista, suspendendo-os ou forçando-os a resignar.

Agora que terminou o espectáculo, a Igreja confronta-se com as mesmas questões de 1979 e está em piores condições para lhes dar uma resposta positiva. A Igreja não se deixará iludir pela adesão dos jovens a João Paulo II. É certo que o adoravam, mas estariam provavelmente tão dispostos a seguir na prática os seus ensinamentos conservadores como os ensinamentos revolucionários de Che Guevara, colado ao peito das suas t-shirts. Muita da energia pós-conciliar para libertar a teologia perdeu-se. A verdade é que os grandes temas dos teólogos malditos – democracia interna, injustiça social, sexualidade, discriminação – têm de voltar a ser postos na mesa. Sem isso, é duvidoso que a Igreja Católica possa continuar a ter pretensões de ser o testemunho vivo de Cristo no mundo em movimento.

Visão, 21 de Abril de 2005

PEDAGOGIA CONSTITUCIONAL

Três dias após a publicação desta crónica, quase 55% dos Franceses opôs-se à ratificação da Constituição Europeia, passo seguido, pouco depois, pelos Holandeses. O processo constitucional europeu seria interrompido por estes 'nãos' que ditaram 'uma pausa para reflexão' e a substituição da Constituição pelo Tratado Reformador, depois Tratado de Lisboa. Este resultado foi visto como resultado do descontentamento com as políticas económicas dos governos: foram os mais jovens, mais pobres e menos qualificados (os mais precários) que mais votaram 'não' em França. A pedagogia constitucional, adivinhada com o debate francês, não foi suficiente para contagiar a discussão pública em Portugal, como em outros países. Acabaria por ficar claro que os compromissos tecnocráticos e financeiros eram mais fortes do que o compromisso com um aprofundamento democrático europeu e nacional. Em Portugal, não houve referendo e foi rara a discussão. A União Europeia (UE) avançava mais um passo para as tentações do Directório, mostrando que é meramente um projecto económico em crise, movido pela disciplina orçamental, que vai esvaziando a governação e a democracia nacional sem construir algo de novo além dela. Para o resto do mundo, são os sinais da decadência da Europa, que continua, no entanto, a assumir-se, para o exterior, como um modelo de cooperação, desenvolvimento e democracia. | SÍLVIA ROQUE

Apesar de haver entre nós, por agora, um pacto de silêncio sobre a Constituição Europeia, os vivíssimos debates que esta suscita hoje em dia em França são demasiados ruidosos para não chegarem aos ouvidos dos portugueses e não suscitarem neles duas perplexidades. Por um lado, se o que está em causa é uma Constituição para todos os europeus, por que é que ela suscita tanta agitação em França e tanto desinteresse noutros países, entre os quais, aparentemente, o nosso? Será que somos todos europeus da mesma Europa e da mesma maneira? Por outro lado, que discussão política será esta que põe do mesmo lado políticos de orientações tão diversas como, por exemplo, entre nós, do lado do sim, Mário Soares, e Ribeiro e Castro, e, do lado do não, Francisco Louçã e Pacheco Pereira? Quando o debate começar entre nós ele só contribuirá para o avanço da nossa democracia se estas perplexidades forem tomadas em conta pelos políticos e analistas. Dois meses antes do referendo em Espanha, 84% dos espanhóis sabiam pouco ou nada sobre a Constituição Europeia. É de suspeitar que os números não sejam muito diferentes entre nós. Este facto vai exigir uma pedagogia constitucional muito criteriosa, orientada para nos esclarecer sobre as seguintes questões:

1. Ao contrário do que sucedeu com a nossa Constituição e a dos restantes países da UE, a Constituição Europeia não resultou de uma assembleia constituinte eleita para o efeito, mas antes de uma Convenção – qualquer semelhança com a Convenção norte-americana de 1776 ou a francesa de 1792 é falaciosa – e do trabalho de cerca de cem personalidades. Por que foi adoptado este método?

2. O tratado da Constituição Europeia consta de 448 artigos, 2 anexos, 36 protocolos e 48 declarações. Quais as razões de um tamanho aparentemente tão exagerado? Pretende-se com ele esclarecer todas as questões, mesmo com o risco de tornar o documento inacessível aos cidadãos, ou, pelo contrário, ocultar laboriosamente o que se espera que ocorrerá na prática mas que, se fosse tornado explícito, seria rejeitado pelos cidadãos?

3. Qual vai ser na prática a relação entre a Constituição Europeia e as Constituições nacionais? É possível a desobediência constitucional? A constitucionalização da UE envolve a desconstitucionalização dos Estados membros? Qual o significado da substituição do "direito ao trabalho", constante das Constituições nacionais, pela "liberdade de procurar emprego e trabalhar em qualquer Estado membro"? Pode o patrão despedir-me para subcontratar uma empresa de outro país comunitário que forneça o mesmo trabalho que eu faço por um salário inferior e menos direitos sociais?

4. Sendo certo que onde não há opções não há democracia, é curial transformar a opção entre o sim e o não numa opção entre a salvação e a catástrofe? É possível ser-se tão europeísta votando sim como votando não? É possível empolgar os europeus à volta do Constituição Europeia se o voto, qualquer que seja o seu sentido, for um voto pelo mal menor?

5. Qual é o sentido ético-político da Constituição Europeia? Desde que o unilateralismo e o belicismo norte-americanos começaram a avassalar o mundo, muitos europeus quiseram ver na UE uma alternativa credível, assente no respeito do direito internacional, na promoção da paz e na compatibilidade entre competitividade e protecção social. A Constituição Europeia consolida essa alternativa ou, pelo contrário, aproxima o modelo europeu do modelo norte-americano? Qual o sentido da referência na Constituição Europeia a intervenções militares preventivas fora do solo europeu?

6. A Constituição Europeia é para durar 10 ou 50 anos? Os europeus consideram que a UE é hoje a experiência política supranacional mais importante do mundo, mas têm ideias diferentes sobre o modo como se deve aprofundar essa experiência. O debate sobre essas ideias começa ou acaba com a Constituição Europeia?

Portugal ganhou muito com a entrada na UE, mas teme agora ser relegado para uma periferia medíocre e sem futuro. É importante que os portugueses sejam europeístas por algo mais que a euro-ignorância.

Visão, 26 de Maio de 2005

A EUROPA DOS CIDADÃOS

A Europa, enquanto projecto geopolítico, cujos alicerces sempre foram essencialmente económicos, não tem conseguido dar os passos necessários no sentido de se assumir como projecto verdadeiramente social, democrático e de cidadania.

Os sucessivos alargamentos da União, aos actuais 27 Estados-membros, têm decorrido em paralelo com a insustentabilidade do modelo social europeu, ao que acrescem as sérias dificuldades de identidade colectiva transnacional e de convergência para um destino comum, reforçadas por investidas legislativas incapazes de garantir a legitimidade democrática da União Europeia (UE).

Em 2005, franceses e holandeses abortaram, por referendo, o projecto de Constituição Europeia. Num claro sinal de protesto perante a recusa em incluir os cidadãos na discussão de um projecto que os assumisse como prioridade, essa rejeição representou um fracasso do qual não foram retiradas as devidas ilações. Em 2007, adiava a aprovação burocrática do Tratado para 2009, mas não sem que antes, Polónia e República Checa (tal como acontecera com o Reino Unido) apresentassem novas razões para resistir. Vaclav Klaus, presidente checo, permitiu a entrada em vigor do Tratado em Dezembro de 2010, mas bastou um ano para que a fragilidade das economias grega, irlandesa, portuguesa, espanhola e italiana provocassem uma nova crise institucional, timidamente enfrentada com a criação de um mecanismo de salvaguarda da estabilidade financeira.

A UE, que se desdobra em manobras engenhosas para evitar o colapso da moeda única, continua a não ser capaz de empreender o mesmo esforço num projecto sólido de cidadania. Mais do que uma Europa dos cidadãos, tem sido a Europa do Euro. | ANA RAQUEL MATOS

As democracias ocidentais têm-se debatido desde o início da década de setenta com manifestações de mal-estar político que, conforme os quadrantes políticos, têm sido interpretadas como crises de legitimidade ou como crises de governabilidade. No seguimento dos protestos sociais dos movimentos estudantis (Maio de 1968), a interpretação dominante foi a de crise de legitimidade. Legitimidade é a qualidade de um sistema político que governa basicamente por consenso. A crise de legitimidade resultou do facto de, para vastos sectores da sociedade (estudantes, trabalhadores, mulheres, estrangeiros, idosos, deficientes, etc.), a democracia não ter cumprido as suas promessas de garantir a igualdade real dos cidadãos e a protecção dos mais vulneráveis. Em suma, o sistema político era demasiadamente pouco democrático para merecer o consenso dos cidadãos.

Pouco anos depois, em 1975, a Comissão Trilateral – um *think tank* ligado aos interesses hegemónicos dos EUA e do capitalismo global – fez um diagnóstico alternativo da situação política. Segundo ela, o problema não era a falta de democracia, mas, pelo contrário, excesso de democracia. Desde os anos cinquenta, grupos sociais cada vez mais numerosos tinham vindo a reivindicar do Estado cada vez mais direitos sociais. Com isto, tinham vindo a sobrecarregar em demasia os sistemas democráticos, a ponto de as sociedades se tornarem ingovernáveis. A crise não era, pois, de legitimidade mas antes de governabilidade e a sua superação implicava a redução dos direitos, a diminuição do peso do Estado e o reforço do mercado na regulação social. Dez anos depois, o Consenso de Washington consagrou este diagnóstico e tomou-o como base do que hoje chamamos globalização neoliberal.

As vicissitudes por que está a passar o Tratado para a Constituição Europeia não são explicáveis sem ter em conta esta história recente. O diagnóstico que presidiu à decisão de elaborar uma Constituição e de a elaborar segundo o método adoptado assentou na ideia da crise da governabilidade. Sobretudo depois do último alargamento, seriam demasiados os países a reivindicar participação igualitária e demasiados os cidadãos a exigir o direito ao modelo social europeu. Sem uma mudança no sistema de governo e nas políticas sociais, a Europa seria ingovernável. Acontece que, ao contrário do que pensavam os dirigentes políticos, a crise de legitimidade dos anos setenta não tinha desaparecido. Estava apenas dormente e foi reactivada no momento em que a reivindicação das condições para que possa haver governo por consenso foi transferida dos Estados nacionais para a UE.

A complexidade da situação reside em que é necessário resolver as duas crises para que a UE possa avançar. Tal como está, nem é legítima aos olhos dos cidadãos, nem é governável aos olhos dos governantes. Em democracia, a resolução da crise de legitimidade é a condição necessária para a resolução da crise de governabilidade. Deve, pois, ter prioridade. Os governantes europeus arriscaram de mais ao realizar um alargamento precipitado, motivado, antes de tudo, pelo objectivo de, com a expansão do mercado único e da união monetária, criar as condições para a diluição do modelo social europeu. Agora estão postos perante a necessidade de ter de refundar o projecto político europeu com base num novo consenso que o torne legítimo. O processo constitucional em curso está ferido de morte e corre o risco de agravar, tanto a crise de legitimidade, como a crise de governabilidade. Sem outra legitimidade não haverá governabilidade.

Visão, 9 de Junho de 2005

LUTO E UTOPIA EM PORTUGUÊS

A morte de várias figuras lusófonas, reconhecíveis pelos projectos utópicos que alimentaram no curso das suas vidas, justifica um pesar reflexivo na crónica de Boaventura. Tanto quanto a relação entre utopistas e utopias, entre outros mundos e gente capaz de os imaginar, as vidas extintas num intervalo de poucas semanas induzem um questionamento sobre a relação entre utopia e conformismo. Esse questionamento é situado num tempo em que o fracasso das narrativas exaltantes de justiça social no século XX, marcadas que foram pelo devir do marxismo-leninismo no século XX, ameaça negar a própria ideia de utopia. Nesse sentido, a crónica de Boaventura procura fazer uma justa destrinça entre o propósito utópico de luta contra a injustiça social e os projectos políticos que a cumprem. Esta distinção ganha acuidade tendo por fundo o pensamento do próprio Boaventura, em particular o modo como recusa soluções únicas e universais, como denuncia as múltiplas faces da opressão e como arrola a diversidade – por conhecer – de causas e agentes da emancipação. No entanto, a recusa das utopias de outrora, diz-nos o autor, não pode ser a recusa das utopias a serem construídas num mundo que importa reinventar. A memória daqueles que dedicaram as suas vidas em busca de um mundo mais justo é o testemunho que importa preservar nas muitas latitudes em que a língua se compromete com vozes carregadas de esperança. | BRUNO SENA MARTINS

A utopia está de luto no espaço de língua oficial portuguesa. Enquanto imaginação activa de uma sociedade melhor, a utopia implica a crítica radical da sociedade existente e a vontade veemente de a transformar no sentido imaginado. Como sem imaginação, crítica e vontade não há vida social, podemos dizer que a utopia nunca morre. O que morre são os projectos utópicos em que ela se concretiza. Quando tal acontece, a utopia fica de luto e só o alivia à medida que novos projectos utópicos vão emergindo no horizonte.

Nas últimas semanas têm vindo notícias de vários cantos do espaço de língua portuguesa, dando conta da morte dos projectos utópicos que marcaram a vida das nossas sociedades nos últimos trinta anos. A primeira notícia vem de Portugal com a morte de Álvaro Cunhal (e de Vasco Gonçalves). É a notícia da morte do projecto utópico socialista marxista-leninista? Este projecto morreu (e bem) há trinta anos. Não foi ele certamente que foi a enterrar com Álvaro

Cunhal, até porque não se pode celebrar simultaneamente um herói e o seu fracasso. A enterrar foi uma classe de políticos entregues incondicionalmente a uma causa que consideram justa, dispostos ao sacrifício pessoal em nome da solidariedade para com os mais fracos e com vista à construção de uma sociedade melhor. O vazio desta entrega é a dimensão do nosso luto.

A segunda notícia vem de Moçambique. Um dos mais insignes jornalistas moçambicanos, Machado da Graça, compara com amargura os anos exaltantes do período revolucionário que se seguiu à independência – "pela frente estava todo um belo país a precisar do nosso trabalho e entusiasmo para andar para a frente"... "preparados para irmos onde Samora nos dissesse para irmos, sem pensar duas vezes" – com os tempos mais recentes: "pelo ralo do esgoto [foram] desaparecendo os ideais e as chamadas conquistas populares. O que tinha sido nacionalizado, para servir o povo, foi sendo deixado arruinar para depois ser privatizado, a preço simbólico, para aqueles mesmos que levaram as coisas à ruína... Começámos a ver crescer, em paralelo, as barrigas dos dirigentes e as mansões luxuosas que foram surgindo como cogumelos". O luto de Machado da Graça é por um projecto de país, de um "país rebelde, senhor do seu nariz", sem ter de se vergar às imposições do capitalismo internacional.

A terceira notícia vem do Brasil e conta-nos das suspeitas de corrupção que avassalam o governo de Lula, aparentemente envolvido no encobrimento de ilegalidades graves e na compra de votos para sobreviver politicamente. Esta notícia soma-se à do espantoso cinismo com que alguns governantes viram as costas às aspirações de justiça do povo sofrido que os elegeu. Ao contrário das duas mortes anteriores, esta não está ainda consumada mas deixa já que se espalhe, quase por antecipação, uma sensação de luto inconsolável, como se as lutas abnegadas de várias gerações por uma democracia mais honrada fossem, tal como em Moçambique, desaparecendo inexoravelmente "pelo ralo do esgoto".

O espaço de língua portuguesa pode orgulhar-se, como nenhum outro espaço transnacional, dos exaltantes projectos utópicos dos últimos trinta anos. Vivemos hoje melhor porque eles fracassaram ou apesar de eles terem fracassado? O certo é que o problema da injustiça social que tais projectos pretendiam resolver continua connosco e o dilema do presente é que este problema é hoje tão real quanto irreais nos parecem as soluções então propostas. Quando começarmos a pensar em novas soluções, a utopia começará a aliviar luto. Temos a poesia de Eugénio de Andrade para lembrar que assim será: *"Talvez a palavra atinja o seu cume/talvez um segredo/chegue ainda a tempo/e desperte o lume"*.

Visão, 23 de Junho de 2005

OS ZAPATISTAS

O Exército Zapatista de Libertação Nacional (EZLN) surgiu a 1 de Janeiro de 1994 nas montanhas do sudeste mexicano. A sua composição é principalmente indígena, sobretudo das populações indígenas tzeltal, tzotzil, e tojolabal do Estado de Chiapas, localizado na fronteira sul do país. É uma organização político-militar que declarou guerra ao Estado mexicano representado por um regime de partido- -Estado que esteve mais de 70 anos (de 1929 até 2000) no poder e que foi acusado de se tornar numa ditadura. Esta declaração de guerra apoiou-se no artigo 39 da Constituição Nacional, onde se reconhece que "o povo tem, em todos os momentos, o direito de alterar ou modificar sua forma de governo". Na Primeira Declaração da Selva Lacandona (1994), o EZLN convocou o povo do México a apoiar suas demandas por trabalho, terra, moradia, alimentação, saúde, educação, indepen- dência, liberdade, democracia, justiça e paz.

Os indígenas zapatistas afirmam que com a rebelião indígena em Chiapas não terminou a paz, mas sim o "silêncio" em que os povos indígenas perma- neciam pela continuidade histórica das relações de opressão e discriminação que prevaleciam no México. Conforme se pode ler na Sexta Declaração da Selva Lacandona, a luta zapatista por justiça, democracia e liberdade supõe recuperar o potencial emancipador dos grupos e sujeitos subalternos através de uma globalização da rebeldia baseada numa nova ética política, assim como em processos contra-hegemónicos que decorrem no âmbito local, nacional e internacional. | CARLOS LÚCIO

Saio da cidade do México num momento em que a classe política e os movi- mentos e organizações sociais reflectem sobre a última declaração política do movimento zapatista, a Sexta Declaração da Selva Lacandona. É uma declaração importante para o México, a América Latina e, em geral, para os cidadãos que em todo o mundo lutam contra a exclusão social e aspiram a uma renovação da vida política democrática. Trata-se de um texto escrito num estilo desconcer- tantemente simples, dirigido à "gente simples e humilde" e em termos que esta entenda, pleno de ironia e carregado de imagens que apelam à experiência vivida das classes populares. E este é um primeiro aspecto a salientar, já que uma das manifestações da crise da política do nosso tempo reside na opacidade dúplice do discurso político dominante, um discurso que nega o que faz (submeter-se aos imperativos do capitalismo global) para fazer o que nega (deixar de estar ao serviço do bem estar dos cidadãos).

A Sexta Declaração da Selva Lacandona[1] está dividida em cinco partes: o que somos; onde estamos; como vemos o mundo; como vemos o nosso país, o México; o que vamos fazer. Destaco nela três aspectos principais.

O primeiro consiste na opção mais inequívoca do que nunca, pela acção política pacífica: "o que vamos fazer no México e no mundo, vamos fazê-lo sem armas, com um movimento civil e pacífico". Está aberta, pois, a possibilidade de o movimento zapatista vir a integrar o Fórum Social Mundial (FSM) (cuja carta de princípios exclui a luta armada) o que, em meu entender, seria bom para ambos. É certo que, no seguimento dos encontros "intergalácticos" promovidos pelos zapatistas na década de noventa, são propostos agora novos "encontros intercontinentais" e são mesmo avançadas datas prováveis, mas nada disto parece colidir com a entrada em força no FSM.

O segundo aspecto é que a intervenção zapatista não é feita contra a política, mas antes contra "esta política que não serve, e não serve porque não toma em conta o povo, não o escuta, não faz caso dele, só se aproxima dele quando há eleições e já nem sequer quer votos, pois bastam as sondagens para dizer quem ganha". Contra uma democracia representativa de baixa intensidade, propõe-se uma democracia de alta intensidade, que combine a democracia representativa com a participativa, pressionando os partidos a partir "de baixo", ou seja, através de uma forte mobilização social e política, uma campanha nacional para a construção de outra forma de fazer política", de um programa de luta nacional e de esquerda que esteja para além dos processos eleitorais. Esta mobilização deixa de se dirigir exclusivamente aos povos indígenas, a base social originária dos zapatistas, para incluir todos os explorados e excluídos: operários, camponeses, jovens, mulheres, deficientes, micro-empresários, reformados, homossexuais e lésbicas, crianças, emigrantes, etc. Trata-se, pois de organizar um vasto movimento social rebelde e pacífico.

O terceiro aspecto a salientar é que a luta social e acção política de base têm de ser, não apenas intersectoriais, mas também transnacionais. A globalização neoliberal, ao globalizar os processos de exclusão social, cria também as condições para organizar globalmente a solidariedade, solidariedade, antes de

---

[1] Disponível em http://enlacezapatista.ezln.org.mx/2005/11/13/sexta-declaracion-de-la-selva-lacandona/. Para aceder a todas as declarações, consulte http://palabra.ezln.org.mx/.

tudo, com os povos latino-americanos, mas também com todos os outros povos do mundo. Eis, em pleno estilo zapatista, como se dirigem aos povos europeus: "...e queremos dizer aos irmãos e irmãs da Europa Social, ou seja, a que é digna e rebelde, que não estão sós. Que nos alegram muito os seus grandes movimentos contra as guerras neoliberais. Que seguimos com atenção as suas formas de organização e de luta para aprender com elas. Que estamos a ver os modos como apoiá-los nas suas lutas e que não vamos mandar euros pois logo se desvalorizarão dada a desordem na UE. Mas talvez lhes vamos mandar artesanato e café para que o comercializem e tirem disso algum proveito para as suas lutas."

Visão, 7 de Julho de 2005

TERRORISMO: DOIS DISCURSOS

Uma das principais consequências dos atentados do 11 de Setembro de 2001 em Nova Iorque na ordem político-jurídica internacional foi a expansão do conceito de "terrorismo", a aplicação de uma nova estratégia de segurança nacional (a guerra preventiva) e a declaração da "guerra contra o terrorismo global". Além disso, os atentados de 11 de Março de 2004 em Madrid e de Londres em 7 de Julho de 2005 provocaram mudanças nas políticas públicas de segurança. Muitos governos empreenderam reformas penais que fortaleceram o Estado como instituição repressiva com capacidade para reprimir supostos atos de terrorismo e legitimaram a criminalização da pobreza e do protesto social pacífico. Neste contexto, dominado pelas políticas económicas e sociais neoliberais, o Estado responde com acções jurídicas que legitimam novas formas de repressão e implantam estratégias de controlo do espaço público, identificando colectivos e apresentando-os como potencialmente perigosos. Qualquer forma de protesto pacífico que, suposta ou imaginariamente, questione o sistema pode ser vinculada com a criminalidade, o terrorismo e a violência.

Perante este aparato legal, político, institucional e social que apresenta o protesto social como factor de delito, é preciso reforçar os laços de solidariedade, cooperação e reciprocidade entre as pessoas com a promoção duma intercultura-lidade progressista, dialogante e emancipatória como projeto social, político e educacional construído a partir da igualdade e da diferença. | Antoni Jesús Aguiló Bonet

Como é próprio dos fenómenos importantes nas sociedades democráticas, há dois discursos sobre o terrorismo: o conservador e o progressista. Específico do terrorismo é apenas o facto de o discurso conservador ser completamente dominante. Eis os traços principais deste discurso: "terroristas" são terroristas, ou seja, as definições oficiais de terrorismo são as definições "naturais", óbvias; o terrorismo nunca teve êxito; os terroristas são nossos inimigos e como tal devem ser tratados: a sua violência deve ser enfrentada com a nossa violência; tentar compreender o terrorismo para além deste quadro é ser cúmplice com ele. O medo e a indignação causados por actos de violência contra a vida de pessoas não directamente envolvidas em qualquer conflito armado e a unanimidade dos critérios de reportagem e de análise nos grandes meios de comunicação social fazem com que passem despercebidas as muitas fragilidades do discurso conservador. Primeiro, há um debate jurídico-político sério sobre o que é o terrorismo. Por exemplo, o terrorismo restringe-se à violência contra a vida ou inclui também a violência contra a propriedade?

No segundo caso, muitos movimentos sociais, do *Greenpeace* ao Movimento dos Sem Terra, poderão ser considerados terroristas. O terrorismo restringe-se ao uso da força ou estende-se também à ameaça do uso da força? No segundo caso, a publicação de um documento pode ser um acto terrorista. O terrorismo é uma prática exclusiva de grupos políticos ou também pode ser praticado pelo Estado? Neste último caso, são terroristas muitos dos actos violentos do Estado de Israel contra palestinianos, tal como o foram o genocídio da população maia da Guatemala nos anos 80, para já não falar da recente destruição da cidade de Falluja, no Iraque, pelas tropas norte-americanas. Segundo, quem, em que tempo histórico e com que critérios afere o êxito ou o fracasso do terrorismo?

Como compreender que os líderes terroristas dos movimentos de libertação nacional tenham sido recebidos com estrondosos aplausos na ONU ou que o terrorista Nelson Mandela tenha sido galardoado com o Prémio Nobel da Paz? Estas e outras questões abrem espaço para o discurso progressista sobre o terrorismo, o qual, em meu entender, não deve limitar-se a criticar o discurso conservador. Deve apresentar alternativas analíticas e políticas.

1. A violência política contra cidadãos é um acto político extremo que na grande maioria dos casos responde a actos políticos extremos do "inimigo". Desde há muito, mas sobretudo desde o fim da segunda guerra mundial, a humilhação do mundo islâmico tem sido extrema, culminando agora com a invasão do Afeganistão e do Iraque. Enquanto não isolarmos os "nossos" extremistas não podemos isolar os "deles".

2. O isolamento dos extremistas só é possível através do aprofundamento democrático e do multiculturalismo progressista, tanto a nível nacional, como a nível internacional. Extremistas haverá sempre; importante é isolá-los, quer de um lado quer do outro, exigindo que se dê às políticas de cooperação e de interculturalidade genuínas a oportunidade de mostrarem a sua eficácia.

3. Nenhuma oportunidade deve ser desperdiçada para quebrar a reciprocidade perversa dos extremismos.

Neste contexto, pergunto-me se o governo português não estará a desperdiçar uma dessas oportunidades ao decidir enviar agora 150 militares para o

Afeganistão. Terão os portugueses algum modo de saber se estão com isso a ser expostos a algum risco? Não deveriam ter o direito de se pronunciar sobre ele? Muito provavelmente a grande maioria dos que morreram no metro de Londres andaram nas ruas a protestar contra a política de Blair no Iraque.

Visão, 21 de Julho de 2005

PÓS-LULISMO PROGRESSISTA

Em Maio de 2005 estoura no Brasil o escândalo do mensalão, esquema de suborno entre parlamentares que envolvia o alto escalão do governo Lula. O presidente Lula defendeu-se dizendo que de nada sabia (uma forma de se desresponsabilizar do ocorrido e de culpar o seu próprio partido). Para reverter a crise, o Partido dos Trabalhadores (PT) precisou de cortar na própria carne (nomes fortes do governo ligados ao PT tiveram que sair dos cargos) e, principalmente, deixar o carisma de Lula falar mais alto. Para isto, Lula contou com a ajuda de Tarso Genro. Tarso tornou-se presidente do PT com a promessa de que parte do chamado 'campo majoritário' (facção hegemónica do PT) saísse de cena, e obteve como resultado o fortalecimento do lulismo e a admiração não só de Lula como do próprio PT. O presidente Lula que, ao retomar o apoio social, conseguiu segurar o partido e sua base aliada, foi reeleito com facilidade em 2006 e terminou sua gestão como o presidente com maior aceitação da história política brasileira. Mesmo deixando explícita a diferença entre o lulismo e o petismo, conseguiu manter o PT na Presidência da República, ao fazer da sua candidata a primeira mulher presidente do país. | JULIANO GERALDI

A perplexidade causada pela crise política brasileira reside no facto de Lula, ora parecer apenas a ponta do *iceberg*, ora parecer o *iceberg* todo. No primeiro caso, Lula é a consequência de um sistema político e económico que pode levar o país ao caos se entretanto não forem tomadas medidas correctivas corajosas. No segundo caso, Lula é a causa de uma perturbação política grave: o cargo de presidente da República, ao ser assumido por alguém com deficiente preparação técnica e política, transforma rapidamente os demasiados poderes que acumula em demasiadas impotências.

Por agora é difícil identificar o perfil da crise. Uma coisa é certa: o Brasil entra penosamente num novo período político, um período que podemos designar por pós-lulismo. É ainda cedo para definir o legado histórico do lulismo, enquanto forma de governo. Para já, ele parece ter constituído o máximo disfarce histórico do neoliberalismo nos últimos vinte anos, ou seja, a mais elaborada conversão política do mais lídimo representante dos oprimidos (pela sua trajectória e pelo seu peso eleitoral) no mais servil e pateticamente zeloso representante dos opressores.

O pós-lulismo pode ocorrer por várias vias, por *impeachment*, pela desistência de Lula a um novo mandato, pela candidatura seguida de derrota. A via certamente menos onerosa, mas também a mais improvável, seria a de um pós-lulismo conduzido pelo próprio Lula: demissão imediata da equipa económica; redução do *superavit* e aumento do salário mínimo; reforma do sistema político de modo a torná-lo mais transparente e democrático. O problema central da esquerda brasileira é de saber se o pós-lulismo será também o pós-petismo. A descaracterização do petismo por parte do Governo Lula foi tão massiva e tão caricatural – montar um esquema de corrupção para fazer aprovar políticas de direita – que, paradoxalmente, o PT – o Partido dos Trabalhadores – tem todas as condições para sair reforçado no pós-lulismo. Basta para tal que tenha a coragem de assumir em pleno o ideário político e ético que lhe permitiu captar a esperança de tantos milhões de brasileiros. Pessoalmente, penso que as circunstâncias são favoráveis a que tal ocorra.

Todas as crises políticas são processos de emergência e, por isso, não podem ser vistos apenas pelo seu lado negativo. Duas emergências positivas devem ser salientadas. A primeira é que as próximas eleições brasileiras serão talvez as mais livres e transparentes da história recente da democracia representativa, não só no Brasil como no mundo. O PT tem tudo a ganhar com este facto, sobretudo porque a sua base social e política parece estar disponível para uma nova tentativa, desde que assente num pacto político e não mais num cheque em branco. Nas condições brasileiras, o tipo de esperança frustrada pela primeira tentativa não é facilmente transferível para a direita oligárquica.

A segunda emergência positiva é a estatura política de Tarso Genro, um dos políticos de esquerda mais bem preparados do mundo. O seu nome internacional emergiu com a experiência do orçamento participativo em Porto Alegre, considerada pela ONU como uma das grandes inovações urbanas do final do século XX. Com a entrada no Governo Lula, Tarso Genro ganhou a dimensão nacional que há muito lhe era devida. Foi o melhor ministro – a reforma universitária por ele proposta é das mais consistentes e progressistas que conheço – o ministro que com mais êxito brandiu o petismo contra o lulismo. Um partido que gerou políticos de estatura de Tarso Genro merece olhar o futuro com confiança. Mas tal só ocorrerá se o PT souber controlar a pulsão fracionista de molde a fazer dela gérmen da diversidade na união e não factor de fragmentação em lutas fratricidas pelo poder.

Visão, 15 de Agosto de 2005

A CIDADE INCENDIADA

Isto agora vai ter que mudar! Recolhidos os meios de combate a incêndios, no rescaldo dos devastadores fogos florestais de 2003, era este o sentimento que dominava a opinião pública. Em duas semanas em Portugal continental, mais de 400 mil ha arderam, 18 pessoas perderam a vida, centenas foram evacuadas. O país, saído deste evento traumático, estava disposto a debater as questões de fundo que tinham levado a que, desde o 25 de Abril de 1974, os números de ocorrências de fogos e de área ardida aumentassem continuamente. Como consequência, foram introduzidas alterações na administração florestal, e foi repensada a estrutura de combate a incêndios.

Estas alterações revelaram-se insuficientes face à vaga de incêndios que voltou a assolar o país em 2005. Se em 2003 os fogos afectaram maioritariamente os concelhos do interior do país, esvaziados de recursos, com baixa densidade populacional e com fraca representatividade política, em 2005 o cenário foi diferente. Desta vez foram directamente ameaçadas vilas e cidades.

Coimbra esteve rodeada de fogo durante vários dias, num cenário considerado inimaginável. Apesar da complexa teia de factores, que condicionou estes acontecimentos, ficou claro que no processo do êxodo rural, as populações da cidade podiam viver os mesmos problemas dos "rurais". | NELSON MATOS

Madison, Wisconsin, 6 horas da manhã de 24 de Agosto. Ligo o rádio para ouvir as notícias na rádio pública norte-americana. No meio das notícias do costume, uma notícia de imediato angustiante: uma reportagem a partir de Coimbra, talvez pela primeira vez na história desta rádio. O repórter, impressionado pela destruição de tanta beleza ambiental, espanta-se que não haja em Portugal um registo fiável da propriedade florestal, o que inviabiliza o ordenamento e a imposição de medidas de prevenção. Fala ainda da passividade da justiça e das suspeitas da cobiça dos especuladores imobiliários pelos terrenos peri-urbanos ardidos. Nada do que ouço é novo. Mas a indignação não é menor por isso. E é partilhada, como confirmo ao ler a mensagem de um leitor assíduo das minhas crónicas nestas páginas. Fala-me da actualidade da que escrevi em 8 de Agosto de 2003 e, depois de a transcrever, desabafa: "tudo continua o seu voraz caminho de destruição, seja ela ambiental, económica ou paisagística, sem que uma voz de comando diga basta, impondo assim uma autoridade agregadora da revolta que a todos tocará".

A COR DO TEMPO QUANDO FOGE 239

Não resisto a transcrever um extracto dessa crónica: "O flagelo do Verão voltou em força. É assim desde há quase trinta anos. O "verão quente" de 1975 ficou na nossa história contemporânea por ter sido um período de grande radicalização da vida política que incluiu vários atentados à vida e à propriedade. Do que pouca gente se lembrará é que foi um verão igualmente quente pelos incêndios que então assolaram o país, e que o padrão da sua ocorrência tornou claro que a grande maioria era de origem criminosa. Foram muitas as denúncias públicas, numa comunicação social a celebrar pouco mais de um ano de liberdade, e foram muitas as ameaças aos autores das denúncias, a revelar que os interesses económicos por detrás dos incêndios eram fortes e estavam organizados. Muitos factores militavam então contra uma eficaz repressão criminal: a instabilidade política e social; a desorganização da nossa polícia de investigação; o facto de este tipo de criminalidade económica, além de ser novo e exigir técnicos de investigação para o qual os polícias não estavam treinados, ocorrer no verão, com parte da força policial de férias, e flagelar populações camponesas com pouco peso social e político.

Nos últimos vinte e oito anos o quadro criminal repetiu-se, com algumas oscilações, e complexificou-se. Desde o início, puderam verificar-se dois interesses económicos na devastação da nossa riqueza florestal. O primeiro esteve ligado à conversão rápida da floresta camponesa (o que envolvia a eucaliptização maciça) e à sobrexploração dos camponeses (comprando ao desbarato madeira queimada depois vendida ao preço quase normal). O segundo interesse aflorou nalgumas áreas suburbanas, onde a indústria imobiliária chocava com as exigências do ordenamento do território ou a protecção de parques naturais. Nos últimos dez anos, um terceiro interesse emergiu: o da indústria de produtos e serviços de combate aos incêndios. Muitos dos factores, que no início determinaram a ineficácia da justiça criminal, foram entretanto superados, pelo que é verdadeiramente intrigante a impunidade com que ano após ano os criminosos florestais (e sobretudo os seus mandantes) actuam entre nós."

Dois anos depois, os conimbricenses têm uma preciosa arma democrática nas mãos: nas próximas eleições autárquicas não votem em candidatos que não se comprometam a promulgar legislação que proíba a construção na área ardida durante trinta anos. A sugestão é do repórter norte-americano, invocando o caso espanhol onde tal legislação será adoptada no Outono.

Visão, 1 de Setembro de 2005

A CLASSE MÉDIA RADICAL

O ano de 2005 foi de correcção dos desequilíbrios das contas públicas na maior parte dos países europeus. O fado português – que nos embala ao som dos mesmos acordes há anos – catapultou Portugal para uma das excepções, apresentando no cenário europeu o pior desempenho orçamental. A estrutura da mentira organizada marcava um fado a dois tempos, com o Governo de José Sócrates, a decidir deixar de recorrer a receitas extraordinárias para cumprir o Plano de Estabilidade e Crescimento, negociando com a Comissão Europeia uma correcção do défice até 2008 e, numa retórica neo-keynesiana, a arquitectar elevados investimentos e gastos públicos. Em contratempo, as carunchosas prateleiras hierárquicas portuguesas rangiam perante o rol de medidas para responder à situação de crise das finanças públicas: aumento do Imposto sobre o Valor Acrescentado (IVA), adiamento da idade da reforma, congelamento das carreiras na função pública, corte nos benefícios sociais, nas subvenções vitalícias para titulares dos cargos políticos, na acumulação de reformas com salários... Se tais medidas de austeridade pretendiam acalentar os especuladores e as exigências europeias, no contexto nacional assemelham-se a uma hecatombe da classe média que se agrava de forma cada vez mais irreversível.

Neste cenário de deslize orçamental e sem soluções à vista, o frenesim do mal--estar estrutural e da indignação colectiva tem-se materializado em sucessivas greves gerais e no movimento de protesto da geração à rasca – o M12M. | ANA OLIVEIRA

Os portugueses estão certamente perplexos ante a onda de greves que se anuncia e a agitação social que a precede por parte de magistrados e funcionários, forças armadas e de segurança, médicos, etc. A perplexidade é dupla. Por um lado, a agitação social não está a ser criada por aqueles que estão a ser mais duramente atingidos pela crise económica, pelos trabalhadores da indústria com emprego cada vez mais precário, pelos desempregados, vítimas da deslocalização de empresas, pelos trabalhadores imigrantes clandestinos obrigados a aceitar um horário duplo de trabalho para ganhar o salário mínimo (e, às vezes, menos que isso), pelos idosos dependentes de um serviço nacional de saúde cada vez menos acessível. Pelo contrário, a agitação social está a ser criada por trabalhadores que compõem a classe média (por vezes, classe média alta), com segurança de emprego, detentora de direitos sociais que não estão ao alcance da grande maioria dos cidadãos e mesmo de privilégios chocantes à luz da situação que o país vive. Por outro lado, é grande a desproporção entre a agressividade da contestação e a relativa moderação das reformas propostas pelo governo, todas elas destinadas a parificar, gradual e selectivamente, os benefícios de alguns "corpos especiais" aos de um corpo social já de si beneficiado em relação aos restantes trabalhadores portugueses, os funcionários públicos.

A resolução deste puzzle é complexa e passa pelas seguintes ideias.

1. A contestação social, sobretudo no campo do trabalho, depende hoje muito da segurança de emprego. Quanto mais precário é o emprego, menor é a capacidade para lutar contra a sua precarização.

2. O sindicalismo português está a abandonar a sua tradicional base operária. Esta, embora continue a alimentar a retórica dos dirigentes sindicais, é cada vez mais frágil e incapaz de sustentar acções de reivindicação concretas.

3. A agitação social é protagonizada por uma pequena faixa da população activa, mas com grande poder social e a cumplicidade de uma comunicação social conservadora, interessada na desmoralização do Estado e incapaz de uma pedagogia activa sobre o que está verdadeiramente em causa.

4. A sociedade portuguesa é uma das mais injustas da Europa e a mobilidade social que se verificou entre nós nos últimos trinta anos está bloqueada. Ela assentou, por um lado, na escola e nas qualificações e, por outro lado, no Estado enquanto sector de referência, tanto a nível salarial como nas condições de emprego e é nestes domínios que os bloqueios são mais visíveis. Em 1999, a probabilidade de um filho de um operário aceder a uma profissão liberal era sete vezes menor que a de um filho de um profissional liberal. Estes bloqueios agravaram-se depois de 2000 com a crise financeira do Estado, a crise da economia e a desvalorização geral dos diplomas.

5. O Estado tem sido um agente "anómalo" de promoção social. Por um lado, devido ao contexto geral do recrutamento inicial, tem permitido a ascensão a cargos de chefia a pessoas com baixas qualificações. Por outro lado, os desequilíbrios na organização dos interesses tornaram possível que certos grupos, com maior poder negocial, obtivessem privilégios injustificados, porque não vinculados directamente à natureza das funções. Constituíram-se sectores e corpos especiais e a sua composição tem sido sempre problemática.

É importante que o governo seja firme nos princípios e flexível na sua aplicação e que os grevistas se centrem nas condições dignas para o exercício das suas importantes funções, de modo tal que a sua contestação não seja vista como uma luta pelos despojos de um Estado cada vez menos disponível para a maioria dos cidadãos.

Visão, 29 de Setembro de 2005

E SE A JUSTIÇA FOSSE PARTE DA SOLUÇÃO?

*Em Portugal, a crise da justiça continua. Ao olharmos em 2012 para as parango-
nas mediáticas verificamos que são em tudo semelhantes às publicadas em 1990.
Vários foram os desenvolvimentos nos últimos anos, por vontade dos sucessivos
Ministros da Justiça, a nível processual, com a reforma de códigos como o Penal, ou
a nível instrumental, com a implementação, inicialmente a título experimental, da
tão esperada reforma do mapa judiciário, entre outros esforços tendentes à melhoria
do desempenho do sistema judicial. Contudo, a percepção pública manteve-se.
E a ação da troika está a contribuir para o seu aprofundamento.*

*Sabemos que existem reformas de curto, médio e longo prazo. A tentação de
qualquer governante é de "pensar e actuar" a quatro anos, e esse tem sido um dos
problemas da administração da justiça. O pecado desta atitude, contentando as
corporações e procurando resolver apenas os problemas quantitativos da justiça,
reside no impedimento da definição de uma estratégia global a favor da cidadania. Esta opção é um obstáculo à transformação do actual paradigma de justiça,
de carácter curativo, num novo paradigma judicial, que assente numa estratégia
preventiva, conciliatória e célere.*

*Os obstáculos à definição de soluções, como os trabalhos do Observatório
Permanente da Justiça Portuguesa bem demonstram, estão nos que persistem em
colocar os seus interesses políticos e/ou corporativos acima dos interesses dos valores
democráticos. E entretanto os visados pela justiça aproveitam para a descredibilizar
ainda mais, impondo o pensamento da "crise da justiça".* | JOÃO PAULO DIAS

Tanto à esquerda como à direita domina hoje o pensamento negativo sobre a
sociedade portuguesa. O pensamento negativo caracteriza-se por definir de
tal maneira as crises que atravessamos que não há saída para elas ou, o que é
o mesmo, as saídas possíveis que só um país muito diferente do nosso poderia
lograr. Por qualquer destas vias a negatividade transforma-se em auto-flagelação.
Nenhuma sociedade sobrevive e muito menos floresce em tal registo psico-
-cultural. Portugal necessita urgentemente de um pensamento cordial a seu respeito, de um pensamento crítico sem complacências mas construtivo à medida
das possibilidades do país. Em nenhum sector este pensamento é hoje tão
urgente como no sector da justiça. Comecemos pelo espectro da auto-flagelação.

Apesar de este ter sido o sector da administração pública mais acarinhado pelo Estado nos últimos trinta anos é, neste momento, um foco da agitação social; os portugueses não conseguem ver nas alterações ao regime de férias judiciais, subsistema de cuidados de saúde e regalias remuneratórias um justificado risco da perda de qualidade dos serviços de justiça porque são já, entre os europeus, os que dispõem de piores serviços. Entretanto, aumenta a perplexidade face à escandalosa "impunidade" (ainda que formalmente explicável) de alguns poderosos ou figuras públicas, como, por exemplo, de forma paradigmática, no caso "Fátima Felgueiras". Este tem sido um dos calcanhares de Aquiles da nossa justiça. Se a corrupção tem vindo a converter-se no problema central da qualidade da nossa democracia, pode dizer-se que a nossa justiça tem sido mais parte do problema do que da solução. A ideia de que o sistema judicial, globalmente considerado, trata de forma privilegiada as pessoas com poder e com dinheiro é fortemente corrosiva para a sua imagem social. Inquietantemente, o problema já não reside apenas em a justiça não ser eficaz na luta contra a corrupção; reside no perigo de os cidadãos começarem a temer que a corrupção possa vir a entrar no próprio sistema judicial. E para além do que capta a atenção mediática, começa a ser notória a debilidade do sistema judicial na repressão de gravíssimas violações dos direitos humanos dos grupos sociais mais vulneráveis (mulheres, crianças, imigrantes, minorias étnicas, etc.).

Apesar da sua gravidade, o actual momento de crise deve ser vivido como um momento positivo, como alavanca para a elaboração de um contrato social da justiça que garanta a concretização de uma agenda estratégica de reforma. Eis as linhas básicas desse contrato.

1. Uma nova política pública de justiça assente num sistema integrado de resolução de litígios, ampliando os mecanismos extrajudiciais, recentrando o papel dos tribunais na promoção da cidadania e no combate à grande criminalidade com alto potencial técnico e social. No futuro, os tribunais não devem ter um papel tão central, como têm hoje, na resolução dos litígios de massa, como são as acções de dívidas, os crimes de condução em estado de embriaguez ou sem habilitação legal.

2. Uma nova cultura judiciária que permita colocar a justiça ao serviço do aprofundamento da democracia, impedindo-a de transformar os casos em que os direitos das pessoas ou da sociedade estão gravemente ameaçados numa sucessão cegamente formalista de requerimentos, despachos, informações, junções, aberturas de conclusões, relatórios. Isto passa por um novo modelo de recrutamento e de formação de todos os operadores judiciais.

A COR DO TEMPO QUANDO FOGE 245

3. Um novo modelo de avaliação do desempenho, de colocação e progressão na carreira e de prestação de contas do sistema judicial. A construção de indicadores e de padrões de qualidade que permitam a avaliação externa do sistema judiciário é uma questão em debate em muitos países europeus, à qual o sistema judicial português não deve fugir.

4. Um novo paradigma de processo orientado pelos princípios da oralidade, consenso, simplificação dos procedimentos, uso dos meios electrónicos e, ainda, no processo penal, pelos princípios da legalidade/oportunidade mitigada, da justiça restaurativa, do encurtamento dos prazos da prisão preventiva.

5. Reorganização do mapa judiciário que consagre a agregação/extinção de pequenas comarcas, a especialização dos tribunais judiciais, a criação do círculo judicial como matriz organizacional e centro de serviços jurídicos e de gestão de recursos humanos e financeiros do sistema.

6. Reforma do acesso ao direito e à justiça. Um novo figurino institucional de informação, consulta e patrocínio judiciário em que os advogados sejam recrutados por concursos públicos temporários e estejam vinculados, com alguma continuidade, às funções do regime de apoio judiciário.

7. Experimentalismo. As reformas devem ser introduzidas a título experimental e, uma vez avaliadas, tornadas definitivas.

Contra as carpideiras da auto-flagelação, garanto que tudo isto está ao nosso alcance.

Visão, 13 de Outubro de 2005

O JULGAMENTO DE SADDAM

No dia 9 de Dezembro de 2003, a Autoridade Provisória da Coligação votou a favor da criação do Tribunal Especial Iraquiano, composto por cinco juízes iraquianos, para julgar Saddam Hussein e os seus assessores por crimes de guerra, crimes contra a humanidade e genocídio.

O primeiro julgamento começou no dia 19 de Outubro de 2005. Saddam Hussein e sete outros réus foram julgados por crimes contra a humanidade ocorridos nos eventos que se sucederam a uma tentativa frustrada de assassinato em Dujail, em 1982, por membros do Partido Islâmico Dawa. Um segundo julgamento começou em 21 de Agosto de 2006, que julgava Saddam e seis co-réus por genocídio durante a campanha militar de Anfal contra os curdos do norte do Iraque. No dia 5 de Novembro de 2006, Saddam foi condenado à morte por enforcamento. Em 26 de Dezembro, o apelo de Saddam foi julgado improcedente e manteve-se a sentença de morte. A data e o local da execução foram segredo até que a sentença foi executada no dia 30 de Dezembro de 2006.

Contra o argumento que um julgamento penal interno seria mais legítimo do que um tribunal internacional imposto de fora, Boaventura lança um sinal de alerta quanto ao significado de um processo interno de um ditador numa época que deveria marcar o triunfo de instituições internacionais. A criação do Tribunal para o Ruanda na Tanzânia e do Tribunal Penal para a ex-Jugoslávia, bem como a criação do Tribunal Penal Internacional foram celebrados como marcadores da vitória da democracia liberal contra o autoritarismo e da lei sobre a violência. O autor afirma que a utilização de um processo interno, repleto de falhas processuais e de violações das normas internacionais de justiça representou um golpe para o frágil sistema internacional penal e o início de uma nova era de unilateralismo global. | MIHAELA MIHAI

O fim da Guerra-Fria fez prever a emergência de uma nova era de direito internacional. A coexistência pacífica assentava até então na política dos dois pesos, duas medidas, o que inviabilizava a ideia de uma ordem jurídica universalmente legítima. Acreditava-se, pois, que, a partir de 1989, esta ideia tinha finalmente condições para florescer, tornando possível uma defesa mais ampla e agressiva dos direitos humanos, criando uma jurisdição internacional capaz de punir eficazmente os abusos de poder e os crimes contra a humanidade cometidos por ditadores.

Foi nesse novo espírito que foram criados os Tribunais Internacionais para julgar os genocídios da Bósnia e do Ruanda, o Tribunal misto, internacional e nacional, da Serra Leoa, para julgar os crimes cometidos durante a guerra civil de 1996, e de Timor Leste, para julgar os crimes da ocupação indonésia. Mas o ponto alto deste período foi a criação em 1998 (e entrada em vigor em 2003) do Tribunal Penal Internacional (TPI), com jurisdição universal, sobre crimes de guerra e genocídio. A sua filosofia básica foi a de demonstrar a superioridade ética, política e jurídica da democracia sobre a ditadura ao garantir simultaneamente a punição dos crimes e o direito a um julgamento independente e justo. Tudo leva a crer que as esperanças depositadas na justiça internacional na última década vão sofrer um rude golpe no julgamento de Saddam Hussein. Por imposição da potência ocupante, o tribunal que vai julgar Saddam é um tribunal iraquiano (criado em 2003), composto por magistrados iraquianos, regido por uma lei iraquiana que permite, entre outras coisas, que a identificação dos juízes não seja conhecida, que as sessões sejam secretas, que as provas sejam menos exigentes que num processo normal e possam incluir confissões obtidas por "coerção física". Acrescente-se que os acusados não puderam escolher livremente os seus advogados e que os escritórios destes têm sido objecto de frequentes buscas.

Num país em que um dos feitos de Saddam foi o de destruir a independência dos tribunais e em que, em plena guerra tribal, são escolhidos magistrados curdos e shiitas para julgar acusados sunitas, não é possível esperar que o julgamento seja visto pelos iraquianos ou pela comunidade internacional como uma manifestação do primado do direito e da justiça. Será visto como uma farsa judicial, uma justiça dos vencedores no pior sentido do termo. Porque optaram os EUA por esta solução "nacional", capaz de desacreditar ainda mais a sua "missão" no Iraque? Primeiro, os EUA têm conduzido uma guerra diplomática agressiva contra o TPI, indo ao ponto de aplicar sanções económicas aos países que ratifiquem o tribunal e não garantam imunidade aos soldados norte-americanos. Segundo, os EUA não quiseram correr o risco de se terem de confrontar com juízes internacionais independentes que, além do mais, estariam impedidos pelo direito internacional de aplicar a pena de morte. Ora nem a potência ocupante nem os seus juízes admitem qualquer outra pena. Aliás, como Saddam tem 68 anos e, segundo o direito iraquiano, ninguém com mais de 70 anos pode ser executado, há que avançar com rapidez. O governo iraquiano acaba de promulgar um decreto nos termos do qual a pena de morte terá de ser executada no prazo de trinta dias após a última decisão de recurso. Finalmente, os EUA quiseram ter a mão livre para poder usar o julgamento para os fins mais convenientes. Por exemplo, ir mostrando aos norte-americanos um feroz inimigo vencido, na impossibilidade de mostrarem o Grande Inimigo Bin Laden.[1]

O tribunal iraquiano é o primeiro tribunal da era do unilateralismo da Superpotência. Não será o último.

Visão, 27 de Outubro de 2005

---

[1] Bin Laden seria morto em Maio de 2011, dez anos após os atentados do 11 de Setembro, no decurso de uma operação militar dos EUA no Paquistão, onde estava escondido.

INTEGRAÇÃO PLURALISTA

A 27 de Outubro de 2005 um grupo de jovens jogava futebol no subúrbio de Paris, em Clichy-sous-Bois quando a polícia chegou para inspeccionar as suas identidades. Alguns dos jovens fugiram porque não traziam identificação. Três esconderam-se num posto de transformação da Électricité de France (EDF) e morreram electrocutados. Este acontecimento foi o rastilho para que centenas de carros e caixotes de lixo fossem incendiados nas semanas seguintes e centenas de pessoas presas todas as noites em cerca de vinte localidades da periferia de Paris. Em resposta a um consenso geral de que, para acalmar o cenário, a polícia devia abandonar a área, Sarkozy, Ministro do Interior na altura, aplica uma "tolerância zero", apelidando de "escória" a juventude dos subúrbios, emigrantes e jovens franceses originários do Magrebe e África Ocidental, fazendo juras de "limpeza" e "guerra sem misericórdia" à zona. Esta juventude sem voz tornou o clima de fúria e ressentimento, frutos de uma subclasse acostumada à discriminação e falta de esperanças, na ordem do dia. Villepin invoca uma lei, arrumada desde a guerra colonial na Argélia para declarar estado de emergência e impor recolher obrigatório nos subúrbios onde o Estado cortou na Educação, Saúde e outros serviços ao mesmo tempo que aumentava a carga policial e as rusgas.

Os alvos da juventude foram muito claros: a polícia, o governo e tudo que fosse representativo da ordem social vigente. Esta rebelião, um fracasso para muitos, foi uma lufada de ar fresco na atmosfera do "meter a cabeça na areia", que se tem vindo a prolongar desde o Maio de 68. Esta juventude quis lutar (não votar) contra a ideia predominante de que nada poderia ser mudado. | MARTA RORIZ

No dia 1 de Dezembro de 1955, na cidade de Montgomery, no Alabama, Rosa Parks, uma mulher negra, de 42 anos, tomou o autocarro de regresso a casa. Quando interpelada por um branco para lhe ceder o lugar, ela recusou-se e foi presa por isso. Nessa altura, estavam em vigor no Sul dos Estados Unidos as leis da segregação racial. Nos autocarros, os negros – dois terços dos utentes dos transportes públicos – tinham de comprar o bilhete ao condutor, voltar a sair do autocarro e entrar pela porta de trás depois de os brancos estarem instalados. As organizações que lutavam pelo fim da segregação decidiram usar o caso de Rosa Parks para pôr em causa a constitucionalidade das leis segregacionistas. Assim, explodiu, a nível nacional, o movimento negro pelos direitos cívicos e políticos. Rosa Parks foi a enterrar na semana passada com honras de heroína nacional.

Na aparência, o contraste entre este caso e a agitação social em França não podia ser maior: de um lado, o êxito das políticas de integração social, do outro lado, o fracasso. São difíceis as comparações por estarmos perante processos sociais muito diferentes. Mas se o caso norte-americano tem hoje algum interesse para os europeus, este reside menos no seu êxito do que no seu relativo fracasso. Apesar dos esforços notáveis dos últimos cinquenta anos, a discriminação racial continua hoje a ser uma realidade penosa na sociedade norte-americana: a população afro-americana continua a preencher os estratos sociais mais baixos, as suas escolas são, em geral, de qualidade inferior às das populações brancas, os afro-americanos têm uma esperança de vida em média inferior à da população branca e constituem uma vítima privilegiada do sistema penal (25% dos afro--americanos entre 15 e 35 anos passaram algum tempo na prisão).

Estes factos podem ajudar-nos a ter uma ideia da magnitude dos problemas para que as sociedades europeias se devem preparar. Em geral, eles decorrem da intensificação recíproca de dois factores de hierarquização social: a classe social e a raça ou a etnia. As sociedades capitalistas assentam na desigualdade social, mas esta tende a ser menor quando são levadas a sério as políticas de igualdade de oportunidades, assentes nos sistemas nacionais de educação, saúde e segurança social. Historicamente, estas políticas foram mais levadas a sério na Europa que nos EUA (os jovens dos subúrbios de Paris têm acesso a um sistema nacional de saúde que está vedado a 40 milhões de cidadãos norte-americanos). Mas as políticas estão hoje a ser postas em causa com a chamada crise do Estado--Providência. Há dinheiro para combater o terrorismo, mas não para reparar os apartamentos de habitação social onde, pelo seu estado de degradação, são frequentes os acidentes, como os que, nos últimos meses, provocaram a morte a 60 pessoas nos mesmos bairros onde agora ocorrem os tumultos.

A alternativa que tem vindo a ser imposta é a de conferir ao mercado uma presença muito maior nas tarefas de regulação social que antes cabiam ao Estado. Com isto, as políticas de igualdade de oportunidades dão lugar, no melhor dos casos, às políticas de emprego e de empregabilidade. Ora, para o mercado, é legítimo transformar um preconceito étnico-racial num critério de eficiência económica. Não é necessariamente por ser racista que o empregador tende a recusar um candidato qualificado mas com um nome suspeito ou a viver num bairro suspeito. É, em parte, por isso que o desemprego nos subúrbios de Paris é superior ao dobro da média nacional.

Quando as desigualdades económicas se cruzam com as discriminações étnico-raciais, os conflitos sociais tornam-se potencialmente muito perigosos. Como se está a ver em França, não podem ser resolvidos pela repressão e nem sequer por meras políticas de emprego. É preciso actuar preventivamente e enfrentar na raiz os preconceitos étnicos, raciais e religiosos. Não nos deve dar que pensar que a população de origem africana, em Portugal, não chegando aos 2% da população, seja quase 10% da população prisional? Dada a diversidade de etnias e crenças em causa, faz sentido confiar o Alto Comissariado para a Imigração e Minorias Étnicas[1] a um padre católico, como aconteceu até há pouco, e agora a alguém indicado pelo mesmo *lobby*, a Igreja Católica? As políticas que proponho visam uma integração pluralista (oposta quer à assimilação quer aos *guettos* multiculturais): políticas activas de emprego articuladas com acção afirmativa; educação intercultural; promoção da diversidade identitária e cultural no espaço público (e não apenas no espaço privado) como veículo de intermediação com o sistema político nacional e local; política de nacionalidade – são portugueses os filhos dos imigrantes nascidos em Portugal – que fortaleça, pela diversidade, a identidade portuguesa ou a identidade europeia. Quando é que a cachupa e a feijoada serão também pratos portugueses?

Visão, 10 de Novembro de 2005

---

[1] Actualmente Alto Comissariado para a Imigração e Diálogo Intercultural – ACIDI.

O MEU BALANÇO

Em 2005, o autor tomava o pulso ao futuro, cartografando as imprevisibilidades decisivas do presente. O despertar do "gigante adormecido", em finais de 1970, evidenciou-se na crise do subprime que estalou nos EUA, e que provocou ondas de choque nas economias centrais, deixando imune o crescimento anual em torno dos 10% do Produto Interno Bruto da China que, em 2010, é já a segunda maior potência económica mundial e o maior financiador da dívida externa norte--americana.

A tomada de posição de países do Sul na reunião da Organização Mundial do Comércio em Hong Kong, prenunciou a emergência dos BRIC (Brasil, Rússia, Índia e China) como actores de peso na economia global que, em 2009, produziram uma declaração conjunta em prol de uma ordem mundial multipolar.

O escândalo que envolveu o cientista sul-coreano Hwang Woo-suk desfraldou a relação entre ciência e mercado, secundarizada pela moralização da bioética. A mercantilização da vida na era pós-genómica oculta uma "linha abissal" (como diria Boaventura) entre o controverso uso terapêutico de células estaminais e a negligência científica votada às chamadas doenças da pobreza. E será essa "linha abissal" que permite a deslocação do eixo da economia global, ao mesmo tempo que contém as vozes políticas que, entre os países do Sul e no "regresso do colonizado" (como diria, também, Boaventura) às sociedades metropolitanas, contestam a colonialidade da economia de mercado, das relações entre cidadãos e Estado e das relações internacionais. | ALICE CRUZ

O meu balanço não é do que passou mas antes do que vai passar, a partir dos sinais que nos foram sendo deixados em 2005. Não pretendo fazer previsões, antes inquirir em que medida o futuro veio até ao presente. Quais as imprevisibilidades mais importantes que nos deixa?

A China. Até 1830, a balança comercial da China com a Europa era favorável à China. Os últimos cento e cinquenta anos foram anos de humilhação e de construção de um sistema alternativo ao Ocidental. Desde a década de 1980, assistimos à emergência de um fenómeno novo: a combinação entre o comunismo mais autoritário com o capitalismo mais selvagem, o que poderíamos chamar estalinismo de mercado. Em 2005, este modelo revelou toda a sua pujança: as viagens espaciais; crescimento económico três vezes o dos EUA; investimento maciço em África. O que é aqui imprevisível? Ao contrário dos seus congéneres ocidentais, os manuais de estratégia militar chinesa estabelecem que a vitória não consiste em vencer o inimigo na batalha. Consiste em miná-lo por dentro, absorvê-lo de modo a que a batalha nunca tenha lugar. Irão os manuais ser seguidos? Se os chineses retirassem hoje os seus aforros da economia norte--americana, esta sofreria um profundo abalo.

Células estaminais. É uma outra guerra entre o Ocidente e o Oriente, uma guerra científica, com pouca ciência e muita política. A Coreia do Sul tem, como projecto nacional, tornar-se a maior potência mundial na clonagem de células estaminais humanas para fins terapêuticos. Para fortalecer a sua posição, pro-curou alianças com cientistas ocidentais, talvez desconhecendo que o Ocidente não cede de barato a sua primazia. O escândalo acaba de estalar, no plano ético (uso de ovócitos de investigadoras do laboratório) e no plano científico (houve fraude na prova de produção de células estaminais humanas personalizadas?). Envolve cientistas, média, empresas de biotecnologia e os serviços secretos. Esta é uma área em que a linha abissal que divide a lógica da ciência da lógica do mercado é demasiado ténue para não temermos que o nosso corpo se transforme na próxima (pós-humana?) linha de montagem.

Exclusão e colonialismo. Nada de novo nesta frente: continuou a agravar-se a desigualdade social. Pelo menos, 8 milhões e 300 mil indivíduos ficaram felizes com esta notícia. É o número de indivíduos que têm investimentos superiores a um milhão de dólares, os chamados indivíduos EVL (de elevado valor líquido). Segundo o Financial Times, o seu número aumentou em 60% nos últimos sete anos. Relativamente nova foi a combinação entre exclusão social, colonialismo e racismo. Os protestos sociais em França mostraram até que ponto o passado colonial da Europa continua a persegui-la. Já tinham ocorrido em Inglaterra e é possível que surjam noutros países, inclusive naqueles que foram colónias e se tornaram independentes através do massacre de populações nativas e da subal-ternização de alguns grupos de imigrantes. É o caso da Austrália que termina o ano nas notícias com a violência racista anti-árabe nos subúrbios de Sidney. Como vai o Norte continuar a defender-se do Sul, cuja destituição provoca? Engenho repressivo não lhe falta. O Departamento de Segurança Nacional dos EUA acaba de ser autorizado a construir 1 100 quilómetros de vedações ao longo da costa Sul para impedir a entrada de "latinos".

Comércio livre. 2005 foi o ano de todas as frustrações para os países ricos. Não foi possível evitar o fracasso da reunião ministerial da Organização Mundial do Comércio que se acaba de realizar em Hong Kong. Depois de Cancún e Hong Kong, a Organização Mundial do Comércio tornou-se um cadáver adiado. O facto novo é que os países do Sul conseguiram o mínimo de união (para o que contribuiu muito o papel do Brasil, Índia e África do Sul) para poder fazer ouvir o óbvio: o comércio livre tem sido a fraude com que os países ricos têm imposto aos países pobres os termos de comércio mais desiguais desde o colonialismo. Estes factos, combinados com o novo protagonismo da China e da Venezuela, fazem-nos especular sobre se não estaremos perante a emergência de um novo movimento dos não-alinhados.

Terrorismo, democracia e libertação. É multissecular a tradição do Ocidente de violar os direitos humanos sob o pretexto de os defender. Estará a história a mudar? Se a guerra é o terrorismo dos fortes, será que o terrorismo é a guerra dos fracos? Poderá eliminar-se o terrorismo sem eliminar o terrorismo de Estado? 2005 mostrou que a democracia tem duas histórias. Uma é da sua subordinação aos interesses do capitalismo: impõe-se no Iraque, tolera-se a sua violação no Uzbequistão e liquida-se (se possível) na Venezuela. A outra história é a da luta democrática dos povos pela justiça social. As eleições na Bolívia testemunham essa luta. Qual das histórias vai prevalecer em 2006?

Em 2005 o futuro veio ao presente, mas, como é seu timbre, não veio para ficar. Em vez de previsões certas, temos imprevisibilidades decisivas.

Visão, 22 de Dezembro de 2005

2006

*Nos últimos anos instalou-se na sociedade portuguesa culta
uma atitude de pessimismo que, por tão reiterada
e tão pouco contestada, corre o risco de se transformar
no novo senso comum dos portugueses.*

2006

O OPTIMISMO TRÁGICO

A descrição de uma sociedade nacional sob traços comuns será sempre um exercício de generalização, tão mais especulativa na medida em que procure captar traços temperamentais, inscrevendo-os num fatalismo viciado pela seguinte fórmula: a psique de um povo define a sua história, a história de um povo define a sua psique. Conforme defende a crónica, o pessimismo cronicamente atribuído aos portugueses deve-nos merecer toda a desconfiança. Primeiro, pelo reconhecimento das tantas têmperas e alentos por que se fez a história de Portugal. Segundo, por referência às linhas de desigualdade que nos dizem que o "ser português" é, sobretudo, o produto de uma hegemonia (e não de uma suposta homogenia).

O aspecto mais instigante na leitura crítica de Boaventura jaz num diálogo possível entre a presente crónica e as onze teses apresentadas em Pela Mão de Alice *(1994: 49-68). Nesse texto, a emergência periódica de análises como as de José Gil é tida como parte de um antiquíssimo "excesso mítico de interpretação" sobre Portugal. Diz o autor: "[e]nquanto objectos de discursos eruditos, os mitos são ideias gerais de um país sem tradição filosófica nem científica." Assim, "[o] excesso mítico de interpretação é o mecanismo de compensação do défice de realidade típico de elites culturais restritas fechadas (e marginalizadas) no brilho das ideias." A mitologia de um país de pessimistas trágicos, se ousasse sair do divã, dificilmente sobreviveria à inquietude que grassa nas ruas.* | Bruno Sena Martins

Nos últimos anos instalou-se na sociedade portuguesa culta uma atitude de pessimismo que, por tão reiterada e tão pouco contestada, corre o risco de se transformar no novo senso comum dos portugueses. Quem melhor deu expressão a esta atitude foi José Gil no seu livro *Portugal, Hoje: O Medo de Existir*. O seu êxito editorial pode ser indicativo de que um senso comum assente nela está, de facto, em gestação. Cabe referir que os momentos epocais de pessimismo são recorrentes na nossa história, e, as passagens de século são particularmente atreitas a eles. Basta referir o que foi tão eloquentemente cultivada pela geração dos 'Vencidos da Vida' no final do século XIX e que teve o seu período agudo entre o Ultimatum inglês de 1890 e a implantação da República, em 1910. E hoje, como ontem, tendem a dominar as análises essencialistas, de recorte psicologizante, que transformam os portugueses numa categoria homogénea à qual atribuem características de tal modo negativas que não parecem ter remédio. Daí o pessimismo.

Numa sociedade em que as elites culturais são pequenas, estrangeiradas e, em geral, desconhecedoras ou distantes da realidade do país, não é fácil saber até que ponto o pessimismo das elites é o pessimismo dos portugueses. Hoje, devido ao papel dos media brilhantemente analisado por José Gil, é possível que os dois pessimismos se correspondam mais. E aí está o perigo. As interpretações essencialistas sobre a sociedade portuguesa, que consideram fechada, tendem, elas próprias, a ser fechadas, não deixando brechas por onde se possa pensar o futuro de modo não suicida. Ora, ao contrário de um intelectual isolado (veja-se Antero de Quental), nenhum país pode ter por horizonte o suicídio. Daí, que o primeiro passo resida em substituir a psicanálise, pela história, pela sociologia, pela filosofia, entre outras, porque estas tanto podem dar pistas para a adaptação ao que existe como para a resistência colectiva ao que existe. E a verdade é que os momentos de pessimismo assentam em condições sociológicas concretas, umas mais permanentes que outras. No final do século XIX, para além das sucessivas crises económicas e políticas, o país confrontou-se com uma constatação dolorosa: depois de séculos a rever-se na posição de colonizador, o país, no momento crucial em que pretende ser o centro de um império efectivo, verifica que é afinal e ainda uma colónia informal de Inglaterra. Os meios de que o país dispõe estão aquém da sua ambição. Não dá sequer para mobilizar o patriotismo para a resistência, já que a Inglaterra não pretende atacar Lisboa. Pretende apenas tomar Lourenço Marques.

No final do século XX, às causas próximas da estagnação económica desde 2000, junta-se outra constatação dolorosa: no momento crucial de se assumir como plenamente europeu, o país verifica que o nosso desenvolvimento é intermédio – onde se misturam características do primeiro mundo e do terceiro mundo – e que a plena convergência, a dar-se, será um processo histórico difícil e longo. No sistema mundial moderno não é fácil aceder ao clube dos países desenvolvidos. Nos anos de 1960 acedeu a Itália e quarenta anos depois, a Espanha (em parte à nossa custa). As transformações aceleradas por que passou a sociedade portuguesa nos últimos trinta anos, quase todas positivas, criaram expectativas que não se podem realizar numa geração. Por isso, talvez muitas das características atribuídas aos portugueses se possam encontrar, sob outras formas, nos polacos, brasileiros, mexicanos ou sul-africanos. Esta verificação ajudará, em 2006, a passar do pessimismo ao optimismo trágico, à consciência das dificuldades combinada com a recusa da ideia de que não há saída.

Visão, 3 Janeiro de 2006

AS NOSSAS CARICATURAS

Em Setembro de 2005, o jornal dinamarquês Jyllands-Posten *publicou vários cartoons com o Islão e o profeta Maomé por referência. A recusa do governo dinamarquês em dialogar com as comunidades muçulmanas e com embaixadores de países islâmicos, e a republicação dos cartoons por outros jornais europeus em Fevereiro de 2006, provocaram uma situação diplomática tensa, não só na Europa, como também em países maioritariamente islâmicos, com o incendiar de embaixadas europeias na Síria e no Líbano, por exemplo. Em 2007, a publicação de cartoons idênticos na Suécia provocaram reacções, que culminariam no atentado em Estocolmo a 11 de Dezembro de 2010.*

Na Europa, o debate dividiu-se entre os defensores (à esquerda e à direita) de uma liberdade de expressão entendida como um valor absoluto numa Europa secularizada, e aqueles que chamavam a atenção para o facto de a Europa ser um espaço multicultural e pluri-religioso. Porém, numa atmosfera política global de 'guerra ao terrorismo', numa Europa que tinha vivido o Março de 2004 em Madrid, e o Julho de 2005 em Londres, o debate sobre segurança nacional transformou-se gradualmente num debate sobre uma suposta 'integridade cultural europeia', ameaçada pela figura do 'muçulmano'.

Entretanto, outros casos continuaram a salientar a resistência à pertença de muçulmanos à Europa. O referendo à proibição de minaretes na Suíça, a aprovação do projecto de lei para a proibição do niqab em França, o debate sobre a inclusão da referência a uma 'matriz cultural cristã' numa constituição europeia, são episódios que colocam os termos do debate entre 'nós' e 'eles', ignorando os europeus muçulmanos excluídos por uma concepção mono-religiosa e mono-cultural de identidade europeia, afinal tão pouco secularizada. | HÉLIA SANTOS

Verdadeiramente só são caricaturas as que fazemos de nós próprios, ou seja, no seio de uma dada sociedade que se imagina como de pertença comum. É de sua natureza, não serem tomadas literalmente e, portanto, não ofenderem ou não ofenderem ao ponto de quebrar o que temos em comum. As caricaturas que fazemos dos "outros", como não partem da pertença comum, correm sempre o risco de ser tomadas literalmente e ofenderem quem é caricaturado. Quanto maior for a distância entre "nós" e "eles" criada pelos traços da caricatura – por exemplo, os traços de um deus que eles veneram piamente e nós consideramos um fanático terrorista – maior é o risco que tal aconteça. E, quando tal acontece, não se pode esperar que a ofensa seja expressa segundo as nossas regras. Para que tal acontecesse, era preciso que estivéssemos "entre nós", uma condição que as caricaturas começaram por eliminar. Corre-se, aliás, um outro risco: o de a reacção nos caricaturar a nós próprios e nos ofender literalmente (até porque atingidos em pessoas e bens).

A contestação gerada pelas caricaturas dinamarquesas veio repor no centro do debate a questão de saber quem somos "nós" e quem são "os outros". Quando há cem anos proliferavam as caricaturas anti-semitas, a reacção dos progressistas, de que hoje nos honramos, era de que os traços das caricaturas sublinhavam que os judeus eram "outros", quando afinal eles eram parte de "nós". Tragicamente, não foi esta a posição que prevaleceu. Tal como então, o "nós" das caricaturas dinamarquesas é uma visão muito selectiva da sociedade europeia ocidental, contraposta a uma visão igualmente selectiva da sociedade islâmica. Ou seja, jogam na distância entre elas e sublinham-na. Ora, a verdade é que a Europa é hoje muito diversa culturalmente e que em muitos países que a compõem há minorias islâmicas significativas, o mundo islâmico interior. Estas minorias são parte de "nós" com todas as diferenças que reivindicam. Reivindicam simultaneamente o direito à igualdade e o direito ao reconhecimento da diferença. E que são parte de "nós" prova-o as reacções das comunidades islâmicas na Europa: foram qualitativamente diferentes das que tiveram lugar no mundo islâmico exterior.

Em relação a este último, as caricaturas representam uma dupla afronta: estigmatizam as suas diferenças em relação à Europa e silenciam o mundo islâmico interior, de que se sentem irmãos. Ao contrário deste último, o mundo islâmico exterior não se vê forçado a reagir segundo os códigos de reacção da Europa, até porque a Europa das caricaturas o caracteriza como incapaz de o fazer. Se o fizesse, estaria a auto-caricaturar-se segundo a norma europeia.

As diferenças das reacções são uma primeira lição a tirar deste incidente. O mundo islâmico interior conhece e vive uma Europa contraditória: a Europa imperial e discriminatória, mas também a Europa da liberdade e da democracia, sobretudo do Estado-Providência, da educação, saúde e segurança social públicas. Ao contrário, o mundo islâmico exterior só conhece da Europa e dos seus aliados a guerra da ocupação e agressão, a pilhagem dos recursos naturais, a demonização da sua cultura, a inacção ante o terrorismo de Estado de Israel, a humilhação diária nos aeroportos, escolas e universidades europeias. A segunda lição é que os universalismos da Europa das caricaturas (incluindo o da liberdade de expressão) sempre foram falsos e só foram accionados quando conveio. Ao mesmo tempo, os mesmos países que garantiam os direitos aos trabalhadores europeus, sujeitavam os trabalhadores coloniais ao trabalho forçado. Os opressores esquecem facilmente a sua dualidade; os oprimidos não, porque, fruto da violência colonial, ela está inscrita no sofrimento do corpo e da alma.

Visão, 16 de Fevereiro de 2006

O CHOQUE DESBUROCRÁTICO

Lugar-comum nos discursos políticos e planos traçados por sucessivos governos, é com novo élan que a Reforma da Administração Pública portuguesa é anunciada em Março de 2005, aquando da apresentação do programa do XVII Governo Constitucional. Apelando à sua extrema necessidade e carácter inadiável, o então Primeiro-Ministro socialista, José Sócrates, apresenta um conjunto de medidas que pela sua amplitude e profundidade pressagia efectivas mudanças na direcção da aclamada máxima: "menos Estado, melhor Estado". Entre programas anunciados – de que é exemplo máximo o Simplex – como a avaliação dos professores, os encerramentos de escolas, serviços de urgências e maternidades – muito se fez, desde então, alegadamente em nome de uma maior racionalização e eficiência da Administração Pública.

Centrando-se numa reflexão sobre os impactos da reforma nos direitos de cidadania, a crónica de Boaventura revela uma pertinência ainda maior do que aquela que já detinha à data em que foi escrita. Com efeito, a actual crise financeira eleva consideravelmente o risco de que muitas das medidas planeadas venham a cumprir-se à custa de um Estado Social fraco. Este risco agudiza-se quando estão em causa grupos sociais tradicionalmente desfavorecidos com escassa capacidade reivindicativa. Veja-se, como exemplo, o domínio dos cuidados da saúde mental, onde, silenciosamente, à revelia do conhecimento e interesse da sociedade civil, se implementa uma reforma de desinstitucionalização, com tradução já visível no encerramento de hospitais psiquiátricos, sem que se assista à criação atempada de serviços alternativos na comunidade. | CLÁUDIA NOGUEIRA PEREIRA

Ao contrário de outros choques anunciados nos últimos anos, mas de que pouco ou nada resultou (choque fiscal, tecnológico, etc.), está em curso uma transformação profunda da Administração Pública e, ao que se anuncia, do próprio Estado. Pelas medidas já tomadas, pela lógica global que lhe subjaz e pela vontade política que as anima é de crer que, desta vez, os resultados sejam palpáveis e nada fique como dantes. Daí a ideia do choque desburocrático. E é tanto mais de crer quanto é certo que, ao contrário dos choques anteriormente anunciados, o choque desburocrático depende exclusivamente do Estado. Ora, como tenho vindo a defender, ao arrepio do pensamento liberal hoje pateticamente dominante, o Estado tem actuado em muitos momentos da nossa história como uma "imaginação do centro", um agente catalizador de energias modernizadoras que simultaneamente nos aproximam das realidades sociais e políticas dos países considerados mais desenvolvidos (agora, União Europeia) e escondem a real medida (sempre menor que a anunciada) dessa aproximação. Este protagonismo do Estado é o outro lado da falta de hegemonia burguesa ou, como se diz agora, da fraqueza da sociedade civil.

Dado que este choque está no começo, um começo vigoroso, é adequado definir os critérios que permitam aos cidadãos avaliar os seus resultados e apoiá--los ou resistir-lhes. Mas, para isso, é preciso definir o âmbito das transformações em curso ou planeadas. Identifico três tipos de medidas.

O Tipo 1 (modernização) consiste no vasto programa de simplificação da Administração Pública (empresa na hora, marca na hora, cartão do cidadão, etc.), assente no funcionamento em rede e transversalizado dos serviços, tornado possível pelas novas tecnologias de informação e de comunicação, e, em paralelo, numa nova filosofia de relacionamento com os cidadãos. As siglas falam por si: UCMA (Unidade de Coordenação da Modernização Administrativa); PSAL (Plano de Simplificação Administrativa e Legislativa); PRACE (Programa de Reestruturação da Administração Central do Estado).

O Tipo 2 (reordenamento territorial) consiste na eliminação ou reestrutura-ção de serviços públicos em função das transformações territoriais por que está a passar o país, nomeadamente, a desertificação do interior e a densificação do litoral. Está em curso nos serviços desconcentrados da Administração Pública central, no Serviço Nacional de Saúde, no sistema educativo e é previsível que venha a ocorrer também no sistema judicial.

O Tipo 3 (privatização) consiste na privatização dos serviços públicos, a qual pode ocorrer de múltiplas formas: privatização total, privatização parcial, privatização da gestão, formas mistas de provisão directa e subcontratação. Está em curso, sobretudo, na área da saúde e da segurança social.

Numa sociedade democrática, o critério fundamental para avaliar a efici-ência e a racionalidade da reforma da Administração Pública e do Estado é o seu impacto na cidadania e, especialmente, nos direitos sociais dos cidadãos. A reforma será progressista se promover esses direitos. Para isso, terá de ser uma reforma de soma positiva: com ela, tanto ganham os cidadãos como o Estado. Ao contrário, será uma reforma conservadora se puser em causa os direitos dos cidadãos. E assim sucederá se for de soma-zero, se os ganhos do Estado se tra-duzirem em perdas para os cidadãos. A eficiência assentará sempre num cálculo de custo e benefício, mas tudo depende de como se define o custo e o benefício. O empresário privado define um e outro a pensar em si. Se o Estado agir assim, os benefícios que obtiver tenderão a ser custos para os cidadãos. Por sua vez, a racionalização de serviços pode ser de dois tipos: ou toma em conta as condições vigentes, que considera justas e, por isso, procura intensificá-las racionalmente; ou, pelo contrário, considera injustas as condições vigentes e tenta invertê-las racionalmente.

É à luz destes critérios que devemos analisar os três tipos de reforma em curso. Uma análise atenta deles mostra que eles convergem no uso dos conceitos-chave de eficiência e racionalização e no recurso à lógica empresarial e gerencial própria do sector privado, mas que diferem em tudo o mais.

O Tipo 1 (modernização) é uma reforma de soma positiva e, por isso, tem todas as condições para ser considerada progressista.

O Tipo 2 (reordenamento territorial) só será progressista em condições muito exigentes. Em termos de eficiência, os benefícios para o orçamento de Estado no curto prazo devem ser contrapostos aos custos para as famílias afectadas pelo encerramento dos serviços e aos custos para o país decorrentes da concentração da população no litoral e da desertificação do interior (incluindo o aumento dos incêndios florestais). Em termos de racionalidade, é preciso partir da ideia de que as assimetrias regionais são injustas. Aliás, não reconhecê-lo é uma hipocrisia, já que é para as eliminar que o Estado continua a reclamar os fundos de coesão da Europa. O Tipo 2 só será progressista se serviços e acessibilidades de tipo novo garantirem os direitos dos cidadãos.

As reformas do Tipo 3 (privatização) tendem a ser conservadoras, sobretudo numa sociedade tão desigual quanto a nossa: a transformação de cidadãos em consumidores tenderá a ser um factor de exclusão.

À luz desta análise, é possível explicar porque as reformas de Tipo 1 têm sido tão mediatizadas. O objectivo é que o brilho delas faça esquecer os custos para os cidadãos decorrentes das reformas do Tipo 2 e, sobretudo, das do tipo 3.

Visão, 30 de Março de 2006

PERGUNTAS SIMPLES

Onde estava eu no 25 de Abril? Em Serpa. Andava na primeira classe, e nesse dia não fui à escola porque havia uma revolução em Lisboa. Lembro-me de, ao final da tarde, a minha mãe me dizer que estava feliz por eu já não ir à guerra. Para quem tinha 7 anos, a excepcionalidade desse dia foi não ir à escola, porque guerra, revolução, ditadura, democracia ou liberdade eram conceitos demasiado abstractos para o meu quotidiano. Depois começaram a acontecer coisas inusitadas: discussões familiares por uns serem de esquerda e outros ainda o serem mais; a reforma agrária e as ocupações de casas; manifestações e paredes que apareciam pintadas e com cartazes de cores garridas, enquanto eu desenhava soldados de camuflado, com cravos nas metralhadoras e a sigla do MFA.

Trinta e oito anos depois, estas crianças têm cerca de 40 anos e filhos que, no dia 25 de Abril, também não vão à escola. Mas agora não há discussões nem ocupações e a liberdade e a democracia banalizaram-se ao ponto de parecem obrigações que se cumprem com sacrifício. Convertido em feriado, o dia da Liberdade sofre a erosão do tempo e banaliza-se em rituais comemorativos. As crianças de hoje questionam-se sobre o que se passou nesse dia de 1974, e as crianças de Abril questionam-se sobre o futuro do país e o sentido de palavras como "25 de Abril sempre". Por isso se torna urgente uma pedagogia da revolução, que recupere a memória do Portugal pardo, violento e amordaçado pré 74, pois só assim se poderá revitalizar a essência da enorme festa desse "dia inicial inteiro e limpo /onde emergimos da noite e do silêncio", tal como Sophia de Mello Breyner Anderson o eternizou. | CARLOS NOLASCO

Apesar de ser o acto fundador da nossa contemporaneidade com a Europa e o mundo democrático e anti-colonial, o 25 de Abril é um acontecimento cada vez mais ignorado pelos portugueses. Trata-se de uma ignorância activamente produzida pelo sistema educativo, os meios de comunicação social e a classe política. A trivialidade com que hoje se exerce a cidadania e se pratica a democracia entre nós acarreta a trivialidade do acontecimento que fundou uma e outra. Assim, a relevância do 25 de Abril pode manifestar-se, quando muito, como excesso ("os anos loucos") e nunca como exigência capaz de interpelar a má consciência do presente.

A COR DO TEMPO QUANDO FOGE   267

Contra a corrente e aproveitando os espaços e as vontades inconformadas, o Centro de Documentação 25 de Abril da Universidade de Coimbra tem vindo a realizar ao longo dos anos a pedagogia do 25 de Abril orientada para os mais jovens e em parceria com escolas, autarquias e associações culturais. Acaba de lançar o DVD-ROM, "25 de Abril: 32 anos, 32 perguntas", produzido em parceria com a Direcção-Geral de Inovação e de Desenvolvimento Curricular do Ministério da Educação. Com o uso de tecnologia interactiva e no meio de jogos, música, karaoke bandas desenhadas e animações, dá-se resposta a 32 perguntas feitas por alunos (entre 10 e 14 anos de idade) das escolas básicas da Região Centro. Eis as perguntas formuladas por essas crianças: Tinham medo de Salazar? Até os políticos? O povo tinha direito a voto ou era obrigado a votar em Salazar? Antes de 1974 já tinha havido alguma revolução? Alguém conseguiu fugir do Tarrafal? O que possibilitou a manutenção de uma ditadura durante 40 anos? Que razões levaram a formar a PIDE? De que modo os programas da rádio eram controlados pela Censura? A emigração nos anos 60 foi muita. Porquê? Por que é que os rapazes e as raparigas tinham de andar em escolas separadas? Como é que namoravam e conseguiam casar? A população portuguesa estava preparada para o 25 de Abril? Como é que os capitães do 25 de Abril conseguiram planear sem a PIDE os ver? Onde é que arranjaram coragem para fazer a revolução e conseguirem derrotar os guardas? O Zeca Afonso já tinha as canções preparadas? Ele já sabia que no dia 25 de Abril ia haver uma revolução? Enquanto preparavam e executavam a revolução os soldados pensaram nas terríveis consequências que podiam sofrer se fossem descobertos e o golpe falhasse? Em que condições se entregou Marcelo Caetano? Houve mortos durante a revolução? Por que é que a seguir ao 25 de Abril os homens da Revolução não pagaram com a mesma moeda? Como é que o povo soube que aquele dia era o dia da libertação? Nas pontas das espingardas foram colocados cravos vermelhos. Porquê? Todas as pessoas estiveram de acordo com este acontecimento histórico? O 25 de Abril é uma revolução popular ou militar? Quem foram as pessoas que estiveram à frente do 25 de Abril? Existe alguma coisa a elogiá-las? Depois da Revolução o país teve dificuldades em organizar-se politicamente? O povo português não teria demasiada liberdade depois de 1974? Como é que foi a luta depois do 25 do Abril? Que impacto teve o 25 de Abril a nível mundial? O que aconteceu às nossas colónias? Como foram libertadas? Nos nossos dias existe alguém que possa adquirir os poderes de Salazar? O que torna um regime totalitário absurdo? O que mudou em Portugal depois do 25 de Abril? Que aconteceu aos presos políticos depois do 25 de Abril? Se antigamente as pessoas não tinham liberdade para serem felizes, por que não saíam de Portugal?

Não me surpreenderia se muitos pais e professores tivessem dificuldades em responder a algumas destas questões. Foi também a pensar neles que o DVD-ROM foi produzido.

Visão, 27 de Abril de 2006

MORALES E A DEMOCRACIA

Desde 2006, que, como traço distintivo dos governos do presidente Evo Morales (eleito em 2005, reeleito em 2009), se produziram na Bolívia sucessivas nacionalizações, especialmente nos hidrocarbonetos, telecomunicações e electricidade. A mensagem para as multinacionais é clara: "Queremos sócios, não patrões". O resultado mais evidente é a disponibilização de maiores recursos para o Estado em comparação com o ciclo neoliberal baseado em privatizações.

A crónica de Boaventura levanta questões essenciais no que respeita à ligação estreita entre recursos naturais, justiça social e democracia. O processo do constitucionalismo transformador e da refundação estatal na Bolívia, num horizonte de plurinacionalidade, não é compreensível sem a tradição de luta pelo controlo dos recursos naturais e pelos seus dividendos. Não é por acaso que as bandeiras na actual agenda de mudanças sejam a Assembleia Constituinte e a nacionalização do gás.

Qual o percurso seguido pela medida saudada por Boaventura? Para os críticos não houve uma "verdadeira nacionalização"; a empresa estatal do petróleo continua a ser residual e não houve avanços na industrialização deste recurso. No entanto, o governo fala de entradas de capital (673 milhões de dólares antes do decreto, 4 mil milhões para 2012), executa políticas de redistribuição mediante bónus, apresenta dados de redução da pobreza e assegura que a industrialização está "em curso".

Deve a democracia prevalecer sobre os interesses (negócios) privados? A interrogação que encerra esta crónica é fundamental para entender não só as políticas no Sul global, como é o caso da Bolívia, mas também o que se passa hoje na Europa com as democracias subordinadas à "normalização dos mercados". | JOSÉ LUIS EXENI RODRÍGUEZ

Pela terceira vez na história do país (1937, 1969, 2006), a Bolívia acaba de decretar a nacionalização dos seus recursos naturais. A medida terá, para já, um impacto económico significativo apenas no caso do gás natural, de que a Bolívia detém uma das principais reservas no continente sul-americano. Qualquer democrata que se preze – ou seja, alguém para quem a democracia deve ser levada a sério, sob pena de ser descredibilizada e sucumbir facilmente a aventuras autoritárias – deverá saudar esta medida. Por três razões principais. Em primeiro lugar, porque ela foi uma das promessas eleitorais que levaram ao poder o Presidente Evo Morales. Se as promessas eleitorais não forem cumpridas, o que tem vindo a ser recorrente no continente, a democracia representativa deixará a prazo de ter qualquer sentido. Acontece que, neste caso, o não cumprimento da promessa eleitoral seria particularmente grave porque os bolivianos mostraram de forma eloquente (com o sacrifício da própria vida) em várias ocasiões nos últimos anos a sua determinação em porem fim à pilhagem dos seus recursos: os protestos maciços entre 2000 e 2005, que levaram à demissão de dois presidentes e culminaram com o referendo vinculante de Julho de 2004, em que 89% dos participantes se pronunciou a favor da nacionalização dos hidrocarbonetos. A segunda razão para saudar esta medida é que se a democracia não é sustentável para além de certo limite de exclusão social, podemos dizer que a Bolívia está próximo desse limite, já que cerca de metade da população vive com menos de um euro e meio por dia. O empobrecimento agravou-se nas duas últimas décadas com o neoliberalismo, cujo cerco à sobrevivência do país não cessa de se apertar. Com a recente assinatura dos tratados bilaterais de livre comércio dos EUA com a Colômbia e o Peru, a exportação de produtos agrícolas (sobretudo soja) para os países vizinhos terminará.

É certo que a nacionalização não basta, porque se bastasse as nacionalizações anteriores teriam resolvido os problemas do país. Deve ser complementada com uma política progressista de redistribuição social e de investimento na saúde, na educação, nas infra estruturas básicas, na segurança social. Se tal complementaridade ocorrer, o contexto para a nacionalização não podia ser melhor, dado o aumento do preço dos recursos energéticos. Neste domínio, a democracia e a justiça social têm outro ponto de contacto: é moralmente repugnante que as empresas energéticas colham frutos fabulosos – a vender o barril de petróleo acima de 70 dólares com base em contratos de exploração em que o preço de referência é muito inferior a 20 dólares – enquanto o povo morre de fome e de doenças curáveis, mantendo-se os níveis de escolaridade muito baixos. A terceira razão para saudar o decreto do Presidente Morales é que esta nacionalização é muito moderada (não envolve expropriação) e visa repor a segurança jurídica, que deve ser um dos pilares da democracia. As privatizações da década de 1990, além de terem sido ruinosas para o país, foram ilegais, como acabam de declarar os tribunais, já que os contratos de exploração não foram aprovados pelo poder legislativo, como manda a Constituição. Em termos jurídicos, a nacionalização é condição mínima para que o governo da Bolívia possa renegociar os contratos com as empresas energéticas de modo mais justo, a fim de que estas renunciem aos seus superlucros (não aos seus lucros) para que o povo empobrecido possa viver um pouco melhor. Perante a força destas razões, cabe perguntar pelo porquê da reacção hostil dos países muito mais ricos e aparentemente muito mais democráticos que a Bolívia. Será que quando a democracia interfere com os nossos negócios são estes que prevalecem?

Visão, 11 de Maio de 2006

O PAÍS CONSERVADOR

Em Fevereiro de 2005, o Partido Socialista (PS) português alcançou a vitória nas eleições legislativas com maioria absoluta. A Coligação Democrática Unitária (CDU) e o Bloco de Esquerda (BE) viram aumentado o número de assentos na Assembleia.

No rescaldo da comemoração dos 32 anos do 25 de Abril, Boaventura denuncia o editorialismo e os artigos de opinião que, apesar dos resultados das eleições, criticavam os pedidos da esquerda, de introdução de trabalhadores nos quadros permanentes e faziam uma apologia de cortes nas despesas sociais.

Perante as medidas do Ministro da Saúde, Correia de Campos, que se preparava para fechar várias maternidades, populações e poderes autárquicos locais organizaram vigílias e manifestações contra estas reformas, sendo acusados, pela imprensa, de bairrismo e inconsciência.

A crónica denuncia o controlo sobre a comunicação social portuguesa que parecia, e parece, ser dominada por grupos de poder conservadores, não reflectindo a diversidade de opiniões e os distintos posicionamentos políticos da sociedade portuguesa. Se, por um lado, há jornalistas empenhados em fazê-lo, por outro aqueles que controlam os editoriais e os artigos de opinião representam monopólios políticos e/ou económicos, que teimam num posicionamento conservador que salvaguarda o poder dos grandes grupos, em detrimento do posicionamento dos cidadãos manifestado nas urnas.

Sem uma comunicação social verdadeiramente independente e consciente da importância do seu papel, é a própria democracia portuguesa a ser prejudicada. | Luciana Silva

Se um extraterrestre nos visitasse e lesse ou ouvisse o editorialismo e os comentários políticos na comunicação social dita de referência, não acreditaria que a grande maioria da população deste país é de esquerda, a julgar pelos resultados das últimas eleições legislativas. Em alternativa, concluiria que entre o sentir político da maioria da população e a opinião dos comentadores e analistas há muito pouco em comum. De facto, o domínio da análise e do comentário conservadores na comunicação social é hoje inequívoco e tem-se acentuado no último ano, como se houvesse que travar o impulso de esquerda que os eleitores ousaram manifestar recentemente. E se algum comentário é sofisticado, erudito, genuinamente elitista, na melhor tradição conservadora, a maioria é agressiva, insultuosa, arruaceira e, sobretudo, muito ignorante.

Aliás, para pasmo e confusão de leitores, ouvintes e espectadores, apresentam-se como de esquerda comentadores que há anos a fio se dedicam a fustigar a esquerda, particularmente a mais inovadora, a negar a importância do 25 de Abril, a pedir o desmantelamento do fraco Estado-Providência que temos, a apoiar acriticamente as aventuras belicistas da administração Bush, a celebrar como inovadoras as mais medíocres escrevinhações da nova geração de neoconservadores norte-americanos e a defender uma ética política em que, talvez sem que o saibam, ecoa o patrono deles, Leo Strauss. Com o medo de ter criado um monstro, Anthony Giddens disse certa vez que, entre outras coisas, o que distingue a esquerda liberal da direita é que para a primeira o alvo principal é a segunda, e não a "outra" esquerda. Por este critério, a verdadeira esquerda liberal é, entre nós, residual e não tem presença pública.

A avaliação das políticas do governo tem sido um campo fértil para a consolidação do pensamento conservador. Sem surpresa, o ministro considerado mais reformista é o Ministro da Saúde. Desde que passou pelo Banco Mundial – foi especialista sénior do banco entre 1991 e 1995 – mudou totalmente de ideias, abandonando os ideais solidários que defendera no governo Pintasilgo para abraçar o credo neoliberal da privatização dos serviços públicos. Pude testemunhar a agressividade das suas convicções enquanto membro da Comissão do Livro Branco da Segurança Social (Fevereiro de 1996 – Dezembro de 1997), a que ele presidiu. Não conseguiu plenamente os seus objectivos na segurança social, mas está agora a tentar fazê-lo na área da saúde. Um critério cego de eficácia técnica sem consideração pelas exigências da cidadania, ordenamento do território e coesão social, corre o risco de reduzir o país a uma estreita faixa de cinquenta quilómetros. Tudo isto é celebrado pelos comentadores conservadores, sempre lestos e investir contra o Estado excessivo (de que, muitos deles, se aproveitam nos seus negócios quando lhes convém) e a pedir aos portugueses que apertem o cinto e se conformem. Se os tribunais, num assomo de independência democrática, tentam pôr cobro a esta miniaturização do país em nome da lei e da Constituição, são execrados por estarem a transgredir a separação dos poderes. E de nada vale invocar que a credibilidade do sistema judicial nos países que nos servem de referência se construiu através de intervenções deste tipo em prol da cidadania.

À luz disto, é forçoso concluir que está em marcha um projecto conservador para o país. Há muito que a comunicação social deixou de ser o quarto poder para ser o poder dos interesses que a controlam. Há excepções, felizmente. Mas, em geral, os mais afortunados lêem os media independentes, vêem a *Aljazeera*, ou consultam o *Guardian*. Temos jornalistas à altura do pluralismo deste último. Falta-nos o resto.

Visão, 25 de Maio de 2006

OS MAGISTRADOS DO FUTURO

Esta crónica trata da persistente questão da formação dos magistrados em Portugal. Dois anos depois, ocorreu a aprovação da Lei n.º 2/2008, de 14 de Janeiro, que veio regular o ingresso, a formação, estrutura e funcionamento do Centro de Estudos Judiciários (CEJ). Esta lei constituiu-se como mais uma oportunidade perdida na definição de um sistema de formação capaz de quebrar o círculo pernicioso. Embora se vislumbre uma pequena abertura a outras componentes da vida social, para além da restrita visão dos operadores judiciários, na prática, a nova lei veio manter a mesma linha estrutural.

Em 2012, verificamos que a estrutura de docência continua amarrada às clássicas áreas do Direito. A totalidade dos formadores do CEJ é magistrado do Ministério Público ou juiz. Os estágios decorrem apenas nos tribunais, com visitas esporádicas de reconhecimento a outras instituições. A participação de outros saberes cinge-se a colóquios e atividades afins, na formação contínua, sem peso avaliativo.

A responsabilidade partilhada entre o Ministério da Justiça e os Conselhos Superiores é indiciadora que o atual modelo satisfaz as diversas partes, por inércia e receio da mudança, ou por vontade própria, optando por uma formação que ensina a obedecer hierarquicamente, ritualiza os procedimentos judiciais, desumaniza os atores processuais e cristaliza os problemas sociais.

Educam-se, assim, magistraturas tecnicamente evoluídas. E obtém-se, por esta via, corpos profissionais sem sensibilidade social nem consciência crítica. Perante isto, o caminho para a irrelevância social é certo. | João Paulo Dias

A formação de magistrados voltou a estar na ordem do dia na sequência da realização, em Maio passado, de um debate organizado pelo CEJ. Tratou-se de uma iniciativa que merece aplauso por ter lugar no âmbito do processo de reforma da lei orgânica do CEJ, que considero urgente e sem a qual o CEJ não encontrará o seu lugar na formação dos magistrados. O actual modelo de formação, desenhado em 1979, aquando da criação do CEJ, não sofreu, ao longo destes anos, alterações estruturais significativas. E o mundo mudou muito desde então. Mudou o perfil sociológico do desempenho dos tribunais: as mudanças quantitativas e qualitativas na natureza da litigação a partir da década de 1980, a globalização e as novas fronteiras do direito, as exigências da economia ao funcionamento da justiça, as novas formas de criminalidade, a corrupção, a mediatização da justiça, o aumento da tensão entre o poder político e o poder judicial. Mas mudou ainda mais o contexto social da justiça: o agravamento das desigualdades sociais, o aumento da diversidade cultural e religiosa, a emergência de novos riscos públicos e novos desafios ético-políticos no domínio do ambiente (por exemplo, as chamadas doenças ambientais), na saúde (as denominadas doenças emergentes), na alimentação (BSE, os organismos geneticamente modificados), nas novas tecnologias (das terapias genéticas à nanotecnologia); nas tecnologias de comunicação e informação (as exposições a campos electromagnéticos). Todas estas mudanças obrigam a repensar profundamente o sistema de justiça e, mais em geral, o próprio perfil da cultura judiciária. Não haverá reformas eficazes se não houver uma cultura judiciária que as sustente. E para a criação dessa cultura judiciária é fundamental alterar o sistema de formação de magistrados.

No actual modelo de formação identifico três fraquezas. A primeira é o ser excessivamente técnica e assentar em pedagogias retrógradas. O CEJ só faz sentido se não reproduzir as Faculdades de Direito existentes e, para isso, é fundamental que se organize segundo três orientações fundamentais: a primeira, pedagógica, que faça do ensino-aprendizagem um processo interactivo; a segunda, prática, que possibilite um mais profundo envolvimento na análise concreta de processos e na prática dos tribunais; a terceira, sociológica, que permita o conhecimento da sociedade nos planos económico, social, político e cultural. Na formação devem intervir cientistas sociais em pé de igualdade com os demais formadores, o que significa que a avaliação não pode estar centrada apenas, ou sobretudo, em matérias jurídicas. Os estágios não devem ser circunscritos aos tribunais; devem incluir escritórios de advocacia, prisões, esquadras de polícia, organismos públicos, empresas, sindicatos, organizações não-governamentais, autarquias, etc. A segunda fraqueza reside no pouco relevo dado, não só pelo CEJ, mas também pelas Faculdades de Direito, aos direitos humanos como um dos pilares fundamentais de uma ordem jurídica democrática. O que é particularmente grave no momento em que se torna mais evidente a indivisibilidade dos direitos humanos: a necessidade de defender com igual exigência os direitos cívicos, políticos, económicos e sociais. A educação jurídica não pode deixar de ser orientada para o reforço da cidadania e da democracia. A terceira fraqueza reside na irrelevância da formação permanente. Esta formação deverá ser obrigatória e por períodos de tempo que a tornem efectiva: em vez de um ou dois dias, períodos de, pelo menos, duas ou quatro semanas, por ano. Deve ser específica e adequada à evolução das carreiras e à colocação em tribunais especializados.

Visão, 22 de Junho de 2006

TIMOR: É SÓ O COMEÇO

Passados seis anos sobre a crise política em Timor-Leste de 2006, que muito se assemelhou a um golpe de Estado constitucional, realizaram-se num quadro formal de normalidade democrática as terceiras eleições presidenciais, assim como as parlamentares, ambas em 2012. Os actos eleitorais sucessivos que foram tendo lugar ao longo dos dez anos que passaram sobre a restauração da independência do país têm vindo a legitimar o regime e a consolidar a ideia de que a República Democrática de Timor-Leste é um país democrático e em condições de se governar em plenitude através dos seus próprios meios. Contudo, merece a pena reafirmar que a política e a democracia não se esgotam nos rituais eleitorais e a sua institucionalidade, enquanto garante da sua força e coesão, num sistema de vasos comunicantes com os interesses privados de alguns em contradição com a justiça e o bem-estar de todos. É deste modo que situo o desafio analítico atual sobre os processos políticos em curso num país como Timor-Leste. O país tem, de novo, um presidente que foi e é um ícone da guerra contra a ocupação indonésia e que fez grande parte da sua campanha vestido como militar ancorando assim a sua autoridade e legitimidade nessa memória e experiência. Nos últimos cinco anos governou um outro herói nacional sem que o país conseguisse convencer, entre outros, o Programa das Nações Unidas para o Desenvolvimento (PNUD), de uma melhoria concreta e global das condições de vida da sua população e de uma estratégia sustentada de desenvolvimento. A Timor-Leste não adianta renunciar à evidência da disjunção entre uma democracia formal e o mal-viver que se alimenta de políticas do esquecimento e duma realidade social em que as desigualdades aumentam. A Timor-Leste, em futuras eleições, talvez importe pensar e recuperar o vigor com que se pensou a partir das cinzas da guerra e recusar a manipulação das suas memórias e projectos colectivos. | TERESA CUNHA

A crise política em Timor, para além de ter colhido de surpresa a maior parte dos observadores, provoca algumas perplexidades e exige, por isso, uma análise menos trivial do que aquela que tem vindo a ser veiculada pela comunicação social internacional. Como é que um país, que ainda no final do ano passado teve eleições municipais, consideradas por todos os observadores internacionais como livres, pacíficas e justas, pode estar mergulhado numa crise de governabilidade? Como é que um país, que há três meses foi objecto de um elogioso relatório do Banco Mundial, que considerou um êxito a política económica do Governo, pode agora ser visto por alguns como um Estado falhado? À medida que se aprofunda a crise em Timor-Leste, os factores que a provocaram vão-se tornando mais evidentes. A interferência da Austrália na fabricação da crise está agora bem documentada e vem ocorrendo desde há vários anos. Documentos de política estratégica australiana de 2002 revelam a importância de Timor-Leste para a consolidação da posição regional da Austrália e a determinação deste país em salvaguardar a todo o custo os seus interesses. Os interesses são económicos (as importantes reservas de petróleo e gás natural estão calculadas em trinta mil milhões de dólares) e geo-militares (controlar rotas marítimas de águas profundas e travar a emergência do rival regional: a China). Desde o início da sua governação, o primeiro-ministro timorense, Mari Alkatiri, um político lúcido, nacionalista mas não populista, centrou a sua política na defesa dos interesses de Timor, assumindo que eles não coincidiam necessariamente com os da Austrália. Isso ficou claro desde logo nas negociações sobre a partilha dos recursos do petróleo em que Alkatiri lutou por uma maior autonomia de Timor e uma mais equitativa partilha dos benefícios. O petróleo e o gás natural têm sido a desgraça dos países pobres (que o digam a Bolívia, o Iraque, a Nigéria ou Angola). E o David timorense ousou resistir ao Golias australiano, subindo de 20% para 50% a parte que caberia a Timor dos rendimentos dos recursos naturais existentes, procurando transformar e comercializar o gás natural a partir de Timor e não da Austrália, concedendo direitos de exploração a uma empresa chinesa nos campos de petróleo e gás sob o controlo de Díli.

Por outro lado, Alkatiri resistiu às tácticas intimidatórias e ao unilateralismo que os australianos parecem ter aprendido em tempos recentes dos seus amigos norte-americanos. O Pacífico do Sul é hoje para a Austrália o que a América Latina tem sido para os EUA há quase duzentos anos. Ousou diversificar as suas relações internacionais, conferindo um lugar especial às relações com Portugal, o que foi considerado um acto hostil por parte da Austrália, e incluindo nelas o Brasil, Cuba, Malásia e China. Por tudo isto, Alkatiri tornou-se um alvo a abater. O facto de se tratar de um governante legitimamente eleito fez com que tal não fosse possível sem destruir a jovem democracia timorense. É isso que está em curso.

Uma interferência externa nunca tem êxito sem aliados internos que ampliem o descontentamento e fomentem a desordem. Há uma pequena elite descontente, quiçá ressentida por não lhe ter sido dado acesso aos fundos do petróleo. Há a Igreja Católica que, depois de ter tido um papel meritório na luta pela independência, não hesitou em pôr os seus interesses acima dos interesses da jovem democracia timorense ao provocar a desestabilização política com as vigílias de 2005 apenas porque o governo decidiu tornar facultativo o ensino da religião nas escolas. Toleram mal um primeiro-ministro muçulmano, mesmo laico e muito moderado, porque o ecumenismo é só para celebrar nas encíclicas. E há, obviamente, Ramos Horta, Prémio Nobel da Paz, um político de ambições desmedidas, totalmente alinhado com a Austrália e os EUA e que, por essa razão, sabe não ter hoje o apoio do resto da região para a sua candidatura a Secretário-Geral da Organização das Nações Unidas. Foi ele o responsável pela passividade chocante da CPLP (Comunidade de Países de Língua Portuguesa) nesta crise. A tragédia de Ramos Horta é que nunca seria um governante eleito pelo povo, pelo menos enquanto não afastar totalmente Mari Alkatiri. Para isso, é preciso transformar o conflito político num conflito jurídico, convertendo eventuais erros políticos em crimes e contar com o zelo de um Procurador-Geral para produzir a acusação. Daí que as organizações de direitos humanos, que tão alto ergueram a voz em defesa da democracia de Timor, tenham agora uma missão muito concreta a cumprir: conseguir bons advogados para Mari Alkatiri e financiar as despesas com a sua defesa.

E que dizer de Xanana Gusmão? Foi um bom guerrilheiro e é um mau presidente. Cada século não produz mais que um Nelson Mandela. Ao ameaçar renunciar, criou um cenário de golpe de Estado constitucional, um atentado directo à democracia por que tanto lutou. Um homem doente e mal aconselhado, corre o risco de hipotecar o crédito que ainda tem junto do povo para abrir caminho a um processo que acabará por destruí-lo.

Timor-Leste não é o Haiti dos australianos, mas, se o vier a ser, a culpa não será dos timorenses. Uma coisa parece certa, Timor é a primeira vítima da nova Guerra-Fria, apenas emergente, entre os EUA e a China. O sofrimento vai continuar.

Visão, 6 de Julho de 2006

CARTA A FRANK

Após a II Guerra Mundial, quando em praticamente todo o mundo colonial euro-peu se "pressagiava" o ocaso do colonialismo, no dia 29 de Novembro de 1947 a Assembleia Geral da Organização das Nações Unidas (ONU) propõe, mediante a aprovação da resolução 181, a divisão do território da Palestina, seguindo o plano proposto pelos EUA e União Soviética que é aplicado pela Grã-Bretanha, na qualidade de "administrador" do território oficialmente reconhecido pela defunta Sociedade das Nações. A fundação de Israel em 1948 significou, na prática, uma nova partição colonial, lembrando um pouco a partilha de África na Conferência de Berlim em 1885. Deste modo, longe de estarmos perante continuidades coloniais características das ex-colónias europeias, assiste-se a um colonialismo israelita que, ao contrário do que se apregoa, não se fundamenta na defesa e segurança do Estado perante os vizinhos e "inimigos" árabes ou no alargamento do seu território, mas no domínio regional de um recurso natural ainda mais precioso do que o petróleo e que poderá alimentar a emergência de novos regimes coloniais no século XXI: a água. Indiferente às críticas internacionais, e com beneplácito do seu principal aliado, os EUA, o novo homem forte do Likud, Benjamim Netanyahu regressa ao poder em Fevereiro de 2009, beneficiando do "esquecimento" do radicalismo e conservadorismo que demonstrou como primeiro-ministro entre 1996 e 1999 após o assassinato de Itzhak Rabin, o único líder judeu que até então ousou pôr em causa a política colonial israelita na Palestina. | ODAIR VARELA

Escrevo-te esta carta com o coração apertado. Deixo a análise fria para a razão cínica que domina o comentário político ocidental. És um dos intelectuais judeus israelitas – como te costumas classificar para não esquecer que um quinto dos cidadãos de Israel são árabes – mais progressistas que conheço. Aceitei com gosto o convite que me fizeste para participar no Congresso que estás a organizar na Universidade de Telavive. Sensibilizou-me sobretudo o entusiasmo com que acolheste a minha sugestão de realizarmos algumas sessões do Congresso em Ramalah. Escrevo-te hoje para te dizer que, em consciência, não poderei parti-cipar no congresso. Defendo, como sabes, que Israel tem direito a existir como país livre e democrático, o mesmo direito que defendo para o povo palestiniano.

"Esqueço" com alguma má consciência que a Resolução 181 da ONU, de 1947, decidiu a partilha da Palestina entre um Estado judaico (55% do território) e um Estado palestiniano (44%) e uma zona internacional (os lugares santos: Jerusalém e Belém) para que os europeus expiassem os crimes hediondos que vinham cometendo contra o povo judaico desde a Idade Média. "Esqueço" também que, logo em 1948, a parcela do Estado árabe diminuiu quando 700 000 palestinianos foram expulsos das suas terras e casas (levando consigo as chaves que muitos ainda conservam) e continuou a diminuir nas décadas seguintes, não sendo hoje mais de 20% do território.

Ao longo dos anos tenho vindo a acumular dúvidas de que Israel aceite, de facto, a solução dos dois Estados: a proliferação dos colonatos, a construção de infra-estruturas (estradas, redes de água e de electricidade), retalhando o território palestiniano para servir os colonatos, os *check points* e, finalmente, a construção do Muro de Sharon a partir de 2002 (desenhado para roubar mais território aos palestinianos, os privar do acesso à água e, de facto, os meter num vasto campo de concentração). As dúvidas estão agora dissipadas depois dos mais recentes ataques na faixa de Gaza e da invasão do Líbano. E agora tudo faz sentido. A invasão e destruição do Líbano em 1982 ocorreu no momento em que Arafat dava sinais de querer iniciar negociações, tal como a de agora ocorre pouco depois do Hamas e da Fatah terem acordado em propor negociações. Tal como então, foram forjados os pretextos para a guerra. Para além de haver milhares de palestinianos raptados por Israel (incluindo ministros de um governo democraticamente eleito), quantas vezes no passado se negociou a troca de prisioneiros?

Meu Caro Frank, o teu país não quer a paz, quer a guerra porque não quer dois Estados. Quer a destruição do povo palestiniano ou, o que é o mesmo, quer reduzi-lo a grupos dispersos de servos politicamente desarticulados, vagueando como apátridas desenraizados em quadrículos de terreno bem vigiados. Para isso dá-se ao luxo de destruir, pela segunda vez, um país inteiro e cometer impunemente crimes de guerra contra populações civis. Depois do Líbano, seguir-se-á a Síria e o Irão. E depois, fatalmente, virar-se-á o feitiço contra o feiticeiro e será a vez do teu Israel. Por agora, o teu país é o novo Estado pária, exímio em terrorismo de Estado, apoiado por um imenso *lobby* comunicacional – que sufocantemente domina os jornais do meu país – com a bênção dos neo-conservadores de Washington e a vergonhosa passividade da União Europeia. Sei que partilhas muito do que penso e espero que compreendas que a minha solidariedade para com a tua luta passa pelo boicote ao teu país. Não é uma decisão fácil. Mas crê-me que, ao pisar a terra de Israel, sentiria o sangue das crianças de Gaza e do Líbano (um terço das vítimas) enlamear os meus passos e embargar-me a voz.

Visão, 27 de Julho de 2006

UM ACONTECIMENTO HISTÓRICO

Desde as últimas décadas do século XX, os povos indígenas da América Latina começaram a desafiar o destino que as políticas indigenistas e as grandes correntes de pensamento ocidental lhes haviam antecipado: o seu irremediável desaparecimento. Pouco a pouco os movimentos protagonizados pelos indígenas foram-nos convertendo em uma das principais forças transformadoras e progressistas da região. Ainda que o activismo dos povos indígenas tenha sido uma constante, a partir desse momento as suas conquistas produziram-se com diferentes ritmos, tempos e intensidades em cada um dos Estados latino-americanos.

Estas divergências de tempos, ritmos e intensidades foram condicionadas pelos factores locais de cada Estado, mas também pelo impacto dos imperativos da globalização neoliberal. Paradoxalmente, a convergência das reivindicações dos movimentos indígenas com algumas das políticas neoliberais aplicadas pelos Estados latino-americanos criou um espaço de ambiguidade que pendurou entre a acção política transformadora e a cooptação das suas iniciativas. Não obstante, a energia emancipadora das lutas indígenas não se extinguiu, demonstrando uma enorme capacidade criativa para reinventar as suas identidades locais e criar novas solidariedades para combater, também a nível global, os imperativos do neoliberalismo. Esta crónica dá conta de um destes episódios históricos em que os povos indígenas andinos superam o seu localismo para imaginar, discutir e construir "outro futuro". | Orlando Aragón

Frequentemente, os acontecimentos históricos só são reconhecidos como tal muitos anos ou séculos depois. No tempo em que ocorrem, passam despercebidos porque o seu significado escapa aos critérios e interesses que definem a actualidade noticiosa. Enquanto esta se pauta pela realidade dominante e pelos significados constituídos, os acontecimentos históricos rompem com essa realidade e são portadores de significados emergentes, constituintes, destinados a fazer história em vez de a reproduzir. Acabo de ter o privilégio de participar num desses acontecimentos. Teve lugar entre 15 e 17 de Julho na cidade de Cusco, Peru, antiga capital do Império Inca, o umbigo do mundo, como lhe chamavam os Incas, a 3500 metros de altitude na Cordilheira dos Andes. Tratou-se do congresso fundacional da Coordenadora Andina das Organizações Indígenas do

Peru, Equador, Bolívia, Chile, Colômbia e Argentina. A conquista espanhola do final do século XV, além de dizimar os povos que habitavam estes territórios, destruir as suas cidades, monumentos, lugares sagrados e reprimir as suas culturas, usos e costumes, teve por efeito retalhar e separar as populações que restaram em unidades políticas diferentes que mais tarde, no século XIX, se transformaram nos diferentes países latino-americanos. Os povos indígenas originários da região andina, quechuas, aymaras, mapuches e tantos outros, passaram a ser peruanos, bolivianos, equatorianos, chilenos, colombianos. O mesmo aconteceu com os povos da bacia amazónica e do resto da América do Sul e Central. As novas identidades nacionais nada tinham a ver com as identidades étnicas e culturais, uma situação muito semelhante à que viria a verificar-se depois em África e em vários locais da Ásia.

De todo o modo, as lutas de resistência dos povos indígenas contra a ocupação dos seus territórios, a pilhagem dos seus recursos e a supressão das suas culturas passaram a ter por marco de referência o Estado. A reivindicação principal sempre foi a de que os Estados ditos nacionais se deveriam reconhecer como plurinacionais, já que a única nação reconhecida como tal – a dos brancos e mestiços descendentes dos colonos – se alimentava da opressão colonial das diferentes nacionalidades originárias existentes no território. Aliás, esta opressão continuou depois da independência; até hoje, razão porque, para os povos indígenas, o colonialismo ainda não terminou.

No último quartel do século passado os movimentos indígenas lograram alguns êxitos assinaláveis: as constituições de vários Estados passaram a reconhecer a plurinacionalidade e a interculturalidade e, em consequência, vários direitos colectivos dos povos indígenas (auto-governo dos seus territórios; direito indígena; línguas e culturas indígenas). Foram, no entanto, em grande medida, vitórias aparentes, pois coincidiram com a investida do neoliberalismo no continente. Ou seja, no momento em que se criaram as condições para uma verdadeira coesão nacional, iniciou-se um violento e avassalador processo de desnacionalização dos Estados e das economias: liberalização do comércio, privatização, desregulação e cortes nas políticas sociais foram os nomes de guerra da (des)ordem neoliberal imposta pelos programas de ajustamento estrutural e, mais tarde, negociada, com a mão de ferro da diplomacia norte-americana, no âmbito dos tratados de livre comércio.

Com a nova política, os territórios indígenas e os seus recursos – o petróleo, a água, a biodiversidade, o gás natural, a madeira – ficaram à mercê das empresas multinacionais, operando simultaneamente em vários países. Tornou-se, então, evidente que uma nova versão do colonialismo estava em marcha, um colonialismo transnacional e conduzido por agentes económicos muito poderosos com a conivência de Estados cúmplices e fracos ou enfraquecidos. Perante forças transnacionais, as lutas nacionais estariam votadas ao fracasso. Tornou-se, pois, imperiosa a necessidade de articular a resistência e propor alternativas a nível igualmente transnacional, uma necessidade que o Fórum Social Mundial veio sublinhar. Foi então que os povos indígenas redescobriram o seu carácter transnacional originário – o serem quechuas ou aymaras antes de serem peruanos ou bolivianos – e resolveram pô-lo ao serviço da constituição de um novo sujeito e de uma nova acção política internacional plasmados numa agenda política andina a ser prosseguida, tanto nas instâncias internacionais, como em cada um dos Estados andinos. 514 anos depois da conquista, os povos indígenas andinos reassumiram o que eram antes de as fronteiras nacionais os terem retalhado. Como dizia o líder equatoriano, Humberto Cholango, *"com a Coordenadora Andina o condor [a ave sagrada dos Incas] pode voltar a voar"*.

Visão, 3 de Agosto de 2006

CUBA

A dificuldade de pensar o fim do capitalismo, longe de representar o fim da história, tem ratificado a trajectória da hegemonia de um regime económico em que as práticas de exploração, opressão, diferenciação e exclusão seriam politicamente amortecidas por um modelo político que asseguraria a igualdade e a participação popular. No pólo do pensamento crítico, a revolução e a solidariedade internacional cubanas têm inspirado há mais de meio século a luta dos povos e as aspirações de democracia e igualdade. Nas palavras do reconhecido sociólogo cubano Aurelio Alonso, Cuba não representa um modelo, mas, sim, um caminho. Neste caminho, as práticas sociais, políticas e económicas foram constantemente limitadas por adversidades conjunturais, de que é exemplo fulminante o embargo económico exercido pelos Estados Unidos, um dos mais duradouros da história moderna.

Em Julho de 2006, a sucessão de Fidel Castro pelo seu irmão, Raul, despertou a curiosidade generalizada da política internacional. Boaventura escapa ao optimismo celebratório e ao exercício de futurologia que dominaram a opinião pública. Cuba interessa não só pelo exemplo de resistência, mas especialmente pela construção de um cenário de experimentação institucional e de consolidação de alternativas pós-capitalistas. Num período em que a capacidade de sobrevivência do capitalismo foi colocada em causa globalmente com uma crise económica mundial, a discussão sobre a transição cubana e a reinvenção do socialismo são evidências incontestáveis de que ainda não se pode falar quer em fim da história, quer em capitalismo sem fim. | ÉLIDA LAURIS

Cuba está a entrar num processo de transição política cuja complexidade decorre da natureza e duração do regime ainda em vigor, do peso da personalidade de Fidel Castro e da ameaça de intervenção externa por parte dos EUA. Apesar de muitas da promessas da revolução não se terem cumprido e de serem ainda hoje visíveis na sociedade cubana alguns traços do período pré-revolucionário, a revolução cubana continua a ser uma referência fortemente enraizada no imaginário político para muitos dos que lutam contra a injustiça social. Nem os mais ferozes críticos de Cuba ousam equiparar Fidel a Pinochet ou o regime de Cuba ao da Arábia Saudita. Quais as razões da perplexidade que Cuba suscita em alguns e do fascínio em outros?

A revolução cubana foi um dos acontecimentos mais notáveis da segunda metade do século XX. Um país empobrecido pela rapina das oligarquias, sujeito à constante tutela norte-americana ciosa em salvaguardar os seus vultuosos interesses económicos, transformado num imenso bordel e paraíso de máfias e governado por um ditador corrupto, Fulgêncio Batista, revolta-se em armas em nome dos ideais igualitários e humanísticos onde se salientam a reforma agrária, o efectivo acesso de todos os cubanos aos direitos à saúde, à educação e à habitação e a luta contra a dominação estrangeira. O êxito da revolução foi uma luz de esperança para milhões de latino-americanos oprimidos e explorados, ao mesmo tempo que deixou os EUA estupefactos perante a ousadia do desafio ao seu domínio regional por parte de um pequeno país, para mais situado a poucas dezenas de quilómetros. A reacção não se fez esperar e dura até hoje: invasão (Baía dos Porcos), tentativas de assassinato de Fidel Castro (que incluíram lapiseiras com tinta venenosa e charutos explosivos), guerra biológica (a CIA contaminou a ilha com germes de febre suína africana o que obrigou os cubanos a matar 500 mil porcos), bloqueios militares e o embargo económico condenado pelas Nações Unidas desde o início. Apesar disso, o povo cubano resistiu e afirmou o seu direito à alternativa com êxito e é espantoso que o tenha feito perante um inimigo tão poderoso e tão pouco escrupuloso nos seus meios de ingerência.

O endurecimento ideológico, a dependência da União Soviética e o seu fim brusco, o embargo e a ameaça sempre iminente de uma invasão norte-americana impediram que muitas das promessas de revolução se realizassem, nomeadamente a democracia representativa e participativa e a melhoria do bem-estar económico e social para toda a população. Mesmo assim são conhecidos os êxitos na área da saúde e da educação. A Casa das Américas é uma das instituições culturais mais notáveis de todo o continente, e ao longo de várias décadas a política externa de Cuba pautou-se pela solidariedade internacionalista, de que são exemplo os médicos e enfermeiros cubanos no início apoiaram a revolução argelina e que hoje continuam a trabalhar em muitos países do chamado Terceiro Mundo, os professores e técnicos que apoiam inúmeros países do Sul, como Angola, Moçambique, etc. e o apoio a Angola na sua luta contra a invasão da África do Sul do *apartheid*.

Apesar do silêncio público, Cuba é hoje um cadinho fervilhante de ideias sobre a transição. E, pese embora as muitas diferenças entre elas, dois princípios as unem: a defesa intransigente da independência nacional; a busca de uma solução democrática que garanta a continuidade e o aprofundamento das conquistas da revolução. É difícil encontrar no mundo povo mais cioso da sua independência e da sua dignidade. E talvez aqui resida a contribuição mais importante de Fidel Castro para a luta dos povos por uma sociedade mais justa: a dignidade e a altivez de dizer Não à arrogância dos mais fortes. Aqui reside também o fascínio que a revolução cubana continua a exercer.

Visão, 11 de Agosto de 2006

O FUTURO DA DEMOCRACIA

A discrepância entre os ideais da democracia e os limites presentes das suas formas de representação tem-se vindo a tornar cada vez mais evidente. No cerne desta tensão entre a teoria e a prática reside a distância entre as elites políticas e as pessoas, que levou a democracia a ser dominada pelos interesses capitalistas e a renunciar aos seus objectivos igualitários. A persistência das desigualdades sociais e culturais e a exportação ideológica da democracia (se necessário, pela via das armas) contribuíram para retirar legitimidade aos regimes democráticos. A inversão deste declínio começa pela revitalização da participação. Este processo claramente necessita de ir além do ritual das eleições, que por vezes pode desencadear entusiasmo e mesmo envolvimento da sociedade civil. No entanto, porque as elites falham no cumprimento das expectativas, segue-se muitas vezes a desilusão (a queda de popularidade de Obama parece ser mais um exemplo disto). Para a participação ter significado e ser verdadeiramente democrática as pessoas devem ter garantida a sua sobrevivência física, a segurança no âmbito público e privado e a informação adequada para poder participar. Numa perspectiva de uma "legalidade emancipadora", estas condições podem estar associadas à libertação da necessidade, da violência e da ignorância. Não existe um futuro para a democracia sem que as suas premissas sócio-económicas, políticas e legais sejam repensadas e retrabalhadas a partir de baixo. | MICHELE GRIGOLO

Analisada globalmente a democracia oferece-nos duas imagens muito contrastantes. Por um lado, na forma de democracia representativa, ela é hoje considerada internacionalmente o único regime político legítimo. Investem-se milhões de euros e dólares em programas de promoção da democracia, em missões de fiscalização de processos eleitorais e, quando algum país do chamado Terceiro Mundo manifesta renitência em adoptar o regime democrático, as agências financeiras internacionais têm meios de o pressionar através das condições de concessão de empréstimos. Por outro lado, começam a proliferar os sinais de que os regimes democráticos instaurados nos últimos trinta ou vinte anos traíram as expectativas dos grupos sociais excluídos, dos trabalhadores cada vez mais ameaçados nos seus direitos e das classes médias empobrecidas. Inquéritos recentes feitos na América Latina revelam que em alguns países a maioria da população preferiria uma ditadura desde que lhes garantisse algum bem-estar social. Acresce que as revelações, cada vez mais frequentes, de corrupção levam à conclusão que os governantes legitimamente eleitos usam o seu mandato para enriquecer à custa do povo e dos contribuintes. Por sua vez, o desrespeito dos partidos, uma vez eleitos, pelos seus programas eleitorais parece nunca ter sido tão grande. De modo que os cidadãos se sentem cada vez menos representados pelos seus representantes e acham que as decisões mais importantes dos seus governos escapam à sua participação democrática.

O contraste entre estas duas imagens oculta um outro, entre as democracias reais e o ideal democrático. Rousseau foi quem melhor definiu este ideal: uma sociedade só é democrática quando ninguém for tão rico que possa comprar alguém e ninguém seja tão pobre que tenha de se vender a alguém. Segundo este critério, estamos ainda longe da democracia. Os desafios que são postos à democracia no nosso tempo são os seguintes. Primeiro, se continuarem a aumentar as desigualdades sociais entre ricos e pobres ao ritmo das três últimas décadas, em breve, a igualdade jurídico-política entre os cidadãos deixará de ser um ideal republicano para se tornar numa hipocrisia social constitucionalizada. Segundo, a democracia actual não está preparada para reconhecer a diversidade cultural, para lutar eficazmente contra o racismo, o colonialismo e o sexismo e as discriminações em que eles se traduzem. Isto é tanto mais grave quanto é certo que as sociedades nacionais foram-no e são cada vez mais multiculturais e mul-tiétnicas. Terceiro, as imposições económicas e militares dos países dominantes são cada vez mais drásticas e menos democráticas. Assim sucede, em particular, quando vitórias eleitorais legítimas são transformadas pelo chefe da diplomacia norte-americana em ameaças à democracia, sejam elas as vitórias do Hamas, de Hugo Chávez ou de Evo Morales. Finalmente, o quarto desafio diz respeito às condições da participação democrática dos cidadãos. São três as principais condições: ser garantida a sobrevivência: quem não tem com que alimentar-se e à sua família tem prioridades mais altas que votar; não estar ameaçado: quem vive ameaçado pela violência no espaço público, na empresa ou em casa, não é livre, qualquer que seja o regime político em que vive; estar informado: quem não dispõe da informação necessária a uma participação esclarecida, equivoca-se quer quando participa, quer quando não participa.

Pode dizer-se com segurança que a promoção da democracia não ocorreu de par com a promoção das condições de participação democrática. Se esta tendên-cia continuar, o futuro da democracia, tal como a conhecemos, é problemático.

Visão, 31 de Agosto de 2006

AMAZÓNIA

Até 2006, 17% da Amazónia foi destruída. Nesse ano, no Brasil, a taxa de desmatamento da Amazónia baixou 30%, embora permanecesse mais alta do que nos anos 90. O Brasil propôs na Convenção do Clima a redução de desmatamento a ser compensada pelos países ricos, dando origem, em 2008, ao programa das Nações Unidas para Redução das Emissões por Desmatamento e Degradação Florestal.

Ainda em 2006, diversas instituições conduziram um processo participativo durante o qual sujeitos colectivos da Amazónia Legal Brasileira identificaram 675 focos de conflitos sócio-ambientais, atingindo desigualmente as populações mais vulneráveis: mulheres, quilombolas, indígenas, pequenos extrativistas, ribeirinhos, pescadores, trabalhadoras/es rurais e populações das periferias urbanas.

Em 2010, na Bolívia, os participantes da Conferência Mundial dos Povos sobre as Alterações Climáticas e os Direitos da Mãe Terra rejeitaram todas as medidas que atribuam preço à floresta e facilitem o mercado das emissões de carbono, apelando às Nações Unidas para excluir plantações e monoculturas do seu conceito de floresta. Afirmaram: A floresta para nós, povos indígenas, originários e camponeses, é o nosso grande lar, a Mãe Terra, onde sempre coexistem plantas, animais, água, ar puro, seres humanos e espirituais. Disporemos do tempo para nos sentarmos na margem do rio Negro e aprender? | ORIANA RAINHO BRÁS

Escrevo à beira do rio Negro, no coração da Amazónia, não muito longe do "encontro das águas", onde os rios Negro e Solimões se juntam para formarem o Rio Amazonas. Perante a grandeza do que vejo e sinto, concentro-me na mais minúscula versão de mim para escrever à beira do esmagamento pessoal. São, de facto, muitas as Amazónias a pesar em mim e todas elas esmagadoras. Intrigantemente algumas delas são tão esmagadoras quanto frágeis.

A Amazónia física: a maior reserva de água doce, de biodiversidade, de riqueza mineral e de madeira do mundo. É uma Amazónia ameaçada pela extracção desordenada dos minérios e da madeira e pelo desmatamento e queimadas ao serviço da expansão da fronteira agrícola, nos últimos anos centrada na monocultura da soja. Os danos ambientais causados pela soja – desertificação, assoreamento dos rios e poluição das águas pelos agrotóxicos e resíduos de adubos químicos – são incalculáveis para a humanidade no seu todo. A fiscalização ambiental é deficientíssima e a punição dos infractores da legislação só em 2005 ganhou alguma credibilidade.

A Amazónia mítica é a Amazónia do imaginário das populações ribeirinhas, das cidades encantadas por serpentes – como Abaetetuba, tão brilhantemente descrita pelo grande poeta João de Paes Loureiro – e das mulheres engravidadas pelo bôto, espécie de golfinho que percorre os rios loucamente atraído por mulheres menstruadas.

Há também a Amazónia histórica do Museu do Seringal da Vila Paraíso assente numa reconstrução fidelíssima baseada na Selva de Ferreira de Castro. Aí se detalha a engrenagem da escravidão por dívida dos seringueiros, hoje reproduzida sob outras formas igualmente infames, nomeadamente no Estado do Pará.

A Amazónia epistemológica é a Amazónia dos conhecimentos ancestrais, da medicina à alimentação, da astronomia à construção naval, das floras e das faunas das realidades chãs e das encantarias. É uma sabedoria tão profunda e corrente quanto a correnteza dos rios.

E há finalmente a Amazónia social, económica e política. É a Amazónia dos conflitos agrários e da violência, envolvendo comunidades ribeirinhas e indígenas, latifundiários, grileiros (invasores de terras públicas), políticos conservadores, empresários do sector pesqueiro, madeireiros, empresas de mineração, etc. Como assinala o sociólogo Luís António de Sousa, trata-se de conflitos decorrentes do modelo clássico de ocupação do solo rural brasileiro: grilagem + violência + assassinatos + concentração fundiária + pauperização + impunidade + grilagem. Foi às mãos desse modelo que morreu Gedeão Silva, dirigente do Sindicato dos Trabalhadores Rurais do Sul da Lábrea, emboscado e assassinado em 26 de Fevereiro de 2006. Teve a mesma sorte que os 1399 trabalhadores rurais assassinados entre 1985 e 2004 segundo os cálculos da Comissão Pastoral da Terra. A medida da impunidade está em que apenas 7% desses crimes foram levados a julgamento. Um dos mais hediondos foi o massacre de Eldorado dos Carajás, há precisamente 10 anos, quando três mil trabalhadores rurais sem terra protestavam pela desapropriação da Fazenda Macaxeira. É possível que o governador do Pará que ordenou o massacre volte a ganhar as eleições para governador no próximo mês de Outubro.[1]

---

[1] Almir Gabriel, governador do Pará ao tempo do massacre, depois de quatro anos afastado da vida política, recandidatou-se ao cargo de governador em 2006 tendo sido derrotado nas eleições pela senadora Ana Júlia Carepa.

A mais sombria de todas as Amazónias é a Amazónia militar. Trata-se de um plano norte-americano com a serviçal lealdade das Forças Armadas da Colômbia (Plano Colômbia), Equador, Peru e Brasil para proteger (de quem?) as riquezas da Amazónia. Não me surpreenderia se dentro de algumas décadas o Médio Oriente se mudasse para aqui.

Visão, 11 de Setembro de 2006

A EXACTIDÃO DO ERRO

As intervenções do Papa Bento XVI são feitas a partir de um triplo e, muitas vezes, intrincado, lugar de enunciação: enquanto Santo Padre, Chefe de Estado e professor de teologia. O discurso "Fé, razão e universidade: recordações e reflexões" que proferiu na Universidade de Regensburg, a 12 de Setembro de 2006, pode à primeira vista parecer apenas uma lição de teologia. Uma análise mais acurada traz à tona aspectos que evidenciam mensagens mais profundas, passadas enquanto líder máximo da Igreja Católica Apostólica Romana, empenhado em defender e difundir uma certa perspectiva religiosa e civilizacional. Um mês depois do discurso, que suscitou inúmeras críticas e polémica, um grupo de autoridades e académicos islâmicos dos mais diversos quadrantes endereçou uma "Carta Aberta" ao Papa Bento XVI, na qual, por um lado, são aplaudidos os esforços do Papa no combate ao domínio do positivismo e do materialismo e por outro lado, é contraposta a visão sobre o uso da violência e relação entre a razão e o Islão apresentadas no discurso. Citações do Concílio do Vaticano II, de João Paulo II e versículos bíblicos terminam a carta, numa alusão à aposta no ecumenismo e no que há de comum entre as duas religiões. Na sequência desta carta surge um novo documento em 2007 ("Uma palavra comum") e é organizado em 2008, em Roma, o primeiro Fórum católico-muçulmano, baseados na premissa de que "se os muçulmanos e os cristãos não estão em paz, o mundo não pode estar em paz". | KÁTIA CARDOSO

O comentário no Ocidente ao discurso do Papa alinhou-se pelas seguintes ideias: não foi um discurso do Papa, foi um discurso do professor; talvez o Papa tenha cometido um erro ao escolher a citação do Imperador de Bizâncio, mas isso não justifica as violentas reacções no mundo islâmico; o enfoque central do discurso foi a relação entre a razão e a fé, e a crítica do moderno secularismo ocidental.

Por que razão nenhum destes argumentos é convincente? O Papa falou como Papa e escolheu o contexto que lhe permitisse romper mais claramente com a doutrina papal até agora vigente. Essa doutrina, vinda do Concílio Vaticano II e continuada pelo Papa João Paulo II, era a do ecumenismo e do diálogo entre religiões, no pressuposto de que todas são um caminho para Deus e têm, por isso, de ser tratadas com igual respeito, mesmo que cada uma reclame uma relação privilegiada com a Revelação. O ecumenismo obrigava a considerar como desvios ou adulterações o uso da violência como arma de afirmação religiosa. Esta posição é desde há muito questionada pelo actual Papa, para quem a superioridade da religião cristã está na sua capacidade única de compatibilizar a fé e a razão: agir irracionalmente contradiz a natureza de Deus, uma verdade perene que decorre da filiação do Cristianismo na filosofia grega. Ao contrário, no Islão o serviço de Deus está para além da racionalidade. Por isso, a violência islâmica não é um desvio, antes é inerente ao Islão, o que faz do Islamismo uma religião inferior. Esta doutrina está bem documentada na sua condenação dos teólogos mais avançados no diálogo ecuménico, na sua recusa em designar o Islão como uma religião de paz, na sua posição contrária à entrada da Turquia na União Europeia, dada a incompatibilidade essencial entre Islamismo e Cristianismo e ainda na sua convicção de que o Islão é incompatível com a democracia.

É, pois, claro que o Papa não cometeu um erro. Foi exacto no modo como formulou a sua provocação. Aliás, se o seu discurso pretendesse ser uma lição de teologia, ela seria de péssima qualidade. Porque não referiu o contexto da conversa entre o imperador e o persa e ocultou o passado beligerante e cruzadista do primeiro? Porque não citou outras opiniões contemporâneas totalmente contrárias à que preferiu? Porque não referiu que em qualquer das religiões abraâmicas há preceitos que podem justificar o recurso à violência, assim tendo sucedido em nome de todas elas? Perante estas interrogações, é necessário analisar o discurso do papa pelos seus reais objectivos políticos. O primeiro, e o mais óbvio, é o de apor o selo do Vaticano na guerra de Bush contra o Islão e na guerra de civilizações mais vasta que a fundamenta. Tal como João Paulo II alinhara o Vaticano com os EUA na luta contra o comunismo, Bento XVI pretende o mesmo alinhamento, agora na luta contra o Islamismo. Em seu entender, perante o avanço do Islão a resposta tem de ser mais dura, e precisa do poder temporal para se concretizar. Tal como aconteceu com as Cruzadas ou a Inquisição. Trata-se, pois, de uma teologia de vencedores, uma teologia teo-conservadora, paralela à política neoconservadora.

O segundo objectivo é muito mais vasto. Ao defender uma relação privilegiada entre o Cristianismo e a racionalidade grega, o Papa visa estabelecer o Cristianismo como a única religião moderna. Só no âmbito dela é possível conceber «actos irracionais» (a perseguição dos judeus, as guerras religiosas, a violenta evangelização dos índios) como desvios ou excepções, por mais recorrentes que sejam. Por outro lado, visa fazer uma crítica radical a um dos pilares da modernidade: o secularismo. O Papa questiona a distinção entre o espaço público e o espaço privado, e acha «irracional» que a religião tenha sido relegada para o espaço privado. Dessa «irracionalidade» decorrerão todas as outras que atormentam as sociedades contemporâneas. Daí a urgência de trazer a mensagem cristã para a vida pública, para a educação e a saúde, para a política e a cultura. O perigo desta crítica do secularismo está em que ela coincide com a posição dos clérigos islâmicos mais extremistas para quem, em vez de modernizar o Islão, há que islamizar a modernidade. Os opostos tocam-se, e não se tocam para dialogarem, senão para se confrontarem. A irracionalidade deste choque reside nas concepções estreitas de racionalidade de que se parte. De um lado, uma racionalidade que transforma a fé numa crença racional ocidental; do outro, uma racionalidade que transforma a razão na manifestação transparente da intensidade da fé islâmica. A luta contra estes extremismos é mais urgente do que nunca, pois sabemos que eles foram no passado os incubadores de guerras e genocídios devastadores. Mas pode o Ocidente lutar contra o extremismo do Oriente do mesmo passo em que reforça o seu?

Visão, 28 de Setembro de 2006

O PREÇO DA SEGURANÇA

Vivemos num tempo de securitização da política e consequente militarização da segurança, em lugar da politização da segurança. Segundo dados do Stockholm International Peace Research Institute, os gastos globais com a segurança (despesas militares) ascenderam a 1531 mil milhões de dólares em 2009, representando um aumento real de 6% face ao ano de 2008 e 49% em relação ao ano de 2000. Em 2009, estes gastos representaram 2,7% do produto interno bruto mundial. Entre 2000 e 2009, a sub-região com crescimento mais rápido neste sector foi a Europa de Leste (108%), seguida do Norte de África (107%), América do Norte (75%) e Ásia Oriental (71%). Na América Latina, nesse período, os gastos militares ultrapassaram os 39 mil milhões de dólares por ano, representando 3% dos gastos mundiais.

Se aceitarmos que o paradigma convencional de segurança (bélico, esta-tocêntrico e masculinizado) é, em si, um produtor de inseguranças e reprodutor de desigualdades, por negligenciar inseguranças de ordem estrutural (acesso à justiça, educação, emprego, entre outros) e cultural, que estão na base de mui-tas formas de violência interpessoal e estrutural resta-nos recusar a dicotomia segurança/bem-estar e lutar, em alternativa, pelo aprofundamento da demo-cracia em que o bem-estar e a segurança humana sejam as duas caras da mesma moeda. | RITA SANTOS

Nos países mais desenvolvidos está em curso uma mudança profunda nas prioridades dos governos, com enormes implicações para o relacionamento entre cidadãos e governos. A mudança pode resumir-se assim: do bem-estar social para a segurança. Até à década de 1980, o bem-estar social tinha total prioridade na acção governamental. A qualidade das políticas sociais na área do trabalho, saúde, educação e segurança social era o critério por que se aferia a qualidade da governação. A segurança dos cidadãos frente à violência, o crime e os acidentes estava intimamente ligada ao bem-estar, sendo vista como resultando dele. Por sua vez, a segurança colectiva estava assegurada pela ordem internacional multilateral assente na Guerra-Fria. Com o triunfo do neoliberalismo e o colapso da União Soviética, tudo começou a mudar.

As políticas sociais começaram a perder prioridade e deixaram de ser vistas como um factor de segurança. Esta passou a ser vista como a nova prioridade dos governos, ao mesmo tempo que a segurança internacional foi confiada aos EUA. O aumento da criminalidade, a imigração e, por fim, o terrorismo vieram dar força acrescida a esta mudança. Aumentaram os orçamentos públicos da segurança, ao mesmo tempo que surgiu uma nova indústria, a indústria da segurança, hoje uma das mais rentáveis. Esta mudança tem um impacto múltiplo. Na área do bem-estar social, passaram a dominar duas ideias: pode faltar dinheiro para as políticas sociais, mas não pode faltar para a segurança; o declínio do bem-estar (e o aumento das desigualdades) não é considerado um factor de insegurança.

Nas relações entre cidadãos, as solidariedades básicas, a hospitalidade, a curiosidade desprevenida e a entreajuda vão sendo substituídas pela suspeita e temor de estranhos, xenofobia, preferência pelo familiar e privado, condomínios fechados e, no limite, guerra civil. O vizinho passou a ser um estranho e, potencialmente, um inimigo. E o mesmo se passa nas relações internacionais.

Para além da lógica belicista e do unilateralismo, floresce a moda dos muros, transformando os países igualmente em condomínios fechados. Muros planeados ou em curso: 747 km entre Israel e a Palestina; 814 km entre a Arábia Saudita e o Iraque; 1120 km entre os EUA e o México. Por último, a prioridade absoluta da segurança pode vir a ter um impacto devastador na democracia, porque torna possível o ataque à democracia em nome da defesa desta. A vigilância começa a ser permanente e indiscriminada (por exemplo, as contas pagas com cartões de crédito são globalmente monitoradas e os e-mails igualmente). Em resultado, os governos sabem cada vez mais sobre as acções dos cidadãos e os cidadãos, cada vez menos sobre as acções dos governos.

Em nome da guerra contra o terrorismo, cometem-se atrocidades jurídicas, de que o exemplo mais extremo é "a lei das comissões militares" que acaba de ser promulgada nos EUA. Nos termos desta lei, qualquer não cidadão que seja declarado "combatente inimigo ilegal", pode ser detido indefinidamente, torturado em violação da Convenção de Genebra, e a confissão obtida sob tortura utilizada como prova. Mas a medida mais extrema é a eliminação do *habeas corpus,* uma garantia dos acusados desde o século XII. O detido não pode conhecer as razões da detenção nem questioná-las perante um juiz independente. Isto significa que, se alguém for detido por engano (erro de identificação) não tem nenhuma instância a que recorrer para o dizer e provar. Um advogado americano, almirante na reserva, declarou no Congresso que, com esta lei, os EUA se transformavam numa república das bananas. Este tipo de leis, cuja eficácia é duvidosa, suscita esta pergunta: até onde é possível desfigurar a democracia?

Visão, 26 de Outubro de 2006

A ÁSIA

Rosto da modernidade, do progresso e da globalização, o Ocidente impôs-se ao mundo através da força militar e do controlo agressivo dos instrumentos de regulação, ancorados num discurso hegemónico sobre o verdadeiro, o legítimo e o desejável a respeito do passado, do presente e do futuro na história do mundo e dos povos. Por seu turno, a emergência das novas potências asiáticas tem sido alarmante, com especulações e desconfianças generalizadas potenciadoras de reacções adversas.

Velhos ou novos actores globais, é certo que os BRICS[1], com destaque para a China e para a Índia, ganharam uma forte visibilidade, traduzida numa agenda de reforma das instituições mundiais accionada a cada cimeira, ao nível do poder de voto no Banco Mundial (BM), dos lugares de topo do Fundo Monetário Internacional (FMI), da participação no Fórum Económico de Davos, das rondas negociais e das soluções adoptadas. Não será por acaso que, mais por pragmatismo que consciência ambiental, a China, enquanto segunda maior economia do mundo, ultrapassa os EUA em matéria de energia renovável. A Índia, por seu turno, caminha para a construção da maior classe média mundial, fazendo emergir uma massa de consumidores essencial ao relançamento da economia.

A resistência destes países à recessão, que atingiu o Ocidente em toda a linha, aliada à sua importância na recuperação económica, é demonstrativa, para o bem e para o mal, da sua consagração como novos centros globais. | TIAGO RIBEIRO

De repente, os governos ocidentais mais desenvolvidos (G7) descobriram uma nova ameaça: a Ásia, entendendo-se por Ásia basicamente a China[2] e a Índia. Os media começaram a bombardear a opinião pública com uma série de dados todos eles ameaçadores para a hegemonia do Ocidente na economia mundial: em 2030 a China será a maior economia do mundo, deixando para trás os EUA; dentro de 25 anos a soma do produto interno bruto (PIB) da China e

---

[1] O termo BRIC foi criado em 2001 por Jim O'Neill, economista da Goldman Sachs para fazer referência a quatro países Brasil, Rússia, Índia e China. Em Abril de 2001, foi adicionada a letra "S" em referência à entrada da África do Sul (em inglês South Africa).

[2] O Grupo dos Sete (G7) é um grupo internacional que reúne os sete países mais industrializados e desenvolvidos economicamente do mundo, mais a Rússia, razão pela qual é mais frequentemente conhecido pelo G8.

da Índia será superior à do G7; daqui até meados do século, a China e a Índia crescerão 22 vezes enquanto o G7 crescerá apenas duas vezes e meia; a China já é o quinto maior exportador, o sexto maior importador e o maior investidor em África; a cimeira África – Ásia do passado mês de Novembro mostrou que uma nova e poderosa parceria mundial está a emergir, entre uma China sedenta de matérias-primas (Angola é já o principal fornecedor de petróleo da China em África), e uma África ansiosa por se libertar das humilhantes condições de financiamento impostas pelos países ocidentais; o controlo que a China detém já sobre a dívida pública dos EUA faz com que nada lhe possa ser imposto que esta veja como contrário aos seus interesses; se a China continuar a financiar a economia mundial ao ritmo actual e sem respeitar as condições que o FMI e o BM consideram sacrossantas, estas duas instituições, até há pouco todo-poderosas, serão em breve irrelevantes.

Estes factos mostram que o pânico está instalado por mais diplomáticos que sejam os termos em que é manifestado. Mas a sua importância histórica vai muito para além dele. Em primeiro lugar, não escapará aos observadores mais atentos, sobretudo àqueles que vivem fora do G7, a dualidade dos discursos hegemónicos sobre a economia mundial dos últimos trinta anos e a hipocrisia que ela exprime. Durante todos estes anos fomos ensinados sobre as vantagens da globalização da economia. Imaginar-se-ia que, se o capitalismo global é algo intrinsecamente bom, pouco importa quem o impulsiona e só pode ser considerado auspicioso que dois países com um terço da população mundial se juntem à locomotiva principal. Afinal verifica-se que o capitalismo global só é incondicionalmente bom quando favorece os interesses dos países ocidentais. Passar-se-á o mesmo com a democracia?

Mas o significado histórico da ameaça asiática é ainda mais amplo porque está a obrigar a rever toda a história da modernidade ocidental, uma história escrita por ocidentais, dotados da certeza retrospectiva que o passado, apesar de muito recente, convergia necessariamente para o seu triunfo e para a irreversibilidade desse triunfo. O questionamento deste eurocentrismo é hoje evidente e é, efectivamente com perguntas que ele melhor se pode expressar. Como se explica que a Europa tenha sido o centro do mundo desde o século XV quando a balança comercial da China com a Europa foi favorável à primeira até ao início do século XIX, ou quando o PIB conjunto da China e da Índia foi, entre 1580 e 1830, 50% do PIB mundial, só depois diminuindo drasticamente para menos de 10%? Que fazer das teorias de Marx e de Weber sobre o excepcionalismo económico, político e religioso do Ocidente que justificou o desenvolvimento do capitalismo aqui e não noutra região do mundo? Não será mais plausível pensar que a economia mundial teve um desenvolvimento multissecular no Oriente e que, depois de dois breves séculos de viragem para Ocidente, está de novo a reverter para Oriente? Que significado atribuir ao facto, hoje confirmado, que a América não foi descoberta por Cristóvão Colombo, mas muito tempo antes, pelos chineses apesar de estes terem decidido aí não permanecer?

Visão, 21 de Dezembro de 2006

2007

*Vivemos um tempo em que a estabilidade da economia
só é possível à custa da instabilidade dos trabalhadores,
em que a sustentabilidade das políticas sociais
exige a vulnerabilidade crescente dos cidadãos
em caso de acidente, doença ou desemprego.*

2007

O ESPECTRO DE SADDAM

Saddam Hussein foi condenado pela morte de 148 xiitas e executado em Dezembro de 2006. A condenação de Saddam à pena capital por enforcamento foi o veredicto final do julgamento de Dujail, relacionado com os crimes cometidos depois da sua tentativa de assassinato em Julho de 1982 nesta localidade.

Vale a pena assinalar que muitos são os crimes atrozes que ficaram por julgar, como torturas, ameaças, perseguição política e o genocídio de Anfal contra os curdos em 1988. Contudo, este histórico de violações extremamente graves dos direitos humanos e do direito humanitário internacional cometidas pelo regime de Saddam não o eximia do direito a um julgamento justo. E, contrariamente a este princípio universal, o julgamento de Saddam pecou pela injustiça e pela parcialidade.

A execução de Saddam traz consigo outras preocupações para além do direito a um julgamento justo e digno. A pressa em demonizar um culpado fez cair por terra os direitos das vítimas do regime que, com a sua execução, viram negadas as possibilidades de acesso à verdade, justiça e reparação das crónicas violações de que foram vítimas durante o longo regime autoritário. Ao invés de responsabilizar Saddam, a (in)justiça que se logrou deu lugar à impunidade. E à dúvida sobre a quem se fez justiça. | CARLA AFONSO

O Ocidente não é um sistema político-cultural homogéneo. O que se exprime pela voz dos EUA e seus aliados (cada vez menos em número e com menor grau de convicção) é um Ocidente agonizante e sem Norte; incapaz de agir de acordo com os princípios e valores que pretendeu seguir e impor aos seus inimigos, parece-se cada vez mais com estes. Barbarizado na luta contra o que designa por barbárie, transforma-se no Mal que desenha os eixos do Mal, reduz a força dos princípios ao princípio da força e acaba por imolar-se no sangue que faz derramar.

O julgamento de Saddam Hussein ficará para a história como uma das mais grotescas caricaturas da justiça internacional. Apesar de ser apresentado como um exercício da justiça iraquiana, foi, de facto, um acto de justiça internacional selvagem, dirigido ao milímetro a partir de Washington e estritamente sujeito às conveniências políticas internas dos EUA. Da escolha dos crimes a julgar (havia muitos por onde escolher) à selecção dos juízes (e suas sucessivas substituições), às alterações oportunísticas do processo, à farsa do julgamento e dos recursos, à definição da pena e ao timing da sua execução, tudo foi decidido fora das paredes do tribunal e segundo critérios de investimento político que nada têm a ver com o Iraque.

A "página nova" (sem Saddam) com que Bush quer começar 2007 não se refere ao Iraque mas ao Congresso norte-americano, a partir de Janeiro controlado pelo partido democrático. Foi uma justiça tanto ou mais circense quanto a justiça revolucionária que Saddam accionou (numa época em que era apoiado pelos EUA) para julgar os implicados no atentado à sua vida, os mesmos que agora serviram de fundamento à sua condenação. Onde está a diferença ocidental, do primado do direito e das garantias de uma justiça independente? Ou, perguntando como Bartolomé de Las Casas, ao questionar, no século XVI, as atrocidades cometidas pelos Espanhóis contra os índios da América: quem são afinal os bárbaros? Foi um julgamento-emboscada, uma justiça de vencedores, mas sem a dignidade da justiça de Nuremberga que julgou os crimes do nazismo. É que, ao contrário desta última, os vencedores só ficticiamente o são, no perímetro da pista de circo montada pelos grandes media ocidentais. De facto, estes vencedores estão historicamente derrotados e as consequências dessa derrota não se abaterão apenas sobre eles.

Cabe, pois, perguntar porque se perdeu a oportunidade de realizar um julgamento que dignificasse os julgadores e não os expusesse ao ridículo de serem menos dignos que o réu, um julgamento que reforçasse a justiça internacional e consolidasse o consenso global sobre a punição dos crimes conta a humanidade? Porque o Ocidente bushiano é constituído pela mesma fraqueza que comanda o extremismo do bombista suicida. Reclamando para si uma inocência sacrificial que o dispensa de distinguir entre culpados e inocentes, não tolera mediações, negociações, compromissos, enfim, a paz e, acima de tudo, não reconhece a dignidade do outro, do outro que, mesmo culpado, tem direito a um julgamento justo.

Dessa fraqueza emerge o espectro de Saddam, o espectro da força que a derrota pode dar: a coragem de enfrentar um inimigo muito mais poderoso e a dignidade com que se assumem as consequências. Humilhado pela morte de um irmão (amado ou odiado) em dia sagrado, o povo muçulmano tem toda a razão para crer que o sangue derramado é inocente, tal como o do filho de Abraão festejado pelo Hajj. A vingança de Saddam é ele ser um ditador sanguinário com o direito, conferido pelos seus algozes, a ser reclamado por muitos como herói ou mártir. Por isso, não é por Saddam que os sinos dobram. Os sinos dobram pelo Ocidente bushiano.

Visão, 4 de Janeiro de 2007

ÁFRICA RENASCE

Aos olhos do Ocidente, o continente africano foi construído desde finais do século XIX como um espaço uno e inglório, sobejamente destacado pelos clichés (fomes, epidemias, guerras, imigração "ilegal", a vitimização...). Tais categorizações geralmente exploradas furtam-se a uma reflexão mais alargada das experiências vividas naquele continente assistindo-se à normalização da ideia de uma "África obscura".

É imperativa a abertura de horizontes e de propostas dialogantes, contraditórias aos projectos e imagens desfasados das realidades de comunidades locais e inconscientes das experiências e dos saberes das populações. Para além dos recursos naturais, a grande força do continente reside no dinamismo dos seus cerca de 1 bilhão de habitantes, que no seu conjunto constituem um dos focos criativos de alternativas desencadeadas por movimentos sociais.

Apesar dos enormes desafios, as agendas organizadas a partir das experiências reais das populações sugerem uma verdadeira alavanca no sentido de reforçar possibilidades de construção e de expressão a partir da sociedade civil. No momento em que o mundo Ocidental se vê confrontado com uma crise económica que ameaça os próprios alicerces dos valores que apregoou como fundamentais, talvez seja chegado o momento de assumir que o resto do mundo tem algo para lhe ensinar. | CARLOS ELIAS BARBOSA

Acaba de realizar-se em Nairobi, com pleno êxito, o sétimo Fórum Social Mundial (FSM). Cada vez mais dominados pelos interesses do capitalismo global, os grandes media não deram qualquer atenção a este acontecimento e, ao invés, assestaram os seus holofotes no Fórum Económico Mundial (FEM), uma instituição decadente por onde passa a má consciência dos ganhadores com a globalização neoliberal, ganhadores que são cada vez menos em número e cada vez mais imorais pela desproporção dos seus ganhos.

Se os jornalistas tivessem liberdade para investigar, constatariam que os temas discutidos no FSM precedem em alguns anos os discutidos no FEM. Obviamente que as soluções propostas por um e por outro são muito diferentes, mas não restam dúvidas de que, desde 2001, é o FSM quem faz a agenda das grandes questões internacionais. Foi assim com a pobreza, a dívida externa, a catástrofe ecológica, os direitos dos povos indígenas, das mulheres e assim será com a questão da terra, da água, da saúde e da guerra.

O FSM de Nairobi revelou que, para além da África do Sul, há outros países africanos com capacidade de organizar com eficiência uma reunião de 100 000 pessoas. E foi importante que se realizasse em África, o continente mais duramente atingido pelo neoliberalismo, já que as sessões anteriores do Fórum, realizadas no Brasil e na Índia, não permitiram uma participação significativa dos movimentos e organizações sociais africanas. Delegações de muitos países percorreram milhares de quilómetros para trazerem ao FSM a notícia das suas lutas, trocarem experiências e estabelecerem contactos com vista a acções conjuntas futuras. Tal como aconteceu nas sessões anteriores, o continente anfitrião pôde imprimir a marca das suas prioridades. Foi assim possível verificar que a luta contra a guerra tem em África um sentido muito diferente daquele que domina no Atlântico Norte.

Quando se compara a esperança de vida dos suecos, 80 anos (77 em 1990), com a dos botsuanos, 34 (64 em 1990)[1] – em si mesmo um desmentido cruel da pretensa homogeneização das formas de vida trazidas pela globalização – resulta muito claro que a guerra mais perversa é a da epidemia do HIV/SIDA. A luta contra ela foi uma das grandes prioridades desta edição do FSM, juntamente com as lutas pelo acesso à terra, à saúde e à educação, pela igualdade de direitos das mulheres, pelo perdão da dívida e pela preservação dos conhecimentos tradicionais.

O Fórum de Nairobi teve ainda duas outras novidades. Por um lado, o último dia foi dedicado à formulação de propostas de acções colectivas distribuídas por 21 grandes áreas temáticas, cada uma delas ocupando um vasto espaço para acolher os movimentos e organizações interessadas em juntar aí as suas iniciativas e as suas forças. Por outro lado, nunca como nesta edição se discutiu tanto o futuro do FSM. Ao contrário do que alguns pensam, esta foi uma prova de vitalidade do impulso solidário desencadeado pelo processo do FSM. Assim, em 2008, em vez de uma reunião magna e concentrada, o Fórum será uma nuvem de milhares de eventos (manifestações, colóquios, exposições, etc.) a ter lugar nos quatro cantos do mundo nos mesmos dias em que se reúne o FEM. Esta será a maneira de a sociedade civil global dos que lutam contra a injustiça social, a perda de direitos e a catástrofe ecológica denunciar o circo de ostentação e falsa filantropia que ocorre em Davos. E nem estará sozinha.

---

[1] Em 2011 a esperança de vida dos botsuanos era de 53 anos.

O insuspeito *Los Angeles Times* acaba de acusar a Fundação Bill e Melinda Gates, a mais rica do mundo, de enriquecer com os investimentos em empresas cujas actividades causam os problemas que a fundação supostamente quer resolver (pobreza, dívida, doença, etc.).

Visão, 30 de Janeiro de 2007

AS LIÇÕES DO REFERENDO

O referendo de 1998 sobre a despenalização da Interrupção Voluntária da Gravidez saldou-se pela vitória do "Não" à despenalização. Fruto de crescente pressão sobre os partidos políticos com assento parlamentar devido às notícias vindas a público que davam conta da prisão de mulheres em virtude da aplicação por parte de alguns tribunais portugueses da lei então em vigor que criminalizava quem abortasse ilegalmente (Lei 6/84) (sendo os casos mais mediáticos os de Coimbra, Aveiro, Lisboa e Maia), novo referendo foi realizado em Portugal no ano de 2007. Neste, embora a vitória do "Sim à despenalização" não tivesse sido legalmente vinculativa, (menos de 50% do eleitorado exerceu o seu direito de voto), o resultado levou à substituição da lei anteriormente mencionada pela Lei 16/2007.

Por um lado, este referendo resolveu, ainda que não na totalidade, uma questão grave a nível da saúde das mulheres (e de saúde pública, naturalmente) e do direito em Portugal. Por outro, veio acentuar o debate sobre outras dimensões (sociais, culturais e territoriais) associadas à temática, particularmente a discussão sobre o "direito ao corpo" da mulher, um argumento que a esquerda preferiu ocultar por ser, segundo alguns sectores mais conservadores desse espectro político, demasiado polémico e que poderia colocar em causa a vitória do "Sim". | CARLOS BARRADAS

Como era de esperar, a taxa de abstenção não permite que o referendo seja vinculativo, o que em termos legislativos não significa muito. Para além do seu efeito específico, o referendo valeu como um momento ampliado de descodificação do país, quer pelo que se disse, quer pelo que se silenciou. Em meu entender, as principais lições do referendo são as seguintes.

1. Confirma-se que Portugal é um país de desenvolvimento intermédio que só à distância pode acompanhar as principais transformações políticas e culturais da Europa. É uma condição estrutural de longa duração histórica a que muito dificilmente podemos escapar. Esta condição manifestou-se a vários níveis. Por um lado, as forças conservadoras que sempre impediram a modernização do país só a muito custo (após dois referendos e a humilhação pública de mulheres "criminosas") foram desalojadas e para isso foi preciso sacrificar o significado principal do referendo (ver adiante). Por outro lado, num momento em que os portugueses vêem o seu quotidiano, a sua segurança e a sua qualidade de vida

serem desestabilizados e degradados pelo desemprego e pelas reformas da educação, da saúde, das pensões e do reordenamento neoliberal do território, não lhes é exigível que se comportem como os seus vizinhos europeus, cujo nível de bem-estar está cada vez mais longe do deles. Para quê votar sobre a interrupção voluntária da gravidez quando se confrontam diariamente com a interrupção involuntária da sua qualidade de vida e das suas expectativas de um futuro digno? Lúcidos como são e funcionando muito bem da cabeça, os portugueses viram no entusiasta incitamento do primeiro-ministro, a que votassem em massa no Sim, uma cortina do fumo destinada a compensar e ocultar, com uma aproximação simbólica à Europa (o alinhamento com a Europa na questão do aborto), o afastamento real em relação ao nível de vida material dos europeus actualmente em curso.

2. Ao contrário do que brandiu a direita, a esquerda portuguesa mostrou uma enorme sagacidade e agilidade. Era preciso conquistar o magma da moderação que parece ser a única arma contra a direita conservadora e era preciso também não assustar a comunicação social bem pensante que transforma esse magma em opinião pública. Fê-lo com maestria. Mas com isso sacrificou o principal: o direito da mulher a optar. O argumento da humilhação dos julgamentos surtiu efeito, mas reduziu a mulher a vítima injusta, impedindo que ela fosse vista como realmente é: um sujeito autónomo e racional dona das suas opções. Perversamente, a campanha do Sim acabou por invisibilizar tanto a mulher decisora quanto os repugnantes posters do Não, representando o feto como se ele não estivesse num corpo de mulher e dele não dependesse. Isto foi possível devido a uma outra característica da condição semi-periférica da sociedade portuguesa: a fraqueza da sociedade civil organizada em torno da luta contra a discriminação e a injustiça social e, em especial, a fraqueza dos movimentos feministas e de mulheres.

3. A Igreja Católica continua a perder terreno na Europa. Restam-lhe agora a Polónia, Irlanda e Malta. Por sua vez, a igreja portuguesa perdeu a compostura e dividiu-se entre a Igreja de Ratzinger e a Igreja de José Policarpo. Assistimos, no entanto, e esse é um sinal de optimismo, a um vasto movimento de desobediência cívico-religiosa por parte de católicos que não toleram mais a hipocrisia na questão mais vasta da moral sexual. Neste domínio, a Igreja foi uma sombra a que, pela contra-mão, continuam a dar vida gente admirável como Frei Bento Domingues, José Manuel Pureza, Ana Vicente e Anselmo Borges.

Visão, 15 de Fevereiro de 2007

A SAÚDE SEGUNDO CAMPOS

Muitas das medidas tomadas pelo (então) ministro da saúde, Correia de Campos, revelaram-se tecnicamente corajosas. Porém a forma cega como aplicou muitas delas acabaram por condená-lo à impopularidade. No intuito de fazer diminuir os gastos com a saúde em Portugal, sob a capa de cumprimento de critérios de eficiência e de qualidade dos serviços prestados, optou por uma política arrogante, encerrando Serviços de Atendimento Permanente e blocos de parto, com total incapacidade de diálogo com as populações. A sua política determinaria uma diversificação territorial de cuidados primários de saúde, mas, igualmente, diminuição de serviços de prestação de saúde no sector público, com a consequente compensação e proliferação desses serviços pelo sector privado.

A sua sucessora, Ana Jorge, revelou uma obsessão idêntica no combate ao monstro da despesa da saúde. Movida por uma política de contenção orçamental, insistiu nos cortes financeiros que levaram ao encerramento de mais unidades de saúde, talvez mais até que o seu antecessor. E, o que outrora foi função do Estado social, passaria agora a ser onerado aos utentes: diversificação e aumento de taxas moderadoras, diminuição na comparticipação de medicamentos e, mais recentemente, diminuição nas comparticipações com ADSE.[1]

As reformas iniciadas por Correia de Campos continuam a servir os interesses do sector privado, que se alimenta das fragilidades do Serviço Nacional de Saúde (SNS). A lógica de mercado parece ter-se incrustado na forma de fazer política e a saúde em Portugal não lhe escapou. | Susana Costa

Sendo certo que se reconhece ao actual Ministro da Saúde – Correia de Campos – um profundo conhecimento técnico da área que tutela, é legítimo perguntar pelas razões da forma atabalhoada com que pretende impor sacrifícios injustos a cidadãos compreensivelmente indignados pela degradação da dimensão mais vital do seu bem-estar. A resposta fácil é dizer-se que se pode ser um bom

---

[1] Criada em 1963, a ADSE, então denominada "Assistência na Doença aos Servidores Civis do Estado", é o organismo em Portugal encarregado da proteção social dos funcionários públicos e outros trabalhadores do Estado. Actualmente a ADSE corresponde à Direção-Geral de Protecção Social aos Funcionários e Agentes da Administração Pública.

técnico e um mau político. A resposta mais difícil mas mais verdadeira é que toda a técnica tem uma dimensão política e que nas questões complexas não há uma só opção técnica possível. O bom técnico é o que reconhece a existência de várias opções e o bom político é o que as submete a debate. Em ambos os casos, o Ministro Campos falha o teste e daí os apuros em que se encontra.

A sua actuação pauta-se hoje por duas ideias: uma concepção autoritária e economicista da eficiência e qualidade; uma preferência mal disfarçada pela privatização. Nem sempre perfilhou estas ideias e muitos se lembrarão das suas posições ao tempo do governo da saudosa Maria de Lurdes Pintasilgo. A mudança consumou-se quando assumiu as funções de especialista sénior do Banco Mundial (1992-1995). A partir de então, as suas ideias de reforma passaram a corresponder às que dominavam nesta instituição neoliberal, responsável pelo aprofundamento da exclusão social nos países pobres. Isso mesmo se tornou evidente quando entre 1996 e 1998 foi presidente da Comissão do Livro Branco da Segurança Social, a que pertenci. As posições que então assumiu na área da segurança social são as mesmas que assume hoje na área da saúde. Essa experiência foi fundamental para ele. A Comissão do Livro Branco era política e tecnicamente plural. Campos conviveu mal com o pluralismo, foi arrogante para com os que contestavam e alinhou-se pelas posições mais conservadoras. Por isso, agora se rodeou de comissões técnicas monocromáticas para ratificar as suas posições.

A eficiência neoliberal assenta em que os indicadores de eficiência e de qualidade não se discutem porque são os únicos correctos. Devem ser impostos a frio, sem atenção aos contextos e às alternativas. Por isso, o Ministro não pode entender a indignação das populações que, em pouco tempo, perderam a escola, o posto da GNR e perdem agora o serviço de urgência. Por último, a negociação é uma forma de ruído. Escrevia em 1997 sobre a negociação sindical das reformas: "os reformadores saibam exactamente para onde querem ir, tenham uma estratégia bem definida que resista aos compromissos da paz social momentânea." Só que Sócrates sabe que Margaret Thatcher caiu quando procurou destruir o serviço nacional de saúde.

Quanto à privatização, Campos escrevia em 1987 a respeito da pseudo--ineficiência do sector público, mostrava que os custos médios no sector público não eram mais elevados que os do sector privado, criticava o facto de o sistema público estar "a deslizar suavemente para a privatização" e de os estabelecimentos privados serem territorialmente injustos, "muito concentrados no litoral medicalizado". Hoje aplica o que antes criticou. E a onda de privatização atravessa todos os sectores do ministério. É particularmente evidente nos serviços informáticos. Os hospitais estão proibidos de comprar medicamentos novos, mais caros, mas também mais eficazes, mas não falta dinheiro para comprar sistemas informáticos privados caríssimos e envolvendo contratos de manutenção proibitivos. Os serviços informáticos do Ministérios estão tacitamente proibidos de melhorar o seu desempenho para não competir com os privados. Como estamos sempre atrasados, tudo isto ocorre quando o Banco Mundial recua em face dos efeitos desastrosos da privatização como dogma.

Visão, 1 de Março de 2007

O OUTRO PODER LOCAL

30 anos do poder local em Portugal. Uma data que devia servir para comemorar o aprofundamento da democracia em curso desde o 25 de Abril. Porém, passado três décadas, Portugal parece não ter conseguido extirpar o desdém de parte da sociedade política – e, por influência desta, parte da sociedade civil também – pela proximidade política dos cidadãos no processo decisório local.

No início de 2007, na onda de críticas a um poder local supostamente perdulário e pouco de transparente, é aprovada a Lei das Finanças Locais. A Lei retirou receitas públicas a dois terços dos Municípios do país (segundo a Associação Nacional de Municípios Portugueses) e consolidou aquela que sempre foi a justificativa mais espúria da democracia representativa: a de que o povo não se sabe governar. Ao invés de garantir as condições para que o poder local pudesse remediar suas constrições estruturais – oriundas da própria democracia representativa – pareceu ser mais fácil transformá-lo no berço de todo o mal da Administração Pública.

Os exemplos dados por Boaventura de um outro poder local demonstram que não é preciso demonizá-lo, mas sim, ampliá-lo a partir da sua base, por via da ampliação dos espaços democráticos de partilha do poder. Passados poucos anos da sua crítica, Portugal ainda não parece ter compreendido que só a "relação virtuosa entre democracia representativa e democracia participativa" pode salvar a República. | JULIANO GERALDI

Assiste-se hoje a uma certa demonização do poder local, o que contradiz a ideia da nobre tradição de autonomia municipal na governação do país. Há várias razões para este fenómeno, mas é evidente que para ele têm contribuído as suspeitas e acusações de negócios escuros, corrupção, abuso de poder e trocas de influência em algumas autarquias.

Este é o lado sombrio do poder local. Mas há o lado luminoso, e é desse que pretendo dar testemunho. Acabo de participar em São Brás de Alportel no Primeiro Encontro Nacional sobre Orçamento Participativo, organizado pela autarquia e pela Associação In Loco. Para além de um público jovem envolvido no desenvolvimento local, participaram no Encontro representantes das autarquias que hoje praticam alguma forma de orçamento participativo (OP): onze municípios (Aljezur, Alcochete, Aljustrel, Alvito, Avis, Faro, Palmela,

Santiago do Cacém, Sesimbra, São Brás de Alportel e Tomar); e três freguesias: Carnide (Lisboa), Agualva (Sintra) e Castelo (Sesimbra). O OP é uma forma de gestão partilhada dos municípios em que para além dos órgãos autárquicos eleitos, participam os munícipes, individualmente e através de associações da sociedade civil. As decisões sobre os investimentos autárquicos anuais e sobre os planos directores municipais (PDMs), decorrem de processos estruturados de consulta e negociação alargada entre os autarcas e os munícipes, entre munícipes de diferentes regiões do município, ou com interesses sociais e culturais diferentes. A participação dos cidadãos pode ser consultiva ou, nas formas mais avançadas de orçamento participativo, deliberativa. O OP existe hoje em cerca de 1200 municípios da América Latina e em mais de 100 municípios da Europa. Ainda que originário de governos municipais de esquerda ou de centro-esquerda, o OP está hoje a disseminar-se em outros quadrantes políticos, sendo várias as experiências de orçamento participativo em autarquias de centro-direita, por exemplo, na Alemanha. O OP consubstancia uma relação virtuosa entre a democracia representativa e a democracia participativa e visa tornar o governo autárquico mais transparente, socialmente mais justo e politicamente mais próximo dos cidadãos. Contra ele investem todos aqueles para quem a democracia participativa é anátema e os *lobbies* da construção civil que têm hoje um poder insondável sobre as decisões municipais, inclusive ao nível dos PDMs (uma situação que parece ser clamorosa em Coimbra).

As experiências de OP no nosso país são ainda muito tímidas. Pelo seu âmbito e pela sua visão, destaca-se a do município de Palmela. São uma gota no oceano e, por agora, reflectem a geografia dualista do nosso país. Mas vejo-os como sementes de esperança para o aprofundamento da nossa democracia. Dão sinais aos cidadãos de que, pelo menos a nível local, é possível vencer a dupla patologia que assola hoje os regimes democráticos: a patologia da representação ("não me sinto representado pelo meu representante") e a patologia da participação ("não participo porque o meu voto não conta").

Visão, 29 de Março de 2007

SOCIALISMO DO SÉCULO XXI

Esta crónica resgata a memória de um conjunto de ações e ideias contra-hegemónicas que modificaram a história da América Latina neste início de século e a lembrança do que foi o neoliberalismo ortodoxo dos anos 90, com as suas promessas de modernidade e desenvolvimento. Onde se lia, no Consenso de Washington, disciplina fiscal, privatização e desregulação via-se, na prática, uma política económica geradora de desemprego, miséria e desumanidades. Lembra, também, muitas histórias de vida que se transformaram em histórias de luta. Um olhar atento a estas individualidades colectivas, ajuda a perceber como emergiu uma articulação social concreta que no século XX parecia impensável – entre marxistas e ecologistas; camponeses e feministas; indígenas e estudantes; quilombolas e cristãos libertários –, em vias de desenvolver uma contra-hegemonia ao mesmo tempo plural e integrada. Ao ler a crónica surge, quase inevitavelmente, a lembrança do dia em que um operário nordestino e um índio aymara se tornaram presidentes. Certa vez, Evo Morales, em uma entrevista, contava a história de Tupac Katari, que, momentos antes de ser brutalmente assassinado pelos colonizadores do passado, gritou, "Eu morro, mas um dia voltarei como milhões". "Agora somos milhões", dizia Evo. E é em torno desses milhões e dessas – e muitas outras – lembranças que a leitura a seguir nos faz compreender as vitórias e os caminhos que podem ser percorridos a partir do contexto emancipatório de socialismo do século XXI. | CAETANO DE CARLI

O que de mais relevante está a acontecer a nível mundial, acontece à margem das teorias dominantes e, até, em contradição com elas. Há vinte anos, o pensamento político conservador declarou o fim da história, a chegada da paz perpétua dominada pelo desenvolvimento "normal" do capitalismo – em liberdade e para benefício de todos – finalmente liberto da concorrência do socialismo, lançado este irremediavelmente no lixo da história. À revelia de todas estas previsões, houve, neste período, mais guerra que paz, as desigualdades sociais agravaram-se, a fome, as pandemias e a violência intensificaram-se, a China "desenvolveu-se" sem liberdade e mediante violações maciças dos direitos humanos e, finalmente, o socialismo voltou à agenda política de alguns países. Concentro-me neste último porque ele constitui um desafio tanto ao pensamento político conservador, como ao pensamento político progressista. A ausência de alternativa ao capitalismo foi tão interiorizada por um como por outro. Daí que, no campo progressista, tenham dominado "terceiras vias", buscando encontrar no capitalismo a solução dos problemas que o socialismo não soubera resolver.

Em 2005, o presidente da Venezuela, Hugo Chávez, colocou na agenda política o objectivo de construir o "socialismo do século XXI". Desde então, dois outros governantes – tal como Chávez, democraticamente eleitos –, Evo Morales (Bolívia) e Rafael Correa (Equador), tomaram a mesma opção. Qual o significado deste aparente desmentido do fim da história? Qual o perfil da alternativa proposta ao capitalismo? Que potencialidades e riscos ela contém? O socialismo reemerge porque o capitalismo neoliberal, não só não cumpriu as suas promessas, como tentou disfarçar esse facto com arrogância militar e cultural; porque a sua voracidade de recursos naturais o envolveu em guerras injustas e acabou por dar poder a alguns países que os detêm; porque Cuba – qualquer que seja a opinião a respeito do seu regime – continua a ser um exemplo de solidariedade internacional e de dignidade na resistência contra a superpotência; porque, desde 2001, o Fórum Social Mundial tem vindo a apontar para futuros pós-capitalistas, ainda que sem os definir; porque nesse processo ganharam força e visibilidade movimentos sociais, cujas lutas pela terra, pela água, pela soberania alimentar, pelo fim da dívida externa e das discriminações raciais e sexuais, pela identidade cultural e por uma sociedade justa e ecologicamente equilibrada parecem estar votadas ao fracasso no marco do capitalismo neoliberal.

O socialismo do século XXI, como o próprio nome indica, define-se, por enquanto, melhor pelo que não é do que pelo que é: não quer ser igual ao socialismo do século XX, cujos erros e fracassos não quer repetir. Não basta, porém, afirmar tal intenção. É preciso realizar um debate profundo sobre os erros e fracassos para que seja credível a vontade de evitá-los. Quando, em Dezembro passado, o presidente Chávez anunciou o propósito de criar um partido socialista unificado a partir de diferentes partidos que apoiam o governo, o temor que tal gerou de, com isso, estar a propor um regime de partido único de tipo soviético, é bem demonstrativo de como estão vivas as memórias do passado recente.

Se tal desidentificação em relação ao socialismo do século XX for levada a cabo de maneira consequente, alguns dos seguintes traços da alternativa deverão emergir: um regime pacífico e democrático assente na complementaridade entre a democracia representativa e a democracia participativa; legitimidade da diversidade de opiniões, não havendo lugar para a figura sinistra do "inimigo do povo"; modo de produção menos assente na propriedade estatal dos meios

A COR DO TEMPO QUANDO FOGE 321

de produção do que na associação de produtores; regime misto de propriedade onde coexistem a propriedade privada, estatal e colectiva (cooperativa); concorrência por um período prolongado entre a economia do egoísmo e a economia do altruísmo, digamos, entre Windows Microsoft e Linux; sistema que saiba competir com o capitalismo na geração de riqueza e lhe seja superior no respeito pela natureza e na justiça distributiva; nova forma de Estado experimental, mais descentralizada e transparente, de modo a facilitar o controlo público do Estado e a criação de espaços públicos não estatais; reconhecimento da interculturalidade e da plurinacionalidade (onde for caso disso); luta permanente contra a corrupção e os privilégios decorrentes da burocracia ou da lealdade partidária; promoção da educação, dos conhecimentos (científicos e outros) e do fim das discriminações sexuais, raciais e religiosas como prioridades governativas.

Será tal alternativa possível? A questão está em aberto. Nas condições do tempo presente, parece mais difícil que nunca implantar o socialismo num só país, mas, por outro lado, não se imagina que o mesmo modelo se aplique em diferentes países. Não haverá, pois, socialismo e sim socialismos do século XXI. Terão em comum reconhecerem-se na definição de socialismo como democracia sem fim.

Folha de São Paulo, 21 de Maio de 2007

O ESTADO DO MUNDO SEGUNDO TRÊS INTERROGAÇÕES

Incidindo sobre a questão do reconhecimento da diferença, a primeira interrogação de Boaventura questiona directamente os limites das versões reacionárias de multiculturalismo, em que a expressão da diferença é limitada pelos parâmetros da cultura dominante. A partir do 11 de Setembro de 2001, agravaram-se, sobretudo no espaço euro-americano, as políticas securitárias contra o terrorismo, as quais colocam sob suspeita comunidades inteiras, com especial destaque para as islâmicas, e que culminaram em 2011 com a proibição do uso integral do véu islâmico em França. Estas medidas denotam uma rejeição crescente da diferença, atentam contra os direitos de comunidades e indivíduos pelo recurso à tortura e a detenções secretas sem julgamento, e a suspensão da legalidade, como nos casos de Guantánamo e Abu Ghraib. A segunda interrogação colocada por Boaventura diz respeito à democracia representativa, descredibilizada como está perante os cidadãos. Para dar um exemplo, na UE, a taxa de participação nas eleições europeias tem decrescido sucessivamente desde 1979. Em 2009, a taxa de abstenção atingiu um valor recorde: dos 375 milhões de eleitores, apenas 43,09% votaram. Nessas eleições, a abstenção portuguesa ascendeu aos 63,2%. Em face deste descrédito, têm sido criados desde a base mecanismos alternativos de democracia participativa que desafiam poderes e elites burocráticas. O modelo de orçamento participativo (OP) de Porto Alegre, Brasil, criado em 1989, tem-se disseminado por várias partes do mundo. Boaventura interpela, por último, a proliferação de novas e velhas formas de desigualdade. Em meados dos anos de 1980, o coeficiente de Gini – que analisa a equidade/desigualdade da distribuição de rendimentos (sendo 0 igual a igualdade de distribuição e 1 igual a desigualdade máxima) – era de 0, 28% nos países da OCDE. No final dos anos de 2000, aumentou quase 10% para 0, 31%. | CATARINA ANTUNES GOMES

Vivemos num tempo de perguntas fortes e de respostas fracas. As perguntas fortes são as que se dirigem não apenas às nossas opções de vida individual e colectiva, mas sobretudo às raízes, aos fundamentos que criaram o horizonte das possibilidades entre que é possível optar. São, por isso, perguntas que causam uma perplexidade especial. As respostas fracas são as que não conseguem reduzir essa perplexidade e que, pelo contrário, a podem aumentar. As perguntas e as

A COR DO TEMPO QUANDO FOGE   323

respostas variam de cultura para cultura, de região do mundo para região do mundo. Mas a discrepância entre a força das perguntas e a fraqueza das respostas parece ser comum. Decorre da multiplicação em tempos recentes das zonas de contacto entre culturas, religiões, economias, sistemas sociais e políticos e formas de vida diferentes em resultado do que chamamos vulgarmente globalização. As assimetrias de poder nessas zonas de contacto são hoje tão grandes quanto eram no período colonial, se não maiores. Mas são hoje muito mais vastas e numerosas. A experiência do contacto é sempre uma experiência de limites e de fronteiras. Nas condições de hoje, é ela que suscita a discrepância entre as perguntas fortes e as respostas fracas.

Entre muitas outras, selecciono três interrogações fortes. A primeira pode formular-se assim: se a humanidade é só uma, por que é que há tantos princípios diferentes sobre a dignidade humana, todos pretensamente únicos, e, por vezes, contraditórios entre si? Na raiz desta interrogação está a constatação, hoje cada vez mais inequívoca, de que a compreensão do mundo excede em muito a compreensão ocidental do mundo. O regresso da teologia política (islamismo, hinduísmo e cristianismo políticos) nas três últimas décadas conferiu uma premência especial a esta interrogação, dado que os monopólios religiosos tendem a fomentar extremismos tanto entre os membros das diferentes religiões, como entre os que lutam contra eles. A resposta dominante a esta interrogação são os direitos humanos. É uma resposta fraca porque se refugia na universalidade abstracta (um particularismo ocidental) e não explica por que razão tantos movimentos sociais contra a injustiça e a opressão não formulam as suas lutas em termos de direitos humanos e, por vezes, aliás, as formulam segundo princípios que são contraditórios com os dos direitos humanos.

Esta interrogação desdobra-se numa outra. Qual o grau de coerência exigível entre os princípios, quaisquer que eles sejam, e as práticas que tem lugar em nome deles? Esta interrogação assume uma premência especial nas zonas de contacto porque é nestas que os princípios mais tentam ocultar as suas discrepâncias com as práticas e que estas se revelam com mais brutalidade, sempre que a ocultação não tem êxito. Também aqui a resposta dos direitos humanos é fraca. Limita-se a aceitar como natural ou inevitável que a reiterada afirmação dos princípios não perca credibilidade com a cada vez mais sistemática e gritante violação dos direitos humanos por parte tanto de actores estatais, como não-estatais. Continuamos a ir às feiras da inovação da indústria dos direitos humanos (*global compact*, programas de luta contra a pobreza, objectivos do milénio, etc.), mas, a caminho delas, temos de passar por um cemitério cada vez mais inabarcável de promessas traídas.

A segunda interrogação é esta: se a legitimidade do poder político assenta no consenso dos cidadãos, como garantir este último quando se agravam as desigualdades sociais e se tornam mais visíveis as discriminações sexuais, étnico--raciais, e culturais? As respostas dominantes são duas e são igualmente fracas: a democracia representativa e o multiculturalismo. A democracia representativa é uma resposta fraca porque os cidadãos se sentem cada vez menos representados pelos seus representantes; porque, nunca como hoje, os partidos violaram tanto as promessas eleitorais, uma vez no poder; porque os mecanismos de prestação de contas são cada vez mais irrelevantes; porque o mercado político (a concorrência entre ideologias ou valores que não têm preço) está a ser absorvido pelo mercado económico (concorrência entre valores que têm preço), tornando-se assim sistémica a corrupção. Por estas razões, o poder político tende a assentar mais na resignação dos cidadãos do que no seu consenso. Por sua vez, o multiculturalismo hegemónico é uma resposta fraca porque é excludente em sua pretensão de inclusão: tolera o outro, dentro de certos limites, mas em caso algum imagina ser enriquecido e transformado pelo outro. É, assim, uma afirmação de arrogância cultural.

A terceira interrogação é a seguinte. Como mudar um mundo onde os quinhentos indivíduos mais ricos têm tanto rendimento quanto o dos 40 países mais pobres ou o de 416 milhões de pessoas e onde o colapso ecológico é uma possibilidade cada vez menos remota? As respostas dominantes são o desenvolvimento, a ajuda ao desenvolvimento e o desenvolvimento sustentável. São variantes da mesma resposta fraca, a de que os problemas causados pelo capitalismo se resolvem com mais capitalismo. Pressupõe que a economia do altruísmo não é uma alternativa credível à economia do egoísmo e que a natureza não merece outra racionalidade senão a irracionalidade com que a tratamos e destruímos.

Jornal de Letras, 30 de Maio de 2007

A PARTILHA DE ÁFRICA

A profilaxia ancorada aos vários prefixos que inspiraram as lutas sociais contra os males do colonialismo, não serviu para rasurar a presença das linhas abissais que, no passado, dividiam o mundo entre colonizadores e colonizados. O novo vocabulário que os vários prefixos trouxeram para a História da humanidade – os pós-colonialismos, os neo-colonialismos, e as pós-modernidades – são, no fundo, meros arranjos lexicais para retomar e reforçar as subalternidades impostas pelos poderes coloniais. A meu ver, as linhas abissais tornaram-se, isso sim, linhas transversais, deturpando a antiga dicotomia rectilínea da cartografia colonial. Hoje como outrora, observamos os resultados nefastos das 'ajudas' exteriores nos países africanos com o trágico crescimento das desigualdades sociais internas nestes países, muitas vezes, com o aval rapace dos seus próprios governantes. África serve para todos os gostos: sejam os daqueles que a tocam para dela retirarem grandes proveitos; sejam os daqueles que dela cuidando enquanto alimentam colonialidades internas de poder e pequenos apartheids, com perversas diferenças pós-coloniais. | SHEILA KHAN

Tudo leva a crer que estejamos perante uma nova partilha de África. A do final do século XIX foi protagonizada pelos países europeus em busca de matérias-primas que sustentassem o desenvolvimento capitalista e tomou a forma de dominação colonial. A do início do século XXI tem um conjunto de protagonistas mais amplo e ocorre através de relações bilaterais entre países independentes. Para além dos "velhos" países europeus, a partilha inclui agora os EUA, a China, outros países "emergentes" (Índia, Brasil, Israel, etc.) e mesmo um país africano, a África do Sul. Mas a luta continua a ser por recursos naturais (sobretudo petróleo, gás e terras) e continua a ser musculada, com componentes económicos, diplomáticos e militares. Tragicamente, tal como antes, é bem possível que a grande maioria dos povos africanos pouco beneficie da exploração escandalosamente lucrativa dos seus recursos.

Os EUA importam hoje mais petróleo de África do que da Arábia Saudita e calcula-se que em 2015 25% venha do continente. Angola é já o segundo maior exportador africano para os EUA (depois da Nigéria). Por sua vez, a China faz vastíssimos investimentos em África, os maiores dos quais em Angola que, no ano passado, se tornou o maior fornecedor africano de petróleo à China. E o comércio bilateral entre os dois países ultrapassou os 5 biliões de dólares. Entretanto, as empresas multinacionais sul-africanas expandem-se agressivamente no continente nas áreas da energia, telecomunicações, construção, comércio e turismo. Ao contrário do que se poderia esperar de um governo do Congresso Nacional Africano (ANC) de Nelson Mandela, não as move o pan-africanismo. Move-as o capitalismo neoliberal puro e duro, imitando bem as concorrentes do Norte.

A primeira partilha de África conduziu à Primeira Guerra Mundial e submeteu o continente a um colonialismo predador. E a actual? A luta agora centra-se no petróleo e na distribuição dos rendimentos do petróleo. Uma visita breve a Luanda é suficiente para avaliar da vertigem da construção civil a cargo de empresas chinesas, portuguesas e brasileiras, da selva urbana do trânsito, dos luxuosos condomínios fechados, alugados às empresas petrolíferas, da lotação dos hotéis esgotada com meses de antecedência, enfim, da palavra "negócio" e "empresa" na boca de toda a gente que tem um veículo de tracção às quatro rodas ou aspira tê-lo. Nada disto chocaria, sobretudo num país só há trinta anos libertado do colonialismo, devastado por uma guerra fratricida fomentada pela África do Sul do *apartheid* e depois financiada pelos amigos de hoje até estes se convencerem de que a paz poderia ser um bom negócio, um país com carências abissais de infra-estruturas sem as quais não será possível qualquer desenvolvimento. O que choca é que, paredes meias com o mundo da renda petrolífera, viva a grande maioria da população de Luanda na mais abjecta miséria dos musseques em barracas de zinco e cartão, sem luz nem saneamento, pagando caro pela água potável, com lixeiras e esgotos pestilentos servindo de recreio às crianças cuja mortalidade é das mais altas do continente.

Visão, 21 de Junho de 2007

AS CIMEIRAS

Ainda sob o figurino do Tratado de Roma, no âmbito do qual havia já presidido ao Conselho da União Europeia (CUE) em 1992 e em 2000, Portugal assumiu, entre Julho e Dezembro de 2007 a presidência do CUE. Findo o sonho de uma Constituição Europeia, à presidência portuguesa da União Europeia (UE) caberia conduzir as negociações de um novo projecto reformador, que culminaria na assinatura do Tratado de Lisboa.

A segunda Presidência Portuguesa do Conselho Europeu (PPUE) fora já responsável pela organização da primeira Cimeira África/Europa e em 2007 ficaria marcada pela realização de sete grandes cimeiras, entre as quais, a primeira Cimeira UE/Brasil e a segunda Cimeira UE/África.

Se a associação entre a CEE/países africanos remonta a Yaoundé – 1963, o desenvolvimento da cooperação em matéria de comércio, investimentos, finanças e tecnologia com o Brasil, data de Junho de 1992, altura em que, sob a 1.ª PPUE, se celebrou um Acordo-Quadro de Cooperação.

As relações de cooperação da UE/Brasil não podem ser desenquadradas do Mercosul e da relevância que o Brasil assume na retoma das negociações do Acordo de Associação UE/Mercosul, suspensas desde 2004, devido ao impasse do processo Organização Mundial do Comércio/Agenda de Desenvolvimento de Doha.

Desde 2007, as Cimeiras com o Brasil têm sido anuais. Na agenda da próxima reunião marcada para Setembro de 2012, figura a solicitação, por parte do governo português, de maior celeridade da concessão de vistos de trabalho para portugueses. Um sinal dos tempos. | João Pedro Campos

Durante a presidência portuguesa da UE realizar-se-ão várias cimeiras destinadas a aprofundar as relações da Europa com outras regiões e países do mundo. A primeira delas é a Cimeira UE-Brasil. Qual o sentido deste esforço de extroversão? O que esperar dele? O contexto europeu em que ele ocorre não permite grandes expectativas. Os acordos recentemente celebrados para sair do impasse causado pelo fracasso do tratado constitucional incluem a consagração dos limites da personalidade jurídica da UE – o que exclui a representação política internacional (na ONU, nos organismos internacionais) – e a redução substancial da agência diplomática em relação ao que estava previsto. Isto significa que durante muitos anos a UE não será um actor político global. Esta posição interessa sobretudo aos EUA cuja hegemonia mundial tolera a existência de potências regionais, sejam elas a Europa ou a China, mas não a de outras potências globais.

Em face disto, é de prever que o relacionamento da UE com as outras regiões do mundo continue a centrar-se nos negócios, investimentos, ajuda e comércio, cooperando, de modo subordinado, com os desígnios políticos dos EUA em cada uma delas. A avaliar pelo documento que a Comissão acaba de remeter ao Parlamento Europeu, a Cimeira UE-Brasil seguirá esta lógica. À luz dela, o Brasil é um fruto duplamente apetecido. Mais que uma potência regional, o Brasil é uma potência inter-regional, dada a sua aliança estratégica com a Índia e a África do Sul em planos de acções referentes à defesa e segurança comuns e no domínio do comércio internacional. Desta aliança resultou a paralisia da Organização Mundial do Comércio, onde a UE e os EUA têm seguido basicamente as mesmas posições. O motivo da paralisia é simples: estes países reivindicam que, se o comércio livre é para levar a sério, a UE e os EUA devem abrir as suas economias aos produtos dos países em desenvolvimento, o que até agora recusaram fazer. O Brasil surge assim como um importante parceiro de comércio bilateral quando o aprofundamento do comércio global está bloqueado, ao mesmo tempo que se procura o seu apoio para um eventual desbloqueamento. Duvido que neste último caso haja algum êxito se não houver cedências importantes por parte da UE.

Em segundo lugar, o Brasil é um fruto apetecido pelo seu posicionamento face às mudanças políticas que estão a ocorrer na América Latina. Têm vindo a ser democraticamente eleitos governos que visam pôr fim a uma ordem económica internacional que permite a exploração desenfreada das imensas riquezas destes países para quase exclusivo benefício dos países mais desenvolvidos. Assim sucede com a Argentina, ao reduzir unilateralmente a dívida externa, e com a Venezuela e a Bolívia, ao nacionalizarem a exploração do petróleo e gás natural. O Brasil, além de ser a economia mais importante da região, é também o país politicamente mais pró-ocidental. Privilegiar a cooperação com o Brasil significa premiar a moderação e tentar isolar as experiências mais "extremistas", nomeadamente a Venezuela. Também aqui suspeito que a cimeira tenha pouco êxito, pois a lucidez da política externa do Brasil tem-lhe permitido defender a sua opção política sem quebrar a solidariedade com as outras opções que buscam atingir o que se considera ser um objectivo comum: melhorar o nível de vida das imensas populações excluídas.

Visão, 5 de Julho de 2007

AS GRANDES MANOBRAS

Durante a presidência portuguesa da União Europeia (UE) teve lugar, em Dezembro de 2007, em Lisboa, a Cimeira UE-África. Nos meses precedentes ao evento o continente africano ficou, mais uma vez, sob a atenção dos Estados mais poderosos, em particular os EUA e a UE, centrados, como sempre, nos próprios interesses estratégicos, como a luta contra o terrorismo, a migração e o controlo dos recursos naturais. Nestes aspectos, a política europeia não se distinguiu muito dos EUA. A emergência de novas áreas estratégicas de produção de petróleo, como o golfo da Guiné, confere um papel importante a países como a Nigéria e Angola.

Actualmente, o quadro político africano está em evolução, sendo de salientar duas componentes fundamentais: maior tomada de consciência, no contexto local, da injustiça social provocada pelas políticas das grandes potências de aproveitamento dos recursos locais, o que leva a uma nova fase de lutas pelos direitos humanos; e a crescente importância do papel da China em África, que ao longo da crise financeira global tem vindo a aumentar consideravelmente o seu peso na área, graças a uma grande disponibilidade económica para investir. Cabe à Europa assumir uma posição forte quanto à sua política no continente africano, para não ficar marginalizada no confronto com os EUA e a China. De todo o modo, a protecção dos direitos humanos e um desenvolvimento mais justo não parecem estar no topo da agenda política nem dos velhos, nem dos novos actores. | VALERIO NITRATO IZZO

A nova fase da globalização chama-se regionalização. Na Ásia, na África e na América Latina aprofundam-se os laços de cooperação entre os países com vista a melhor responder aos "desafios globais". Todos estes movimentos ocorrem sob olhar atento das grandes potências. Nos próximos meses, em antecipação da Cimeira Europa-África, a África vai estar na mira de muitos interesses. A minha suspeita é que nenhum deles seja o interesse das populações africanas injustamente empobrecidas. Temo que, mais uma vez, os desígnios globais se combinem com políticos e políticas locais no sentido de privarem os povos africanos do direito a um desenvolvimento justo e democraticamente sustentável. No caso de África, a Europa tem uma dívida histórica, decorrente do colonialismo, a qual, para ser paga, obrigaria a uma política africana muito diferente da dos EUA.

Para estes, os objectivos estratégicos em África são os seguintes: luta contra o terrorismo, controlo do acesso aos recursos naturais, contenção da expansão chinesa. Muitos países do continente (por exemplo, Angola) apoiam activamente os EUA na luta contra o terrorismo. A crescente importância do golfo da Guiné (Nigéria, Angola, São Tomé e Príncipe, Gabão, Guiné Equatorial, Gana) para assegurar o acesso ao petróleo está bem patente na recente criação do Comando de África pelo Pentágono. A contenção da China é mais problemática não só pela força abissal que ela representa – em 2005, a China consumiu 26% do aço e metade do cimento produzido em todo o mundo – como pelo facto de se dispor a investir em todos os países que as potências ocidentais rejeitam, do Sudão à Somália. Se a Europa não tiver outros objectivos em nada poderá contribuir para os problemas que se avizinham. Estes têm a ver com o agravamento da injustiça social e com a recusa das populações a sujeitarem-se ao papel de vítimas.

A condenação política de Robert Mugabe não pode deixar de ter em conta que a Inglaterra não cumpriu o compromisso assumido no tratado da independência de co-financiar a reforma agrária do Zimbabué, consciente como estavam as partes de que 1 a 2% da população (branca) ocupava 90% da terra agrícola e 4000 agricultores (brancos) consumiam 90% da água disponível para o regadio. O facto de a situação na África do Sul e na Namíbia não ser muito diferente faz temer pela estabilidade na África Austral. As relações tensas entre Angola e a África do Sul – com boatos de tentativas cruzadas de assassinatos políticos que não serão totalmente destituídos de fundamento – não têm sido bom prenúncio. Angola destina-se a ser um grande actor na região. Para isso, é fundamental que se não repita em Angola o que está a acontecer na Nigéria, onde a produção petrolífera baixou para metade devido à violência política no delta do Níger provocada pela injustiça na distribuição da renda petrolífera. Preocupa que em Angola não se vislumbre o mínimo gesto de redistribuição social (tipo bolsa-família do Brasil) quando é certo que uma migalha (digamos, o equivalente a um dia dos rendimentos do petróleo) permitiria à população dos musseques de Luanda comer uma refeição digna por dia durante um ano.

Visão, 19 de Julho 2007

A FLEXINSEGURANÇA

No final de 2006 foi publicado pela Comissão Europeia o Livro Verde "Modernizar o direito do trabalho e enfrentar os desafios do século XXI", que procurou colocar em prática os objectivos da Estratégia de Lisboa (2000) para os mercados de trabalho europeus. Defendia um novo modelo de regulação das relações laborais e de modernização do direito do trabalho, designado de flexigurança. Este visava atribuir maior segurança aos indivíduos dentro de um mercado de trabalho cada vez mais competitivo. O argumento geral defendia ser possível ter uma taxa razoável de empregos de longa duração, conjugada com instituições e políticas de mercado de trabalho que proporcionassem rendimentos, protecção social e laboral, oferecendo, simultaneamente, mais segurança de emprego do que o emprego estável em ambiente instável.

O resultado da aproximação à flexigurança foi apresentado no primeiro trimestre de 2008, tendo as alterações nas leis de trabalho sido vertidas no novo Código do Trabalho (Lei 7/2009, de 12 de Fevereiro).

Perante o cenário de crise económica atual e em nome do crescimento económico e do aumento da competitividade procederam-se a novas alterações à legislação laboral com vista a facilitar os despedimentos e a polivalência no trabalho (Lei n.º 53/2011, de 14 de Outubro e proposta de Lei 46/XII, aprovada em 2 de Fevereiro de 2012 pelo Conselho de Ministros). Estas alterações, com impactos nas condições de trabalho e no direito ao descanso, procuram combinar flexibilidade e proteção, ignorando, porém, que perante as elevadas taxas de desemprego se transformam em fatores acrescidos de vulnerabilidade e pobreza. | TERESA MANECA LIMA

Vivemos um tempo em que a estabilidade da economia só é possível à custa da instabilidade dos trabalhadores, em que a sustentabilidade das políticas sociais exige a vulnerabilidade crescente dos cidadãos em caso de acidente, doença ou desemprego. Esta discrepância entre as necessidades do "sistema" e a vida das pessoas nunca foi tão disfarçada por conceitos que ora desprezam o que os cidadãos sempre prezaram ou ora prezam o que a grande maioria dos cidadãos não tem condições de prezar. Entre os primeiros, cito emprego estável, pensão segura e assistência médica gratuita. De repente, o que antes era prezado é agora demonizado: a estabilidade no emprego torna-se rigidez das relações laborais;

as pensões transformam-se na metáfora da falência do Estado; o serviço nacional de saúde deixa de ser um benefício justo para ser um custo insuportável. Entre os conceitos agora prezados, menciono o da autonomia individual. Este conceito, promovido em abstracto para poder surtir os efeitos desejados pelo "sistema", esconde, de facto, dois contextos muito distintos: os cidadãos para quem a autonomia individual é uma condição de florescimento pessoal, a busca incessante de novas realizações pessoais; e os cidadãos para quem a autonomia individual é um fardo insuportável, que os deixa totalmente vulneráveis perante a adversidade do desemprego ou da doença, e que, em casos extremos, lhes dá opção de escolher entre os contentores do lixo do bairro rico ou pedir esmola nas portas do metro.

No domínio das relações laborais está a emergir uma variante de conceito de autonomia. Chama-se flexigurança. Trata-se de aplicar entre nós um modelo que tem sido adoptado com êxito num dos países com maior protecção social da Europa, a Dinamarca. Em teoria, trata-se de conferir mais flexibilidade às relações laborais sem pôr em causa a segurança do emprego e do rendimento dos trabalhadores. Na prática, vai aumentar a precarização dos contratos de trabalho num dos países na Europa onde, na prática, é já mais fácil despedir. Não vai haver segurança de rendimentos, porque, enquanto o Estado- Providência da Dinamarca é um dos mais fortes da Europa, o nosso é o mais fraco; porque o subsídio de desemprego é baixo e termina antes que o novo emprego surja; porque o carácter semiperiférico da nossa economia e o pouco investimento em ciência e tecnologia vai levar a que as mudanças de emprego sejam, em geral, para piores, não para melhores, empregos; porque a percentagem dos trabalhadores portugueses que, apesar de trabalharem, estão abaixo do nível de pobreza, é já a mais alta da Europa; porque o factor de maior vulnerabilidade na vida dos trabalhadores, a doença, está a aumentar através da política de destruição do serviço nacional de saúde levada a cabo pelo Ministro da Saúde; porque os empresários portugueses sabem que dos acordos de concertação social só são "obrigados" a cumprir as cláusulas que lhes são favoráveis, deixando incumpridas todas as restantes com a cumplicidade do Estado. Enfim, com a flexigurança que, de facto, é uma flexinsegurança, os trabalhadores portugueses estarão, em teoria, muito próximos dos trabalhadores dinamarqueses e, na prática, muito próximos dos trabalhadores indianos.

Visão, 2 de Agosto de 2007

A URGÊNCIA E O INFINITO

Vivemos um tempo de ausência ou esquecimento do longo prazo. As catástrofes naturais, guerras, crises e pandemias exigem respostas imediatas que se vão acumulando, sem nunca se debater ou intervir a médio ou a longo prazo para alcançar mudanças estruturais.

Em 2007, o Painel Intergovernamental para as Alterações Climáticas (IPCC) da Organização das Nações Unidas (ONU) divulgou um relatório em que confirmou a extensão do aquecimento terrestre em curso e o grau de responsabilidade humana neste fenómeno. Anualmente, 150 mil pessoas perderão a vida em resultado das alterações climáticas, 85% das quais serão crianças. Meses após a publicação deste relatório, o Comité Nobel norueguês atribuiu o Prémio Nobel da Paz ao ex-vice-presidente norte-americano Al Gore e ao Painel Intergovernamental para as Alterações Climáticas (IPCC) da ONU. Esta distinção ocorreu poucos meses antes da Conferência das Nações Unidas sobre as Mudanças Climáticas, em Bali, que teve como objectivo alcançar novos compromissos na redução das emissões de gases com efeito de estufa para a atmosfera até 2012, data que marca o final da primeira fase do Protocolo de Kyoto.

Perante a notícia do Nobel da Paz, o presidente do IPCC, Rajendra Pachauri, manifestou a esperança de que este prémio criasse um "sentimento de urgência" face ao aquecimento global e às alterações climáticas. Os problemas ambientais resultam de desigualdades de apropriação de recursos e de relações de poder de longo prazo. A resposta, por mais urgente que se exija, terá de enfrentar essas causas. | TATIANA MOURA

Todos os dias nos chegam notícias perturbadoras: o aquecimento global e a catástrofe ecológica cada vez mais iminente; a conspícua preparação de uma nova guerra nuclear; os milhões de pessoas que morrem anualmente de doenças que com um pequeno investimento mundial podiam ser erradicadas, como, por exemplo, a malária, a tuberculose e a SIDA; a manipulação da preocupação com um bem essencial à nossa sobrevivência, a água, para a privatizar e a transformar em mais uma fonte de lucro, tornando-a inacessível aos mais pobres; a bárbara destruição da vida no Médio Oriente e em Darfur em nome da democracia, do petróleo e da religião. Quando os nossos afazeres e prazeres diários não nos conseguem distrair destas notícias somos assolados por dois sentimentos contraditórios: um sentimento de urgência e um sentimento de mudança civilizacional.

O primeiro sentimento impele-nos a pensar que algo tem de ser feito a curto prazo, pois doutro modo será provavelmente tarde demais. Parece ser do senso comum que se não actuarmos a curto prazo talvez não haja longo prazo. A angústia que este sentimento nos provoca aumenta quando verificamos que este senso comum não parece partilhado pelas instituições políticas que nos governam. As instituições nacionais não se sentem responsáveis por nada do que se passa além-fronteiras e os problemas globais com impacto nacional (como as mudanças climáticas), sendo da responsabilidade de todos, não são afinal da responsabilidade de nenhum país em particular. Por sua vez, as instituições internacionais reforçam-nos, no seu melhor, o nosso senso comum mas o discurso da urgência é neutralizado pela prática da impotência já que, afinal, são reféns das instituições políticas nacionais.

O segundo sentimento advém-nos da suspeita de que as notícias perturbadoras se irão acumular cada vez mais enquanto prevalecer esta civilização tão criativa quanto destrutiva, dominada pela ideia de que só tem valor o que tem preço, capaz de acumular riquezas fabulosas nas mãos de poucos e transformar, com indiferença repugnante, uma boa parte da humanidade em população descartável, uma civilização tão predadora do homem e da natureza quanto sedutora pelo modo como penetra na nossa pele e nos prende a uma compulsão ideológica do consumo, quer possamos ou não consumir. Aqui o nosso senso comum diz-nos que só a longo prazo será possível modificar as coisas, tarefa de muitas gerações, centrada na educação para a paz e para a solidariedade, para a cidadania e para a racionalidade ambiental. E a angústia advém-nos de que neste caso estamos ainda mais desprovidos de instituições já que estas, sendo produto desta civilização, em nada nos podem ajudar a construir outra.

Perante estes sentimentos contraditórios de urgência e de mudança civilizacional, de curto prazo e de longo prazo, estamos mais sós do que nunca. E se ninguém pode pensar ou agir por nós, porque não começarmos a pensar com mais autonomia e a agir colectivamente com mais inovação e ousadia? Por mais contraditório que pareça, será em nós que tanto as acções urgentes como as mudanças civilizacionais começarão. Ou então não começarão nunca.

Visão, 16 de Agosto de 2007

LIXO E CIDADANIA

A crónica traz-nos a luta do Movimento Nacional de Catadores de Materiais Recicláveis no Brasil. Não se trata de um movimento isolado; encontramos congéneres em países como a Índia ou Colômbia, onde têm surgido exemplos de cooperativas de recicladores de lixo. A colecta de lixo reciclável representa uma actividade económica fundamental para milhares de famílias em situação de exclusão social e económica atroz que encontram nesta actividade o seu único meio de subsistência.

As cooperativas promovem lógicas de economia solidária, de auto-organização e de gestão participativa, contra as lógicas capitalistas de concorrência individual das empresas profissionais de recolha e reciclagem de lixo. Por oposição à concorrência entre catadores, que vendem as suas recolhas directamente às entidades de recicla-gem, as cooperativas funcionam como intermediários na venda com o objectivo de fazer subir o preço final. Retendo uma percentagem das receitas, oferecem serviços sociais aos quais de outra forma estas populações não conseguiriam aceder. Cursos de capacitação para a cidadania, políticas de escolarização, de acesso a serviços de saúde e a habitações sociais são exemplos das acções desenvolvidas. Nos últimos anos, a emergência de empresas profissionais de recolha e reciclagem de lixo e a preferência dada a estas pelas entidades públicas são uma ameaça a estes projectos solidários. A resposta das cooperativas tem a sua profissionalização, embora seja difícil fazer frente à concorrência das empresas capitalistas, equipadas com tecno-logias de ponta e com uma imagem mais "verde". | DANIEL NEVES

Acabo de participar, como conferencista, no 6º Festival do Lixo e Cidadania realizado em Belo Horizonte, por iniciativa do Movimento Nacional dos Cata-dores de Materiais Recicláveis (MNCR). Uma experiência surpreendente? e riquíssima. Surpreendente, porque juntou o mais desprezível (o lixo) com o mais precioso (a cidadania) num tipo de evento (festival) a que associamos celebração e alegria. Riquíssima, porque aprendi ou reaprendi incomparavel-mente mais do que ensinei.

Aprendi que os seres humanos, mesmo os mais excluídos e nas condições mais indignas – aqueles para quem o nosso lixo é um luxo e o endereço é um viaduto ou uma soleira de porta – não desistem de lutar por uma vida digna, assente na reivindicação de direitos de cidadania que, apesar de impunemente desrespeitados, lhes dão notícia da sua humanidade. São milhares de sombras móveis coladas a carroças desengonçadas que percorrem as cidades, atrapalhando os postais ilustrados e a indústria turística, populações descartáveis apesar de ganharem o seu sustento colectando para reciclagem o que descartamos como papel velho, vidro e plástico usados ou sucata.

Aprendi que muitas das lutas mais exigentes pela inclusão social exigem formas de organização e mobilização autónomas, já que as agendas dos partidos não contemplam as aspirações dos mais excluídos e os sindicados não reconhecem formas de trabalho que extravasam do modelo do capitalismo industrial. O MNCR agrega hoje centenas de organizações e cooperativas de que são membros cerca de 300 000 catadores. Por via da organização e mobilização resignificaram a sua auto-estima e identidade, passando de miseráveis comedores de lixo a uma ocupação profissional, a de "catador de material reciclável", reconhecida pelo Código Brasileiro de Ocupações sob o número 5192. São, pois, recicladores que reciclaram a sua própria vida. Aprendi que a sociedade de consumo em que vivemos – baseada na incessante fabricação de necessidades que não temos e no endividamento extremo que nos impede de satisfazer as que verdadeiramente temos – despreza o saber ecológico daqueles que transformam os restos do consumo em consumo sustentável de restos. Calcula-se que o mundo produz anualmente 1,84 biliões de toneladas de lixo por ano, a maior parte dele resíduos sólidos que, por falta de reaproveitamento, poluem a atmosfera e contaminam o solo e as águas subterrâneas. Nem mesmo os movimentos ambientalistas dos países com milhares de catadores de lixo se deram conta destes seus aliados naturais, certamente não pertencentes, como eles, à classe média e muito menos portadores de discursos que escondem com a beleza das palavras a sujidade do mundo.

Aprendi ainda que há uma alternativa à economia do egoísmo – que o capitalismo transformou no modo natural de fazer, ter e ser –, a economia do altruísmo, das cooperativas e das organizações económicas populares onde a rentabilidade está ao serviço do bem-estar e se inclui, dentro do tempo de trabalho, o tempo de alfabetização e de formação profissional, a ginástica para aliviar o stress muscular da especialização (separação, triagem e enfardamento de sucata) e a discussão sobre violações de direitos humanos no trabalho e em casa, nomeadamente a discriminação sexual e a violência doméstica. Neste domínio, há que registar a solidariedade prestada pelos serviços de extensão de universidades públicas que finalmente se deram conta que o seu futuro passa por um novo contrato social, não, como antes, vinculado às elites económicas, mas antes solidário com as classes populares e os cidadãos impotentes para fazer valer os seus direitos ante profissionais ininteligíveis e secretarias labirínticas.

Afinal, talvez eu já soubesse tudo isto. Apenas fiquei a saber melhor que os excluídos não precisam que lhes ensinem o que é uma vida digna. Precisam apenas de aliados que possam dar testemunho deles e, com isso, ampliar a sua voz e a sua luta. Suspeito que foi por isso que me convidaram.

Visão, 27 de Setembro de 2007

NEM TUDO O QUE LUZ É VERDE

Em 2007, um relatório para a OCDE, afirmou que os agrocombustíveis poderiam evitar, em 2050, 3% de emissões de CO2. Visto que se prevê o aumento da procura, os agrocombustíveis não reduziriam o consumo de petróleo abaixo do nível actual, apenas moderariam a procura. Num estudo de 2010, do International Food Policy Institute para a Comissão Europeia, a simulação da introdução de 5,6% de agrocombustíveis na meta europeia de 10% de energia renovável nos transportes rodoviários em 2020, trará resultados positivos. No entanto, se o consumo ultrapassar os 5,6%, subirão as emissões de CO2 relacionadas com as mudanças do uso da terra, e a sustentabilidade ambiental dos agrocombustíveis ficará posta em causa.

Apesar de tão limitados benefícios, e sérios danos ambientais, sociais e económicos comprovados, as áreas de expansão dos agrocombustíveis alargam-se: segundo um relatório de 2010 da Friends of the Earth, 1/3 da terra vendida ou cedida por longos periodos em África destina-se à produção de agrocombustíveis. A pressão sobre a terra atinge ecossistemas importantes e territórios indígenas e de comunidades locais, que não participaram em nenhum processo decisório relativo a esta opção.

Em contraponto a esta lógica, os movimentos sociais e ecológicos, demonstram a capacidade dos sistemas agrícolas ecológicos, de pequena dimensão, e produção diversificada, para construir e reforçar o direito à alimentação, ao trabalho digno, à participação, à justiça geracional, e a continuidade dos ciclos vitais da Terra. | Oriana Rainho Brás

A questão ambiental entrou finalmente no discurso público e na agenda política, o que não deixa de causar alguma surpresa aos activistas dos movimentos ecológicos, sobretudo àqueles que militam há mais tempo e se habituaram a ser apodados de utópicos e inimigos do desenvolvimento. A surpresa é tanto maior se se tiver em conta que o fenómeno não parece estar relacionado com uma intensificação extraordinária da militância ecológica. Quais, pois, as razões?

Ao longo das últimas quatro décadas, os movimentos ecológicos foram ganhando credibilidade à medida que a investigação científica foi demonstrando que muitos dos argumentos por eles invocados se traduziam em factos indesmentíveis – a redução e perda da biodiversidade, as chuvas ácidas, o aquecimento global, as mudanças climáticas, a escassez de água, etc. – que, a prazo, poriam em causa a sustentabilidade da vida na terra. Com isto, ampliaram-se os estratos sociais sensíveis à questão ambiental e a classe política mais esclarecida ou mais oportunista (ainda que por vezes disfarçada de sociedade civil, como é o caso de Al Gore) não perdeu a oportunidade para encontrar nessa questão um novo campo de actuação e de legitimação. Assim se explica o importante relatório sobre a "conta climática" de um economista nada radical, Nicholas Stern, encomendado por um político em declínio, Tony Blair. Neste processo foram "esquecidos" muitos dos argumentos dos ambientalistas, nomeadamente aqueles que punham em causa o modelo de desenvolvimento capitalista dominante. Este "esquecimento" foi fundamental para a segunda razão do actual boom ambiental: a emergência do ecologismo empresarial, das indústrias da ecologia (não necessariamente ecológicas) e, acima de tudo, dos agrocombustíveis cujos promotores preferem designar, et pour cause, como biocombustíveis.

As reservas que os movimentos sociais (ambientalistas e outros) levantam a este último fenómeno merecem reflexão tanto mais que, tal como aconteceu antes, é bem provável que só daqui a muitos anos (tarde demais?) sejam aceites pela classe política e opinião pública. A primeira pode formular-se como uma pergunta: é de esperar que as indústrias da ecologia resolvam o problema ambiental quando é certo que a sustentabilidade económica delas depende da permanente ameaça à sustentabilidade da vida na terra? A eficiência ambiental dos agrocombustíveis é uma questão em aberto que, aliás, se agravará com a "segunda geração de agrocombustíveis" que, entre outras coisas, inclui a introdução de plantas (árvores) geneticamente modificadas. Por outro lado, a produção dos agrocombustíveis (cana do açúcar, soja e palma asiática), como monocultura, usa fertilizantes, polui os cursos de água e é já hoje uma das causas da desflorestação, da subida do preço da terra e da emergência de uma nova economia de plantação, neocolonial e global. A segunda reserva está relacionada com a anterior e diz respeito ao impacto da expansão dos agrocombustíveis na produção de alimentos. No início de Setembro, o bushel de trigo (cerca de 36 litros) atingiu o preço record de 8 dólares na bolsa de mercadorias de Chicago. Más colheitas (derivadas das mudanças climáticas), o aumento da procura pela China e a Índia e a produção de agrocombustíveis foram as razões do aumento e a expectativa é de que a subida continue. O aumento do preço dos alimentos vai afectar desproporcionalmente populações empobrecidas dos países do Sul, pois gastam mais de 80% dos seus parcos rendimentos na alimentação. Ao decidir atribuir 7,3 biliões de dólares em subsídios para a produção de agrocombustíveis, os EUA produziram de imediato um aumento (que chegou a 400%) do preço do alimento básico dos mexicanos, a tortilla. Reside aqui a terceira reserva: os agrocombustíveis podem vir a contribuir para a desigualdade entre países ricos e países pobres. Enquanto na UE a opção pelos agrocombustíveis corresponde, em parte, a preocupações ambientais, nos EUA a preocupação é com a diminuição da dependência do petróleo. Em qualquer dos casos, estamos perante mais uma forma de proteccionismo sob a forma de subsídios à agroindustria, e, como a produção doméstica não é de nenhum modo suficiente, é, de novo, nos países do Sul que se vão buscar as fontes de energia. Se nada for feito, repetir-se-á a maldição do petróleo: a pobreza das populações em países ricos em recursos energéticos.

O que há a fazer? Critérios exigentes de sustentabilidade global; democratização do acesso à terra e regularização da propriedade camponesa; subordinação do agrocombustível à segurança e à soberania alimentares; novas lógicas de consumo (se a eficiência do transporte ferroviário é 11 vezes superior à dos transportes rodoviários, porque não investir apenas no primeiro?); alternativas ao mito do desenvolvimento e numa nova solidariedade do Norte para com o Sul. Neste domínio, o governo equatoriano acaba de fazer a proposta mais inovadora: renunciar à exploração do petróleo numa vasta reserva ecológica se a comunidade internacional indemnizar o país em 50% da perda de rendimentos derivados dessa renúncia.

Visão, 25 de Outubro de 2007

¿POR QUÉ NO TE CALLAS?

A Cimeira Iberoamericana de 2007 será relembrada por ter acontecido o inédito: no contexto de uma disputa entre o Presidente venezuelano Hugo Chavez e o Rei espanhol Juan Carlos. Este último, depois de ter mandado (sem conseguir) calar o primeiro, que exigia explicações acerca do envolvimento do governo espanhol na organização da tentativa de um golpe de Estado na Venezuela (2002) que pretendeu depô-lo, deixou duma forma nada "real" o lugar da reunião.

Este acontecimento é uma alegoria de uma desigualdade histórica solidificada, mas em mutação: diz respeito a uma lógica herdada do colonialismo, a uma cultura fundada numa visão hierárquica e assimétricas das relações que se pretendem reproduzir como algo natural. Mandar alguém calar-se realça um indisfarçado intuito de exercer poder na relação.

Porém, quando se manda alguém calar, pede-se, ao mesmo tempo, cumplicidade e aceitação da sujeição. Se isto não acontecer, quebra-se um equilíbrio. A época pós-colonial representaria a condição de reconfiguração cruzada das identidades culturais e dos equilíbrios internacionais. Mas governar com o silêncio dos governados (ou impor uma ordem do discurso sem negociação) é um vício dos autoritarismos e dos poderes ocultos que continua subjacente a muitas relações socioeconómicas e políticas contemporâneas.

Será que este incidente, que parece ter-se resolvido com um amável aperto de mãos e muita ironia recíproca sobre o assunto, se vai transformar numa simples anedota diplomática que acaba para encobrir o que tinha patenteado? | Vânia Baldi

Esta frase, pronunciada pelo Rei de Espanha, dirigindo-se ao Presidente Hugo Chávez durante a XVII Cimeira Iberoamericana, corre o risco de ficar na história das relações internacionais como um símbolo das contas por saldar entre as potências ex-colonizadoras e as suas ex-colónias. Não se imagina um chefe de Estado europeu a dirigir-se nesses termos publicamente a um seu congénere europeu quaisquer que tenham sido as razões do primeiro para reagir às afirmações do último. Como qualquer frase que intervém no presente a partir de uma história não resolvida, esta frase é reveladora a diferentes níveis.

Revela a dualidade de critérios na avaliação do que é ou não democrático. Está documentado o envolvimento do (então) primeiro-ministro de Espanha,

José Maria Aznar, no golpe de Estado que, em 2002, tentou depor um presidente democraticamente eleito, Hugo Chávez. E com a agravante que na altura a Espanha presidia à União Europeia. Para Chávez, Aznar, ao actuar desta forma, comportou-se como um fascista. Pode questionar-se a adequação deste epíteto. Mas haverá tanta razão para defender as credenciais democráticas de Aznar, como fez pateticamente Zapatero, sem sequer denunciar o carácter antidemocrático desta ingerência? Haveria lugar à mesma veemente defesa se o presidente eleito de um país europeu colaborasse num golpe de Estado para depor outro presidente europeu eleito? Mas a dualidade de critérios tem ainda uma outra vertente: a da avaliação dos factores externos que interferem no desenvolvimento dos países. Zapatero criticou aqueles que invocam factores externos para encobrir a sua incapacidade de desenvolver os países. Era uma alusão a Chávez e à sua crítica do imperialismo norte-americano. Podem criticar-se os excessos de linguagem de Chávez, mas não é possível fazer esta afirmação no Chile sem ter presente que ali, há trinta e quatro anos, um presidente democraticamente eleito, Salvador Allende, foi deposto e assassinado por um golpe de Estado orquestrado pela CIA e por Henry Kissinger. Tão pouco é possível fazê-lo sem ter presente que actualmente a CIA tem em curso as mesmas tácticas usando o mesmo tipo de organizações da «sociedade civil» para destabilizar a democracia venezuelana.

Tanto Zapatero como o Rei ficaram particularmente agastados pelas críticas às empresas multinacionais espanholas (busca desenfreada de lucros e interferência na vida política) feitas, em diferentes tons, pelos presidentes da Venezuela, Nicarágua, Equador, Bolívia e Argentina. Ou seja, os presidentes legítimos das ex-colónias foram mandados calar mas, de facto, não se calaram. Esta recusa significa que estamos a entrar num novo período histórico, o período pós-colonial, um período longo que se caracterizará pela afirmação mais vigorosa na vida internacional dos países que se libertaram do colonialismo europeu, assente na recusa das dominações neocoloniais que persistiram para além do fim do colonialismo. Isto explica porque é que a frase do Rei de Espanha, destinada a isolar Chávez, saiu pela culatra.

Mas «¿porqué no te callas?» é ainda reveladora a outros níveis. Saliento três.

1. A desorientação da esquerda europeia, simbolizada pela indignação oca de Zapatero, incapaz de dar qualquer uso credível à palavra «socialismo» e tentando desacreditar aqueles que o fazem. Pode questionar-se o «socialismo do século XXI» – eu próprio tenho reservas e preocupações em relação a desenvolvimentos recentes na Venezuela – mas a esquerda europeia deverá ter

A COR DO TEMPO QUANDO FOGE   343

a humildade para reaprender, com a ajuda das esquerdas latino-americanas, a pensar em futuros pós-capitalistas.

2. A frase espontânea do Rei de Espanha, seguida do acto insolente de abandonar a sala, mostrou que a monarquia espanhola pertence mais ao passado da Espanha que ao seu futuro. Se, como escreveu o editorialista de El País, o Rei desempenhou o seu papel, é precisamente este papel que mais e mais espanhóis põem em causa, ao advogarem o fim da monarquia, afinal uma herança imposta pelo franquismo.

3. Onde estiveram Portugal e o Brasil nesta Cimeira? Ao mandar calar Chávez, o Rei falou em família. O Brasil e Portugal são parte dela?

Visão, 22 de Novembro de 2007

SER REAL EM AL WALAJEH

Al Walajeh, Natal de 2010.
Várias centenas de pessoas associam-se numa marcha pacífica contra o reinício das obras de construção do Muro da Separação. Quando as obras terminarem Al-Walajeh ficará completamente cercada por uma barreira de nove metros de altura, isolada de Belém e Jerusalém. Os habitantes perderão praticamente todas as suas terras (500 hectares), o acesso a cuidados de saúde (não existem hospitais no perímetro interior) e o contacto com os seus familiares no exterior (está prevista uma única saída que será fortemente policiada limitando a circulação de pessoas e bens). O Muro em Al-Walajeh terá quase cinco mil metros de comprimento e passará ao lado de dezenas de casas, que serão demolidas. Os seus habitantes receberão posteriormente a conta respeitante aos custos da demolição, bem como uma multa pela ilegalidade da casa que acabaram de perder. Assim, enquanto o mundo assiste passivamente, os habitantes reais de Al-Walajeh tentam lutar contra o roubo das suas terras e destruição das suas propriedades, empunhando cartazes onde se lê: "Tudo o que queremos no Natal é o fim do apartheid".
Se o Muro for concluído, duas aldeias (Al-Walajeh e Jaba) ficarão completamente cercadas, transformando-se em imensas prisões a céu aberto e quatro outras aldeias (Battir, Husan, Nahhalin e Wadi Fukin) ficarão no perímetro exterior do muro passando a pertencer a Israel. Mais de 20 mil palestinianos serão forçados a abandonar suas casas e terras transformados em habitantes ilegais nas suas próprias aldeias. | MARGARIDA FILIPE GOMES

Segundo um dos grandes teólogos da libertação, o jesuíta Jon Sobrino – que escapou por sorte aos assassinos de Don Óscar Romero em El Salvador – o mundo em que vivemos hoje exige que sejamos reais. Ser real significa viver de tal maneira que não tenhamos de nos envergonhar por vivermos neste mundo. É uma exigência radical quando são tantos os motivos para nos envergonharmos e quando, para vencer a vergonha, seriam necessárias intervenções e mudanças de tal magnitude que a acção individual parece irrelevante, se não ridícula. Mas a exigência de sermos reais é ainda mais radical se tivermos em mente que muitos dos motivos de vergonha nos escapam, porque não sabemos deles, porque as vítimas deles são invisíveis, estão em silêncio ou silenciadas.

Entre tantos outros motivos, estou envergonhado por viver num mundo onde existe Al Walajeh.[1] Estamos no Natal. A 4 quilómetros da cidade onde nasceu Jesus Cristo está a pequena aldeia palestiniana de Al Walajeh. Não nos é fácil chegar lá e é ainda mais difícil aos seus habitantes saírem de lá: porque não querem sair de lá definitivamente e porque não podem sair de lá sempre que precisam de ir tratar de um assunto fora da aldeia. Antes da criação doEstado de Israel, em 1948, Al Walajeh era uma próspera e bela comunidade agrícola bordejada por suaves colinas revestidas com a floresta nativa da região.[2] Desde então, perdeu 75% da sua área, muitas das suas casas foram demolidas por ordem do município de Jerusalém, sob o pretexto de não terem licença de construção, e grande parte da sua floresta foi arrasada para criar as áreas onde foram sendo construídos os colonatos judeus. O pouco que restava acaba de ser destruído para construir mais uns quilómetros do novo Muro da Vergonha que, quando completado, terá cerca de 703 quilómetros. Al Walajeh é hoje um campo de concentração e os nomes desta cerca infame são, além do muro, os colonatos de Gilo, Har-Gilo e Giv'at Yael. As demolições continuam e algumas casas já foram demolidas várias vezes. O objectivo desta política de sistemática humilhação e destruição é levar os 1700 habitantes a abandonarem a aldeia. Mas eles recusam-se a fazê-lo porque foi aqui que nasceram tal como os seus antepassados.

Al Walajeh é o símbolo do sistema de *apartheid* e de limpeza étnica que o Estado de Israel tem vindo a consolidar na Palestina com total impunidade. É esta impunidade que me envergonha. E envergonha-me tanto mais quanto ela, apesar de monstruosa, ser apenas uma pequena peça de um sistema muito mais vasto de impunidades que está a pôr a ferro e fogo todo o Médio Oriente e, amanhã, talvez o mundo inteiro. No centro desse sistema está Israel com o apoio incondicional dos EUA, a cumplicidade cobarde da União Europeia e a corrupção dos líderes dos Estados árabes da região. Este sistema está à beira de um teste fundamental, o Irão. É sabido que os três últimos conflitos militares da região – Afeganistão (2001), Iraque (2003) e Líbano (2006) – fortaleceram muito mais o Irão que Israel. Por razões parcialmente diferentes – controlo do petróleo da Eurásia ou a segurança militar – nem aos EUA nem a Israel con-

---

[1] Al Walajeh, situada a cerca de 8 km de Jerusalém, possui uma história cujas origens remontam ao século XVI.

[2] O dia da Nakba – o dia da Catástrofe, é como os palestinos se referem à data da independência de Israel, que está na origem de um maciço processo de deslocamentos, perda de bens e amigos e da criação de uma imensa diáspora palestina.

vém um Irão forte e independente. Mas as estratégias para o conter podem, de momento, divergir devido sobretudo a condições internas. Os serviços secretos dos EUA – os mesmos que embarcaram nas falsidades de G. W. Bush para impor a invasão do Iraque a todo o custo – decidiram desta vez que seria demasiado perigoso arriscar uma Terceira Guerra Mundial, antecipada por Bush, com base em mais uma falsidade: a de que o Irão está à beira de ter uma bomba nuclear. A reacção violenta das autoridades israelitas mostra até que ponto pode ser destrutiva a sua paranóia securitária, a mesma que impedirá sempre a constituição de dois verdadeiros Estados na Palestina e muito mais um verdadeiro Estado pluricultural (a única solução justa). Como antes no Iraque e na Síria, Israel pode actuar "sozinho" mas as consequências são agora mais imprevisíveis. E não esqueçamos que a relativa diminuição da violência no Iraque se deve à intervenção directa do Irão.

Para que eu seja real, denuncio o que se passa em Al Walajeh e apelo ao boicote a Israel e deixo aos habitantes desta pequena aldeia dois sinais de esperança. Num relatório da ONU, de Fevereiro passado, afirma-se pela primeira vez que as políticas de Israel "se assemelham às do *apartheid*". Por outro lado, já por três vezes nos últimos anos, altos dirigentes israelitas desistiram de desembarcar num aeroporto europeu com medo de serem presos por acusações de crimes de guerra.

Visão, 20 de Dezembro de 2007

2008

*A transformação do trabalhador num mero factor de produção
e a transformação do imigrante em criminoso ou cidadão-fachada,
esvaziado de toda a sua identidade cultural, são as duas fracturas
tectónicas onde está a ser gerado o terramoto social e político
que vai assolar a Europa nas próximas décadas.
Vão surgir novas formas de protesto social,
muitas delas desconhecidas no século XX.*

A ÁFRICA PROVINCIANIZA A EUROPA

*Está em emergência um novo paradigma de relacionamento entre Europa-
-África. Todavia, o peso e a persistência da história teimam em ditar as regras
do jogo, insistindo em ditados neocoloniais, disfarçados num tom politicamente
correcto. Neste quadro decorreu a cimeira de Lisboa, em 2007, que marcou o fim
da última presidência portuguesa da União Europeia. No âmbito das ex-colónias
portuguesas em África, Cabo Verde foi privilegiado, com o apoio paternalista
à "Parceria Especial UE-CV". Esta reaproximação à Europa suscitou sérias
discussões: por um lado, a reflexão sobre a experiência de colonização; por outro, a
reflexão sobre o pragmatismo desenvolvimentista. Diante de debates exclusivistas
e dominantes, a dúvida é se este país serve de bom exemplo da forma como a África
interroga a Europa. Nos idos anos cinquenta, Nkrumah falava nos Estados
Unidos da África. Na verdade, o fortalecimento da União Africana possibilita
uma melhor afirmação africana. Assim, emergem sinais de provincialização do
eurocentrismo e de reconquista da dignidade humana no continente. A cimeira
de Trípoli em 2010, tendo como anfitrião o ex-líder líbio Kadhafi, trouxe um
sinal de mudança paradigmática: do lado europeu, traduziu-se nas renovadas
promessas de parceria Europa-África; do lado africano, foi notável a concentração
nas prioridades africanas: a rejeição da declaração conjunta sobre as alterações
climáticas, que foi denunciado como um documento que reflecte as prioridades
europeias, e a afirmação que África tem novos parceiros, como por exemplo, a
China.* | EURÍDICE MONTEIRO

Ao contrário do que tem sucedido nos media africanos, o fracasso da recente
Cimeira Europa-África não tem sido objecto de qualquer análise séria nos media
europeus. No contexto global em que vivemos, esta ausência é preocupante, pois
revela que a Europa ou nunca entendeu a África ou deixou de a entender. O silêncio afirma ruidosamente: "Isto é África. O que se espera?" E a pergunta é retórica.
Perante ela, os africanos perguntam-se perplexos: "Que Europa é esta que pensa
assim?" E, ao contrário dos europeus, procuram respostas já que, depois de
séculos de colonialismo, não se podem dar ao luxo de não entender a Europa.

Há um ditado africano que diz: "Enquanto a história da caça ao leão for con-
tada pelos caçadores, os leões serão sempre perdedores." O pouco de história de

África que os europeus conhecem é a história do caçador, a história europeia de África, e enquanto isto não mudar a África só confirmará aos europeus o que já "sabem" dela. Ou seja, nada que sirva para fundar outro tipo de relações que não as coloniais e as neocoloniais. Para começar, seria importante ter em mente que a recente cimeira ocorreu no seguimento de várias outras – a Cimeira África-EUA, em 2005, a Cimeira África-América Latina, em 2006, e a Cimeira África-China, em 2007 – e que todas elas, sobretudo as duas últimas, tiveram resultados palpáveis, apesar de terem ocorrido com parceiros para quem a África, até há pouco, era algo estranho e remoto. Ou seja, ao contrário da Europa, os novos parceiros não tiveram dificuldade em entender a nova África.

E o que é a nova África? É uma África que procura aprender as lições da globalização neoliberal para receber dela, não apenas os custos, como até aqui, mas também alguns benefícios. Para isso, tem de unir-se para que o mundo desenvolvido não continue a dividi-la, tal como o fez a geografia colonial. Está em curso um novo impulso de pan-africanismo, mais pragmático que o anterior, centrado em instituições novas ou renovadas, quer de âmbito continental (a União Africana), quer de âmbito regional (por exemplo, a Comunidade de Desenvolvimento da África Austral, SADC), apostado em resolver com recursos internos as crises que ocorrem (de Darfur ao Quénia, passando pela Guiné Bissau) e alimentando-se das vitórias que nascem da união. Em suma, a África sente que é preferível caminhar com os próprios pés, mesmo que sangrem, do que com muletas, mesmo que de ouro.

Por outro lado, a nova África interroga-se hoje intensamente sobre donde vem. De algum tempo a esta parte, está em curso uma revisão profunda da história do colonialismo que envolve uma reflexão sobre a África pré-colonial. O debate é intenso mas emerge dele um sentimento de que a África não pode desperdiçar nenhuma originalidade ou experiência histórica africana, mesmo que ela tenha sido desvirtuada e manipulada pelo colonialismo. Daí uma reavaliação dos sistemas de governo tradicionais (as autoridades tradicionais) e o modo como podem ser postos ao serviço de uma democracia que não seja apenas uma imitação ou imposição ocidental. Como construir uma cidadania articulada com as fortes pertenças comunitárias, sobretudo quando se sabe que um Estado-Providência tipo europeu, mesmo se desejado, é objectivo distante? Como conceber um Estado que saiba articular várias fontes de legitimidade para estar mais próximo dos cidadãos e não cair na voracidade da corrupção, tantas vezes induzida de fora? A questão da relação entre cidadania e etnicidade torna-se premente. Mas os africanos sabem que por detrás do "tribalismo" de que a África é acusada pelo Norte desenvolvido, está o verdadeiro tribalismo, o tribalismo que divide a África em duas tribos: a dos que têm tudo e a dos que não têm nada, a imensa maioria. É neste tribalismo profundo que assenta o tribalismo que interessa aos media ocidentais. Violência no Quénia? "Isto é África. O que se espera?" E a estrondosa derrota de Thabo Mbeki, presidente da África do Sul, no recente Congresso do Partido do Congresso Nacional Africano (ANC), ante o seu opositor Jacob Suma, e o modo como o tsunami Zuma foi absorvido pela democracia sul-africana? Também isso é "Isto é África. Que se espera?"?

A imaginação catastrófica do Ocidente não sabe ler África senão através de metáforas apocalípticas, como genocídio e limpeza étnica. Se procurasse entender, veria que por detrás da violência estão conflitos de terra e pelo controlo de recursos naturais, muitos deles resultados de tortuosas heranças coloniais, outros assentes em lutas pelo controlo político e territorial pós-independência, mascaradas de nacionalismo e de identidade nacional. É, pois, a tribo dos camponeses pobres, expulsos das suas terras, tantas vezes em nome de mega-projectos de grandes empresas multinacionais europeias, financiados pelo Banco Mundial e com a conivência de elites políticas corruptas, é essa tribo que está por detrás dessa violência. E também em relação a ela a Europa não se pode considerar inocente. A politização da etnicidade foi fortemente manipulada pelo colonialismo e, depois das independências, se as potências colonizadoras tivessem cumprido os compromissos assumidos de facilitar a reforma agrária, a tribo dos camponeses pobres não existiria hoje. De África, a Europa só vê as realidades que confirmam a sua nostalgia da visão colonial.

Visão, 17 de Janeiro de 2008

É A SAÚDE, ESTÚPIDO!

Os movimentos sociais pela saúde inserem-se numa crítica à economia política dominante cujos impactos se fazem sentir, de especial modo, na área da saúde. O anúncio da reforma do sistema de saúde português por Correia de Campos, em 2005, despoletou por todo o país a organização de inúmeros movimentos sociais e de protesto que lutaram pela manutenção de serviços de saúde, incluindo os de atendimento permanente e maternidades. Nesses movimentos participaram políticos, profissionais, utentes, administradores e académicos. Ao longo de quase dois anos, debates, reuniões, cartas abertas e petições ao Governo que ascendiam, em diversos casos, às 15 mil assinaturas, mostraram como esta reforma limitava o acesso, a igualdade e o direito à saúde. No início de 2008, Correia de Campos demitiu-se, relegando todavia a possibilidade de inflexão política ou reconfiguração técnica da reforma. O tema da saúde pública continua na ordem do dia, com o início das audiências no supremo tribunal para decidir da constitucionalidade da reforma da saúde proposta por Obama. Em Portugal, o orçamento de 2012 para o Ministério da Saúde tem menos 710 milhões disponíveis para gastar, numa perda de 8% das despesas consolidadas, que ficam abaixo de 8 mil milhões de euros. A redução de 9,1% do Serviço Nacional de Saúde é a que mais contribui para este emagrecimento com consequências dramáticas na qualidade de vida da população. | ÂNGELA MARQUES FILIPE

Ficou famosa a frase «*It's the economy, stupid*», pronunciada em 1992 por Bill Clinton para explicar aos republicanos as razões da sua vitória eleitoral. Com ela queria dizer que as preocupações principais dos norte-americanos tinham a ver com o estado da economia e com o modo como este se traduzia no seu bem-estar. E por isso uma das suas promessas eleitorais prioritárias era a criação de um sistema de saúde universal, que se aproximasse dos sistemas de saúde da Europa e do Canadá e que acabasse com o escândalo de no país mais rico do mundo cerca de 30 milhões de cidadãos não terem qualquer protecção na saúde. Como é sabido, as grandes empresas da indústria da saúde (das empresas hospitalares, às seguradoras, à indústria farmacêutica e de meios de diagnóstico) moveram uma das guerras mediáticas mais agressivas de que há memória contra a "medicina socialista" de Clinton e a proposta caiu. Hoje são 49 milhões os norte-americanos sem qualquer protecção. Não havendo sistema público senão para os idosos, os trabalhadores dependem da disponibilidade dos patrões para agregarem o seguro ao contrato de trabalho e tal disponibilidade é cada vez mais escassa. Não é, pois, por acaso, que os candidatos do partido democrático, Barak Obama e Hillary Clinton, voltem a pôr no centro dos seus programas eleitorais o financiamento público da cobertura universal dos meios de saúde.[1] Mais do que irónico é trágico que em Portugal se esteja a tentar destruir aquilo que o povo norte-americano tanto aspira. Mais trágico ainda é que, neste domínio, haja desde 2002, com o governo de Durão Barroso, uma continuidade mal disfarçada entre as políticas do Partido Social Democrático (PSD) e do Partido Socialista (PS). Descartada a retórica, os objectivos do ministro da saúde de Durão Barroso, Luís Filipe Pereira, e do exministro Correia de Campos são os mesmos: privatizar o bem público da saúde, transformando-o num lucrativo sector de investimentos de capital (como dizia recentemente, um quadro de uma grande empresa de saúde: "mais lucrativo que o negócio da saúde, só o negócio das armas"); transformar o Serviço Nacional de Saúde (SNS) num sistema residual, tecnológica e humanamente descapitalizado, proporcionando serviços de baixa qualidade às populações pobres da sociedade; definir a eficiência em termos de custos e não em termos de resultados clínicos (levado ao paroxismo pela decisão do ex-ministro socialista de limitar o aumento da produção cirúrgica nos hospitais para não aumentar a despesa); eliminar qualquer participação dos cidadãos na formulação das políticas de saúde para poder impor rápida e drasticamente três palavras de ordem: privatizar, fechar, concentrar; promover parcerias público/privado em que todos os riscos são assumidos pelo Estado e as derrapagens financeiras não contam como desperdício ou ineficiência (já que uma e outra são um exclusivo do sector público).

A Correia de Campos, apenas devemos reconhecer a coerência. Desde que passou pelo Banco Mundial assumiu-se como coveiro do Estado Social, seja na saúde ou na segurança social. Na Comissão do Livro Branco da Reforma da Segurança Social, a que pertenci, verifiquei com espanto que os seus aliados na comissão não eram os socialistas, eram precisamente Luís Filipe Pereira (que pouco depois quis privatizar a saúde) e Bagão Félix (que, desde sempre quis privatizar a segurança social). Alguém se recorda que a criação do SNS em 1979

---

[1] Em 2012 foi finalmente aprovada a lei da reforma de saúde, proposta pelo governo democrático liderado pelo Presidente Obama.

esteve na origem do abandono por parte do CDS[2] da coligação que sustentava o governo do partido socialista? Portanto, de duas uma, ou o PS abandonou os seus princípios ou Correia de Campos está no partido errado? A sua recente demissão parece apontar para a segunda opção mas só a política concreta da nova ministra confirmará ou não se afinal não estamos perante a primeira opção.

Para que esta primeira opção não se confirme é necessário que a actuação do governo se paute, por obras e não por palavras, pelos seguintes princípios.

O SNS é um dos principais pilares da democracia portuguesa, e a ela se devem os enormes ganhos de desenvolvimento humano nos últimos trinta anos; qualquer retrocesso neste domínio é um ataque à democracia. O Serviço Nacional de Saúde é um factor decisivo da gestão territorial do país (o país não termina a 50 km da costa). O SNS é um serviço financiado por todos, ao serviço e gerido em função dos ganhos de saúde e de modo a eliminar desperdícios. Nos critérios de eficiência, inclui-se a eficiência na vida dos doentes cujo atendimento pontual é fundamental para que não se perca uma manhã num acto médico que dura 20 minutos. É urgente modernizar o SNS no sentido de o aproximar dos cidadãos tanto na prestação dos cuidados como na gestão dos serviços (participação dos cidadãos e das associações de doentes na concretização do direito à saúde deve ser incentivada). Promover a todo o custo o regime de exclusividade e terminar com a escandalosa promiscuidade entre a medicina pública e privada para que, por exemplo, não se continuem a acumular fortunas fabulosas com base nas listas de espera ou na falta de equipamentos. Promover a estabilidade e as carreiras, apostar na inovação técnica e científica e democratizar o acesso às faculdades públicas de Medicina. E sobretudo tornar claro o carácter complementar do sector privado antes que os grupos económicos da saúde (Grupo Mello, BES, BPN/GPS, CGD/HPP, etc.) tenham suficiente poder para serem eles próprios a definir as políticas públicas de saúde e, portanto, para bloquear quaisquer medidas que afectem as suas taxas de juro. Quando tal acontecer serão eles a dizer: "É a saúde, estúpido!", a saúde dos seus negócios, não a dos cidadãos estúpidos.

Visão, 14 de Fevereiro de 2008

---

[2] Desde 1992 conhecido por CDS-PP (Centro Democrático Social – Partido Popular), designação que lhe foi atribuída por Manuel Monteiro (presidente do partido de 1992 a 1998).

LIBERTEM A LÍNGUA

Aprovado e ratificado pelo Parlamento Português em Maio de 2008, o "Acordo Ortográfico" suscitou ampla discussão pública e despertou um sentimento generalizado de resistência por parte da sociedade portuguesa. Um dos aspectos que poderá explicar esta resistência é a ambiguidade das relações entre Portugal e o Brasil, marcadas pelo colonialismo e a sua inversão. Actualmente, o Brasil assume-se como uma das potências no sistema mundial, enquanto Portugal permanece na semiperiferia, um país e/imigrante, "qualquer coisa de intermédio" entre o papel de país europeu e vanguardista e ex-colonizador em declínio. Isto cristaliza-se na ideia de "rendição ao Brasil" que enforma a discussão sobre o Acordo – não a ideia de ser contra uma unificação linguística, mas contra um acordo que parece colocar Portugal numa posição de subjugação face a uma ex-colónia.

Simultaneamente, esta discussão binária exclui os restantes seis países de língua oficial portuguesa, uma ausência bem presente nos jornais portugueses que apenas se referem a estes países enquanto passivos ratificadores, encobrindo outras vozes que não as do debate luso-brasileiro. O que prevaleceu nesta negociação foi, afinal, interesses político-económicos, em nome da diplomacia transatlântica, em vez de se procurar valorizar a diversidade identitária, linguística e cultural das línguas portuguesas. As discussões que até hoje envolvem o Acordo testemunham a actualidade da crónica. | RITA GRÁCIO

Sendo a ortografia uma pequena dimensão da vida da língua, seria legítimo esperar que não fosse necessário o acordo ortográfico ou que, sendo-o, pudesse ser celebrado sem dificuldade nem drama. No caso da língua portuguesa assim não é, e há que reflectir porquê. A razão fundamental reside no fantasma do colonialismo inverso que desde há séculos assombra as relações entre Portugal e o Brasil. Durante séculos, a única colónia com propósitos de ocupação efectiva no império português, o Brasil, foi sempre e simultaneamente um tesouro e uma ameaça grandes de mais para Portugal. Depois de um curto apogeu no século XVI, Portugal foi durante toda a modernidade ocidental capitalista um país semiperiférico, isto é, um país de desenvolvimento intermédio, desprovido dos recursos políticos, financeiros e militares que lhe permitissem controlar eficazmente o seu império e usá-lo para seu exclusivo benefício. Teve, pois, de o partilhar desde cedo com as outras potências imperiais europeias, e foi por conveniência destas que ele se manteve até tão tarde. A partir do século XVIII, Portugal foi simultaneamente o centro de um império e uma colónia informal da Inglaterra. À semiperifericidade de Portugal correspondeu a semicolonialidade do Brasil, tão bem analisada por António Cândido, a ideia contraditória de um país mal colonizado e superior ao colonizador, um país que resgatou a independência de Portugal e que, logo depois da sua própria independência, foi visto como uma ameaça aos interesses de Portugal em África.

A relação colonizador-colonizado entre Brasil e Portugal foi sempre uma relação à beira do colapso ou à beira da inversão. Até hoje. É essa indefinição que torna tão necessário quanto difícil o acordo ortográfico. Do lado português, a posição ante o acordo assenta sempre na ideia de "rendição ao Brasil", tanto para o aceitar como para o recusar. Em ambos os casos, o fantasma do colonialismo do inverso, em vez da ideia libertadora do inverso do colonialismo.

Acontece que hoje a inconsequência do acordo tem consequências que não tinha, por exemplo, em 1911. Em 1911, o acordo teve lugar entre dois países em que a língua portuguesa era a língua natural. No caso português, o colonialismo proibia que as línguas nacionais faladas nas colónias fossem um problema linguístico, no caso do Brasil, o colonialismo interno impedia que as línguas indígenas existissem. Portugal considerava-se o dono da língua portuguesa, mas porque não o era de facto, o acordo só começou a ser implementado em 1931.

Hoje são oito os países de língua portuguesa, e em seis deles a língua portuguesa coexiste com outras línguas nacionais, algumas delas mais faladas que o português. Nestes países, o contexto da política da língua é muito mais complexo. Mexer no português só faz sentido se se mexer nas línguas nacionais, e mexer nestas, em países que há pouco saíram de uma guerra civil, pode ter consequências bem mais graves que as do drama bufo luso-brasileiro. Por estas razões, deviam ser estes países a decidir o desacordo, mas pelas mesmas razões é pouco provável que aceitassem tal magnanimidade.

Neste contexto, a língua portuguesa deve ser deixada em paz, entregue à turbulência da diversidade que torna possível que nos entendamos todos em português. Revejo-me, pois, no comentário irónico e contraditório de Fernando Pessoa aos acordos ortográficos, escrito em 1931, ano em que se implementava o acordo de 1911: *"Odeio... não quem escreve em orthographia simplificada, mas a pagina mal escrita, como pessoa propria, a syntaxe errada, como gente em que se bata, a orthographia sem ipsilon, como o escarro directo que me enoja independentemente de quem o cuspisse.*

Sim, porque a orthographia também é gente. A palavra é completa vista e ouvida. E a gala da translitteração greco-romana veste-m'a do seu vero manto regio, pelo qual é senhora e rainha".

Apesar de transcrito na ortografia de Pessoa, foi difícil entender este passo?

Visão, 17 de Abril de 2008

A FOME INFAME

O ano de 2008 ficou marcado por revoltas por pão, pela fome colectiva, pela exclusão alimentar e incapacidade/impedimento dos "pobres" governarem a sua alimentação através do poder de compra. O fenómeno não era recente, como nos queriam fazer crer, nem tão pouco resultante de escassez alimentar provocada por alterações climáticas. A febre desenvolvimentista com origens nos anos 80, estimulada pelo Fundo Monetário Internacional (FMI) e Banco Mundial (BM), assente na substituição da agricultura de subsistência pela produção intensiva para exportação e que apregoava soluções tecnológicas de produção para resolver a fome global ditou, afinal, a especulação financeira dessa mesma fome, transformada em negócio.

Vivendo já grande parte da população mundial muito abaixo do limiar da pobreza (22% em 2008, segundo dados do BM), a explosão especulativa dos preços dos cereais de curto-prazo, na primeira década do século XXI, foi devastadora. Milhões de pessoas em todo o mundo passaram a estar impossibilitadas de adquirir alimentos para a sua sobrevivência. Estas subidas foram acompanhadas por manifestações, greves e confrontos em quase todo o mundo.

Sem acções de resistência e perante a aparente ausência de alternativas, a terapêutica apresentada como solução de urgência pelo FMI/BM (mais empréstimos para "incentivos à agricultura", desde que os países obedeçam à agenda política neoliberal) corresponderá, de facto, a uma proposta de agravamento das causas da pobreza. | Tatiana Moura

Há muito conhecido dos que estudam a questão alimentar, o escândalo finalmente estalou na opinião pública: a substituição da agricultura familiar, camponesa, orientada para a auto-suficiência alimentar e os mercados locais, pela grande agro-indústria, orientada para a monocultura de produtos de exportação (flores ou tomates), longe de resolver o problema alimentar do mundo, agravou-o. Tendo prometido erradicar a fome do mundo no espaço de vinte anos, confrontamo-nos hoje com uma situação pior do que a que existia há quarenta anos. Cerca de um sexto da humanidade passa fome; segundo o BM, 33 países estão à beira de uma crise alimentar grave; mesmo nos países mais desenvolvidos os bancos alimentares estão a perder as suas reservas; e voltaram as revoltas da fome que em alguns países já causaram mortes. Entretanto, a ajuda alimentar da Organização das Nações Unidas (ONU) está hoje a comprar a 780 dólares a tonelada de alimentos que no passado mês de Março comprava a 460 dólares. A opinião pública está a ser sistematicamente desinformada sobre esta matéria para que se não dê conta do que se está a passar. É que o que se está a passar é explosivo e pode ser resumido do seguinte modo: a fome do mundo é a nova grande fonte de lucros do grande capital financeiro e os lucros aumentam na mesma proporção que a fome. A fome no mundo não é um fenómeno novo. Ficaram famosas na Europa as revoltas da fome (com o saque dos comerciantes e a imposição da distribuição gratuita do pão) desde a Idade Média até ao século XIX.

O que é novo na fome do século XXI diz respeito às suas causas e ao modo como as principais são ocultadas. A opinião pública tem sido informada que o surto da fome está ligado à escassez de produtos agrícolas, e que esta se deve às más colheitas provocadas pelo aquecimento global e às alterações climáticas; ao aumento de consumo de cereais na Índia e na China; ao aumento dos custos dos transportes devido à subida do petróleo; à crescente reserva de terra agrícola para produção dos agrocombustíveis.

Todas estas causas têm contribuído para o problema, mas não são suficientes para explicar que o preço da tonelada do arroz tenha triplicado desde o início de 2007. Estes aumentos especulativos, tal como os do preço do petróleo, resultam de o capital financeiro (bancos, fundos de pensões, fundos *hedge* [de alto risco e rendimento]) ter começado a investir fortemente nos mercados internacionais de produtos agrícolas depois da crise do investimento no sector imobiliário.

Em articulação com as grandes empresas que controlam o mercado de sementes e a distribuição mundial de cereais, o capital financeiro investe no mercado de futuros na expectativa de que os preços continuarão a subir, e, ao fazê-lo, reforça essa expectativa. Quanto mais altos forem os preços, mais fome haverá no mundo, maiores serão os lucros das empresas e os retornos dos investimentos financeiros. Nos últimos meses, os meses do aumento da fome, os lucros da maior empresa de sementes e de cereais aumentaram 83%. Ou seja, a fome de lucros da Cargill[1] alimenta-se da fome de milhões de seres humanos. O escândalo do enriquecimento de alguns à custa da fome e subnutrição de milhões já não pode ser disfarçado com as "generosas" ajudas alimentares. Tais ajudas são

[1] A Cargill é uma multinacional americana envolvida na produção e comercialização de alimentos, produtos agrícolas e industria alimentar.

uma fraude que encobre outra maior: as políticas económicas neoliberais, que há trinta anos têm vindo a forçar os países do terceiro mundo a deixar de produzir os produtos agrícolas necessários para alimentar as suas próprias populações e a concentrar-se em produtos de exportação, com os quais ganharão divisas que lhes permitirão importar produtos agrícolas... dos países mais desenvolvidos. Quem tenha dúvidas sobre esta fraude que compare a recente "generosidade" dos EUA na ajuda alimentar com o seu consistente voto na ONU contra o direito à alimentação reconhecido por todos os outros países.

O terrorismo foi o primeiro grande aviso de que se não pode impunemente continuar a destruir ou a pilhar a riqueza de alguns países para benefício exclusivo de um pequeno grupo de países mais poderosos. A fome e a revolta que acarreta parece ser o segundo aviso. Para lhes responder eficazmente será preciso pôr termo à globalização neoliberal, tal como a conhecemos. O capitalismo global tem de voltar a sujeitar-se a regras que não as que ele próprio estabelece para seu benefício. Deve ser exigida uma moratória imediata nas negociações sobre produtos agrícolas em curso na Organização Mundial do Comércio. Os cidadãos têm de começar a privilegiar os mercados locais, recusar nos supermercados os produtos que vêm de longe, exigir do Estado e dos municípios que criem incentivos à produção agrícola local, exigir da União Europeia e das agências nacionais para a segurança alimentar que entendam que a agricultura e a alimentação industriais não são o remédio contra a insegurança alimentar. Bem pelo contrário.

Visão, 8 de Maio de 2008

A CULTURA DO LUDÍBRIO

Já em 1938, com a emissão radiofónica de A Guerra dos Mundos, Orson Welles nos dava os primeiros sinais da influência que os meios de comunicação social podem exercer sobre as audiências. Que resultado teria hoje esta transmissão? Duvidaríamos da notícia ou entraríamos em pânico, como os ouvintes americanos há mais de 70 anos?

À data desta crónica, já eram bem mais as certezas do que as dúvidas sobre a inexistência de armas de destruição maciça no Iraque. Mas enquanto subsistiu, a crença na existência de tais armas dependeu em larga medida da actuação dos média e dos profissionais do jornalismo. Depois do lançamento da polémica auto-biografia do ex-presidente Bush (2010), não há dúvidas que resistam. Mas mais interessante do que esta já conhecida conclusão é uma vez mais a acção dos media, que agora acusam Bush de plágio, parodiam a forma como o ex-presidente se descreve e desconfiam da maior parte das suas declarações.

Este discurso jornalístico, como outros discursos modernos ocidentais, produz uma série de visibilidades e invisibilidades, de presenças e ausências nas formas de conceber e apresentar o mundo. Estas distinções são ainda mais fortes quando do lado da invisibilidade estão aqueles que receamos porque não conhecemos: sejam o Iraque, o Irão o Afeganistão ou a Líbia. Por esta razão cabe aos jornalistas contribuir para um mundo menos opaco, onde informações imparciais e trans-parentes permitam atenuar os desconhecimentos entre diferentes povos, regimes políticos e concepções sobre o mundo. Mas até que este projecto se concretize, mais vale não acreditar em tudo o que lemos ou ouvimos. Até Orson Welles já sabia que o mundo parecia ser alimentado por tudo o que saía daquela máquina (hoje, os sistemas globais de informação) e nem tudo o que de lá sai é necessariamente verdade. | CARINA SOUSA GOMES

O ex-secretário de imprensa do Presidente Bush, Scott McClellan, acaba de publicar um livro intitulado *"O que Aconteceu: Dentro da Casa Branca de Bush e a Cultura do Ludíbrio em Washington"*. O furor político e mediático que causou decorre de duas revelações: quando ordenou a invasão do Iraque, a Adminis-tração Bush sabia que o Iraque não tinha armas de destruição maciça (ADM) e montou uma poderosa "campanha de propaganda" para levar a opinião pública norte-americana e mundial a aceitar uma "guerra desnecessária"; os grandes meios de comunicação foram "cúmplices activos" dessa campanha, não só porque não questionaram as fontes governamentais como porque incendiaram o fervor patriótico e censuraram as posições cépticas contrárias à guerra.

Estas revelações e as reacções que causaram têm implicações que as transcendem. Antes de tudo, é surpreendente todo este escândalo, pois as revelações não trazem nada de novo. As informações em que assentam eram conhecidas na altura da invasão a partir de fontes independentes. Nelas me baseei para justificar nesta coluna a minha total oposição à guerra que, além de "desnecessária", era injusta e ilegal. Isto significa que as vozes independentes foram estigmatizadas como sendo ideológicas e anti-patrióticas, tal como hoje criticar Israel equivale a ser considerado anti-semita. Em 2001, no Egipto, e antes da máquina de propaganda ter começado a devorar a verdade, o próprio Secretário de Estado Colin Powell dissera que não havia nenhuma informação sólida de que o Iraque tivesse armas de destruição maciça.

Isto me conduz à segunda implicação destas revelações: o futuro do jornalismo. A máquina de propaganda do Departamento de Defesa norte-americano assentou em três tácticas: impor a presença de generais na reserva em todos os noticiários televisivos cujas intervenções tinham como objectivo demonstrar a existência das armas de destruição maciça; ter todos os media sob observação e telefonar aos seus directores ou proprietários ao mínimo sinal de cepticismo ou oposição à guerra; convidar jornalistas de confiança de todo o mundo (também de Portugal) para serem convencidos da existência das armas de destruição maciça e regressarem aos seus países possuídos da mesma convicção belicista. Vimos isso trágica e grotescamente no nosso país. A verdade é que em Washington e em todo o país circulavam nos media independentes informações que contradiziam a lavagem ao cérebro, muitas delas provindas de generais e de antigos altos funcionários da Casa Branca. Porque não ocorreu a esses jornalistas amigos fazer uma verificação cruzada das fontes como lhes exigia o código deontológico?

Para o bem do jornalismo, alguns deles procuraram resistir à pressão e sofreram as consequências. Jessica Yellin, hoje na CNN, e na altura no canal ABC, confessou publicamente que os directores e donos do canal a pressionaram para escrever histórias a favor da guerra e censuraram todas as que eram mais críticas. Um produtor foi despedido por propor um programa com metade de posições a favor da guerra e metade de posições contra. Quem resistiu foi considerado anti-patriótico e amigo dos terroristas. Isto mesmo aconteceu no nosso país.

A COR DO TEMPO QUANDO FOGE 363

Quantos jornalistas não foram sujeitos à mesma intimidação? Quantos artigos de opinião contrários à guerra foram rejeitados? E os que escreveram propaganda e intimidaram subordinados alguma vez se retrataram, pediram desculpa, foram demitidos? É que eles colaboraram para que um milhão de iraquianos fossem mortos, dezenas de milhares de soldados norte-americanos fossem feridos e mortos e um país fosse totalmente destruído. Tudo isto terá sido preço, não da democracia – ridículo conceber como democrático este Estado colonial e mais fracturado que a Somália – mas sim do controle das reservas do petróleo do Golfo e da promoção dos interesses do petróleo, da indústria militar e de reconstrução em que os donos dos media têm fortes investimentos.

Para disfarçar o problema moral dos cúmplices da guerra e da destruição, um comentador de direita do nosso país socorreu-se recentemente da mais desconcertante e desesperada justificação da guerra: se não havia armas de destruição maciça, havia pelo menos a convicção de que elas existiam. Ora o livro de McClellan acaba de lhe retirar este argumento. De qual se socorrerá agora? O trágico é que a "máquina" de propaganda continua montada e está agora dirigida ao Irão. O seu funcionamento será mais difícil e sê-lo-á tanto mais quanto melhores condições tiverem os jornalistas para cumprir o seu código deontológico.

Visão, 5 de Junho de 2008

TERRAMOTO DE LONGA DURAÇÃO

A pertinência da análise é confirmada por Mário Draghi. O antigo vice-presidente da Goldman Sachs International, agora no comando do Banco Central Europeu (BCE), afirmou recentemente que o modelo social europeu está morto. Estas declarações são performativas, ou seja, ajudam a criar a realidade que supostamente se limitam a descrever. Isto porque o BCE tem poder monetário, mas não tem controlo democrático, o que significa que está subordinada às fracções mais poderosas do capital europeu, fazendo de tudo para salvar o capital financeiro e para transferir os custos sociais por este gerados para grupos sociais e países subalternos. Na realidade, a erosão do Estado-Providência, essa ilha de decência no capitalismo europeu, está inscrita na arquitectura de um euro feito para fazer da desvalorização salarial e social, directa e indirecta, a variável de ajustamento em contexto de crise económica. Um euro que gerou assimetrias insustentáveis e que privou os Estados de instrumentos de política sem os recriar na escala da moeda. Paradoxalmente, esta arquitectura corre o risco de se autodestruir, até porque os direitos sociais, indissociáveis do direito do trabalho, são um dos mais poderosos estabilizadores económicos. As elites europeias podem ter hoje todos os instrumentos para aprofundar a sua luta de classes na Europa, mas não sabem que este projecto não vai funcionar apenas porque os movimentos sociais ainda não têm força suficiente para lhes ensinar. | JOÃO RODRIGUES

Um terramoto assola a Europa. Não é detectável nos sismógrafos convencionais porque tem um tempo de desenvolvimento atípico. Não ocorre em segundos se não em anos ou talvez décadas. Consiste na convulsão social e política que vai decorrer da destruição progressiva do chamado modelo social europeu – uma forma de capitalismo muito diferente da que domina os EUA – assente na combinação virtuosa entre elevados níveis de produtividade e elevados níveis de protecção social, entre uma burguesia comedidamente rica e uma classe média comedidamente média ou remediada; na eficácia de serviços públicos universais; na consagração de um direito de trabalho que, por reconhecer a vulnerabilidade do trabalhador individual frente ao patrão, confere níveis de protecção de direitos superiores aos que são típicos no direito civil; no acolhimento de emigrantes baseado no reconhecimento da sua contribuição para o desenvolvimento europeu, e das suas aspirações à plena cidadania com respeito pelas diferenças culturais.

A destruição deste modelo é crescentemente comandada pelas instituições da União Europeia e pelas orientações da OCDE.[1] Três exemplos recentes e elucidativos. A directiva europeia que permite o alargamento da semana de trabalho até às 65 horas. A chamada directiva de retorno, aprovada pelo Parlamento Europeu, que permite a detenção de imigrantes indocumentados até dezoito meses, incluindo crianças, o que virtualmente cria o delito de imigração. As alterações ao Código do Trabalho em vias de serem aprovadas no nosso país, cujos principais objectivos são: baixar os níveis de protecção ao trabalhador consagrados no direito do trabalho, já de si baixos pelos níveis de violação consentida; transformar o tempo de trabalho num banco de horas gerido segundo as conveniências da produção por maiores que sejam as inconveniências causadas ao trabalhador e à sua família e com o objectivo de eliminar o pagamento das horas extraordinárias; desarticular o movimento sindical através da possibilidade da adesão individual às convenções colectivas por parte de trabalhadores não sindicalizados, o que objectivamente abre as portas a todo o sindicalismo dependente e de conveniência.

Há em comum nestas medidas dois factos que escapam por agora à opinião pública. O primeiro é que, ao contrário do que aconteceu na legislação europeia anterior (que procurou harmonizar pela bitola dos países com protecção mais elevada), a actual legislação visa harmonizar por baixo, transformando os países mais repressivos em exemplos a seguir. O segundo facto é o objectivo de fazer convergir o modelo capitalista europeu com o norte-americano. A miragem das elites tecno-políticas europeias – muitas delas formadas em universidades norte-americanas – é que a Europa só poderá competir globalmente com os EUA na medida em que se aproximar do modelo de capitalismo que garantiu a hegemonia mundial deste país durante o século XX. Trata-se de uma miragem porque concebe como causas da hegemonia norte-americana o que os melhores economistas e cientistas sociais dos EUA concebem hoje como causas do declínio da hegemonia norte-americana, fortemente acentuado nas duas últimas décadas.

A transformação do trabalhador num mero factor de produção e a transformação do imigrante em criminoso ou cidadão-fachada, esvaziado de toda a sua identidade cultural são as duas fracturas tectónicas onde está a ser gerado o

---

[1] Organização para a Cooperação e Desenvolvimento Económico integrando os países considerados mais desenvolvidos.

terramoto social e político que vai assolar a Europa nas próximas décadas. Vão surgir novas formas de protesto social, muitas delas desconhecidas no século XX. A vulnerabilidade do Estado será visível em muitas delas, tal como aconteceu com a greve de camionistas, vulnerabilidade reconhecida por um primeiro--ministro cuja eventual ignorância da história contemporânea foi compensada pela intuição política: foi a greve de camionistas que precipitou a queda do governo de Salvador Allende.

A quem beneficiará o fim de um sindicalismo independente e agravamento caótico do protesto social? Exclusivamente ao Clube dos Bilionários, os 1125 indivíduos cuja riqueza é igual ao produto interno bruto dos países onde vive 59% da população mundial.

Visão, 3 de Julho de 2008

A TRANSIÇÃO EM ANGOLA

As segundas eleições legislativas de Angola realizaram-se dias 5 e 6 de Setembro de 2008 e foram declaradas transparentes e livres pela comunidade internacional, resultando na vitória esmagadora do MPLA com 81,76% dos votos. A UNITA viu-se reduzida a 10,36% e a FNLA a 1,11%. O PRS (Partido Renovador Social) foi a terceira força política com 3,14%, ficando a coligação Nova Democracia (ND) em quarto lugar com 1,20%. Na Assembleia Nacional o MPLA garantiu 191 dos 220 assentos, contra 16 da UNITA, 8 do PRS e 3 da FNLA e 2 da coligação AD.

Esta maioria absoluta permitiu que, no início de 2010, fosse aprovada a nova Constituição, sem que houvesse necessidade de garantir o consenso da oposição. O novo figurino constitucional caracteriza-se por um presidencialismo especialmente forte, sem sérios contrapesos institucionais. De facto, ficou estabelecido com o artigo 109º que é eleito Presidente da República e Chefe de Executivo o cabeça de lista, pelo círculo nacional, do partido mais votado. Refira-se que José Eduardo dos Santos foi eleito, em Dezembro de 2009, em Congresso, o líder do partido, pelo que se encontrava dispensado de recorrer ao eleitorado, como estabelecia a anterior Constituição. Embora possa estar numa fase de consolidação, a transição democrática de Angola não está encerrada e inúmeras são as vozes críticas que alertam para os limites e as insuficiências do processo de democratização, nomeadamente no que diz respeito aos efeitos que tal presidencialismo pode ter ao nível da abertura do sistema político, da transparência do sistema económico e da equidade no sistema social num sentido lato. | Catarina Antunes Gomes

Dezasseis anos depois do último acto eleitoral, realizam-se no próximo dia 5 de Setembro eleições legislativas em Angola. Tudo leva a crer que serão eleições livres e que se, no pior dos casos, houver fraude eleitoral, ela não será significativa. É um acontecimento importante para Angola, para África, e para todos os democratas do mundo. Depois dos recentes e trágicos acontecimentos no Zimbabué e no Quénia (durante alguns anos considerados países exemplares na transição democrática), a África precisa de experiências democráticas bem-sucedidas. A importância especial de Angola neste contexto decorre do factor petróleo. Como demonstram os casos acima mencionados, o petróleo não é o único factor de instabilidade política. È um facto que historicamente a relação entre petróleo e democracia tem sido essencialmente de antagonismo. É assim no Médio Oriente e foi assim na América Latina até à última década. Em África, um simples relance pelos maiores produtores de petróleo é revelador a este respeito. São eles, em função das importantes reservas de petróleo, Líbia, Nigéria, Argélia, Angola, Guiné Equatorial, Gabão, Chade e Sudão.

Objectivamente, o facto de mediarem dezasseis anos entre dois actos eleitorais significa que Angola é um país em transição democrática. Em situações destas, duas perguntas se levantam. Trata-se de uma transição irreversível? Qual a sua natureza sócio-política? Para a primeira questão são identificáveis duas respostas. Segundo a resposta pessimista, tudo está em aberto. Usando uma metáfora aeronáutica, a transição será um avião a subir mas ainda longe de atingir a velocidade de cruzeiro. Pode atingi-la ou pode cair entretanto. Ao contrário, a resposta optimista entende que depois dos traumas da guerra – Angola esteve em guerra mais de quarenta anos (de 1961 a 2002) – e da experiência política desde 2002, a transição não pode senão ser irreversível. Há razões objectivas para considerar esta última resposta mais plausível. É certo que militam contra ela alguns factores de peso: um sector fundamentalista do MPLA para quem as eleições visam apenas legitimar o poder que não podem pôr em causa; o excessivo peso do sector militar (com generais muito ricos, transformados em empresários e envolvidos em todo o tipo de negócios, do petróleo aos bancos e ao imobiliário); uma questão tabu em Angola – a questão étnica – a qual por não ser assumida politicamente pode germinar descontroladamente. Apesar disto, as razões a favor da irreversibilidade da transição são bastante fortes. Primeiro, o MPLA está internamente dividido e se, por um lado, há os fundamentalistas, por outro lado, há aqueles que chegam a desejar que o partido não ganhe com maioria absoluta para aprofundar e alargar ainda mais a partilha de poder já existente. O próximo congresso do MPLA, marcado para Dezembro, será certamente revelador das tensões e tendências. Segundo, mesmo a classe empresarial, que em grande medida se criou à sombra do Estado e segundo processos que envolvem todo o tipo de favorecimento ilícito e de corrupção, deseja hoje mais autonomia e estabilidade, uma e outra só obtíveis em democracia. Terceiro, emerge uma pequeníssima mas influente classe média aspiracional que pretende ver reconhecido o seu mérito por razões que não as da lealdade política. Há hoje 100 000 estudantes universitários nas 12 universidades angolanas (a qualidade destas é outra questão).[1] Finalmente, no interior das classes populares cresce

---

[1] Actualmente funcionam em Angola 27 universidades e institutos superiores.

um associativismo de base, relativamente autónomo em relação ao MPLA e que o MPLA só poderá cooptar se der credibilidade ao jogo democrático e à partilha do poder.

A segunda questão, a da natureza da transição, é bem mais complicada. No plano político, tudo leva a crer que durante algum tempo a democracia angolana será uma democracia vigiada ou musculada, sujeita à venalidade dos políticos que o petróleo e os diamantes incentiva, à definição consular da agenda política, à tentativa de absorver as energias da sociedade civil e de as pôr ao serviço do Estado e do partido no poder. Será, em suma, uma democracia de baixa intensidade. No plano institucional, o presidencialismo auto-centrado e o peso-inércia do controlo político sobre o sector administrativo contribuirão para atrasar a consolidação das instituições políticas e administrativas. As necessidades da partilha do poder (ora mais real, ora mais aparente) e a tentação de distribuição populista de recursos não serão favoráveis à emergência de políticas públicas e sociais credíveis. No plano social, é preocupante o aumento da exclusão social e a cada vez mais chocante convivência do luxo mais extravagante ao lado da pobreza mais abjecta. Apesar do vertiginoso crescimento económico dos últimos anos, Angola continua a integrar o pelotão dos países com mais baixo desenvolvimento humano. Calcula-se que as reservas do petróleo terminarão dentro de 20 anos. Angola não tem muito tempo para se tornar uma sociedade mais justa e mais livre.

Visão, 31 de Julho de 2008

O IMPENSÁVEL ACONTECEU

Em Setembro de 2008, a crise dos subprimes norte-americana originou o estado de insolvência de bancos de investimento e outras instituições financeiras, devido à falta de liquidez do mercado monetário internacional.

A bancarrota da Lehman Brothers, importante banco de investimento, e a nacionalização das hipotecárias Fanny Mae e Freddie Mack assinalam o momento simbólico de viragem a uma crise financeira de impacto global, com uma forte repercussão nas bolsas de valores de todo o mundo.

O plano Paulson, posto em marcha no Outono de 2008 pelos EUA, visava iniciar uma reforma estrutural do sistema financeiro norte-americano, através de um intervencionismo público de capitais com o objectivo de devolver a liquidez a bancos ou outras instituições financeiras. Tendo sido virtualmente reproduzido por grande parte dos países industrializados, não conseguiu, ainda assim, evitar a Grande Recessão que se fez sentir nos dois anos subsequentes.

Os últimos dois anos têm sido marcados pela forma como a União Europeia e respectivos Estados-membros tentam resolver os esbulhos decorrentes dos planos de resgate financeiro das instituições bancárias, na sombra da intervenção de instituições supranacionais, como o Fundo Monetário Internacional (FMI).

A palavra crise (do grego krísis), remete para a ideia do julgamento em momentos difíceis. A crónica que se segue projecta uma teia de juízos a desenvolver a partir da crise financeira global. | ANTÓNIO FARINHAS

A palavra não aparece nos media norte-americanos mas é disso que se trata: nacionalização. Perante as falências ocorridas, anunciadas ou iminentes de importantes bancos de investimento, das duas maiores sociedades hipotecárias do país e da maior seguradora do mundo, o Governo Federal dos EUA decidiu assumir o controlo directo de uma parte importante do sistema financeiro. A medida não é inédita, pois o Governo interveio em outros momentos de crise profunda: em 1792 (no mandato do primeiro presidente do país), em 1907 (neste caso, o papel central na resolução da crise coube ao grande banco de então, J.P. Morgan, hoje, Morgan Stanley, também em risco), em 1929 (a grande depressão que durou até à Segunda Guerra Mundial: em 1933, 1000 norte--americanos por dia perdiam as suas casas a favor dos bancos) e 1985 (a crise das sociedades de aforro). O que é novo na intervenção em curso é a sua magnitude e o facto de ela ocorrer ao fim de trinta anos de evangelização neoliberal conduzida com mão de ferro a nível global pelos EUA e pelas instituições financeiras por eles controladas, FMI e o Banco Mundial: mercados livres e, porque livres, eficientes; privatizações; desregulamentação; Estado fora da economia porque inerentemente corrupto e ineficiente; eliminação de restrições à acumulação de riqueza e à correspondente produção de miséria social. Foi com estas receitas que se "resolveram" as crises financeiras da América Latina, Ásia e África e que se impuseram ajustamentos estruturais em dezenas de países. Foi também com elas que milhões de pessoas foram lançadas no desemprego, perderam as suas terras ou os seus direitos laborais, tiveram de emigrar.

À luz disto, o impensável aconteceu: o Estado deixou de ser o problema para voltar a ser a solução; cada país tem o direito de fazer prevalecer o que entende ser o interesse nacional contra os ditames da globalização; o mercado não é, por si, racional e eficiente, apenas sabe racionalizar a sua irracionalidade e ineficiência enquanto estas não atingirem o nível de auto-destruição; o capital tem sempre o Estado à sua disposição e, consoante os ciclos, ora por via da regulação ora por via da desregulação. Esta não é a crise final do capitalismo e, mesmo se fosse, talvez a esquerda não soubesse o que fazer dela, tão generalizada foi a sua conversão ao evangelho neoliberal. Muito continuará como dantes: o espírito individualista, egoísta e anti-social que anima o capitalismo; o facto de que a factura das crises é sempre paga por quem nada contribuiu para elas, a esmagadora maioria dos cidadãos, já que é com seu dinheiro que o Estado intervém e muitos perdem o emprego, a casa e a pensão.

Mas muito mais mudará.

1. O declínio dos EUA como potência mundial atinge um novo patamar. Este país acaba de ser vítima das armas de destruição financeira maciça com que agrediu tantos países nas últimas décadas e a decisão "soberana" de se defender foi afinal induzida pela pressão dos seus credores estrangeiros (sobretudo chineses) que ameaçaram com uma fuga que seria devastadora para o actual *American way of life*.

2. O FMI e o Banco Mundial deixaram de ter qualquer autoridade para impor as suas receitas, pois sempre usaram como bitola uma economia que se revela agora fantasma. A hipocrisia dos critérios duplos (uns válidos para os países do Norte global e outros válidos para os países do Sul global) está exposta com uma crueza chocante. Daqui em diante, a primazia do interesse nacional pode ditar, não só protecção e regulação específicas, como também taxas de juro subsidiadas

para apoiar indústrias em perigo (como as que o Congresso dos EUA acaba de aprovar para o sector automóvel). Não estamos perante uma desglobalização mas estamos certamente perante uma nova globalização pós-neoliberal internamente muito mais diversificada. Emergem novos regionalismos, já hoje presentes na África e na Ásia mas também importantes na América Latina, como o agora consolidado com a criação da União das Nações Sul-Americanas e do Banco do Sul. Por sua vez, a União Europeia, o regionalismo mais avançado, terá que mudar o curso neoliberal da actual Comissão sob pena de ter o mesmo destino dos EUA.

3. As políticas de privatização da segurança social ficam desacreditadas: é eticamente monstruoso que seja possível acumular lucros fabulosos com o dinheiro de milhões trabalhadores humildes e abandonar estes à sua sorte quando a especulação dá errado.

4. O Estado que regressa como solução é o mesmo Estado que foi moral e institucionalmente destruído pelo neoliberalismo, o qual tudo fez para que sua profecia se cumprisse: transformar o Estado num antro de corrupção. Isto significa que se o Estado não for profundamente reformado e democratizado em breve será, agora sim, um problema sem solução.

5. As mudanças na globalização hegemónica vão provocar mudanças na globalização dos movimentos sociais que se vão certamente reflectir no Fórum Social Mundial: a nova centralidade das lutas nacionais e regionais; as relações com Estados e partidos progressistas e as lutas pela refundação democrática do Estado; contradições entre classes nacionais e transnacionais e as políticas de alianças.

Visão, 25 de Setembro de 2008

UMA CASA BRANCA NEGRA

Logo a seguir à eleição de Barack Hussein Obama como 44º presidente dos EUA, assistiu-se a uma proliferação de artigos febris propugnando uma reprodução de Obamas, por exemplo, pelas "Áfricas" e "Europas". É ponto assente que é mais provável que venham a existir futuramente mais Obamas africanos do que europeus pois se, no caso do continente africano, existem exemplos de presidentes filhos de pai ou mãe brancos e europeus, no caso da Europa, se já é difícil encontrar registos históricos de casos de primeiras-damas descendentes de negros e africanos, imagine-se a de presidentes. Em todo caso, se, ao contrário do que o próprio Obama defendeu, a sua história é repetível em outras latitudes, no que concerne ao domínio norte-americano do sistema internacional durante o século XX, ele seguramente não irá repetir-se durante o presente século. Os EUA estão a perder o equilíbrio entre a riqueza e o poder militar pois tem deslocado a maior parte da sua riqueza para fins militares e não para a criação de mais riqueza. Encarando como ameaça a emergência da China e de outros países do "Sul" – a Índia, Brasil e África do Sul –, Obama reaviva estrategicamente a linguagem do multilateralismo. Ao mesmo tempo, a vocação unilateralista da política externa norte-americana revela-se, seja no peso desenfreado dos gastos militares, seja, por exemplo, na política de apoio incondicional a Israel no Médio Oriente; sinais de que a política de Obama pode bem prefigurar o início de uma lenta agonia da Pax Americana. | ODAIR VARELA

É muito provável que o próximo presidente dos EUA seja um afro-descendente. O significado de tal facto é enorme e insere-se num processo histórico mais amplo. As três últimas décadas foram de muita esperança e desilusão a respeito da democracia representativa. Muitos países conquistaram ou reconquistaram a democracia neste período mas a garantia dos direitos cívicos e políticos ocorreu de par com a degradação dos direitos sociais, o aumento da desigualdade social, da corrupção e do autoritarismo. O desencanto, numa época em que a revolução não foi uma alternativa credível à democracia, fez com que surgissem novos actores políticos, movimentos sociais e líderes, na maioria dos casos com poucas ou nenhumas vinculações à classe política tradicional. As Américas são uma ilustração eloquente disto ainda que os processos políticos sejam muito diferentes de país para país. Em 1998 um mulato chega à presidência da Venezuela e propõe a revolução bolivariana; em 2002 um operário metalúrgico é eleito presidente do Brasil e propõe uma mistura de continuidades e rupturas; em 2005 um indígena é eleito presidente da Bolívia e propõe a refundação do Estado; em 2006 um economista sem passado político é eleito presidente do Equador com a proposta da revolução cidadã; em 2006 e 2007 duas mulheres são eleitas presidentes do Chile e da Argentina respectivamente e com projectos de continuidade mais ou menos retocada; em 2008 um bispo, teólogo da libertação, é eleito presidente do Paraguai e põe fim a décadas de domínio do partido oligárquico através da aliança patriótica para a mudança, e ainda em 2008 é provável que um negro chegue à Casa Branca com o slogan: "*Change, yes we can*".

Uma nova política de cidadania e de identidade, sem dúvida mais inclusiva, está a impregnar estes processos democráticos, o que nem sempre significa uma política nova. Por isso pode ser um sol de pouca dura. De todo modo, é importante que líderes vindos de grupos sociais que na história da democracia mais tarde conquistaram o direito de voto assumam hoje um papel de preeminência. No caso dos EUA, isto acontece apenas cerca de cinquenta anos depois de os negros conquistarem direitos cívicos e políticos plenos.

A eleição de Obama, a ocorrer, é o resultado da revolta dos norte-americanos ante a grave crise económica e a estrondosa derrota no Iraque, apesar de declarada como vitória até ao último momento, como já aconteceu no Vietname. O fenómeno Obama revela contraditoriamente a força e a fragilidade da democracia nos EUA. A força, porque a cor da sua pele simboliza um acto dramático de inclusão e de reparação: à Casa Branca dos senhores chega um descendente de escravos, mesmo que ele pessoalmente o não seja. A fragilidade, porque dois temores assolam os que o apoiam: que seja assassinado por racistas extremistas e que a sua vitória eleitoral, se não for muito expressiva, seja negada por fraude eleitoral, o que não sendo novo (o W. Bush foi "eleito" pelo Supremo Tribunal) representa agora uma ocorrência ainda mais sinistra.

Se nada disto ocorrer, um jovem negro, filho de um estudante queniano e de uma norte-americana, terá o papel histórico de presidir ao fim do longo Século XX, o Século americano. A crise financeira, apesar de grave, é apenas a ponta do iceberg da crise económica que assola o país e tudo leva a crer que a sua resolução, a ocorrer, não permitirá que os EUA retomem o papel de liderança do capitalismo global que tiveram até aqui. Em nome da competitividade a curto prazo foi destruída a competitividade a longo prazo: diminuiu o investimento na educação e na saúde dos cidadãos, na investigação científica e nas infra-estruturas; aumentaram exponencialmente as desigualdades sociais;

a economia da morte do complexo militar-industrial continua a devorar os recursos que podiam ser canalizados para a economia da vida; o consumo sem aforro nativo e o belicismo sem recursos próprios fizeram-se financiar pelos créditos de países terceiros que não vão continuar a confiar numa economia dirigida por executivos vorazes e irresponsáveis que se atascam em luxo enquanto as empresas abrem falência e transformam os seus passivos em endividamento das próximas gerações.

A União Europeia (UE) já chegou a esta conclusão e parece ter a veleidade de tomar o lugar dos EUA, apesar de nos últimos vinte anos só não ter sido uma aluna mais fiel do modelo norte-americano porque os cidadãos não permitiram. Acresce que nas relações com os países que na América Latina, na África e na Ásia podiam ser parceiros de um novo modelo económico e social mais justo e solidário a UE persiste em assumir posições imperialistas e neocoloniais que lhe retiram qualquer credibilidade. A transformação não virá da UE ou dos EUA. Terá de lhes ser imposta pela vontade dos cidadãos dos países que mais sofreram com os desmandos recentes do capitalismo de casino.

Visão, 23 de Outubro de 2008

OBAMA: THE DAY AFTER

Na noite de 4 de Novembro de 2008 "Yes we can"! deixou de ser um mero slogan. Os EUA elegiam o primeiro presidente negro, apenas cerca de 50 anos depois do fim (oficial) da segregação racial que marcou de forma indelével a história deste país. O sonho de mudança (change) para um futuro melhor parecia mais real. Quatro anos volvidos destacam-se mais as notas de continuidade do que propriamente de ruptura com a administração anterior. Em matéria de política externa, os dossiers Afeganistão, Coreia do Norte, Médio Oriente, Irão ou Iraque continuam a carecer de soluções definitivas. Nos últimos três anos o Prémio Nobel da Paz de 2009 marcou pontos que podem vir a ser traduzidos em votos nas próximas eleições ao intensificar o combate aos grupos terroristas, atingindo o seu auge com a morte de Bin Laden, ainda que violando todas as leis do direito internacional no modo como o fez. No plano interno, num período de crise também marcado pela criminalização de imigrantes (como de resto atesta o número recorde de deportados) continua ainda por cumprir uma das grandes promessas das eleições anteriores: reformar as leis da imigração. A sua lei mais estrutural, a da reforma da saúde, apesar de tão moderada e de apoiada pelas seguradoras privadas, está a ser posta em causa nos tribunais. Ainda internamente movimentos sociais com expressão global, como Occupy Wall Street, dão conta da frustração generalizada da população impedida de realizar o sonho americano por Obama ter mantido intacto o poder de Wall Street. | KÁTIA CARDOSO

A magia e o simbolismo da eleição do Presidente Obama varreram o mundo como um cometa. O clarão da esperança, da vitória contra o racismo, da oportunidade da paz foi tão intenso que, por momentos, o mundo pareceu reconciliado consigo mesmo. Foram momentos breves, mas deram para imaginar a utopia de uma sociedade mais democrática, sem preconceitos raciais, centrada na busca da paz e da justiça social. Como todas as luzes muito fortes, o clarão cegou-nos para a realidade que estava sentada ao lado da imaginação em pose tão sedutora. No preciso momento em que o mundo assistia comovido ao discurso de aceitação de Obama na noite de 4 de Novembro, uma festa de casamento no norte do Afeganistão era destruída pelos bombardeiros não tripulados dos EUA, deixando no solo o sangue e a roupa de festa de quarenta cadáveres. Foi o sexto casamento destruído assim desde que a coligação liderada pelos EUA invadiu o Iraque. À medida que o clarão se esvai, o mundo respira e prepara-se para um período de alguma suspensão entre as frustrações que se seguem às grandes expectativas e a necessidade de não fazer juízos precipitados.

O mundo a que me refiro não é todo o mundo; não são, por exemplo, os racistas que estão à espera do primeiro sinal para gritar: "os negros não sabem governar"; são os cidadãos dos EUA e de todo o mundo que na noite da eleição rejubilaram com a possibilidade de um mundo melhor. São a esmagadora maioria da espécie humana, mas o seu poder não é proporcional ao seu número. Na área da segurança e da guerra, os motivos de optimismo são: encerramento da base de Guantánamo; abolição da tortura; revogação de cerca de duzentos decretos presidenciais que fizeram dos EUA um Estado autoritário, no plano interno, e um Estado pária, no plano internacional; regresso da diplomacia e do multilaterismo. Os motivos de preocupação são, antes de tudo, a guerra. Cumprirá Obama a promessa de retirar as tropas do Iraque em dezasseis meses?

A proposta de promover um acordo entre a Índia e o Paquistão sobre o território de Cachemira (sem consultar os seus habitantes, claro) a fim de o exército paquistanês ficar mais disponível para combater os Talibans, além de irrealista, corre o risco de transformar o Afeganistão na guerra de Obama, tal como o Iraque foi a guerra de Bush. Se Osama bin Laden é, de facto, o inspirador do terrorismo, só os Talibans o poderão entregar e para isso há que negociar com eles, o que não é possível se eles continuarem a ser o inimigo, apesar de controlarem o poder local de mais de metade do país e a sua maior base étnica (os Pashtuns) estar repartida entre o Afeganistão e o Paquistão. Quem pode hoje imaginar que o Vietnam tenha sido alguma vez uma ameaça comunista à segurança dos EUA? E, no entanto, em nome dela morreram 58.000 soldados norte-americanos e um milhão de vietnamitas. O que se dirá amanhã da «ameaça terrorista» do Iraque e do Afeganistão? No plano internacional não é seguro que Obama realize a grande viragem no sentido do respeito pelos povos com interesses divergentes dos das multinacionais dos EUA, nem que dê prioridade às boas relações com a Rússia, agora que se sabe que a Geórgia foi activamente induzida a invadir a Ossetia do Sul para provocar a invasão russa, donde se esperavam dividendos para a campanha de McCain; agora que se sabe que a instalação de mísseis a 800 km da fronteira russa foi uma provocação premeditada dos neoconservadores. No plano da economia, a dimensão da crise que se aproxima ainda está por averiguar e a capacidade de manobra de Obama é pequena.

Tal como sucede em Portugal, vai recorrer ao investimento público para travar o desemprego. Mas aproveitará a oportunidade para construir um «capitalismo de rosto humano», tal como fez Roosevelt na crise de 1929 e Reagan e Clinton desfizeram? Em Washington D.C. trabalham cerca 40 000 lobbyistas, procurando influenciar o voto de 537 representantes do povo para que tal não aconteça.

Visão, 20 de Novembro de 2008

O LONGO 2008

O ano de 2008 foi marcado pelo início de uma profunda crise financeira iniciada nos Estados Unidos da América, acabando por se alastrar ao mundo inteiro e sem fim à vista.

Para salvar a banca, diminuiu-se drasticamente a despesa pública, com medidas de austeridade sem precedentes (diminuição de salários, aumento da carga fiscal, diminuição de direitos sociais, entre outras) que apenas contribuíram para aumentar as disparidades sociais e a pobreza. Resgataram-se os bancos, abdicou-se do Estado social e, inevitavelmente, aumentou o fosso entre ricos e pobres.

Alguns países da América Latina, como o Brasil, a Argentina ou o Uruguai, perspicazmente, abdicaram do apoio do Fundo Monetário Internacional (FMI), desconfiando da sua generosidade – o preço a pagar pela ajuda era demasiado elevado e o mundo dos pobres continuaria a financiar o mundo dos ricos.

Mas o baile de gala da finança perpetua-se, e o objectivo permanece intacto: alimentar os interesses da banca, do FMI e do neoliberalismo. A Europa tarda em perceber recorrendo pela intervenção de entidades externas, como o FMI ou o Banco Central Europeu para fazer face ao endividamento excessivo de alguns países. Portugal, em conjunto com a Grécia e Irlanda, enfrenta o pesadelo colectivo de uma intervenção externa que cada vez mais se parece com uma ditadura consentida por aqueles que supostamente representam a vontade colectiva democraticamente eleita. | Susana Costa

Tudo leva a crer que o ano de 2008 não termine em 31 de Dezembro. O tempo inerte do calendário cederá o passo ao tempo incerto das transformações sociais. Muito do que se desencadeou em 2008 vai continuar, sem qualquer solução de continuidade, em 2009 e mais além. Analisemos algumas das principais continuidades.

Crise financeira ou o baile de gala da finança? Os últimos quatro meses foram muito reveladores dos dois mundos em que o mundo está dividido, o mundo dos ricos e o mundo dos pobres, separados mas unidos para que o mundo dos pobres continue a financiar o mundo dos ricos. Dois exemplos. Fala-se de crise hoje porque atingiu o centro do sistema capitalista. Há trinta anos que os países do chamado terceiro mundo têm estado em crise financeira, solicitando, em vão, para a resolver, medidas muito semelhantes às que agora são generosamente adoptadas nos EUA e União Europeia. Por outro lado, os 700 biliões de dólares de bail-out estão a ser entregues aos bancos sem qualquer restrição e não chegam às famílias que não podem pagar a hipoteca da casa ou o cartão de crédito, que perdem o emprego e estão a congestionar os bancos alimentares e a "sopa dos pobres". No país mais rico do mundo, um dos grandes bancos resgatado, o Goldman Sachs, acaba de declarar no seu relatório que neste ano fiscal pagou apenas 1% de impostos. Entretanto, foi apoiado com dinheiro dos cidadãos que pagam entre 30 e 40% de impostos. À luz disto, os cidadãos de todo o mundo devem saber que a crise financeira não está a ser resolvida para seu benefício e que isso se tornará patente em 2009. Na Europa, os jovens gregos foram os primeiros a dar-se conta. É de prever que não sejam um caso isolado.

Zimbabwe: o fardo neocolonial. A crise do Zimbabwe é a melhor prova de que as contas coloniais estão ainda por saldar. A sua importância reside no facto de a questão que lhe subjaz – a questão da terra – poder incendiar-se proximamente noutros países (África do Sul, Namíbia, Moçambique, Colômbia, etc.). À data da independência (1980), 6000 agricultores brancos possuíam 15.5 milhões de hectares, enquanto quatro milhões e meio de agricultores negros apenas detinham 4.5 milhões de hectares, quase toda terra árida. Os acordos da independência reconheceram esta injustiça e estabeleceram o compromisso de a Inglaterra financiar a redistribuição de terras. Tal nunca aconteceu. Mugabe é um líder autoritário que suscita muito pouca simpatia e o seu poder pode estar a chegar ao fim, mas a sua sobrevivência até agora assenta na ideia de justiça anti-colonial, com o que os zimbabwianos estão de acordo, mesmo que achem os métodos de Mugabe incorrectos. Recentemente falou-se de intervenção militar, uma questão que divide os africanos e onde, mais uma vez, a mão dos EUA (African Command, recém-criado) pode estar presente. Seria um erro fatal não deixar a diplomacia africana seguir o seu curso.

Sessenta anos de direitos pouco humanos. A celebração, em 2008, dos 60 anos da Declaração Universal, deixou um sabor amargo. Os avanços tiveram lugar mais nos discursos do que nas práticas. A esmagadora maioria da população do mundo não é sujeita de direitos humanos; é antes objecto de direitos humanos, objecto de discursos por parte dos reais sujeitos de direitos humanos, dos governos, fundações, ONGs, igrejas, etc. Será preciso um muito longo 2008 para inverter esta situação.

Cuba: o começo da transição? Apesar de só no próximo ano se celebrarem os cinquenta anos da revolução cubana, falou-se muito de Cuba em 2008. A doença de Fidel levantou a questão da transição. De quê? E para quê? Vai ser um outro tema do longo 2008 e mais importante para o futuro do mundo do que se pode imaginar. É que se é possível dizer que a Europa e os EUA seriam hoje o que são sem a revolução cubana, já o mesmo se não pode dizer da América Latina, da África e da Ásia, ou seja, das regiões do planeta onde vive cerca de 85% da população mundial.

Visão, 24 de Dezembro de 2008

2009

Urge uma revolução cidadã que, assente numa sábia combinação entre democracia representativa e democracia participativa, permita criar mecanismos efectivos de controlo democrático, tanto da política como da economia.

REQUIEM POR ISRAEL?

Esta crónica foi escrita em reação a uma ofensiva israelita sobre a faixa de Gaza, que teve início em 27 de Dezembro de 2008 e se prolongou por três semanas. Foi no lançamento de rockets pelo Hamas contra território israelita que o Estado de Israel sustentou a explicação oficial para os ataques, ignorando a intensidade e desproporção dos mesmos, bem como a privação do acesso a bens essenciais a que sujeitava a população da faixa de Gaza.

Analisando razões próximas e recuando no tempo, Boaventura evoca expressões carregadas de violência e peso histórico para caracterizar o contexto do conflito, reassumindo as suas críticas ao Estado de Israel (ver "Carta a Frank").

A oposição às ações israelitas foi frequentemente associada a anti-semitismo ou apologia do terrorismo. O apoio do ocidente a Israel e a cumplicidade de meios de comunicação tradicionais promoveram o enviesamento do debate. A emergência de vozes críticas por vias alternativas, como a blogosfera ou outras publicações eletrónicas, ampliou a discussão.

A pressão internacional sobre Israel parece também ter aumentado face à continuação das ofensivas em 2010, sobretudo após os disparos que a marinha israelita lançou contra a frota humanitária que levava ajuda à faixa de Gaza. Contudo, a solução final parece vir longe. O regresso às negociações de paz tem sido permanentemente ameaçado, nomeadamente pelo avanço de construções nos colonatos judeus na Cisjordânia e em Jerusalém Oriental. | SARA ARAÚJO

Está ocorrendo na Palestina o mais recente e brutal massacre do povo palestino cometido pelas forças ocupantes de Israel com a cumplicidade do Ocidente, uma cumplicidade feita de silêncio, hipocrisia e manipulação grotesca da informação, que trivializa o horror e o sofrimento injusto e transforma ocupantes em ocupados, agressores em vítimas, provocação ofensiva em legítima defesa.

As razões próximas, apesar de omitidas pelos meios de comunicação ocidentais, são conhecidas. Em Novembro passado a aviação israelense bombardeou a faixa de Gaza em violação das tréguas; o Hamas propôs a renegociação do controle dos acessos à faixa de Gaza, Israel recusou e tudo começou. Esta provocação premeditada teve objectivos de política interna e internacional bem definidos: recuperação eleitoral de uma coligação em risco; exército sedento de vingar a derrota do Líbano; vazio da transição política nos EUA e a necessidade de criar um facto consumado antes da investidura do presidente Obama. Tudo isto é óbvio mas não nos permite entender o ininteligível: o sacrifício de uma população civil inocente mediante a prática de crimes de guerra e de crimes contra a humanidade cometidos com a certeza da impunidade.

É preciso recuar no tempo. Não ao tempo longínquo da bíblia hebraica, o mais violento e sangrento livro alguma vez escrito. Basta recuar sessenta anos, à data da criação do Estado de Israel. Nas condições em que foi criado e depois apoiado pelo Ocidente, o Estado de Israel é o mais recente (certamente não o último) ato colonial da Europa. De um dia para o outro, 750 000 palestinos foram expulsos das suas terras ancestrais e condenados a uma ocupação sangrenta e racista para que a Europa expiasse o crime hediondo do Holocausto contra o povo judeu.

Uma leitura atenta dos textos dos sionistas fundadores do Estado de Israel revela tudo aquilo que o Ocidente hipocritamente ainda hoje finge desconhecer: a criação de Israel é um ato de ocupação e como tal terá de enfrentar para sempre a resistência dos ocupados; não haverá nunca paz, qualquer apaziguamento será sempre aparente, uma armadilha a ser desarmada (daí, que a seguir a cada tratado de paz se tenha de seguir um ato de violação que a desminta); para consolidar a ocupação, o povo judeu tem de se afirmar como um povo superior condenado a viver rodeado de povos racialmente inferiores, mesmo que isso contradiga a evidência de que árabes e judeus são todos povos semitas; com raças inferiores só é possível um relacionamento de tipo colonial, pelo que a solução dos dois Estados é impensável; em vez dela, a solução é a do *apartheid*, tanto na região, como no interior de Israel (daí, os colonatos e o tratamento dos árabes israelenses como cidadãos de segunda classe); a guerra é infinita e a solução final poderá implicar o extermínio de uma das partes, certamente a mais fraca.

O que se passou nos últimos sessenta anos confirma tudo isto mas vai muito para além disto. Nas duas últimas décadas, Israel procurou, com êxito, sequestrar a política norte-americana na região, servindo-se para isso do *lobby* judaico, dos neoconservadores e, como sempre, da corrupção dos líderes políticos árabes, reféns do petróleo e da ajuda financeira norte-americana. A guerra do Iraque foi uma antecipação de Gaza: a lógica é a mesma, as operações são as mesmas, a desproporção da violência é a mesma; até as imagens são as mesmas, sendo também de prever que o resultado seja o mesmo. E não se foi mais longe porque Bush, entretanto, se debilitou. Não pediram os israelenses autorização aos EUA para bombardear as instalações nucleares do Irão?

A COR DO TEMPO QUANDO FOGE   387

É hoje evidente que o verdadeiro objetivo de Israel, a solução final, é o extermínio do povo palestino. Terão os israelenses a noção de que a *shoah*[1] com que o seu vice-ministro da defesa ameaçou os palestinianos poderá vir a vitimá-los também? Não temerão que muitos dos que defenderam a criação do Estado de Israel hoje se perguntem se nestas condições – e repito, nestas condições – o Estado de Israel tem direito de existir?

Carta Maior, 12 de Janeiro de 2009

---

[1] Em língua iídiche *calamidade*, sendo o termo desse idioma usado para o Holocausto.

CONSENSOS PROBLEMÁTICOS

Edward Munch pintou "O grito" no início do século XX e este quadro aterrador soube ser uma profecia certeira. "O século XX nasceu gritando", diz o escritor Eduardo Galeano, e ao longo dos seus longos anos o mundo conheceu o horror, o desespero, a agonia e a desesperança. Cem anos depois, o século XXI também nasce com um prenúncio, só que de signo oposto: o Fórum Social Mundial (FSM). Uma promessa que o Le Monde Diplomatique soube traduzir quando publicou na capa de seus jornais: "O século XXI nasce em Porto Alegre".

O Fórum Social Mundial (FSM) é como uma semente, uma semente que veio do Sul do mundo e que contém dentro de si a promessa de outros mundos possíveis. Boaventura tem plena consciência disso e, em 2009, quando o relatório publicado pelo Fórum Económico Mundial (FEM) apresenta um diagnóstico da situação mundial parecido com o do FSM, faz questão de diferenciar as duas propostas: "Pode haver alguma convergência entre o FSM e o FEM quanto ao diagnóstico, mas certamente não quanto à terapêutica".

Em 2001, em pleno consenso neoliberal, o FSM surge em Porto Alegre desafiando a hegemonia do mercado e mostrando que, afinal, não estávamos diante do "fim da história". O FSM se expandiu, ocorreram inúmeros fóruns temáticos e mundiais em diversos países de todos os continentes. Desde então os consensos hegemônicos tornaram-se problemáticos. Mas subsistem e seguem desafiando o FSM a se aprofundar enquanto espaço da construção de alternativas políticas e civilizacionais. | FÁBIO ANDRÉ DINIZ MERLADET e ISABELLA GONÇALVES MIRANDA

Desde há anos me intriga a facilidade com que nas sociedades europeias e da América do Norte se criam consensos. Refiro-me a consensos dominantes, perfilhados pelos principais partidos políticos e pela grande maioria dos editorialistas e comentaristas dos grandes meios de comunicação social. São tanto mais intrigantes quanto ocorrem sobretudo em sociedades onde supostamente a democracia está mais consolidada e onde, por isso, a concorrência de ideias e de ideologias se esperaria mais livre e intensa. Por exemplo, nos últimos trinta anos vigorou o consenso de que o Estado é o problema, e o mercado, a solução; que a actividade económica é tanto mais eficiente quanto mais desregulada;

que os mercados livres e globais são sempre de preferir ao proteccionismo; que nacionalizar é anátema, e privatizar e liberalizar é a norma.

Mais intrigante é a facilidade com que, de um momento para o outro, se muda o conteúdo do consenso e se passa do domínio de uma ideia ao de outra totalmente oposta. Nos últimos meses assistimos a uma dessas mudanças. De repente, o Estado voltou a ser a solução, e o mercado, o problema; a globalização foi posta em causa; a nacionalização de importantes unidades económicas, de anátema passou a ser a salvação. Mais intrigante ainda é o facto de serem as mesmas pessoas e instituições a defenderem hoje o contrário do que defendiam ontem, e de aparentemente o fazerem sem a mínima consciência de contradição. Isto é tão verdade a respeito dos principais conselheiros económicos do Presidente Obama, como a respeito do Presidente da Comissão da União Europeia ou dos actuais governantes dos países europeus. E parece ser irrelevante a suspeita de que, sendo assim, estamos perante uma mera mudança de táctica, e não perante uma mudança de filosofia política e económica, a mudança que seria necessária para enfrentar com êxito a crise.

Ao longo destes anos, houve vozes dissonantes. O consenso que vigorou no Norte global esteve longe de vigorar no Sul global. Mas a dissensão ou não foi ouvida ou foi punida. É sabido, por exemplo, que desde 2001 o FSM tem vindo a fazer uma crítica sistemática ao consenso dominante, na altura simbolizado pelo FEM. A perplexidade com que lemos o último relatório do FEM e verificamos alguma convergência com o diagnóstico feito pelo Fórum Social Mundial faz-nos pensar que, ou o FSM teve razão cedo de mais, ou o FEM tem razão tarde de mais. A verdade é que, mais uma vez, o consenso é traiçoeiro. Pode haver alguma convergência entre o FEM e o FSM quanto ao diagnóstico, mas certamente não quanto à terapêutica. Para o FEM e, portanto, para o novo consenso dominante, rapidamente instalado, é crucial que a crise seja definida como crise do neoliberalismo, e não como crise do capitalismo, ou seja, como crise de um certo tipo de capitalismo, e não como crise de um modelo de desenvolvimento social que, nos seus fundamentos, gera crises regulares, o empobrecimento da maioria das populações dele dependentes e a destruição do meio ambiente. É igualmente importante que as soluções sejam da iniciativa das elites políticas e económicas, tenham um carácter tecno-burocrático, e não político, e sobretudo que os cidadãos sejam afastados de qualquer participação efectiva nas decisões que os afectam e se resignem a "partilhar o sacrifício" que cabe a todos, tanto aos detentores de grandes fortunas como aos desempregados ou reformados com a pensão mínima.

A terapêutica proposta pelo FSM, e por tantos milhões de pessoas cuja voz continuará a não ser ouvida, impõe que a solução da crise seja política e civilizacional, e não confiada aos que, tendo produzido a crise, estão apostados em continuar a beneficiar da falsa solução que para ela propõem. O Estado deverá certamente ser parte da solução, mas só depois de profundamente democratizado e livre dos lóbis e da corrupção que hoje o controlam. Urge uma revolução cidadã que, assente numa sábia combinação entre democracia representativa e democracia participativa, permita criar mecanismos efectivos de controlo democrático, tanto da política como da economia. É necessária uma nova ordem global solidária que crie condições para uma redução sustentável das emissões de carbono até 2016, data em que, segundo os estudos da Organização das Nações Unidas, o aquecimento global, ao ritmo actual, será irreversível e se transformará numa ameaça para a espécie humana. A existência da Organização Mundial de Comércio é incompatível com essa nova ordem. É necessário que a luta pela igualdade entre países e no interior de cada país seja finalmente uma prioridade absoluta. Para isso, é necessário que o mercado volte a ser servo, já que como senhor se revelou terrível.

Visão, 12 de Março de 2009

AS GRANDES ILUSÕES

Na antevisão da Cimeira do G20[1] de Londres, realizada em Abril de 2009, os media internacionais trataram o acontecimento como decisivo para o futuro da economia mundial. Pela voz dos líderes nacionais dos países envolvidos, ecoaram mensagens de esperança e optimismo, antevendo que as decisões da Cimeira pudessem constituir uma estratégia eficaz para combater a ameaçadora crise económica global. A importância que se concedeu ao evento, assim como o seu aparente potencial transformativo, sugeria um paralelismo com as conferências de Bretton Woods, em 1944, marco histórico na definição de políticas económicas transnacionais. Paralelamente, circulavam também notícias sobre as questões da segurança em redor da Cimeira, ameaçada que estava a ordem pública pela presença na cidade de milhares de manifestantes, definidos genericamente como "grupos anti-globalização". Na verdade, os motivos dos protestos, assim como as reivindicações de quem estava do lado de fora, foram encobertos pelo manto da perigosidade e remetidos para a esfera dos problemas de segurança. Evitou-se o diálogo com as fontes de discórdia, contornaram-se os protestos, ocultou-se a voz de quem estava do outro lado. As conclusões foram, previsivelmente, positivas e consensuais. Promessas de maior financiamento para o Fundo Monetário Internacional (FMI), crença afirmada na melhor aplicação do mesmo, discursos optimistas e de confiança num futuro mais risonho para as populações. Porém, em vez de mudança, o que se proclamou foi a consolidação e a continuidade das mesmas políticas económicas que conduziram anteriormente à crise. | José Pedro Arruda

Tudo foi feito para que os cidadãos do mundo se sentissem aliviados e confortados com os resultados da Cimeira do G20 que acaba de se realizar em Londres. Os sorrisos e os abraços encheram os noticiários, o dinheiro jorrou para além do que estava previsto, não houve conflitos – do tipo dos que houve na Conferência de Londres de 1933, em igual tempo de crise, quando Roosevelt abandonou a

---

[1] O Grupo dos 20 (ou G20) é um conselho internacional permanente para a cooperação económica, constituído em 1999. Consolidado a partir de 2008, o G20 é formado pelos ministros de finanças e chefes dos bancos centrais das 19 maiores economias do mundo e pelo representante do Banco Central Europeu.

reunião em protesto contra os banqueiros – e, como se não houvesse melhor indicador de êxito, os índices das bolsas de valores, a começar por Wall Street, dispararam em estado de euforia. Além de tudo, foi muito eficaz. Enquanto uma reunião anterior, com objectivos algo similares, durou mais de 20 dias – Bretton Woods, 1944, donde saiu a arquitectura financeira dos últimos cinquenta anos – a reunião de Londres durou um dia.

Podemos confiar no que lemos, vemos e ouvimos? Não. Por várias razões. Qualquer cidadão com as simples luzes da vida e da experiência sabe que, com excepção das vacinas, nenhuma substância perigosa pode curar os males que causa. Ora, por sob a retórica, o que se decidiu em Londres foi garantir ao capital financeiro continuar a agir como tem agido nos últimos trinta anos, depois de se ter libertado dos controlos estritos a que antes estava sujeito. Ou seja, acumular lucros fabulosos nas épocas de prosperidade e contar, nas épocas de crise, com a "generosidade" dos contribuintes, desempregados, pensionistas roubados, famílias sem casa, garantida pelo Estado do Seu Bem Estar. Aqui reside a euforia de Wall Street. Nada disto é surpreendente se tivermos em mente que os verdadeiros artífices das soluções – os dois principais conselheiros económicos de Obama, Timothy Geithner e Larry Summers – são homens de Wall Street e que esta, ao longo das últimas décadas, financiou a classe política norte-americana em troca da substituição da regulamentação estatal por auto- -regulação. Há mesmo quem fale de um golpe de Estado de Wall Street sobre Washington, cuja verdadeira dimensão e estrago se revela agora.

O contraste entre os objectivos da reunião de Bretton Woods, onde participaram não 20, mas 44 países, e a de Londres explica a vertiginosa rapidez desta última. Na primeira, o objectivo foi resolver as crises económicas que se arrastavam desde 1929 e criar uma arquitectura financeira robusta, com sistemas de segurança e de alerta, que permitisse ao capitalismo prosperar no meio de forte contestação social, a maior parte dela de orientação socialista. Ao contrário, em Londres, assistimos a pura cosmética, reciclagem institucional, sem outro objectivo que não o de manter o actual modelo de concentração de riqueza, sem qualquer temor do protesto social – por se assumir que os cidadãos estão resignados perante a suposta falta de alternativa – e mesmo recuando em relação às preocupações ambientais, as quais voltaram ao seu estatuto de luxo para usar em melhores tempos.

As instituições de Bretton Woods (FMI e Banco Mundial (BM), em especial) há muito que vinham a ser desvirtuadas. As suas responsabilidades nas crises financeiras dos últimos 20 anos (México, Rússia, Brasil, Japão e sudoeste asiático) e no sofrimento humano causado a vastas populações por meio de medidas depois reconhecidas como tendo sido erradas – por exemplo, a destruição, de um dia para o outro, da indústria do caju de Moçambique, deixando milhares de famílias sem subsistência – levaram a pensar que poderíamos estar num novo começo, com novas instituições ou profundas reformas das existentes. Nada disso ocorreu. O FMI viu-se reforçado nos seus meios, continuando a Europa a deter 32% dos votos e os EUA 16,8%. Como é possível imaginar que os erros não vão repetir-se?

A reunião do G20 vai, pois, ser conhecida pelo que não quis ver ou enfrentar: a crescente pressão para que a moeda internacional de reserva deixe de ser o dólar; o crescente proteccionismo como prova de que nem os países que participaram nela confiam no que foi decidido (o BM identificou 73 medidas de proteccionismo tomadas recentemente por 17 dos 20 países participantes); o fortalecimento de integrações regionais Sul-Sul, na América Latina, na África, na Ásia, entre África e a Ásia e entre a América Latina e o Mundo Árabe; a reposição da protecção social – os direitos sociais e económicos dos trabalhadores – como factor insubstituível de coesão social; a aspiração de milhões para que as questões ambientais sejam finalmente postas no centro do modelo de desenvolvimento; a ocasião perdida para terminar com o segredo bancário e os paraísos fiscais – como medidas para transformar a banca num serviço público ao dispor de empresários produtivos e de consumidores conscientes.

Visão, 9 de Abril de 2009

EM VEZ DA EUROPA

No contexto da profunda crise económica e financeira que em 2008 se abateu sobre a Europa, as eleições parlamentares europeias de 2009, extrapolando os mais duros vaticínios, ficaram marcadas pela menor afluência às urnas desde 1979, com uma percentagem média de abstenção na União Europeia a rondar os 60%, e por nova vitória dos Democratas-Cristãos, confirmando-se o ponto de viragem do final dos anos 90.

A dois anos da realização de novas eleições parlamentares europeias, cada vez mais se torna evidente que a necessidade de se encontrar uma resposta política a longo prazo para esta crise, passa por uma refundação democrática da própria União Europeia (UE) que necessariamente implicará uma alternativa às medidas paliativas economicistas, burocráticas, tomadas à porta fechada, por um reduto de chefes de Governo.

Se é verdade que o debate sobre o projeto europeu se tem vindo a afastar da Europa dos cidadãos, a recente crise parece tê-lo feito ressurgir como determinante para os eleitorados nacionais, que rejeitando o reerguer das fronteiras, a into-lerância, o agitar de medos irracionais e a austeridade cega, decidem continuar a construção de um sonho de integração que nasceu há mais de meio século de paz. | João Pedro Campos

Num período em que os governos nacionais se mostram reféns do modelo de (des)regulação neoliberal e da pequena elite financeira que causou a profunda crise económica e social em que nos encontramos, o próximo acto eleitoral bem poderia ser a vez da Europa. Pelo seu voto, os cidadãos euro-peus teriam a oportunidade de se manifestar a favor de uma outra política e de um outro modelo económico e social. Esta oportunidade pareceria particularmente imperdível para os portugueses, em cuja memória está bem vincada a profunda transformação, em larga medida positiva, por que passou a sociedade portuguesa em resultado da adesão à UE. Porque não é assim? Porque é que as próximas eleições, longe de serem a vez da Europa, têm lugar em vez da Europa? Porque é que, em vez da Europa, o que vai a votos é tão só a resignação ou a revolta dos cidadãos europeus perante as políticas dos governos nacionais? Porque é que o provável alto grau de abstenção será uma mistura envenenada e paradoxal de altos níveis de resignação e de altos níveis de revolta?

A resposta é complexa mas os seus traços principais são os seguintes. A UE é hoje um fantasma da Europa. Existe em vez da Europa em que os cidadãos europeus acreditavam e para ocultar a verdadeira dimensão da "substituição". Um exemplo apenas. A UE foi um dos mais fascinantes processos plurinacionais contemporâneos, inspirado numa lógica de inclusão social transnacional, assente num círculo virtuoso entre altos níveis de competitividade e de protecção social, portadora de uma concepção avançada de cidadania em cujo cerne se alojavam os direitos económicos e sociais dos trabalhadores. Foi este, em suma, o célebre modelo social europeu.

Nos últimos quinze anos, este modelo foi minado por dentro e por fora, através de uma insidiosa convergência entre o neoliberalismo imposto pelos EUA e as elites económicas e financeiras europeias, desejosas de se verem livres da regulação estatal forte e dos custos das políticas sociais. Paulatinamente, os cidadãos europeus foram sendo "convencidos" de que o Estado era um problema e que o mercado era a solução, que a segurança social era insustentável, que a educação e a saúde públicas eram cerceadoras da autonomia do cidadão- -consumidor, que os imigrantes eram um fardo e um factor de insegurança, que, no plano internacional, a Europa devia deixar de ser uma alternativa à globaliza- ção predadora protagonizada pelos EUA para ser um seu parceiro incondicional. Tudo isto se foi convertendo na obsessão pela contenção do défice orçamental, condensada no Pacto de Estabilidade e Crescimento que nos legou uma cultura de travagem da economia real e de destravada aceleração da economia de casino da alta finança. Foram estas políticas europeias que geraram a crise e que, ao converterem os governos nacionais em mini-europas, os deixaram com pouca margem de manobra para reagir quando a crise estalou.

Nos últimos anos, Durão Barroso foi a imagem mais fársica desta Europa- -em-vez-da-Europa e, por isso, o Plano Barroso para enfrentar a crise não podia deixar de ser um embuste: dos 400.000 milhões de euros anunciados para ajudas às políticas de resposta só 35.000 milhões eram dinheiro fresco; o resto era dinheiro já afectado aos planos nacionais. Podem os cidadãos europeus acreditar numa Europa que, ao manter Durão Barroso, mostra mais dificuldades em se libertar da herança Bush que os próprios EUA?

Nestas eleições, os cidadãos vão ter de esperar pela vez da Europa. A Europa da solidariedade e da interculturalidade; da democracia de alta intensidade; do controlo público e participativo dos sectores-chave, como o sector financeiro e da energia; da defesa; do direito ao ambiente, à saúde e à educação e do direito ao trabalho com direitos; da política de imigração anti-racista; da política de investigação e de desenvolvimento tecnológico ao serviço dos cidadãos; da política externa assente na cooperação fraterna com os países do Sul global e na recusa da imposição unilateral e da guerra.

Visão, 4 de Junho de 2009

O FIM DO PENSAMENTO ÚNICO

Os caminhos possíveis de reacção à crise estavam no centro da agenda política e das preocupações da generalidade dos cidadãos e cidadãs no ano de 2009, em Portugal. O tema continuou, e continuará, fulgurante, alimentado pela presença do Fundo Monetário Internacional (FMI), a necessidade de manter o sector financeiro satisfeito, e o consequente Orçamento de Estado para 2013. Será, aliás, quase impossível prever quando este tema deixará a ribalta. Num tal clima, opiniões, apelos, manifestos oriundos de todos os quadrantes sucederam-se, destacando-se em Junho de 2009 (e marcando o resto do ano): (1) o intitulado "Manifesto dos 28", cujos signatários, de forma peremptória, vieram alertar o governo – e o país – para a necessidade de "repensar os grandes investimentos", referindo-se directamente a obras públicas tais como o TGV[1] e novos aeroportos e auto-estradas; (2) reagindo contra este apelo "de força", outro grupo com quase o dobro dos signatários (daí o apodo de "Manifesto dos 52") veio apontar para o caminho inverso, ou seja, sublinhando que o problema central da economia portuguesa seria concretamente o desemprego (à data, a taxa de desemprego atingia os 10%) – e não propriamente o endividamento externo e público. Tal como prenunciado na crónica de Boaventura, do rescaldo desta polémica parece surgir como central uma crescente tomada de consciência da necessidade de pluralismo no debate político-económico (o qual foi, aliás, tema de uma badalada petição pública no ano de 2010). | DIANA FERNANDES

No momento em que escrevo, os portugueses dispõem de duas visões muito diferentes sobre como sair da crise em que nos encontramos. De um lado, o "manifesto dos 28" e, do outro, o "manifesto dos 52". Para o primeiro, a solução é limitar o endividamento, o que implica uma drástica redução do investimento público, fonte de muitos males, sendo os maiores o TGV, o novo aeroporto e as auto-estradas. Para o segundo, a prioridade é a promoção do emprego e a capacitação económica, o que implica um forte investimento público (não necessariamente nos projectos referidos) pois só o Estado dispõe de instrumentos para desencadear medidas que minimizem os riscos sociais e políticos da crise e preparem o país para a pós-crise.

[1] Comboio de alta velocidade.

As diferenças entre os dois documentos são, antes de tudo, "genealógicas". O primeiro é subscrito por economistas, a grande maioria dos quais ocupou cargos políticos nos últimos quinze anos, e colaborou na promoção da ortodoxia neoliberal que nos conduziu à crise. O segundo é subscrito por economistas e cientistas sociais que, ao longo dos últimos quinze anos, tomaram posições públicas contra a política económica dominante e advertiram contra os riscos que decorreriam dela. À partida há, pois, uma questão de credibilidade: como podem os primeiros estar tão seguros do seu saber técnico se as receitas que propõem, descontada a cosmética, são as mesmas que nos conduziram ao buraco em que nos encontramos e em cuja aplicação participaram com tanto desvelo político?

Mas as diferenças entre os dois documentos são mais profundas que a descrição acima sugere. Separam-nos concepções distintas da economia, da sociedade e da política. Para o manifesto dos 28, a ciência económica não é uma ciência social; é um conjunto de teorias e técnicas neutras a que os cidadãos devem obediência. Pode impor-lhes sacrifícios dolorosos – perda de emprego ou da casa, queda abrupta na pobreza, trabalho sem direitos, insegurança quanto ao futuro das pensões construídas com o seu próprio dinheiro, redução salarial – desde que isso contribua para garantir o bom funcionamento da economia entendida como a expansão dos mercados e a lucratividade das empresas. O Estado deve limitar-se a garantir que assim aconteça, não transformando o bem-estar social em objectivo seu (excepto em situações extremas), pois mesmo que o quisesse falharia, dada a sua inerente ineficiência.

Pelo contrário, para o manifesto dos 52, a economia está ao serviço dos cidadãos e não estes ao serviço dela. Os mercados devem ser regulados para que a criação de riqueza social se não transforme em motor de injustiça social. Se o bilionário Américo Amorim não terá de cortar nas despesas do supermercado, apesar de ter perdido montantes astronómicos da sua imensa riqueza, já o mesmo não sucederá com o trabalhador a quem o desemprego privou de umas magras centenas de euros. Cabe ao Estado garantir a coesão social, accionando mecanismos de regulação e de investimento para que a competitividade económica cresça com a protecção social. Para isso, o Estado tem de ser mais democrático e a justiça mais eficaz na luta contra a corrupção.

É de saudar que haja opções e que os portugueses disponham de conhecimento para avaliar as consequências de cada uma delas. Em tempos eleitorais é importante que saibam que não há "uma única solução possível para sair da crise". Há várias e estas, sem deixarem de ser económicas, são sobretudo sociais e políticas. Contudo, o pluralismo, para ser eficaz, tem de ser equilibrado em sua publicidade. Anoto, sem surpresa, que apesar de vários jornais de referência terem dado voz equilibrada aos dois manifestos, o mesmo não sucedeu com o *Público*, cujo director nos mimoseou com um comentário ideológico e auto--desqualificante contrário ao manifesto dos 52. Este proselitismo conservador tem muitos antecedentes – quem não se lembra da grosseira apologia da invasão do Iraque e da demonização de todos os que se lhe opunham? – e talvez por isso este jornal tenha os dias contados enquanto jornal de referência.

Visão, 2 de Julho de 2009

A ESQUERDA É BURRA?

O ano de 2009 foi marcado por grandes processos eleitorais em Portugal: as eleições para o parlamento europeu, eleições legislativas e autárquicas. Em todos esses processos disputavam-se, como ainda se disputam, modelos de gestão do campo económico e social. A crise económica que se abateu sobre a Europa coloca em questão a real força do euro para impedir o efeito dominó tão comum nas crises do capital, gerando assim uma pressão dos países membros da União Europeia (UE), em especial a Alemanha, para a adoção de modelos únicos tão ao gosto do Fundo Monetário Internacional (FMI) e Banco Mundial. Foi neste cenário que o Partido Socialista liderado por José Sócrates venceu sem maioria absoluta as eleições em 2009. O que se seguiu é do conhecimento de todos. Pedro Passos Coelho acabaria por conseguir a vitória do Partido Social Democrata, em Junho de 2011, lançando o país numa espiral descendente sob os olhares atentos dos nossos "parceiros" europeus e do FMI. Se em Janeiro de 2009, o desemprego na UE atingia 18 milhões de pessoas, em 2012, de acordo com o Eurostat, 11% dos europeus estão sem emprego, ou seja, 25 milhões de pessoas. Esta situação assume particular gravidade junto dos jovens. O gabinete oficial de estatísticas da UE estima que em Junho de 2012, cerca de 22,6% dos jovens com menos de 25 anos se encontravam desempregados Em Portugal estamos nos 36,6%. Só a Espanha e a Grécia apresentam valores mais elevados.

Perante este cenário, que é apenas a ponta do iceberg de uma conjuntura mais ampla, não deixa de ser chocante a postura da esquerda portuguesa que continua a debater-se com a sua eterna fragmentação interna revelando-se incapaz de assumir um posicionamento coeso numa verdadeira oposição capaz de apresentar alternativas. "A esquerda é burra?" | FERNANDA VIEIRA

A frase "a esquerda é burra" é de autoria de Fernando Henrique Cardoso (FHC), sociólogo de renome internacional e Presidente do Brasil entre 1995 e 2003. Ficou famosa pelo simplismo com que desqualificava os adversários das políticas neoliberais do seu governo. Curiosamente tais políticas desqualificavam tudo o que ele antes tinha escrito enquanto sociólogo, o que o levou a pronunciar outra frase que ficou igualmente famosa: "esqueçam tudo o que eu escrevi".

Tive ocasião de discutir com ele o significado da frase sobre a esquerda. Discordava do seu sentido mais óbvio e intrigava-me a sua arrogância. Para FHC a frase tinha vários significados: a esquerda ainda não entendera que o neoliberalismo era a única solução para a economia mundial e a melhor garantia contra as propaladas crises do capitalismo; o então principal líder da esquerda, Inácio Lula da Silva, era um operário ignorante e sem preparação para governar o país; a esquerda estava minada pelo fraccionismo e nunca se uniria (ao contrário da direita) para assumir o poder. Tragicamente para FHC e seus aliados a frase mostrou-se errada em todos os seus significados desde a eleição de Lula até à crise do agora defunto (ressuscitará?) neoliberalismo.

Mas, apesar disso, a frase ficou como um fantasma da esquerda brasileira, como se a esquerda tivesse de demonstrar a cada momento que não era burra e como se o mesmo ónus não impendesse, por outras razões mas com a mesma justificação, sobre a direita, ela sim, afinal perdedora. É sabido que os fantasmas, tal como os mitos, atravessam tempos e fronteiras. Tal como discordei da caracterização simplista da esquerda brasileira, discordaria dela se aplicada à esquerda portuguesa. Apesar disso, ante os actos eleitorais que se aproximam, pergunto-me se, a título preventivo e como dúvida metódica, não fará sentido pôr a questão: será a esquerda portuguesa burra? Ou melhor: nos próximos actos eleitorais quem se revelará menos burra, a esquerda ou a direita? Ao contrário dos confusionistas do costume, dou de barato que há esquerda e direita. Tanto uma como outra são plurais, estão divididas em vários partidos e em várias tendências dentro de cada partido. Se tomarmos como referência as últimas eleições para o parlamento europeu e talvez a maioria dos actos eleitorais desde o 25 de Abril de 1974, os portugueses votam maioritariamente à esquerda. De algum modo, a ideia de solidariedade social tem-se sobreposto à de darwinismo social, a ideia de um Estado protector à ideia de um Estado predador, a ideia do bem público à ideia do interesse privado. E se é verdade que a esquerda governante tem frustrado consistentemente as expectativas que decorrem destas ideias, não é menos verdade que os portugueses têm teimado em crer que tal não é uma fatalidade e que a direita não oferece uma alternativa excepto em desespero de causa. Daí que as frustrações com a esquerda governante se tenham traduzido, menos no crescimento da direita, do que no crescimento de opções pela esquerda até agora não governante, um fenómeno inédito na Europa de hoje. Em face disto, e a menos que os portugueses se sintam numa situação de desespero de causa, podemos concluir que, se nos próximos actos eleitorais a direita ganhar, a esquerda é mais burra que a direita.

Nas condições portuguesas, a esquerda corre o risco de ser mais burra que a direita por duas razões principais: confundir-se com a direita; dividir-se ao ponto de não poder unir-se no principal: impedir a eleição de um governo de direita. Pelo que disse acima, quando a direita se tenta confundir com a esquerda (o que tem acontecido frequentemente) corre sempre menos riscos que a esquerda quando esta se confunde com a direita. Por outro lado, a direita tem uma história unitária muito mais consistente que a esquerda. Para que estes riscos se não concretizem, as esquerdas têm de mostrar aos portugueses que o coração da esperança continua a bater mais fortemente que o coração do desespero. Não é tarefa fácil mas não é impossível. E isto que é válido para as eleições legislativas é igualmente válido para as eleições autárquicas. No que respeita a estas últimas, o caso de Lisboa será paradigmático. Parece óbvio que só por desespero se pode votar no candidato da direita. Por sua vez, o candidato principal da esquerda é um dos mais brilhantes políticos da nova geração de líderes de esquerda, só comparável ao líder da esquerda mais inovadora da última década. Se ele sair derrotado nas próximas eleições, obviamente a esquerda é burra. Espero vivamente que tal não seja o caso.[1]

Visão, 30 de Julho de 2009

---

[1] Foi eleito Presidente da Câmara Municipal de Lisboa o socialista António Costa.

UM CIDADÃO COMUM DE ESQUERDA

À data desta crónica, faltava um mês para a realização das eleições legislativas em Portugal, que em 27 de Setembro de 2009 renovaram a vitória do Partido Socialista (PS) de José Sócrates, cujo segundo mandato durou apenas 20 meses devido à crise económica e às medidas de austeridade impostas pelo resgate financeiro da União Europeia e do Fundo Monetário Internacional.

A reactivação da cidadania e o combate às disfunções da política representativa (abstenção eleitoral, apatia política, desmobilização social, desconfiança e falta de identificação de grande parte do eleitorado com os partidos políticos, etc.) eram (e são) as principais dificuldades da esquerda política em geral. Neste contexto, as esquerdas são chamadas a reforçar a sua capacidade de mobilizar e aproveitar o potencial do eleitor esperançado-preocupado-indignado, um eleitor exigente, crítico e inconformista, chave para a reconstrução duma política transformadora. O cidadão comum de esquerda tinha de ter consciência do muito que estava em jogo nas eleições, com importantes consequências para o futuro das pessoas e do país. Não podia abster-se ou dar-se ao luxo de adiar a sua esperança num mundo melhor. A política é inseparável do compromisso e da frustração. Assim, faz-se um apelo para a responsabilidade de exercer o voto, então (e agora), a principal forma da cidadania crítica concretizar a sua esperança num mundo melhor. | ANTONI JESÚS AGUILÓ BONET

A minha coluna, intitulada "A Esquerda é Burra?", suscitou polémica entre alguns sectores de esquerda. Fui acusado de apelar ao voto útil no PS e, mesmo, de incoerência, dadas as minhas conhecidas simpatias pelo BE (Bloco de Esquerda). Uma acusação injusta. Fiz um tal apelo apenas no caso das eleições para a Câmara Municipal de Lisboa, mas nunca em geral e explico porquê. Como referi, sócio-eleitoralmente, os portugueses têm sido maioritariamente de esquerda e, em sua esmagadora maioria, não são filiados em nenhum partido, sendo uns mais fiéis às suas preferências partidárias que outros. Penso ser uma responsabilidade dos políticos de esquerda tentarem meter-se na cabeça de tais eleitores e sobretudo na dos que têm fracas lealdades partidárias. É o que eu tento fazer, assumindo, com risco, que tal maioria sociológica de esquerda se vai manter.

Nestas eleições o eleitor comum de esquerda será um eleitor relutante mas haverá dois tipos: o relutante-desiludido e o relutante-esperançado. O primeiro está desiludido com as políticas do governo PS e não lhe perdoa que não tenha aproveitado a maioria absoluta para promover políticas de esquerda: diminuir as desigualdades sociais, fortalecer os sistemas públicos de saúde e de educação, proteger os direitos dos trabalhadores, garantir a sustentabilidade de pensões integrais, dignificar o Estado e lutar sem quartel contra a corrupção. A crise devia ter dado ainda mais urgência a estas políticas, financiadas por dinheiro público que não devia ser desbaratado a salvar bancos corruptos. Este eleitor precisa de razões para não votar na direita mesmo que, para ele, o PS, apesar de tanta cedência à direita, não seja a direita. Tem de ser convencido que a direita continua a ser o adversário principal por quatro razões.

1. Quando esteve no poder não mostrou melhor "sensibilidade" em qualquer daquelas políticas, bem pelo contrário, como escrevi em crónicas anteriores.

2. Tudo leva a crer que agora será pior, pois contará com o respaldo de um Presidente de direita.

3. Custa imaginar um governo probo quando o corrupio televisivo de ex-ministros de direita envolvidos na corrupção parece não ter fim.

4. É falsa a simetria entre a direita e a esquerda. Quando está no poder, a direita tem dois poderes: o poder político e o poder económico; quando está na oposição, a direita cede o poder político à esquerda mas continua a ter o poder económico. E exerce-o de duas maneiras: quer influenciando indevidamente os governos que se deixam indevidamente influenciar, como aconteceu com o governo PS, quer dispondo do poder dos media que hoje são, em todo o mundo, o grande partido-travão das mudanças sociais progressistas.

O eleitor relutante-esperançado é aquele para quem, apesar de tanto desatino, a esquerda é plural e não esgotou as possibilidades de renovação. Para ele, não é uma fatalidade que a esquerda se deixe armadilhar numa de duas posições, ambas becos sem saída: render-se sem luta ao poder económico da direita; ou, quando luta, lutar mais renhidamente no seu seio, entre várias opções de esquerda, do que contra a direita. Este eleitor tem de ser acima de tudo convencido de que o seu voto na esquerda não será perdido. Quer votar no partido que lhe garanta mais possibilidades de renovação (ou porque é mais novo ou porque é renovável) mas não pode imaginar que uma maioria sociológica de votos de esquerda venha a redundar num governo de direita. Para ele, este resultado será devastador. Não será convencido pela ideia de que construir a unidade de uma esquerda verdadeira exige ainda algum tempo, mais processos eleitorais.

Ele não vive no médio prazo e sabe que o dano que a direita fará ao já minguado Estado-Providência será desta vez irreversível. Os próximos tempos vão decidir o "destino" deste eleitor-chave. Pode em eleições futuras não ser sequer um eleitor relutante-desiludido; pode mesmo ser um não-eleitor. Ou, pelo contrário, pode deixar de ser relutante e trazer para o seu campo da esperança os agora desiludidos. Tudo depende da visão dos políticos de esquerda.

Visão, 27 de Agosto de 2009

A LUCIDEZ NA INCERTEZA

Os recentes momentos eleitorais em Portugal, uns previstos e outros provocados, elevaram a sensação de incerteza e de desnorte. Em resultado de uma ação política indolente, subjugada a forças externas, o Estado social é desmantelado, servindo cada vez menos cidadãos.

O Serviço Nacional de Saúde (SNS), por exemplo, revela-se hoje um paciente com múltiplas patologias. Acometido por doença cardiovascular, apresenta arritmias no funcionamento do "direito universal" e sofre de amnésia parcial: recorda-se de ser um serviço nacional, mas encontra-se politraumatizado na sua extensão territorial, dado o encerramento de parte das suas unidades. Por outro lado, apresenta sintomas de perturbação de personalidade, ao estabelecer parcerias público-privadas: sendo um serviço público, insiste em querer parecer privado. Viu agravar o problema da insuficiência no fluxo de comparticipação dos medicamentos, que afeta os segmentos mais carenciados da população, e acentuar a sua perda de visão periférica e desorientação, pois a tutela guia-se cegamente por indicadores, descurando os contextos e a perceção concreta que os cidadãos têm sobre a saúde. Perante um diagnóstico tão complexo, insiste, no entanto, em auto medicar-se com placebos, quando deveria prescrever soluções eficazes face às políticas parasitárias de que o país está a ser vítima. | ANA RAQUEL MATOS

Não vivemos tempos normais. Como a normalidade é o pressuposto das sondagens suspeito que os resultados eleitorais nos trarão surpresas. Em que consiste a anormalidade? O clima de insegurança generalizada sobre a sustentabilidade do nível de vida que se vem deteriorando desde o início da década e que sofreu abalos acrescidos nos últimos tempos, primeiro, com os ataques ao SNS por parte do Governo de Durão Barroso e do actual Governo socialista durante o período Correia de Campos e, segundo, com a precarização dos direitos dos trabalhadores (código do trabalho) e a eclosão da crise económica com o consequente aumento do desemprego.

A insegurança gera uma atitude de espera sem grande esperança que perscruta, entre as propostas de governo, a que cause menos dano, não a que traga mais benefícios. Esta atitude é feita de uma mistura de incerteza e de lucidez donde emerge uma insondável ambiguidade. A incerteza decorre de os cidadãos

A COR DO TEMPO QUANDO FOGE 407

não saberem se o que perderam com o governo PS é superior ou inferior ao que deixaram de perder por ser um governo PS e não um governo PSD. A lucidez reside em saber que, dos dois abalos recentes – a erosão do SNS e a crise económica – só o primeiro pode depender do governo. A superação da crise económica não depende do governo de um país pequeno, de desenvolvimento intermédio, integrado na economia europeia mais desenvolvida.

Ao governo caberá gerir a crise e esperar por melhores ventos que certamente soprarão de fora. Naturalmente essa gestão terá nuances diferentes com impactos nas políticas sociais e sobretudo nas políticas de saúde. Mas para que tais nuances sejam significativas é necessário que ocorra uma maior polarização política, o que para uns passa pelo fortalecimento do CDS e, para outros, pelo fortalecimento do BE e do PCP. Neste domínio, a direita tem uma desvantagem importante. Manuela Ferreira Leite[1] carrega consigo, sem querer, o espectro do salazarismo. Para os portugueses, o discurso da austeridade, do equilíbrio financeiro, e do sacrifício significa, nos subterrâneos da memória, estagnação, atraso, mediocridade histórica.

Este é o fardo que Manuela Ferreira Leite, de facto, já descarregou sobre os portugueses quando governou. Acontece que, estando nós em democracia – a asfixia não está na TV; está na exclusão social e na desolação silenciada que produz – Manuela Ferreira Leite não será eleita se disser o que vai fazer. Os silêncios do programa são, assim, um misto de honestidade e de autoritarismo. Mas o PS também tem um fardo pesado: a promiscuidade entre o sector público e o sector privado de que são um exemplo chocante os negócios de Jorge Coelho, o caso extraordinário de alguém que, não tendo podido governar o país a partir do Estado, parece pretender fazê-lo a partir de uma empresa.

É nas políticas sociais e sobretudo de saúde que o próximo governo pode fazer a diferença. A grande maioria dos portugueses precisa e vai precisar cada vez mais do SNS. Da direita sabe que não pode esperar o seu fortalecimento. E do PS? Depende do partido com quem fizer acordo de governo, pois o PS, por si, está afundado na promiscuidade acima referida. Pouco tempo depois de entrar em funções a actual Ministra da Saúde, o Ministro das Finanças fez um contrato escandaloso entre a ADSE e o Hospital da Luz, criando assim um mercado de saúde à custa do Estado e em detrimento da melhoria dos hospitais públicos.

Entretanto, o sector privado responde segundo a sua lógica, a do lucro, e comete duas ilegalidades perante as quais a Entidade Reguladora da Saúde nada

---

[1] Líder do Partido Social Democrata (PSD) entre Maio de 2008 e Abril de 2010.

faz. Primeira ilegalidade: apesar de beneficiados com a ADSE, os hospitais privados discriminam os beneficiários do sistema: dão prioridade às marcações de consultas vindas dos seguros privados. Segunda ilegalidade: quando as doenças se agravam as seguradoras cancelam as apólices e "mandam" os doentes para os hospitais públicos de quem, entretanto, se pede uma gestão empresarial. Perante a incerteza que tudo isto cria a lucidez do voto é mais do que nunca necessária. E mais do que nunca difícil.

Visão, 24 de Setembro de 2009

DE COPENHAGA A YASUNÍ

A crónica de Boaventura refere-se à proposta denominada "Yasuní-ITT", criada enquanto mecanismo de combate às emissões de gases estufa pelo fim da exploração das reservas de Petróleo em Ishpingo, Tambococha e Tipuyini (ITT), respeitando a biodiversidade, os direitos da natureza e dos povos indígenas. Com a finalidade de concretizar esta proposta, o Equador subscreveu, em Agosto de 2010, um acordo com o Programa das Nações Unidas para o Desenvolvimento (PNUD), que será administrado pelo Multi-Donor Trust Fund (MDTF)", o primeiro MDTF nacional. Até ao presente, recebeu contributos concretos do Chile, Espanha, Bélgica, Itália e França. A Alemanha, que se havia comprometido a participar, entretanto recuou, e o seu apoio continua a ser objecto de debate. Como seria de esperar, os países mais poluentes do mundo estão ausentes desta iniciativa.

Nestas circunstâncias, o governo do Equador encontra-se perante um dilema: continuar à espera que o apoio da comunidade internacional, ou, se esse apoio não chegar (e parece que não chegará na percentagem desejada), explorar o petróleo em ITT. Contudo, muitos sectores sociais no país exigem uma posição de coerência para com os direitos da natureza. Ou seja, mesmo sem o apoio da comunidade internacional, exigem que não seja explorado o petróleo em ITT, propondo recorrer, inclusivamente, à proibição da extracção em geral. Caso a iniciativa de Yasuní se concretize, será fundamental encontrar uma forma de apartar esta iniciativa da lógica do mercado de carbono. | RAÚL LLASAG FERNÁNDEZ

Como já se previra, a próxima Conferência da Organização das Nações Unidas sobre a Mudança Climática, a realizar em Copenhaga de 7 a 18 de Dezembro, será um fracasso que os políticos irão tentar disfarçar com recurso a vários códigos semânticos como "acordo político", "passo importante na direcção certa". O fracasso reside em que, ao contrário dos compromissos assumidos nas reuniões anteriores, não serão adoptadas em Copenhaga metas legalmente obrigatórias para a redução das emissões dos gases responsáveis pelo aquecimento global cujos perigos para a sobrevivência do planeta estão hoje suficientemente demonstrados para que o princípio da precaução deva ser accionado. A decisão foi tomada durante a recente Cimeira da Cooperação Ásia-Pacífico e, mais uma vez, quem a ditou foi a política interna dos EUA: a braços com a reforma do sistema de saúde, o Presidente Obama não quer assumir compromissos à margem do Congresso norte-americano e não pode ou não quer mobilizar este último para uma decisão que envolva medidas hostis ao forte *lobby* do sector das energias não renováveis. Os cidadãos do mundo continuarão pois a assistir ao espectáculo confrangedor de políticos irresponsáveis e de interesses económicos demasiado poderosos para se submeterem ao controle democrático e assim ficarão até se convencerem de que está nas suas mãos construir formas democráticas mais fortes capazes de impedir a irresponsabilidade dos políticos e o despotismo económico.

Mas a reunião de Copenhaga não será totalmente em vão porque a sua preparação permitiu que se conhecessem melhor movimentos e iniciativas, por parte de organizações sociais e por parte de Estados, reveladores de uma nova consciência ambiental global e de outras possibilidades de inovação política. Uma das propostas mais audaciosas e inovadoras é a Iniciativa ITT do Equador apresentada, pela primeira vez, em 2007 pelo então Ministro da Energia e Minas, o grande intelectual-activista Alberto Acosta, mais tarde Presidente da Assembleia Constituinte.

Trata-se de um exercício de co-responsabilização internacional que aponta para uma nova relação entre países mais desenvolvidos e países menos desenvolvidos e para um novo modelo de desenvolvimento, o modelo pós-petrolífero. O Equador é um país pobre apesar de (ou por causa de) ser rico em petróleo e a sua economia depender fortemente da exportação de petróleo: o rendimento petrolífero constitui 22% do Produto Interno Bruto e 63% das exportações. A destruição humana e ambiental causada por este modelo económico na Amazónia é verdadeiramente chocante. Em consequência directa da exploração do petróleo por parte da Texaco (mais tarde, Chevron), entre 1960 e 1990, desapareceram por inteiro dois povos amazónicos, os Tetetes e os Sansahauris.

A iniciativa equatoriana visa romper com este passado e consiste no seguinte. O Estado equatoriano compromete-se a deixar no subsolo reservas de petróleo calculadas em 850 milhões de barris existentes em três blocos – Ishpingo, Tambococha e Tipuyini (daí, o acrónimo da iniciativa) – do Parque Nacional Amazónico Yasuní, se os países mais desenvolvidos compensarem o Equador em metade dos rendimentos que deixará de ter em resultado dessa decisão. O cálculo é que a exploração gerará, ao longo de 13 anos, um rendimento de 4 a 5 biliões de euros e emitirá para a atmosfera 410 milhões de toneladas de $CO2$. Tal não ocorrerá se o Equador for compensado em cerca de 2 biliões de euros mediante um duplo compromisso. Esse dinheiro é destinado a

A COR DO TEMPO QUANDO FOGE   411

investimentos ambientalmente correctos: em energias renováveis, reflorestação, etc.; o dinheiro é recebido sob a forma de certificados de garantia, um crédito que os países "doadores" receberão de volta e com juros caso o Equador venha a explorar o petróleo, uma hipótese pouco provável dada a dupla perda para o país (perda do dinheiro recebido e a ausência de rendimentos do petróleo durante vários anos, entre a decisão de explorar e a primeira exportação).

Ao contrário do Protocolo de Kyoto, esta proposta não visa criar um mercado de carbono; pelo contrário, visa evitar que ele seja emitido. Não se limita, pois, a apelar à diversificação das fontes energéticas; sugere a necessidade de reduzir a procura de energia, quaisquer que sejam as suas fontes, o que implica uma mudança de estilo de vida que será sobretudo exigente nos países mais desenvolvidos. Para ser eficaz, a proposta deverá ser parte de um outro modelo de desenvolvimento e ser adoptada por outros países produtores de petróleo. Aliás, a sustentar esta proposta equatoriana está a nova Constituição do Equador, uma das mais progressistas do mundo, que, a partir das cosmovisões e práticas indígenas do que designam como "viver bem" (Sumak Kawsay) – assentes numa relação harmoniosa entre seres humanos e não-humanos, incluindo o que na cultura ocidental se designa por natureza – propõe uma concepção nova e revolucionária de desenvolvimento centrada nos direitos da natureza.

Esta concepção deve ser interpretada como uma contribuição indígena para o mundo inteiro, pois ganha adeptos em sectores cada vez mais vastos de cidadãos e movimentos à medida que se vai tornando evidente que a degradação ambiental e a depredação dos recursos naturais, além de insustentáveis e socialmente injustas, conduzem ao suicídio colectivo.

Uma utopia? A verdade é que a Alemanha já se comprometeu a entregar ao Equador 50 milhões de euros por ano durante os 13 anos em que petróleo seria explorado. Um bom começo?

Visão, 19 de Novembro de 2009

JUSTIÇA: A DÉCADA DA VISIBILIDADE

A emergência de tipos de criminalidade com forte repercussão social e política, como a corrupção, o crime económico organizado e a pedofilia, bem como a chegada aos tribunais de personagens com poder social e económico, a par do crescente interesse e foco da indústria da informação e da comunicação social na justiça, trouxeram uma maior visibilidade social dos tribunais portugueses junto da opinião pública. Com efeito, desde a década de 1990 que crimes como o abuso sexual de menores, a corrupção e o peculato cresceram exponencialmente (a Direcção-Geral da Política de Justiça registou um aumento de 23, 27 e 66 processos findos, em 1996, para 244, 44 e 112 em 2009, respectivamente) e casos com personagens públicas relacionados com estes tipos de crimes tiveram grande visibilidade mediática, como a Casa Pia, Face Oculta e Freeport.

Na década da visibilidade, os tribunais revelaram dificuldade em comunicar(-se) com o público, afirmando-se os media, como os tradutores por excelência da linguagem judicial. A imagem mediática da justiça é uma imagem desfocada e distorcida, fruto do confronto entre a lógica instantânea dos media e a complexidade e os ritmos processuais próprios do sistema judicial.

A década da (hiper)visibilidade é também a década da crise económica e financeira global, cujos impactos socioeconómicos profundos na sociedade portuguesa, como os despedimentos colectivos ou os incumprimentos das pensões de alimentos a crianças, (re)lançam velhos e novos desafios à justiça. | PAULA CASALEIRO

A década que agora termina foi a década do choque de realidade para a sociedade portuguesa. A década anterior fora a década das expectativas: a aproximação crescente e aparentemente irreversível do rendimento médio dos portugueses ao rendimento médio europeu. Era uma expectativa luminosa para uma sociedade de desenvolvimento intermédio, com uma economia de exígua dimensão e fraca especialização internacional, um Estado social de recente criação e com deficiente consagração de direitos sociais e económicos e com a taxa mais baixa da Europa de redução da pobreza por via das políticas sociais. Na década de 2000 as expectativas luminosas foram-se transformando progressivamente em frustrações sombrias: em vez de aproximação ao rendimento europeu, afastamento; impacto devastador na economia das políticas

A COR DO TEMPO QUANDO FOGE   413

neoliberais europeias de controlo do défice; perda de direitos sociais, da segurança social à saúde, dos direitos laborais (particularmente flagrante) à educação. Resultado: somos um dos países da Europa com mais desigualdades sociais e maior risco de pobreza, com os maiores índices de atipicidade e precariedade das relações laborais medida por critérios objectivos (o número de trabalhadores com contratos a termo, de trabalhadores autónomos, de trabalhadores pobres).

Que tem o sistema judicial a ver com isto? A justiça é um bem público que deve estar ao serviço do desenvolvimento económico e social e do aprofundamento da democracia. Cumpriu esse objectivo ao longo da década? Esta foi a década da visibilidade judicial e o que ela permitiu ver é motivo de desassossego para os cidadãos. Antes de mais, a visibilidade do sistema judicial em conflito consigo próprio ou com o sistema político, em ambos os casos longe do que os cidadãos esperam dele. A última década foi marcada por momentos em que a tensão institucional, usando a comunicação social como palco, atingiu os limites do admissível numa democracia consolidada, se é que não os ultrapassou: alterações aos regimes de férias judiciais; subsistema de cuidados de saúde; regalias remuneratórias; conflitos entre as cúpulas da magistratura judicial e do Ministério Público sobre os poderes na condução do processo judicial, em especial, na condução da investigação criminal; conflitos dentro dos corpos profissionais, entre o Bastonário da Ordem dos Advogados e respectivos Conselhos Distritais, entre a Associação Sindical de Juízes e o Conselho Superior da Magistratura, entre o Sindicato do Ministério Público e a Procuradoria-Geral da República. Estes conflitos institucionais aprofundaram as percepções negativas dos portugueses sobre o sistema judicial e minaram a sua legitimidade social.

O outro tipo de visibilidade judicial decorreu dos casos processados pelos tribunais, uma visibilidade que tem duas dimensões: os tribunais não podem expor e dar visibilidade aos problemas sociais sem eles próprios se exporem e tornarem socialmente visíveis. Ao longo da década, foram vários os casos mediáticos em que estiveram envolvidas personalidades conhecidas, de que o caso Casa Pia é exemplo paradigmático. A exposição mediática, para a qual os magistrados não estavam (nem estão) preparados, os incidentes do processo e a morosidade do seu andamento acabaram por vincar na opinião pública uma dupla ideia negativa sobre os tribunais: que são ineficientes e que são reféns dos desequilíbrios entre a capacidade técnica da defesa e da acusação. Mas o problema vem de trás e é bem mais complexo. Considerando que a criminalidade complexa, em especial, a criminalidade económico-financeira, a corrupção, o tráfico de influências e o abuso do poder têm sido factores importantes na degradação da nossa vida colectiva, é forçoso concluir que o sistema judicial tem contribuído, por omissão, para este estado de coisas. É extenso o rosário de casos em que os tribunais se deixaram enredar de maneira inglória e com um desprezo total pela exigência cidadã de transparência e justiça: fundos sociais europeus, Partex, facturas falsas, Caixa Económica Açoreana, Junta Autónoma de Estradas (JAE), Universidade Moderna, Caso da Mala, Freeport, Portucale, Operação Furacão, Apito Dourado, Somague, entre outros. O que se conhece de casos mais recentes (Caso BCP, Caso BPN e Face Oculta) não nos sossega quanto ao seu destino.

Acontece que a hipervisibilidade da ineficiência nestes casos vai de par com a invisibilização de outras ineficiências que afectam tanto ou mais as percepções dos cidadãos sobre a justiça porque os deixam desarmados perante o infortúnio. Se é verdade que os indicadores mostram elevados níveis de ineficiência no desempenho do sistema de justiça (tribunais judiciais, órgãos de polícia criminal, Ministério Público, instituições conexas), o seu impacto na vida dos cidadãos e das empresas é muito diferenciado. Os anos de espera podem ser dramáticos para quem é vítima de violência doméstica, para quem espera por uma indemnização de um acidente de trabalho que o/a incapacitou, para a criança que espera por uma pensão de alimentos ou aguarda numa instituição que lhe encontrem uma família, para a pequena e média empresa que, não beneficiando do efeito de escala das grandes empresas, asfixia ante os créditos que não cobra. O drama reside no facto de o sistema judicial não dar mostras de começar a compreender que há diferenças nas urgências e que a igualdade reside no tratamento diferenciado do que é diferente.

Perturbador é que tão pouco tenha mudado apesar de esta ter sido a década das reformas: no âmbito da procura judicial (desjudicialização de conflitos, criação e reforço da presença de meios alternativos de resolução de litígios: arbitragem, mediação, julgados de paz); no âmbito da tramitação dos processos (reformas do processo civil e penal, contencioso administrativo e fiscal, procedimento de injunção para a cobrança de dívidas, criação da figura do solicitador de execução); na desformalização de actos (sobretudo na vertente comercial) ou criando novo mapa e organização judiciária para os tribunais comuns, administrativos e fiscais. A desmaterialização dos processos por via da informatização foi uma das medidas emblemáticas de um dos últimos governos, apostando, quer na dotação dos tribunais com redes e equipamentos informáticos, quer em programas que permitem uma interacção mais eficiente entre os vários intervenientes processuais (magistrados, secção de processos, advogados, solicitadores de execução, instituições colaborantes do judiciário, etc.).

Os desafios para os próximos anos devem assentar nas seguintes ideias-chave: combate à criminalidade grave e complexa – investigações levadas a cabo com competência e eficácia, cuja conclusão de acusação ou de arquivamento assente em fundamentos e em estratégia de prova sólidas; igualdade de acesso ao direito e à justiça – depois de uma década que restringiu (em plena crise económica) o direito de acesso ao apoio judiciário e aumentou as custas judiciais; transparência – dadas as condições tecnológicas que permitem uma verdadeira justiça de proximidade; eficiência e qualidade do sistema judicial – num período tão difícil para vida dos portugueses, a justiça só é verdadeiramente cega se tiver a paixão da justiça social.

Visão, 12 de Dezembro de 2009

2010

Se nada fizermos para corrigir o curso das coisas,
dentro de alguns anos se dirá que a sociedade portuguesa viveu,
entre o final do século XX e começo do século XXI,
um luminoso mas breve interregno democrático.
Durou menos de quarenta anos, entre 1974 e 2010.

OS EUA ESTÃO DOENTES

A 22 de Março de 2010, Barack Obama assina a lei que visa reformar o sistema de saúde nos EUA.

De acordo com esta legislação, a ampliação do acesso ao sistema de saúde passa pela instituição da obrigatoriedade dos cidadãos adquirirem um plano de saúde, sob pena de multa. O governo compromete-se a subsidiar aqueles que não puderem pagar pelo serviço, ou seja, a injectar capital nas seguradoras. A lógica de considerar a saúde uma mercadoria não se altera, assim como a prática de privilegiar a manutenção ou recuperação da saúde do mercado financeiro em detrimento da dos cidadãos.

Em Dezembro de 2010, um juiz federal do Estado da Virgínia declarou inconstitucional um dos pontos-chave da reforma aprovada pelo governo Obama por entender que este não pode obrigar milhões de cidadãos a comprar um plano de saúde. O judiciário mobiliza-se para defender a liberdade do direito de compra e venda. A preocupação básica continua sendo o mercado e não a saúde.

Nestes tempos de crise económica os defensores do capitalismo financeiro aproveitam para, em nome da contenção de gastos para sanar a crise, pôr em causa direitos sociais e tentar desmantelar o que resta do Estado de Bem-estar Social. Em Portugal, como em todos os países atingidos pela crise, é a sociedade quem paga os custos sociais desta política. O Serviço Nacional de Saúde (SNS) é dos que mais sofrem, com uma redução de 9,1%. Embora os responsáveis garantam que "esta redução não coloca em causa nem a quantidade nem a qualidade dos cuidados a prestar", nas salas de espera os utilizadores do SNS não acreditam. | CAROLINA PEIXOTO

Em sentido metafórico, a sociedade norte-americana está doente por muitas razões. Há mais de trinta anos passo alguns meses por ano nos EUA e tenho vindo a observar uma acumulação progressiva de "doenças", mas não é delas que quero escrever hoje. Hoje escrevo sobre doença no sentido literal e faço-o a propósito da reforma do sistema de saúde em discussão final no Congresso. As lições desta reforma para o nosso país são evidentes. Os EUA são o único país do mundo desenvolvido em que a saúde foi transformada em mercadoria e o seu provimento entregue ao mercado privado das seguradoras. Os resultados são assustadores. Gastam por ano duas vezes mais em despesas de saúde que qualquer outro país dito desenvolvido e, apesar disso, 49 milhões de cidadãos não têm qualquer seguro de saúde e 45 mil morrem por ano por falta dele. Mais, a cada passo surgem notícias aterradoras de pessoas com doenças graves a quem as seguradoras cancelam os seguros, a quem recusam pagar tratamentos que lhes poderiam salvar a vida ou a quem recusam vender o seguro por serem conhecidas as suas "condições pré-existentes", ou seja, a probabilidade de virem necessitar de cuidados de saúde dispendiosos no futuro.

A perversidade do sistema reside em que os lucros das seguradoras são tanto maiores quanto mais gente da classe média baixa ou trabalhadores de pequenas e médias empresas são excluídos, ou seja, grupos sociais que não aguentam constantes aumentos dos prémios de seguro que nada têm a ver com a inflação. No meio de uma grave crise económica e alta taxa de desemprego, a seguradora Anthem Blue Cross – que no ano passado declarou um aumento de 56% nos seus lucros – anunciou há semanas uma subida de 39% dos prémios na Califórnia, o que provocaria a perda do seguro a 800 000 pessoas. A medida foi considerada criminosa e escandalosa por alguns membros do Congresso.

Por todas estas razões, há um consenso nos EUA de que é preciso reformar o sistema de saúde, e essa foi uma das promessas centrais da campanha de Barack Obama. A sua proposta assentava em duas medidas principais: criar um sistema público, financiado pelo Estado, que, ainda que residual, pudesse dar uma opção aos que não conseguem pagar os seguros; regular o sector de modo que os aumentos dos prémios não pudessem ser decididos unilateralmente pelas seguradoras. Há um ano que a proposta de lei tramita no Congresso e não é seguro que a lei seja aprovada até à Páscoa, como pede o Presidente norte-americano. Mas a lei que virá a ser aprovada não contém nenhuma das propostas iniciais de Obama. Pela simples razão de que o *lobbying* das seguradoras gastou 300 milhões de euros para pagar aos congressistas encarregados de elaborar a lei (para as suas campanhas, para as suas causas e, afinal, para os seus bolsos). Há seis lobbyistas da área de saúde registados por cada membro do Congresso. *Lobbying* é a forma legal de exercer pressão sobre políticos nos EUA, situação que o resto do mundo chama de corrupção. A proposta, a ser aprovada, está de tal modo desfigurada que muitos sectores progressistas (ou seja, sectores um pouco menos conservadores) pensam que seria melhor não promulgar a lei. Entre outras coisas, a lei "entrega" às seguradoras cerca de 30 milhões de novos clientes sem qualquer controlo sobre o montante dos prémios. Os EUA estão doentes porque a democracia norte-americana está doente.

Que lições?
1. É um crime social transformar a saúde em mercadoria.
2. Uma vez dominantes no mercado, as seguradoras mostram uma irresponsabilidade social assustadora. São responsáveis perante os accionistas, não perante os cidadãos.
3. Têm armas poderosas para dominar os governos e a opinião pública.

Em Portugal, convém-lhes demonizar o SNS só até ao ponto de retirar dele a classe média, mais sensível à falta de qualidade, mas nunca ao ponto de o eliminar pois, doutro modo, deixariam de ter o "caixote do lixo" para onde atirar os doentes que não querem. Os mais ingénuos ficam perplexos perante os prejuízos dos hospitais públicos e os lucros dos privados. Não se deram conta de que os prejuízos dos hospitais públicos, por mais eficientes que sejam, serão sempre a causa dos lucros dos hospitais privados.

Visão, 11 de Março de 2010

O FASCISMO FINANCEIRO

Desde a década de 1980, novos produtos financeiros se multiplicaram de maneira estrondosa com o objetivo de obter benefícios puramente especulativos, incrementando e expandindo o capital sem que fosse necessário o investimento em atividades produtivas. A rentabilidade do capital se encontrou muito mais garantida mediante investimentos financeiros do que através do investimento produtivo. Esta liberalização financeira desregulada criou consequências perversas, ainda que não premeditadas, mas previsíveis: desemprego, desconstrução do mundo do trabalho, desigualdades sociais, pobreza e violência. Estes efeitos do capitalismo não são novos. Mas assusta ver a forma como estas consequências se têm mantido, expandido e aprofundado.

A ditadura da financeirização do capitalismo contemporâneo colocou "na forca" os Estados nacionais, reduzindo a sua capacidade de manobra decisória nas políticas económicas. Estes Estados são forçados a serem "reformados" e "monitorados" para adaptar-se a uma nova etapa do capitalismo que consolida um "fascismo social", ao instalar práticas dissimuladas e conectadas a uma nova justificativa ideológica do cosmo capitalista: a da co-responsabilidade. Existem porém alternativas. As crises podem sinalizar uma atmosfera de transição paradigmática, além do economicismo, que instigue os indivíduos e a coletividade a assumirem uma nova cultura política e económica solidária. | ALICE COSTA

Há alguns anos publiquei, a convite do Dr. Mário Soares, um pequeno texto – *Reinventar a Democracia*[1] – que, pela sua extrema actualidade, não resisto à tentação de evocar aqui. Neste livro considero eu que um dos sinais da crise da democracia é a emergência do fascismo social. Não se trata do regresso ao fascismo do século passado. Não se trata sequer de um regime político, mas antes de um regime social. Em vez de sacrificar a democracia às exigências do capitalismo, promove uma versão empobrecida de democracia que torna desnecessário, e mesmo inconveniente, o sacrifício. Trata-se, pois, de um fascismo pluralista e, por isso, de uma forma de fascismo que nunca existiu. Identificava então cinco

---

[1] Ver *Reinventar a Democracia*. Lisboa: Gradiva, 1998.

formas de sociabilidade fascista, uma das quais era o fascismo financeiro. E sobre este dizia o seguinte.

O fascismo financeiro é talvez o mais virulento. Comanda os mercados financeiros de valores e de moedas, a especulação financeira global, um conjunto hoje designado por economia de casino. Esta forma de fascismo social é a mais pluralista na medida em que os movimentos financeiros são o produto de decisões de investidores individuais ou institucionais espalhados por todo o mundo e, aliás, sem nada em comum senão o desejo de rentabilizar os seus valores. Por ser o fascismo mais pluralista é também o mais agressivo porque o seu espaço-tempo é o mais refractário a qualquer intervenção democrática. Significativa, a este respeito, é a resposta do corrector da bolsa de valores quando lhe perguntavam o que era para ele o longo prazo: "longo prazo para mim são os próximos dez minutos". Este espaço-tempo virtualmente instantâneo e global, combinado com a lógica de lucro especulativa que o sustenta, confere um imenso poder discricionário ao capital financeiro, praticamente incontrolável apesar de suficientemente poderoso para abalar, em segundos, a economia real ou a estabilidade política de qualquer país.

A virulência do fascismo financeiro reside em que ele, sendo de todos o mais internacional, está a servir de modelo a instituições de regulação global crescentemente importantes apesar de pouco conhecidas do público. Entre elas, as empresas de *rating*, as empresas internacionalmente acreditadas para avaliar a situação financeira dos Estados e os consequentes riscos e oportunidades que eles oferecem aos investidores internacionais. As notas atribuídas – que vão de AAA a D – são determinantes para as condições em que um país ou uma empresa de um país pode aceder ao crédito internacional. Quanto mais alta a nota, melhores as condições. Estas empresas têm um poder extraordinário. Segundo o colunista do *New York Times*, Thomas Friedman, "o mundo do pós guerra-fria tem duas superpotências, os EUA e a agência Moody's". Moody's é – uma dessas agências de *rating*, ao lado da Standard and Poor's e Fitch Investors Services. Friedman justifica a sua afirmação acrescentando que "se é verdade que os EUA podem aniquilar um inimigo utilizando o seu arsenal militar, a agência de qualificação financeira Moody's tem poder para estrangular financeiramente um país, atribuindo-lhe uma má nota".

Num momento em que os devedores públicos e privados entram numa batalha mundial para atrair capitais, uma má nota pode significar o colapso financeiro do país. Os critérios adoptados pelas empresas de *rating* são em grande medida arbitrários, reforçam as desigualdades no sistema mundial e dão origem a efeitos perversos: o simples rumor de uma próxima desqualificação pode provocar enorme convulsão no mercado de valores de um país. O poder discricionário destas empresas é tanto maior quanto lhes assiste a prerrogativa de atribuírem qualificações não solicitadas pelos países ou devedores visados. A virulência do fascismo financeiro reside no seu potencial de destruição, na sua capacidade para lançar no abismo da exclusão países pobres inteiros.

Escrevia isto a pensar nos países do chamado Terceiro Mundo. Estava longe de pensar que o fosse recuperar a pensar em países da União Europeia.

Visão, 6 de Maio de 2010

A CPLP VISTA DE ÁFRICA

Para os países de expressão portuguesa de África é imprescindível uma afirmação na arena internacional análoga à dos outros países africanos integrados na Francofonia e na Commonwealth. A plena afirmação internacional dos países da Comunidade dos Países de Língua Portuguesa (CPLP) nunca poderá ocorrer por intermédio dos seus congéneres que, fundamentados num critério de pertença linguística, só lhes poderão acordar um lugar subalterno. Esta subalternização afecta a própria CPLP, na medida em que o lugar dos países que falam português está submetido a uma ordem linguística internacional dominada especialmente pelo inglês. O fortalecimento interno da CPLP criaria condições para dar mais força a estes países, possibilitando uma maior capacidade de expressão na arena internacional. Fazendo parte de uma organização onde possam exprimir-se com legitimidade poderão pesar nas grandes decisões da União Africana, como por exemplo na mediação no conflito costamarfinense ou na resolução dos conflitos bissau-guineenses.

Os países africanos da CPLP passaram por um sistema colonial tão violento como os demais, mas que se diferencia por ser, por um lado, o mais longo e tardio e, por outro, o que terminou por uma conjugação de lutas travadas pelos antifascistas portugueses e pelos anticolonialistas africanos. Essa confluência resultou num movimento de emancipação que introduziu de uma forma exemplar a civilidade nas revoltas populares en o 25 de Abril. A memória deste encontro poderia bem ser uma âncora dos desígnios de uma CPLP mais solidária e mais fortalecida. | RAUL MENDES FERNANDES

A CPLP é constituída predominantemente por países africanos. Não admira que nela dominem as dinâmicas políticas africanas, regionais e que sejam estas a condicionar as relações com países como Portugal e o Brasil. O regionalismo africano é hoje muito diversificado e intenso e é herdeiro de duas tradições: o pan-africanismo e o colonialismo. Há, por um lado, a União Africana e várias organizações regionais das quais as principais são a Comunidade Económica dos Estados da África Ocidental (CEDEAO), a Comunidade Económica dos Estados da África Central (CEEAC), a Comunidade Económica dos Estados da África Austral (SADC), e a Comunidade da África Oriental (EAC). Há também, por outro lado, as organizações que decorrem do colonialismo e dos laços neocoloniais que se procuraram manter depois das independências: a Commonwealth, a Francofonia e a CPLP. De todas elas, a CPLP é aquela em que os países africanos têm, por agora, mais capacidade de manobra pelo facto de o fraco desenvolvimento de Portugal e a guerra de libertação não terem permitido à antiga potência colonial controlar os processos de desenvolvimento pós-independência. Isto não significa que os laços neocoloniais não possam vir a surgir, quer protagonizados por Portugal, quer pelo Brasil (que foi colonizado, não colonizador, outra originalidade da CPLP).

As organizações de origem neocolonial são vistas pelos países africanos com uma forte dose de pragmatismo. Daí, que Moçambique seja membro de pleno direito da Commonwealth e observador da Francofonia e Cabo-Verde, a Guiné-Bissau e São Tomé e Príncipe sejam membros de pleno direito da Francofonia. Arvorar a prevalência linguística, as tradições culturais ou os valores de direitos humanos em critérios definidores de pertença a estas organizações faz muito pouco sentido à luz do que tem sido a lógica da sua evolução. Quando qualquer destes critérios é accionado ele revela uma de duas coisas. Ou é usado para disfarçar as verdadeiras motivações: a expulsão do Zimbabwe da Commonwealth por violar os direitos humanos, quando o verdadeiro 'crime' foi o de expropriar os agricultores brancos, descendentes dos colonos. Ou é usado tão selectivamente que, no mínimo, revela hipocrisia. Se, com olhar desapaixonado, observarmos o que se passa nos países da CPLP (e não me refiro exclusivamente aos africanos) não temos grandes razões para triunfalismo e, perante isso, a opção é entre a incoerência ou a arrogância de reclamarmos o privilégio de definir a norma: aos filhos legítimos da CPLP permitimos tudo, aos filhos adoptivos exigimos que cumpram a lei e os princípios.

Os países africanos têm hoje um interesse acrescido em fortalecer as organizações internacionais em que participam e em maximizar as valências que elas oferecem (Portugal e o acesso à União Europeia; o Brasil e o acesso aos países emergentes). São várias as razões. África confronta-se com um problema de segurança que em larga medida é importado e que, paradoxalmente, é causado por quem lho pretende resolver: a criação, em 2007, do Africom, o Comando militar dos EUA para a África, por enquanto sediado fora de África. Na aparência vocacionado para combater o fundamentalismo islâmico e apoiar as missões de paz, o Africom visa garantir o acesso dos EUA aos recursos naturais estratégicos do continente (petróleo, bauxite, urânio, aquíferos, terra) ante a eventual ameaça da China. Faz prever mais instabilidade política e uma corrida aos armamentos (tal como está a acontecer na América Latina), o que será fatal para países a braços com carências sociais elementares. Um multilateralismo alternativo pode ser uma salvaguarda. A segunda razão prende-se com a invisibilidade do sofrimento das populações africanas e a necessidade de lhe por fim. Ressentem os africanos que tanta atenção mundial seja dada ao derrame do petróleo no golfo do México quando a destruição ambiental do delta do Níger, muitas vezes mais grave e em resultado de décadas de criminosa negligência, não suscite interesse mediático.

Visão, 27 de Julho de 2010

A DESUNIVERSIDADE

Entre os seus principais efeitos previsíveis, o processo de Bolonha, originalmente apresentado pelos ministros europeus da educação como uma oportunidade para "harmonizar a arquitectura do sistema europeu de ensino superior" (Declaração da Sorbonne, 1998), pode significar, em linhas gerais, a profunda alteração da organização, funções, objectivos e prioridades da universidade.

Para além da equivalência de estudos e créditos, da promoção da mobilidade académica e do estabelecimento de normas comuns de qualidade, os sistemas de ensino superior não são alheios às (des)regulações com um perfil marcadamente neoliberal adoptadas pelos Estados nas últimas décadas. A universidade pública está em risco de se tornar um modelo padronizado regido pelos critérios do capitalismo educativo: liberalização, mercantilização e privatização; manutenção dos estudos universitários "rentáveis" e eliminação daqueles que não sejam considerados eficientes; orientação do conhecimento para a concorrência, priorizando os interesses do "mercado"; a produtividade e a hierarquia entre as universidades; a utilização de marketing para atrair clientes (ou alunos); sistema universitário duplo que desvaloriza os estudos de grau e prestigia os estudos de pós-graduação; aumento das taxas universitárias e das desigualdades educacionais; sobrecarga do horário de trabalho dos professores sob o controlo burocrático e exigência de cumprimento de um número predeterminado de indicadores quantitativos e qualitativos, menor dependência de financiamento público e procura de alternativas de financiamento no sector privado, entre outros impactos que podem ocorrer se não for alterado o curso dos acontecimentos. | ANTONI JESÚS AGUILÓ BONET

O processo de Bolonha – a unificação dos sistemas universitários europeus com vista a criar uma área europeia de educação superior – tem sido visto como a grande oportunidade para realizar a reforma da universidade europeia. Penso, no entanto, que os universitários europeus terão de enfrentar a seguinte questão: o processo de Bolonha é uma reforma ou uma contra-reforma? A reforma é a transformação da universidade que a prepare para responder criativamente aos desafios do século XXI, em cuja definição ela activamente participa. A contra-reforma é a imposição à universidade de desafios que legitimam a sua total descaracterização, sob o pretexto da reforma. A questão não tem, por agora, resposta, pois está tudo em aberto. Há, no entanto, sinais perturbadores de que as forças da contra-reforma podem vir a prevalecer. Se tal acontecer, o cenário distópico terá os seguintes contornos.

Agora que a crise financeira permitiu ver os perigos de criar uma moeda única sem unificar as políticas públicas, a fiscalidade e os orçamentos do Estado, pode suceder que, a prazo, o processo de Bolonha se transforme no euro das universidades europeias. As consequências previsíveis serão estas: abandonam-se os princípios do internacionalismo universitário solidário e do respeito pela diversidade cultural e institucional em nome da eficiência do mercado universitário europeu (e extra-europeu) e da competitividade; as universidades mais débeis (concentradas nos países mais débeis) são lançadas pelas agências de *rating* universitário no caixote do lixo do ranking, tão supostamente rigoroso quanto realmente arbitrário e subjectivo, e sofrerão as consequências do desinvestimento público acelerado; muitas universidades encerrarão e, tal como já está a acontecer a outros níveis de ensino, os estudantes e seus pais vaguearão pelos países em busca da melhor ratio qualidade/preço, tal como já fazem nos centros comerciais em que as universidades entretanto se terão transformado.

O impacto interno será avassalador: a relação investigação/docência, tão proclamada por Bolonha, será o paraíso para as universidades no topo do ranking (uma pequeníssima minoria) e o inferno para a esmagadora maioria das universidades e universitários. Os critérios de mercantilização reduzirão o valor das diferentes áreas de conhecimento ao seu preço de mercado e o latim, a poesia ou a filosofia só serão mantidos se algum *macdonald* informático vir neles utilidade. Os gestores universitários serão os primeiros a interiorizar a orgia classificatória, objectivo-maníaca e índice-maníaca; tornar-se-ão exímios em criar receitas próprias por expropriação das famílias ou pilhagem do descanso e da vida pessoal dos docentes, exercendo toda a sua criatividade na destruição da criatividade e da diversidade universitárias, normalizando tudo o que é normalizável e destruindo tudo o que o não é. Os professores serão proletarizados por aquilo de que supostamente são donos – o ensino, a avaliação e a investigação – zombies de formulários, objectivos, avaliações impecáveis no rigor formal e necessariamente fraudulentas na substância, *workpackages, deliverables, milestones*, negócios de citação recíproca para melhorar os índices, comparações entre o publicas onde-não-me-interessa-o-quê, carreiras imaginadas como exaltantes e sempre paradas nos andares de baixo. Os estudantes serão donos da sua aprendizagem e do seu endividamento para o resto da vida, em permanente deslize da cultura estudantil para cultura do consumo estudantil, autónomos nas escolhas de que não conhecem a lógica nem os limites, personalizadamente orientados para as saídas do desemprego profissional.

O serviço da educação terciária estará finalmente liberalizado e conforme às regras da Organização Mundial do Comércio. Nada disto tem de acontecer, mas para que não aconteça é necessário que os universitários e as forças políticas para quem esta nova normalidade é uma monstruosidade definam o que tem de ser feito e se organizem eficazmente para que seja feito. Será o tema da próxima crónica.

Visão, 26 de Agosto de 2010

A REUNIVERSIDADE

À luz da orientação de processos como o de Bolonha, parece difícil que a universidade europeia do nosso tempo não seja reconfigurada como uma cadeia de transmissão do modelo social hegemónico e se possa tornar num serviço público gratuito, livre, crítico, inconformista e emancipatório. No entanto, neste período de transição que a universidade experimenta nada está fechado. Longe de se adequar ao projecto da globalização neoliberal, é essencial que as universidades europeias sejam objecto de uma reforma contra-hegemónica, democrática e criativa capaz de lidar com os seus efeitos perversos na política de educação universitária.

À escala europeia, a reforma contra-hegemónica da universidade implica principalmente restaurar o seu papel como um bem público, deixar de considerar o conhecimento e a educação como uma mercadoria, facilitar a abertura da universidade à diversidade de grupos sociais e dos seus conhecimentos, uma maior responsabilidade social da universidade, corrigir as "patologias" da universidade anterior ao processo de Bolonha e adoptar medidas para corrigir as desigualdades educacionais com base no princípio da solidariedade. | Antoni Jesús Aguiló Bonet

Na minha última crónica descrevi um cenário perturbador do futuro da universidade em resultado dos processos de reforma actualmente em curso. Fiz questão de salientar que se trata apenas de um cenário possível e que a sua ocorrência pode ser evitada se forem tomadas algumas medidas exigentes.

1. É preciso começar por reconhecer que a nova normalidade criada pelo cenário descrito significaria o fim da universidade tal como a conhecemos.

2. É necessário tirar as consequências dos vícios da universidade anterior ao processo de Bolonha: inércia e endogamia por detrás da aversão à inovação; autoritarismo institucional disfarçado de autoridade académica; nepotismo disfarçado de mérito; elitismo disfarçado de excelência; controlo político disfarçado de participação democrática; neofeudalismo disfarçado de autonomia departamental ou facultária; temor da avaliação disfarçado de liberdade académica; baixa produção científica disfarçada de resistência heróica a termos de referência estúpidos e a comentários ignorantes de *referees*.

3. O processo de Bolonha deve retirar do seu vocabulário o conceito de capital humano. As universidades formam seres humanos e cidadãos plenos e não capital humano sujeito como qualquer outro capital às flutuações do mercado. Não se pode correr o risco de confundir sociedade civil com mercado. As universidades são centros de saber no sentido mais amplo do termo, o que implica pluralismo científico, interculturalidade e igual importância conferida ao conhecimento que tem valor de mercado e ao que o não tem. A análise custo/benefício no domínio da investigação e desenvolvimento é um instrumento grosseiro que pode matar a inovação em vez de a promover. Basta consultar a história das tecnologias para se concluir que as inovações com maior valor instrumental foram desenvolvidas sem qualquer atenção à análise custo/benefício. Será fatal para as universidades se a reforma for orientada para neutralizar os mecanismos de resistência contra as imposições unilaterais do mercado, os mesmos que, no passado, foram cruciais para resistir contra as imposições unilaterais da religião e do Estado.

4. A reforma deve incentivar as universidades a desenvolverem uma concepção ampla de responsabilidade social que se não confunda com instrumentalização. No caso português, os contratos celebrados entre as universidades e o Governo no sentido de aumentar a qualificação da população tornam ridícula a ideia do isolamento social das universidades mas, se nem todas as condições forem cumpridas, podem sujeitar as instituições a um stress institucional destrutivo que atingirá de maneira fatal a geração dos docentes na casa dos trinta e quarenta anos.

5. Para que tal não suceda, é necessário que a todos os docentes universitários sejam dadas iguais oportunidades de realizar investigação, não as fazendo depender do ranking da universidade nem do tópico de investigação, não sendo toleradas nem cargas lectivas asfixiantes, nem a degradação dos salários (mantendo as carreiras abertas e permitindo que os salários possam ser pagos, em parte, pelos projectos de investigação).

6. O processo de Bolonha deve tratar os rankings como o sal na comida, ou seja, com moderação. Para além disso, deve introduzir pluralidade de critérios na definição dos rankings à semelhança do que já vigora noutros domínios: nas classificações dos países, o índice do Produto Interno Bruto coexiste hoje com o índice de desenvolvimento humano do Programa das Nações Unidas para o Desenvolvimento (PNUD).

Tudo isto só será possível se o processo de Bolonha for cada vez mais uma energia endógena e cada vez menos uma imposição de peritos internacionais que transformam preferências subjectivas em políticas públicas inevitáveis; e se os encarregados da reforma convencerem a União Europeia e os Estados a investir mais nas universidades, não para responder a pressões corporativas, mas porque este é o único investimento capaz de garantir o futuro da ideia da Europa enquanto Europa de ideias.

Visão, 23 de Setembro de 2010

A DITAMOLE

A publicação desta crónica foi verdadeiramente premonitória. Os sinais e os sintomas eram evidentes e o inevitável aconteceu. A 3 de Maio de 2011, o Governo de Sócrates caiu perante a impotência na luta contra os mercados na gestão da dívida pública, assinando ainda o Memorando de entendimento com a troika, antes de capitular. Estava aberto o caminho para a direita política tomar o poder e avançar decididamente para desmantelar o já débil Estado social, argumentando que "a culpa é dos que deixaram o país na bancarrota".

A vaga de "suspensão" dos sistemas democráticos que varreu a Europa dos pequenitos não é, contudo, uma "ditamole". É uma verdadeira "ditadura sem face" pela natureza implacável com que verga a dignidade humana em nome do bom funcionamento dos "mercados". As medidas de austeridade, para colocar Portugal no "bom caminho", sucedem-se a um ritmo alucinante, numa estratégia de conta-gotas avassaladora, que tem mantido os portugueses numa letargia assustadora – quando se prepara a luta contra uma medida, surge imediatamente outra mais gravosa. A estratégia, diferente das seguidas na Grécia, Irlanda e, mais recentemente, em Espanha ou na Itália, apesar das múltiplas manifestações e protestos públicos, tem demonstrado ser de uma eficiência opressora. Ficará na memória de todos, como símbolo cruel da "ditadura dos mercados", o suicídio do idoso grego em plena Praça Sintagma, em Atenas. Algum alento surge, estranhamente, com a corajosa decisão do tecnocrata Mário Monti em adiar a solução da crise italiana, recusando-se a aplicar mais medidas de austeridade para evitar cair numa "tragédia grega"! Em Portugal, recupera-se, novamente, a tese do "bom aluno"! | João Paulo Dias

Se nada fizermos para corrigir o curso das coisas, dentro de alguns anos se dirá que a sociedade portuguesa viveu, entre o final do século XX e começo do século XXI, um luminoso mas breve interregno democrático. Durou menos de quarenta anos, entre 1974 e 2010. Nos quarenta e oito anos que precederam a revolução de 25 de Abril de 1974, viveu sob uma ditadura civil nacionalista, personalizada na figura de Oliveira Salazar. A partir de 2010, entrou num outro período de ditadura civil, desta vez internacionalista e despersonalizada, conduzida por uma entidade abstracta chamada "mercados". As duas ditaduras começaram por razões financeiras e depois criaram as suas próprias razões para se manterem. Ambas conduziram ao empobrecimento do povo português, que deixaram na cauda dos povos europeus. Mas enquanto a primeira eliminou o jogo democrático, destruiu as liberdades e instaurou um regime de fascismo político, a segunda manteve o jogo democrático mas reduziu ao mínimo as opções ideológicas, manteve as liberdades mas destruiu as possibilidades de serem efectivamente exercidas e instaurou um regime de democracia política combinado com fascismo social. Por esta razão, a segunda ditadura pode ser designada como ditamole.

Os sinais mais preocupantes da actual conjuntura são os seguintes.

1. Está a aumentar a desigualdade social numa sociedade que é já a mais desigual da Europa. Entre 2006 e 2009 aumentou em 38,5% o número de trabalhadores por conta de outrem abrangidos pelo salário mínimo (450 euros): são agora 804 000, isto é, cerca de 15% da população activa; em 2008, um pequeno grupo de cidadãos ricos (4.051 agregados fiscais) tinham um rendimento semelhante ao de um vastíssimo número de cidadãos pobres (634.836 agregados fiscais). Se é verdade que as democracias europeias valem o que valem as suas classes médias, a democracia portuguesa pode estar a cometer o suicídio.

2. O Estado social, que permite corrigir em parte os efeitos sociais da desigualdade, é em Portugal muito débil e mesmo assim está sob ataque cerrado. A opinião pública portuguesa está a ser intoxicada por comentaristas políticos e económicos conservadores – dominam os media como em nenhum outro país europeu – para quem o Estado social se reduz a impostos: os seus filhos são educados em colégios privados, têm bons seguros de saúde, sentir-se-iam em perigo de vida se tivessem que recorrer "à choldra dos hospitais públicos", não usam transportes públicos, auferem chorudos salários ou acumulam chorudas pensões. O Estado social deve ser abatido. Com um sadismo revoltante e um monolitismo ensurdecedor, vão insultando os portugueses empobrecidos com as ladainhas liberais de que vivem acima das suas posses e que a festa acabou. Como se aspirar a uma vida digna e decente e comer três refeições mediterrânicas por dia fosse um luxo repreensível.

3. Portugal transformou-se numa pequena ilha de luxo para especuladores internacionais. Fazem outro sentido os actuais juros da dívida soberana num país do euro e membro da UE? Onde está o princípio da coesão do projecto europeu? Para gáudio dos trauliteiros da desgraça nacional, o FMI já está cá dentro e em breve, aquando do PEC 4 ou 5, anunciará o que os governantes não querem anunciar: que este projecto europeu acabou.

Inverter este curso é difícil mas possível. Muito terá de ser feito a nível europeu e a médio prazo. A curto prazo, os cidadãos terão de dizer basta! Ao fascismo difuso instalado nas suas vidas e reaprender a defender a democracia e a solidariedade tanto nas ruas como nos parlamentos. A greve geral será tanto mais eficaz quanto mais gente vier para a rua manifestar o seu protesto. O crescimento ambientalmente sustentável, a promoção do emprego, o investimento público, a justiça fiscal, a defesa do Estado social terão de voltar ao vocabulário político através de entendimentos eficazes entre o Bloco de Esquerda, o Partido Comunista Português e os socialistas que apoiam convictamente o projecto alternativo de Manuel Alegre.

Visão, 21 de Outubro de 2010

RESPIRAR É POSSÍVEL

A expectativa pela sucessão de Lula, depois de oito anos, era alta. Seria capaz de fazer sucessor ou teria o mesmo destino de Bachelet, com governo popular e eleição ganha pelo candidato da oposição? Esta última era a aposta de uma oposição que procurou mostrar-se, como sendo o "pós-Lula", escondendo, durante a campanha, as diferenças entre os projetos em disputa: amparado por parte da grande imprensa, o discurso era de que o governo tinha sido apenas a continuação daquilo que, de bom, teve o período Fernando Henrique Cardoso (FHC). Uma oposição se fazendo de continuísmo era, desde o início, uma contradição, estratégia abandonada com a ascensão da candidata Dilma nas pesquisas. A partir daí começam a esboçar-se diferenças: o alinhamento de Serra às políticas dos EUA, na linha Uribe; a crítica aos governos da Bolívia e Venezuela e uma defesa de uma política externa voltada para os direitos humanos (sem criticar qualquer aliado dos EUA); o encampamento de algumas políticas sociais governistas (em antípoda a tudo que fizera no governo e na prefeitura de S. Paulo); uma defesa da "desprivatização" do governo (que seria corrupto e, portanto, não republicano) como contraponto ao ocultamento do processo de privatização do período FHC. A possibilidade de uma terceira via ("verde e ética"), na pessoa de Marina Silva, a explosão de denúncias contra órgãos estatais federais e a inclusão de uma pauta, de índole religiosa, de direitos humanos permitiu não somente um segundo turno, mas também a reversão de determinadas posições de defesa de homossexuais e direitos reprodutivos. Uma postura mais incisiva de Dilma, no segundo turno, contudo, introduziu nova pauta de assuntos, incluindo corrupção no campo oposicionista e contradições de discurso. A reafirmação do 3º Programa Nacional de Direitos Humanos e a condenação, na Corte Interamericana, pela ausência de investigação dos crimes cometidos no regime militar, ao mesmo tempo em que se recuperam as linhas de política externa do governo Lula, representaram um alento para os defensores de direitos humanos. Respirar, realmente, é difícil, mas ainda possível. | CÉSAR AUGUSTO BALDI

As eleições no Brasil tiveram uma importância internacional inusitada. As razões diferem consoante a perspectiva geopolítica que se adopte. Vistas da Europa, as eleições tiveram um significado especial para os partidos de esquerda. A Europa vive uma grave crise que ameaça liquidar o núcleo duro da sua identidade: o modelo social europeu e a social-democracia. Apesar de estarmos perante realidades sociológicas distintas, o Brasil ergueu nos últimos oito anos a bandeira da social-democracia e reduziu significativamente a pobreza. Fê-lo, reivindicando a especificidade do seu modelo, mas fundando-o na mesma ideia básica de combinar aumentos de produtividade económica com aumentos de protecção social. Para os partidos que na Europa lutam pela reforma, mas não pelo abandono, do modelo social, as eleições no Brasil vieram trazer um pouco mais de ar para respirar.

No continente americano, as eleições no Brasil tiveram uma relevância sem precedentes. Duas perspectivas opostas se confrontaram. Para o governo dos EUA, o Brasil de Lula foi um parceiro relutante, desconcertante e, em última análise, não fiável. Combinou uma política económica aceitável (ainda que criticável por não ter continuado o processo das privatizações) com uma política externa hostil. Para os EUA, é hostil toda a política externa que não se alinhe integralmente com as decisões de Washington. Tudo começou logo no início do primeiro mandato de Lula, quando este decidiu fornecer meio milhão de barris de petróleo à Venezuela de Hugo Chávez que nesse momento enfrentava uma greve do sector petroleiro depois de ter sobrevivido a um golpe em que os EUA estiveram envolvidos. Este acto significou um tropeço enorme para a estratégia política norte-americana de isolar o governo de Chávez. Os anos seguintes vieram confirmar a pulsão autonomista do Governo de Lula. O Brasil manifestou-se veementemente contra o bloqueio a Cuba, criou relações de confiança com governos eleitos mas considerados hostis, a Bolívia e o Equador, e defendeu-os dos golpes da direita tentados em 2008 e 2010 respectivamente. O Brasil promoveu formas de integração regional, tanto no plano económico, como no político e militar, à revelia dos EUA. E, ousadia das ousadias, procurou um relacionamento independente com o governo "terrorista" do Irão.

Na década passada, a guerra no Médio Oriente fez com que os EUA "abandonassem" a América Latina. Estão hoje de regresso, e as formas de intervenção são mais diversificadas que antes. Dão mais importância ao financiamento de organizações sociais, ambientais e religiosas cujas agendas as afastem dos governos hostis a derrotar, como acaba de ser documentado nos casos da Bolívia e do Equador. O objectivo é sempre o mesmo: promover governos totalmente alinhados. E as recompensas pelo alinhamento total são hoje maiores que antes. A obsessão do candidato Serra com o narcotráfico na Bolívia (um actor secundaríssimo) sinalizava o desejo aberto de alinhamento. A visita de Hillary Clinton e a confirmação, pouco antes das eleições, de um embaixador duro ("falcão"),

A COR DO TEMPO QUANDO FOGE 439

Thomas Shannon, são sinais evidentes da estratégia norte-americana: um Brasil alinhado com Washington provocaria, qual efeito dominó, a queda dos outros governos não-alinhados do sub-continente. O projecto vai manter-se mas por agora ficou adiado.

A outra perspectiva sobre as eleições foi o reverso da anterior. Para os governos "desalinhados" do continente e para as classes e movimentos sociais que os levaram democraticamente ao poder, as eleições brasileiras foram um sinal de esperança: há espaço para uma política regional com algum grau de autonomia e para um novo tipo de nacionalismo, apostado em mais redistribuição da riqueza colectiva.

Folha de São Paulo, 2 de Novembro de 2010

HISTÓRIA DA AUSTERIDADE

O ano de 2010 foi particularmente conturbado para a política europeia. Após a bancarrota grega, países de ditas "economias frágeis" e "contas públicas desajustadas", tais como Irlanda e Portugal, passaram a estar na mira de organismos financeiros internacionais, agentes especulativos, e do Banco Central Europeu (BCE). Agências de rating não deixaram de baixar a avaliação atribuída a Portugal e a bancos portugueses, fazendo com que a economia do país se fragilizasse ainda mais em relação às pressões económicas e especulativas internacionais. A chamada "crise da dívida soberana", advinda de uma sobre-representação da dívida pública em relação ao total da economia nacional, passa a ser debatida em Portugal, bem como em outros países do bloco europeu, do ponto de vista de ajustamentos de austeridade, dirigidos à redução de despesas públicas. O Orçamento de Estado para 2011, aprovado pelo Parlamento em Novembro de 2010, viria a formalizar o giro à austeridade, ao buscar a redução das despesas no congelamento de pensões, redução de salários da função pública e diminuição de investimentos em serviços públicos. Bem recebida pelo BCE e pelo Fundo Monetário Internacional, a austeridade portuguesa revelou-se como mais uma expressão de um pacto entre elites políticas em busca de uma estabilização económica que, no contexto de uma globalização neoliberal, significa precarização do Estado e sacrifícios sociais. | Caio Simões de Araújo

Quem tomar por realidade o que lhe é servido como tal pela espuma diária dos discursos do Governo e de boa parte da oposição, bem como das análises dos comentadores conservadores e de boa parte dos progressistas, tenderá a ter sobre a crise económica e financeira e sobre o modo como ela se repercute na sua vida as seguintes ideias: todos somos culpados da crise porque todos, cidadãos, empresas e Estado, vivemos acima das nossas posses e endividámo-nos em excesso; as dívidas têm de ser pagas e o Estado deve dar o exemplo; como subir os impostos agravaria a crise, a única solução será cortar as despesas do Estado reduzindo os serviços públicos, despedindo funcionários, reduzindo os seus salários e eliminando prestações sociais; estamos num período de austeridade que chega a todos e para a enfrentar temos que aguentar o sabor amargo de uma festa em que nos arruinámos e agora acabou; as diferenças ideológicas já não contam, o que conta é o imperativo de salvação nacional, e os políticos e as políticas têm de se juntar num largo consenso, bem no centro do espectro político.

Esta "realidade" é tão evidente que constitui um novo senso comum. E, no entanto, ela só é real na medida em que encobre bem outra realidade de que o cidadão comum tem, quando muito, uma ideia difusa e que reprime para não ser chamado ignorante, pouco patriótico ou mesmo louco. Essa outra realidade diz-nos o seguinte. A crise foi provocada por um sistema financeiro empolado, desregulado, chocantemente lucrativo e tão poderoso que, no momento em que explodiu e provocou um imenso buraco financeiro na economia mundial, conseguiu convencer os Estados a salvá-lo da bancarrota e a encher-lhe os cofres sem lhes pedir contas. Com isto, os Estados, já endividados, endividaram-se mais, tiveram de recorrer ao sistema financeiro que tinham acabado de resgatar e este, porque as regras de jogo não foram entretanto alteradas, decidiu que só emprestaria dinheiro nas condições que lhe garantissem lucros fabulosos até à próxima explosão. A preocupação com as dívidas é importante mas, se todos devem (famílias, empresas e Estado) e ninguém pode gastar, quem vai produzir, criar emprego e devolver a esperança às famílias? Neste cenário, o futuro inevitável é a recessão, o aumento do desemprego e a miséria de quase todos. A história dos anos de 1930 diz-nos que a única solução é o Estado investir, criar emprego, tributar os super-ricos, regular o sistema financeiro. E quem fala de Estado, fala de conjuntos de Estados, como a União Europeia. Só assim a austeridade será para todos e não apenas para as classes trabalhadoras e médias que mais dependem dos serviços do Estado.

Porque é que esta solução não parece hoje possível? Por uma decisão política dos que controlam o sistema financeiro e, indirectamente, os Estados. Consiste em enfraquecer ainda mais o Estado, liquidar o Estado de bem-estar, debilitar o movimento operário ao ponto de os trabalhadores terem de aceitar trabalho nas condições e com a remuneração unilateralmente impostas pelos patrões. Como o Estado tende a ser um empregador menos autónomo e como as prestações sociais são feitas através de serviços públicos, o ataque deve ser centrado na função pública e nos que mais dependem dos serviços públicos. Para os que neste momento controlam o sistema financeiro é prioritário que os trabalhadores deixem de exigir uma parcela decente do rendimento nacional, e para isso é necessário eliminar todos os direitos que conquistaram depois da segunda guerra mundial. O objectivo é voltar à política de classe pura e dura, ou seja, ao século XIX.

A política de classe conduz inevitavelmente à confrontação social e à violência. Como mostram bem as recentes eleições nos EUA, a crise económica, em vez de impelir as divergências ideológicas a dissolverem-se no centro político, acicata-as e empurra-as para os extremos. Os políticos centristas seriam prudentes se pensassem que na vigência do modelo que agora domina não há lugar para eles. Ao abraçarem o modelo estão a cometer suicídio.

Visão, 18 de Novembro de 2010

WIKILIQUIDAÇÃO DO IMPÉRIO?

A Wikileaks é uma organização sem fins lucrativos que torna públicos em seu site documentos confidenciais de notável interesse público. Em entrevista a Chris Anderson, da Ted – Ideas Worth Spreading, o fundador da Wikileaks, Julian Assange, manifestou preocupação diante do facto de que um pequeno grupo de ativistas possa noticiar mais informações do que toda a imprensa mundial junta. A Wikileaks, como forma emancipatória de mediação social, reaviva, assim, as perspectivas de afrontamento do circuito viciado de construção e consolidação de sentidos pelos meios hegemónicos. A rede solidária que se forma em torno da publicação de documentos polémicos – envolvendo ativistas, intelectuais, jornalistas, programadores e especialistas de rede – evidencia o potencial emancipatório da experiência.

Se as forças anti-capitalistas podem avançar com esta rede alternativa de comunicação que se forma em torno da Wikileaks, expondo os custos sociais do imperialismo e do capitalismo global, convém não perder de vista algumas indagações: como rebater as tentativas permanentes de espetacularização e esvaziamento de experiências reconhecidamente contra-hegemónicas como a Wikileaks? Como manter pulsantes experiências emancipatórias, de modo a preservar sua insurgência contra os circuitos viciados de uma monocultura da comunicação? | LUCIANE LUCAS

A divulgação de centenas de milhares de documentos confidenciais, diplomáticos e militares, pela Wikileaks acrescenta uma nova dimensão ao aprofundamento contraditório da globalização. A revelação, num curto período, não só de documentação que se sabia existir mas a que durante muito tempo foi negado o acesso público por parte de quem a detinha, como também de documentação que ninguém sonhava existir, dramatiza os efeitos da revolução das tecnologias de informação e obriga a repensar a natureza dos poderes globais que nos (des)governam e as resistências que os podem desafiar. O questionamento deve ser tão profundo que incluirá a própria Wikileaks: é que nem tudo é transparente na orgia de transparência que a Wikileaks nos oferece.

A revelação é tão impressionante pela tecnologia como pelo conteúdo. A título de exemplo, ouvimos horrorizados este diálogo – Good shooting. Thank you –enquanto caem por terra jornalistas da Reuters e crianças a caminho do colégio, ou seja, enquanto se cometem crimes contra a humanidade. Ficamos a saber que o Irão é consensualmente uma ameaça nuclear para os seus vizinhos e que, portanto, está apenas por decidir quem vai atacar primeiro, se os EUA ou Israel. Que a grande multinacional farmacêutica, Pfizer, com a conivência da embaixada dos EUA na Nigéria, procurou fazer chantagem com o Procurador--Geral deste país para evitar pagar indemnizações pelo uso experimental indevido de drogas que mataram crianças. Que os EUA fizeram pressões ilegítimas sobre países pobres para os obrigar a assinar a declaração não oficial da Conferência da Mudança Climática de Dezembro passado em Copenhaga, de modo a poderem continuar a dominar o mundo com base na poluição causada pela economia do petróleo barato. Que Moçambique não é um Estado-narco totalmente corrupto mas pode correr o risco de o vir a ser. Que no "plano de pacificação das favelas" do Rio de Janeiro se está a aplicar a doutrina da contra--insurgência desenhada pelos EUA para o Iraque e Afeganistão, ou seja, que se estão a usar contra um "inimigo interno" as tácticas usadas contra um "inimigo externo". Que o irmão do "salvador" do Afeganistão, Hamid Karzai[1], é um importante traficante de ópio. Etc., etc., num quarto de milhão de documentos.

Irá o mundo mudar depois destas revelações? A questão é saber qual das globalizações em confronto – a globalização hegemónica do capitalismo ou a globalização contra-hegemónica dos movimentos sociais em luta por um outro mundo possível – irá beneficiar mais com as fugas de informação. É previsível que o poder imperial dos EUA aprenda mais rapidamente as lições da Wikileaks que os movimentos e partidos que se lhe opõem em diferentes partes do mundo. Está já em marcha uma nova onda de direito penal imperial, leis "anti-terroristas" para tentar dissuadir os diferentes "piratas" informáticos (hackers), bem como novas técnicas para tornar o poder wikiseguro. Mas, à primeira vista, a Wikileaks tem maior potencial para favorecer as forças democráticas e anti-capitalistas. Para que esse potencial se concretize são necessárias duas condições: processar o novo conhecimento adequadamente e transformá-lo em novas razões para mobilização.

Quanto à primeira condição, já sabíamos que os poderes políticos e económicos globais mentem quando fazem apelos aos direitos humanos e à democracia, pois que o seu objectivo exclusivo é consolidar o domínio que têm sobre as nossas vidas, não hesitando em usar, para isso, os métodos fascistas mais

---

[1] Presidente do Afeganistão desde 7 de Setembro de 2004.

violentos. Tudo está a ser comprovado, e muito para além do que os mais avisados poderiam admitir. O maior conhecimento cria exigências novas de análise e de divulgação. Em primeiro lugar, é necessário dar a conhecer a distância que existe entre a autenticidade dos documentos e a veracidade do que afirmam. Por exemplo, que o Irão seja uma ameaça nuclear só é "verdade" para os maus diplomatas que, ao contrário dos bons, informam os seus governos sobre o que estes gostam de ouvir e não sobre a realidade dos factos. Do mesmo modo, que a táctica norte-americana da contra-insurgência esteja a ser usada nas favelas é opinião do Consulado Geral dos EUA no Rio. Compete aos cidadãos interpelar o governo nacional, estadual e municipal sobre a veracidade desta opinião. Tal como compete aos tribunais moçambicanos averiguar a alegada corrupção no país. O importante é sabermos divulgar que muitas das decisões de que pode resultar a morte de milhares de pessoas e o sofrimento de milhões são tomadas com base em mentiras e criar a revolta organizada contra tal estado de coisas.

Ainda no domínio do processamento do conhecimento, será cada vez mais crucial fazermos o que chamo uma sociologia das ausências: o que não é divulgado quando aparentemente tudo é divulgado. Por exemplo, resulta muito estranho que Israel, um dos países que mais poderia temer as revelações devido às atrocidades que tem cometido contra o povo palestiniano, esteja tão ausente dos documentos confidenciais. Há a suspeita fundada de que foram eliminados por acordo entre Israel e Julian Assange. Isto significa que vamos precisar de uma Wikileaks alternativa ainda mais transparente. Talvez já esteja em curso a sua criação.

A segunda condição (novas razões e motivações para a mobilização) é ainda mais exigente. Será necessário estabelecer uma articulação orgânica entre o fenómeno Wikileaks e os movimentos e partidos de esquerda até agora pouco inclinados a explorar as novas possibilidades criadas pela revolução das tecnologias de informação. Essa articulação vai criar a maior disponibilidade para que seja revelada informação que particularmente interessa às forças democráticas anti-capitalistas. Por outro lado, será necessário que essa articulação seja feita com o Fórum Social Mundial (FSM) e com os média alternativos que o integram. Curiosamente, o FSM foi a primeira novidade emancipatória da primeira década do século e a Wikileaks, se for aproveitada, pode ser a primeira novidade da segunda década. Para que a articulação se realize é necessária muita reflexão inter-movimentos que permita identificar os desígnios mais insidiosos e agressivos do imperialismo e do fascismo social globalizado, bem como as suas insuspeitadas debilidades a nível nacional, regional e global. É preciso criar uma nova energia mobilizadora a partir da verificação aparentemente contraditória de que o poder capitalista global é simultaneamente mais esmagador do que pensamos e mais frágil do que o que podemos deduzir linearmente da sua força. O FSM, que se reúne em Fevereiro próximo em Dakar, está a precisar de renovar-se e fortalecer-se, e esta pode ser uma via para que tal ocorra.

Visão, 16 de Dezembro de 2010

2011

*Na rua, a única esfera pública por enquanto não ocupada
pelos interesses financeiros, manifestam-se cidadãos
que nunca participaram em sindicatos ou movimentos
nem imaginaram manifestar-se a favor de causas alheias.
De repente, as causas alheias são próprias.*

2011

O QUE ESTÁ EM CAUSA

Pouco mais de um ano se passou desde a chegada da troika a Portugal. Um ano que, em termos de retrocesso social, democrático e económico vai ter repercussões durante muitos anos na vida dos cidadãos a braços com um dia-a-dia em que a esperança está cada vez mais ausente.

Os interesses óbvios dos que lucram com a miséria que vai tomando conta das economias mais frágeis da zona euro escondem-se por trás de uma palavra genérica que diariamente se instala na realidade de todos -os mercados. Deles muito se fala e pouco se sabe. O jornal Público noticia a 31 de Maio de 2012, o envio pela Comissão do Mercado de Valores Mobiliários (CMVM) de uma participação para o Departamento de Investigação e Acção Penal (DIAP) de Lisboa no sentido de investigar indícios do crime de manipulação da dívida portuguesa. O caso envolve autores com interesses na desvalorização da dívida pública portuguesa que escreveram sobre Portugal num órgão não revelado da imprensa internacional. A denúncia pública desta situação reforça a legitimidade da auditoria cidadã e de todas as iniciativas da sociedade civil que questionam a dívida. Apenas uma notícia... ou a ponta de um iceberg que nos próximos tempos nos vai fazer perceber onde estamos e para onde queremos ir. | MARGARIDA FILIPE GOMES

Portugal é um pequeno barco num mar agitado. Exigem-se bons timoneiros mas se o mar for excessivamente agitado não há barco que resista, mesmo num país que séculos atrás andou à descoberta do mundo em cascas de noz. A diferença entre então e agora é que o Adamastor era um capricho da natureza, depois da borrasca era certa a bonança e só isso tornava "realista" o grito de confiança nacionalista, do "Aqui ao leme sou mais que eu...". Hoje, o Adamastor é um sistema financeiro global, controlado por um punhado de grandes investidores institucionais e instituições satélites (Banco Mundial (BM), Fundo Monetário Internacional (FMI), agências de notação) que têm o poder de criar e distribuir as borrascas e as bonanças a seu bel-prazer, ou seja, borrascas para a grande maioria da população do mundo, bonanças para eles próprios. Só isso explica que os 500 indivíduos mais ricos do mundo tenham uma riqueza igual à da dos 40 países mais pobres do mundo, com uma população de 416 milhões de habitantes. Depois de décadas de "ajuda ao desenvolvimento" por parte do BM e do FMI, um sexto da população mundial vive com menos de 77 cêntimos por dia.

O que vai acontecer a Portugal (no seguimento do que aconteceu à Grécia e à Irlanda e irá acontecer à Espanha, Itália e talvez não fique por aí) aconteceu já a muitos países em desenvolvimento. Alguns resistiram às "ajudas" devido à força de líderes políticos nacionalistas (caso da Índia), outros rebelaram-se pressionados pelos protestos sociais (Argentina) e forçaram a reestruturação da dívida. Sendo diversas as causas dos problemas enfrentados pelos diferentes países, a intervenção do FMI teve sempre o mesmo objectivo: canalizar o máximo possível do rendimento do país para o pagamento da dívida. No nosso contexto, o que chamamos "nervosismo dos mercados" é um conjunto de especuladores financeiros, alguns com fortes ligações a bancos europeus, dominados pela vertigem de ganhar rios de dinheiro apostando na bancarrota do nosso país e ganhando tanto mais quanto mais provável for esse desfecho. E se Portugal não puder pagar? Bem, isso é um problema de médio prazo (pode ser semanas ou meses). Depois se verá, mas uma coisa é certa: "as justas expectativas dos credores não podem ser defraudadas". Longe de poder ser acalmado, este "nervosismo" é alimentado pelas agências de notação: baixam a nota do país para forçar o Governo a tomar certas medidas restritivas (sempre contra o bem-estar das populações); as medidas são tomadas, mas como tornam mais difícil a recuperação económica do país (que permitiria pagar a dívida), a nota volta a baixar. E assim sucessivamente até à "solução da crise", que pode bem ser a eclosão da mais grave crise social dos últimos oitenta anos.

Qualquer cidadão com as naturais luzes da vida, perguntará, como é possível tanta irracionalidade? Viveremos em democracia? As várias declarações da ONU sobre os direitos humanos são letra morta? Teremos cometidos erros tão graves que a expiação não se contenta com os anéis e exige os dedos, se não mesmo as mãos? Ninguém tem uma resposta clara para estas questões mas um reputado economista (Prémio Nobel da Economia em 2001), que conhece bem o anunciado visitante, FMI, escreveu a respeito desta instância de poder económico o seguinte: "as medidas impostas pelo FMI falharam mais vezes do que as em que tiveram êxito...Depois da crise asiática de 1997, as políticas do FMI agravaram as crises na Indonésia e na Tailândia. Em muitos países, levaram à fome e à confrontação social; e mesmo quando os resultados não foram tão sombrios e conseguiram promover algum crescimento depois de algum tempo, frequentemente os benefícios foram desproporcionadamente para os de cima, deixando os de baixo mais pobres que antes. O que me espantou foi que estas

A COR DO TEMPO QUANDO FOGE   451

políticas não fossem questionadas por quem tomava as decisões...Subjacente aos problemas do FMI e de outras instituições económicas internacionais é o problema de governação: quem decide o que fazem?".

Haverá alternativa? Deixo este tema para a próxima crónica.

Visão, 13 de Janeiro de 2011

PODERÁ O OCIDENTE APRENDER?

Saber se o Ocidente poderá aprender é uma questão cara a Boaventura, seja na pele de ativista ou na de cientista. A resistência ao pensamento único e a certeza de que a compreensão do mundo excede a compreensão ocidental do mundo têm sustentado as suas duas identidades, cuja simbiose assenta na convicção de que não há justiça social global sem justiça cognitiva global.

Esta crónica foi escrita algumas semanas após o início da vaga de protestos que ficaria conhecida como Primavera Árabe. A solidariedade do Fórum Social Mundial (FSM) com as lutas sociais em curso são o mote para um conjunto de críticas às instituições económicas do Norte global e a uma Europa neoliberal incapaz de resolver a crise económica ou vislumbrar soluções para além de medidas austeridade que ameaçam a democracia e agravam as desigualdades. Cerca de três meses depois, e tal como acontecera na Grécia e na Irlanda, a troika entraria em Portugal, emprestando dinheiro (o eufemismo da "ajuda financeira"), enquanto impunha a sua lei da austeridade mediante receitas consabidamente ineficazes e internacionalmente desacreditadas.

A Europa que Boaventura descreve é narcísica, desleal a si própria e incapaz de ver ou sentir para além do umbigo. Apesar do tom desiludido com que escreve o texto e ainda que não responda à pergunta que faz o título da crónica, o cientista/ativista daria início, nesse mesmo ano, a um projeto corajoso, que envolve países de quatro continentes, e assenta na aposta de que a transformação social europeia pode beneficiar amplamente das inovações que têm lugar em países e regiões do Sul global (http://alice.ces.uc.pt). | SARA ARAÚJO

Está a realizar-se em Dakar o XI FSM. É a segunda vez que se reúne em África (a primeira foi em 2007 em Nairobi), o que revela o interesse dos seus organizadores em chamar a atenção para os problemas africanos e para o impacto que eles terão no mundo. Mal podiam supor que, ao tempo da realização do Fórum, o Norte de África estivesse no centro dos noticiários mundiais e os protestos sociais contra a crise económica e as ditaduras apoiadas pelo Ocidente fossem tão vigorosos, tão contagiantes e tão assentes num dos princípios básicos do FSM, o da radicalização da democracia como instrumento de transformação social.

A solidariedade do FSM com as lutas sociais no Norte de África tem raízes e razões que escapam aos media ocidentais ou que estes abordam em termos que revelam a dupla dificuldade do Ocidente em aprender com as experiências do mundo e em ser fiel aos princípios e valores de que se diz guardião. O FSM tem vindo a alertar, desde a sua criação, para a insustentabilidade económica, social, política, energética e ambiental do actual modelo económico neoliberal, dominado pelo capital financeiro desregulado, e para o facto de os custos mundiais daqui decorrentes não se confinarem aos países menos desenvolvidos. A agitação social no Norte de África tem uma das suas raízes na profunda crise económica que a região atravessa. Os protestos sociais das últimas semanas no Egipto não se podem compreender sem as greves no sector têxtil dos últimos três anos, as quais, apesar de violentamente reprimidas, não mereceram a atenção mediática ocidental. Dez anos depois de o FSM ter alertado para o facto, o Fórum Económico Mundial (FEM) (reunido há semanas em Davos, veio declarar que o agravamento das desigualdades sociais é o risco mais grave (mais grave que o risco da degradação ambiental) que o mundo corre nas próximas décadas. O que o FEM não diz é que tal risco decorre das políticas económicas que ele defendeu ao longo de toda a década. Com um bom clube de ricos, pode ter assomos de má consciência, mas não pode pôr em causa a sua escandalosa acumulação de riqueza.

Vista do FSM, a crise do Norte de África significa o colapso da segunda fronteira da Europa desenvolvida. A primeira é constituída pela Grécia, Portugal, Espanha, Itália e Irlanda. Com as duas fronteiras em crise, o centro torna-se frágil e o "material" do eixo franco-alemão pode passar em breve do aço ao plástico. Mais profundamente, a história mostra que a estabilidade e a prosperidade da Europa começa e acaba no Mediterrâneo. Por que é que o Ocidente (Europa e América do Norte) não aprende com a história e os factos? Para o FSM, o Ocidente só aprenderá quando o que se passa nas periferias se parecer demasiado com o que se passa no centro. Talvez não tarde muito, e o problema é que pode ser então demasiado tarde para aprender.

A solidariedade do FSM com o Norte de África tem uma outra raiz: o respeito incondicional pela sua aspiração democrática. Neste domínio a hipocrisia do Ocidente não tem limites. O seu objectivo é garantir a transição pacífica de uma ditadura pró-americana, pró-israelita, a favor da ocupação colonial da Palestina por parte de Israel, anti-iraniana, a favor da livre circulação do petróleo, pró-bloqueio à faixa de Gaza, anti-Hamas, a favor da divisão Fatah/Hamas para uma democracia com as mesmas características. Só assim se explica a obsessão em detectar fundamentalistas nos protestos e em falsificar a natureza política e social da Irmandade Islâmica. Os interesses de Israel e do petróleo não permitirão ao Ocidente ser alguma vez coerente nesta região do mundo com os princípios que proclama. Não aprendeu com os 100 000 mortos que resultaram da anulação (a que deu entusiástico apoio) da vitória democrática da Frente de Salvação Islâmica nas eleições da Argélia em 1991. Nem aprendeu com a conversão da faixa de Gaza no mais repugnante campo de concentração em resultado do não reconhecimento da vitória eleitoral do Hamas em 2006. Será que o Ocidente só aprenderá quando for pós-ocidental?

Visão, 10 Fevereiro de 2011

AS MULHERES NÃO SÃO HOMENS

As mulheres continuam, hoje em dia, a ser sujeitas a múltiplas discriminações e opressões que ocorrem em diferentes espaços (público e privado), áreas (trabalho, política, familiar, etc.) e escalas (local, nacional, regional e transnacional). Esta desigualdade é sustentada por práticas quotidianas enraizadas numa cultura patriarcal que teima em percecionar a mulher como um ser inferior ao homem. E não é apenas o senso comum que a sustenta; o patriarcado tende a ser reproduzido inclusive pelos mecanismos que supostamente a deviam combater, como a ciência e o direito. A articulação entre os dois é paradigmática no caso do aborto, por exemplo. São, pois, antigas as reivindicações feministas pela garantia da igualdade e paridade na lei. Contudo, encontramos países com quadros normativos opressores dos direitos das mulheres e outros que, apesar de possuírem legislações progressistas, estas ficam capturadas no seu potencial feminista pelas práticas de um judiciário conservador. Este cenário produz, sobretudo nas sociedades ocidentais, três invisibilidades aparentemente paradoxais. A primeira é a negação da mulher enquanto vítima de violência, pela sua conquista da igualdade legal, da representação política e dos meios económicos para exercer os seus direitos enquanto cidadã. A segunda admite a vitimização da mulher, mas sonega a sua capacidade de resistência no espaço público/político (tido como dominantemente masculino) e privado (persistentemente encarado como vazio de juridicidade). Por fim, o reconhecimento da igualdade conduz a um entendimento parcial da identidade da mulher com base na diferença entre os sexos, inserindo-a numa categoria homogénea (sem raça, etnia, religião, orientação sexual, etc.) e facilmente caindo num essencialismo cultural. | MADALENA DUARTE

No passado dia 8 de Março celebrou-se o Dia Internacional da Mulher. Os dias ou anos internacionais não são, em geral, celebrações. São, pelo contrário, modos de assinalar que há pouco para celebrar e muito para denunciar e transformar. Não há natureza humana assexuada; há homens e mulheres. Falar de natureza humana sem falar na diferença sexual é ocultar que a "metade" das mulheres vale menos que a dos homens. Sob formas que variam consoante o tempo e o lugar, as mulheres têm sido consideradas como seres cuja humanidade é problemática (mais perigosa ou menos capaz) quando comparada com a dos homens. À dominação sexual que este preconceito gera chamamos patriarcado e ao senso comum que o alimenta e reproduz, cultura patriarcal. A persistência histórica desta cultura é tão forte que mesmo nas regiões do mundo em que ela foi oficialmente superada pela consagração constitucional da igualdade sexual, as práticas quotidianas das instituições e das relações sociais continuam a reproduzir o preconceito e a desigualdade. Ser feminista hoje significa reconhecer que tal discriminação existe e é injusta e desejar activamente que ela seja eliminada. Nas actuais condições históricas, falar de natureza humana como se ela fosse sexualmente indiferente, seja no plano filosófico seja no plano político, é pactuar com o patriarcado.

A cultura patriarcal vem de longe e atravessa tanto a cultura ocidental como as culturas africanas, indígenas e islâmicas. Para Aristóteles, a mulher é um homem mutilado e para São Tomás de Aquino, sendo o homem o elemento activo da procriação, o nascimento de uma mulher é sinal da debilidade do procriador. Esta cultura, ancorada por vezes em textos sagrados (Bíblia e Corão), tem estado sempre ao serviço da economia política dominante que, nos tempos modernos, tem sido o capitalismo e o colonialismo. Em *Three Guineas* (1938), em resposta a um pedido de apoio financeiro para o esforço de guerra, Virginia Woolf recusa, lembrando a secundarização das mulheres na nação, e afirma provocatoriamente: "Como mulher, não tenho país. Como mulher, não quero ter país. Como mulher, o meu país é o mundo inteiro". Durante a ditadura portuguesa, as *Novas Cartas Portuguesas* publicadas em 1972 por Maria Isabel Barreno, Maria Teresa Horta e Maria Velho da Costa, denunciavam o patriarcado como parte da estrutura fascista que sustentava a guerra colonial em África. "Angola é nossa" era o correlato de "as mulheres são nossas (de nós, homens)" e no sexo delas se defendia a honra deles. O livro foi imediatamente apreendido porque justamente percebido como um libelo contra a guerra colonial e as autoras só não foram julgadas porque entretanto ocorreu a Revolução dos Cravos em 25 de Abril de 1974.

A violência que a opressão sexual implica ocorre sob duas formas, *hardcore* e *softcore*. A versão *hardcore* é o catálogo da vergonha e do horror do mundo. Em Portugal, morreram 43 mulheres em 2010, vítimas de violência doméstica. Na Cidade Juarez (México) foram assassinadas nos últimos anos 427 mulheres, todas jovens e pobres, trabalhadoras nas fábricas do capitalismo selvagem, as *maquiladoras*, um crime organizado hoje conhecido por femicídio. Em vários países de África e no Próximo Oriente continua a praticar-se a mutilação genital feminina. Na Arábia Saudita, até há pouco, as mulheres nem sequer tinham certificado de nascimento. No Irão, a vida de uma mulher vale metade da do homem num acidente de viação; em tribunal, o testemunho de um homem vale tanto quanto o de duas mulheres; a mulher pode ser apedrejada até à morte em caso de adultério, prática, aliás, proibida na maioria dos países de cultura islâmica.

A versão *softcore* é insidiosa e silenciosa e ocorre no seio das famílias, instituições e comunidades, não porque as mulheres sejam inferiores mas, pelo contrário, porque são consideradas superiores no seu espírito de abnegação e na sua disponibilidade para ajudar em tempos difíceis. Porque é uma disposição natural não há sequer que lhes perguntar se aceitam os encargos ou sob que condições. Em Portugal, por exemplo, os cortes nas despesas sociais do Estado actualmente em curso vitimizam em particular as mulheres. As mulheres são as principais provedoras do cuidado a dependentes (crianças, velhos, doentes, pessoas com deficiência). Se, com o encerramento dos hospitais psiquiátricos, os doentes mentais são devolvidos às famílias, o cuidado fica a cargo das mulheres. A impossibilidade de conciliar o trabalho remunerado com o trabalho doméstico faz com que Portugal tenha um dos valores mais baixos de fecundidade do mundo. Cuidar dos vivos torna-se incompatível com desejar mais vivos.

Mas a cultura patriarcal tem, em certos contextos, uma outra dimensão particularmente perversa: a de criar a ideia na opinião pública que as mulheres são oprimidas e, como tal, vítimas indefesas e silenciosas. Este estereótipo torna possível ignorar ou desvalorizar as lutas de resistência e a capacidade de inovação política das mulheres. É assim que se ignora o papel fundamental das mulheres na revolução do Egipto ou na luta contra a pilhagem da terra na Índia; a acção política das mulheres que lideram os municípios em tantas pequenas cidades africanas e a sua luta contra o machismo dos líderes partidários que bloqueiam o acesso das mulheres ao poder político nacional; a luta incessante e cheia de riscos pela punição dos criminosos levada a cabo pelas mães das jovens assassinadas em Cidade Juarez; as conquistas das mulheres indígenas e islâmicas na luta pela igualdade e pelo respeito da diferença, transformando por dentro as culturas a que pertencem; as práticas inovadoras de defesa da agricultura familiar e das sementes tradicionais das mulheres do Quénia e de tantos outros países de África; a resposta das mulheres palestinianas quando perguntadas por auto-convencidas feministas europeias sobre o uso de contraceptivos: "na Palestina, ter filhos é lutar contra a limpeza étnica que Israel impõe ao nosso povo".

Visão, 10 de Março de 2011

QUEM QUER ELEIÇÕES?

Servem as eleições para que os cidadãos expressem, através do voto, as suas vontades relativamente a determinados assuntos, ou para que elejam alguém que os represente na expressão dessas vontades. Este será um dos traços mais distintivos da democracia. Por isso é que o voto, enquanto exercício de cidadania responsável, é um dever cívico que legitima os sistemas democráticos, sejam eles mais ou menos diretos ou representativos.

No dia 5 de Junho de 2011, em Portugal, realizaram-se eleições legislativas com o propósito de eleger o XIX Governo Constitucional. Os 58% de eleitores que acorreram às urnas apenas legitimaram o preceito institucional de um Estado democrático. A essência da democracia não se cumpriu, resultando mitigada pelo compromisso prévio dos partidos do arco do poder com o plano de austeridade acordado com a troika. O que havia para eleger já estava eleito, sendo que as eleições apenas serviram para nomear quem executasse a austeridade. Governar em prol de ajustes orçamentais capazes de tranquilizar os mercados e não melindrar o sector financeiro, e com isso aumentar o desemprego, a precariedade, a carga fiscal e a retração desenfreada de direitos sociais, não pode ser coincidente com uma versão democrática de governo com o povo e para o povo. Perante este desvio da democracia, o protesto, a contestação e a insurgência, mais do que um direito, tornaram-se num dever dos portugueses na manifestação da sua indignação e na afirmação das suas vontades. | CARLOS NOLASCO

Há momentos na história dos países democráticos em que a democracia só pode ser resgatada por via referendária. Isso ocorre quando convergem duas condições: a distância entre representantes e representados atinge proporções muito elevadas e o que está em jogo põe em perigo o bem-estar colectivo muito para além das divisões partidárias. Penso que estas duas condições estão presentes na actual situação política do país. As medidas de austeridade e o modo como foram impostas criaram um fosso de credibilidade muito profundo entre os cidadãos e o Partido Socialista (PS). Mas, ao contrário do que se pode supor, criaram-no também em relação ao Partido Social Democrata (PSD) pois este, não só esteve de acordo até há bem pouco tempo com as medidas, como não apresenta (e os portugueses sabem que não pode apresentar) nenhuma alternativa real. Os portugueses estão chocados não apenas com as medidas de austeridade como sobretudo com o facto de as decisões nacionais terem sido sequestradas por uma Europa, que bem na lógica neoliberal, considera que os países pobres são pobres por culpa própria e não porque foram empobrecidos num sistema de relações sistémicas que lhes foram desfavoráveis. Neste contexto, as eleições são irrelevantes e até podem ser prejudiciais quando se aprofundam as contradições da política europeia e se abre um espaço de manobra que só um governo em plenas funções pode explorar eficazmente a favor do país. Não admira que nem empresários nem trabalhadores estejam interessados em eleições.

Não é preciso ser sociólogo para prever que se se fizesse um referendo hoje, a esmagadora maioria dos portugueses seria contra a realização de eleições. Porque se vão então realizar? Primeiro, porque, na impossibilidade da realização do referendo, competiria ao Presidente da República assumir a vontade do país e chamar os partidos à razão. Mas, infelizmente, Cavaco Silva é mais parte do problema do que da solução. Segundo, porque uma pequena fracção da classe política, dentro do PSD, pretende não perder a oportunidade de chegar ao poder, não por mérito próprio, mas pela exploração da fragilidade e desorientação dos portugueses. Que o possa fazer impunemente e até com êxito é a prova da baixa intensidade da nossa democracia. Sempre centrada nos seus próprios interesses e com total desprezo pelos dos portugueses, esta fracção tem a seu favor os seguintes argumentos. O PS é um deserto ideológico e por isso a vulnerabilidade do líder significa a vulnerabilidade do "projecto". É um partido sem condições para discutir a sua rendição e só a lógica do voto útil o salvará de uma catástrofe. O Centro Democrático Social –Partido Popular (CDS–PP) é um catador de migalhas políticas e estará disponível para tudo, diga o que disserem os seus dirigentes. O Bloco de Esquerda cometeu o erro histórico de pensar que havia em Portugal espaço para mais um partido catalizador do voto de protesto e do ressentimento. De facto, só há espaço para um partido e esse é o Partido Comunista Português, que, aliás, o tem ocupado de modo exemplar. Não foi totalmente por culpa do PS que se perdeu a oportunidade histórica de criar uma verdadeira alternativa de esquerda com vocação de poder.

Os portugueses vão passar por um período em que vão ser objectos da política. Mas, como já sugerido pelas manifestações de 12 de Março, não tardará que venham a reivindicar ser, de novo, sujeitos da política.

Público, 22 de Março de 2011

PARA SAIR DA CRISE

Um ano depois de a troika ter invadido Portugal, em Abril de 2011, o balanço é claramente negativo. Os dados do Observatório sobre Crises e Alternativas do Centro de Estudos Sociais mostram que o país continua em recessão, com o desemprego a aumentar continuamente, de cerca de 12% para cerca de 15%. Consequentemente, o número de pessoas desempregadas sem direito a proteção social aumentou para mais de 450 mil e os salários reais desceram 4.4% em 2011, sendo esperado que desçam 6% em 2012.

Tudo isto como resultado das medidas de austeridade, que visam supostamente controlar a dívida pública. Segundo as previsões da troika, contudo, a dívida continuará a aumentar, atingindo os 118% em 2013. A taxa de juro a dez anos também tem aumentado sistematicamente, tendo subido acima dos 12% em Abril de 2012, uma variação de quase 3 pontos percentuais face a período homólogo. Não sendo credível a recuperação económica, é de prever que em 2013 haja uma nova intervenção da troika. Há duas formas de sair deste ciclo vicioso que multiplica a dívida e arrasa as nossas vidas. Podemos continuar a pagar fielmente a dívida até à bancarrota final. Ou podemos realizar uma auditoria à dívida e reestruturar a dívida hoje. A primeira via implica o empobrecimento coletivo e a destruição do país. A segunda oferece perspetivas de prosperidade e de solidariedade. Depois das desventuras com o Fundo Monetário Internacional (FMI), muitos países do Sul souberam escolher a segunda via. Como nos mostra Boaventura, está na hora de seguirmos o seu exemplo. | RICARDO COELHO

Começo por descrever os próximos passos do aprofundamento da crise para de seguida propor uma estratégia de saída. O que neste momento se está a definir como solução para a crise que o país atravessa não fará mais que aprofundá-la. Eis o itinerário. A intervenção do FMI começará com declarações solenes de que a situação do país é muito mais grave do que se tem dito (o ventríloquo pode ser o líder do Partido Social Democrata se ganhar as eleições). As medidas impostas serão a privatização do que resta do sector empresarial e financeiro do Estado, a máxima precarização do trabalho, o corte nos serviços e subsídios públicos, o que pode levar, por exemplo, a que o preço dos transportes ou do pão suba de um dia para o outro para o triplo, despedimentos na função pública, cortes nas pensões e nos salários (a começar pelos subsídios de férias e de Natal, um "privilégio" que os jovens do FMI não entendem) e a transformação do Serviço Nacional de Saúde num serviço residual. Tudo se fará para obter o *seal of approval* do FMI que restabelece a confiança dos credores no país. O objectivo não é que pague as dívidas (sabe-se que nunca as pagará) mas antes que vá pagando os juros e se mantenha refém do colete de forças para mostrar ao mundo que o modelo funciona. Este itinerário não é difícil de prever porque tem sido esta a prática do FMI em todos os países onde tem intervindo. Rege-se pela ideia de que *one size fits all*, ou seja, que as receitas são sempre as mesmas uma vez que as diferentes realidades sociais, culturais e políticas são irrelevantes ante a objectividade dos mercados financeiros. Feita a intervenção de emergência – que os portugueses serão induzidos a ver como uma necessidade e não como um certificado de óbito às suas justas aspirações de progresso e de dignidade – entra o Banco Mundial para fornecer o crédito de longa duração que permitirá "reconstruir" o país, ou seja, para assegurar que serão os mercados e as agências de *rating* a ditar ao país o que pode e não pode ser feito. Serão ocultadas as seguintes irracionalidades: que o modelo imposto ao mundo está falido na sua sede, os EUA; que o FMI faz tudo para servir os interesses financeiros norte-americanos até para se defender do movimento que houve no Congresso para o extinguir; que o maior credor dos EUA, a China, e segunda maior economia do mundo, tem o mesmo poder de voto no FMI que a Bélgica; que as agências de *rating* manipulam a realidade financeira para proporcionar aos seus clientes "rendas financeiras excessivas". Claro que pode haver complicadores. Os portugueses podem revoltar-se. O FMI pode admitir que fez um juízo errado e reverter o curso, como aconteceu na crise do sudeste asiático e do Japão em que as políticas do FMI produziram o efeito contraproducente, como reconhece Jagdish Bhagwati, um respeitado economista e *free trader* convicto, em *In Defense of Globalization*. Se tal acontecer, não é sequer imaginável que o FMI indemnize o país pelo erro cometido.

Perante este agravamento concertado da crise como buscar uma saída que restitua aos portugueses a dignidade de existir? Não discuto aqui quem serão os agentes políticos democráticos que tomarão as medidas necessárias nem o modo como os portugueses se organizarão para os pressionar nesse sentido. As medidas são as seguintes.

1. Realizar uma auditoria da dívida externa que permita reduzi-la à sua proporção real, por exemplo, descontando todos os efeitos de *rating* por contágio de que fomos vítimas nos últimos meses.

2. Resolver as necessidades financeiras de curto prazo contraindo empréstimos, sem as condicionalidades do FMI, junto de países dispostos a acreditar na capacidade de recuperação do país, tais como a China, o Brasil e Angola.

3. Tomar a iniciativa de promover um diálogo Sul-Sul depois alargado a toda a Europa no sentido de refundar o projecto europeu já que o actual está morto.

4. Promover a criação de um mercado de integração regional transcontinental, tendo como base a CPLP e como carros-chefes Brasil, Angola e Portugal.

5. Usar como recurso estratégico nessa integração a requalificação da nossa especialização industrial em função do extraordinário avanço do país nos últimos anos nos domínios da formação avançada e da investigação científica.

Público, 4 de Abril de 2011

INCONFORMISMO E CRIATIVIDADE

Em Abril de 2011, Portugal encontrava-se numa fase de transição de um governo de centro esquerda (Partido Socialista-PS) para um de centro direita (Partido Social Democrata-PSD/Centro Democrático Social-CDS). A crónica antecipa as consequências desta transição, embora tenha sido escrita dois meses antes das eleições, ocorridas em 5 de Junho 2011. Das duas vias, assinaladas por Boaventura, que Portugal poderia seguir para criar uma reação interna ao capitalismo, o resultado das referidas eleições contribuiu para que a primeira, "a via institucional", se tornasse definitivamente impraticável. Seria difícil imaginar que dessas eleições pudesse sair um conjunto de forças políticas que tornasse viável uma decisão corajosa na linha da que foi tomada pelo antigo Presidente da Argentina, Nestor Kirchner.

O conformismo e adesão do Governo PSD-CDS às políticas económicas, têm contribuído para fortalecer a "via extra-institucional", sobretudo pela força da austeridade imposta ao país e das ameaças sócio-económicas impostas pelo apoio das instituições financeiras internacionais.

Ao longo de um ano, as manifestações de resistência dos movimentos sociais do país (a "Geração à Rasca" foi precursor dos Indignados e do Occupy) mantiveram o país num estado de pedido de renovação, face à crise. No entanto, tal como em outros países europeus, o povo português não se mostrou capaz da coesão demonstrada pela sociedade islandesa.

Apesar disso, a presença dos movimentos sociais criou uma certa consciência atenta que, reunidas as condições, pode levar à revolta. A pergunta final da crónica torna-se ainda mais pertinente com a sucessão de acontecimentos na Grécia questionando igualmente a capacidade do terror (semi)preventivo para impedir a revolta. | CRISTIANO GIANOLLA

É hoje consensual que o capitalismo necessita de adversários credíveis que actuem como correctivos da sua tendência para a irracionalidade e para a auto-destruição, a qual lhe advém da pulsão para funcionalizar ou destruir tudo o que pode interpor-se no seu inexorável caminho para a acumulação infinita de riqueza, por mais anti-sociais e injustas que sejam as consequências. Durante o século XX esse correctivo foi a ameaça do comunismo e foi a partir dela que, na

Europa, se construiu a social-democracia (o modelo social europeu e o direito laboral). Extinta essa ameaça, não foi até hoje possível construir outro adversário credível a nível global. Nos últimos trinta anos, o Fundo Monetário Internacional (FMI), o Banco Mundial, as agências de *rating* e a desregulação dos mercados financeiros têm sido as manifestações mais agressivas da pulsão irracional do capitalismo. Têm surgido adversários credíveis a nível nacional (muitos países da América Latina) e, sempre que isso ocorre, o capitalismo recua, retoma alguma racionalidade e reorienta a sua pulsão irracional para outros espaços. Na Europa, a social-democracia começou a ruir no dia em que caiu o Muro de Berlim. Como não foi até agora possível reinventá-la, o FMI intervém hoje na Europa como em casa própria.

Poderá surgir em Portugal algum adversário credível capaz de impedir que o país seja levado à bancarrota pela irracionalidade das agências de *rating* apostadas em produzir a realidade que serve os interesses dos especuladores financeiros que as controlam com o objectivo de pilhar a nossa riqueza e devastar as bases da coesão social? É possível imaginar duas vias por onde pode surgir um tal adversário.

A primeira é a via institucional: líderes democraticamente eleitos reúnem o consenso das classes populares (contra os media conservadores e os economistas encartados) para praticar um acto de desobediência civil contra os credores e o FMI, aguentam a turbulência criada e relançam a economia do país com maior inclusão social. Foi isto que fez Nestor Kirchner, como Presidente da Argentina, em 2003. Recusou-se a aceitar as condições de austeridade impostas pelo FMI, dispôs-se a pagar aos credores apenas um terço da dívida nominal, obteve um financiamento de três biliões de dólares da Venezuela e lançou o país num processo de crescimento anual de 8% até 2008. Foi considerado um pária pelo FMI e seus agentes. Quando morreu, em 2010, o mesmo FMI, com inaudita hipocrisia, elogiou-o pela coragem com que assumira os interesses do país e relançara a economia. Em Portugal, um país integrado na União Europeia e com líderes treinados na ortodoxia neoliberal, não é crível que o adversário credível possa surgir por via institucional. O correctivo terá de ser europeu e Portugal perdeu a esperança de esperar por ele no momento em que o PSD, de maneira irresponsável, pôs os interesses partidários acima dos interesses do país.

A segunda via é extra-institucional e consiste na rebelião dos cidadãos inconformados com o sequestro da democracia por parte dos mercados financeiros e com a queda na miséria de quem já é pobre e na pobreza de quem era remediado. A rebelião ocorre na rua mas visa pressionar as instituições a devolver a democracia aos cidadãos. É isto que está a ocorrer na Islândia. Inconformados com a transformação da dívida de bancos privados em dívida soberana (o que aconteceu entre nós com o escandaloso resgate do BPN), os islandeses mobilizaram-se nas ruas, exigiram uma nova Constituição para defender o país contra aventureiros financeiros e convocaram um referendo em que 93% se manifestaram contra o pagamento da dívida. O parlamento procurou retomar a iniciativa política, adoçando as condições de pagamento mas os cidadãos resolveram voltar a organizar novo referendo, o qual terá lugar a 9 de Abril. Para forçar os islandeses a pagar o que não devem as agências de *rating* estão a usar contra eles as mesmas técnicas de terror que usam contra os portugueses. No nosso caso é um terror preventivo dado que os portugueses ainda não se revoltaram. Alguma vez o farão?

Visão, 7 de Abril de 2011

OS OUTROS COMENTADORES DA CRISE

O "Memorando de entendimento sobre as condicionalidades de política econó-mica", assinado em Maio de 2011 pelo governo português e pela troika (Comis-são Europeia, Banco Central Europeu e Fundo Monetário Internacional – FMI), assinalou um tempo novo na relação entre a opinião e a política. Esse tempo seria caracterizado pela desejabilidade de um "pacto de silêncio" que, no essen-cial, aconselhava políticos e comentadores relevantes a ponderarem no impacto das suas palavras face à credibilidade do país. Nesse sentido, em Julho de 2011, o próprio Presidente da República chega a afirmar que "não vale a pena recri-minar agências de rating". Perpassava a tese de que os mercados poderiam ficar "nervosos", fosse com críticas aos termos do empréstimo, fosse com críticas ao sistema especulativo instalado. A grande ironia está na centralidade da "opinião" das agências de rating no modo como veio a estiolar, metódica e sis-tematicamente, a credibilidade externa de Portugal. A crónica de Boaventura denuncia o poder de criar realidade entregue a analistas que, no fundo, são também agentes financeiros. Na senda da crónica, cada vez são mais claros dois imperativos se queremos desagrilhoar-nos do efeito perverso das opiniões dominantes: há que denunciar a criação de hegemonia na informação económica (e seus beneficiários); há que fazer crescer uma outra opinião, uma opinião que comentando sobre mundo e sobre a vida económica, seja capaz de os recriar. | Bruno Sena Martins

Devemos prestar atenção aos comentadores nacionais, quanto mais não seja para identificar o que eles não discutem e as agendas pessoais que se escondem sob pretensas análises desassombradas. Sobretudo os que foram membros de gover-nos nos últimos vinte anos são de uma transparência desarmante e duvido de que consigam iludir muita gente. Mas são irrelevantes sobretudo quando comparados com os outros comentadores, os comentadores financeiros internacionais que em blogues e outros media vão propondo análises e dando sugestões que estão na base de muitas das decisões sobre o nosso país, obviamente tomadas à margem do nosso controlo democrático. Dessa floresta de comentários selecciono dois que me parecem ser mais pertinentes para compreendermos o que vai sendo decidido nas nossas costas.

Sobre o mandato das eleições. Os comentadores financeiros internacionais (CFI) pouco se interessam sobre as personalidades dos líderes políticos. Interessa-lhes saber qual é o verdadeiro mandato ou objectivo das eleições. Se se trata apenas de decidir como cumprir o plano de austeridade e definir os termos da ajuda externa, a evolução/manipulação das taxas de juro vai ser importante para orientar as intenções de voto. Se, pelo contrário, está no horizonte a possibilidade de resistir à austeridade e de reestruturar a economia para voltar ao crescimento, as taxas de juro só por si não serão suficientes para influenciar os eleitores. Por outras palavras, se os portugueses já se renderam, só os termos da rendição serão importantes para eles. Neste sentido, o artigo de Passos Coelho no *Wall Street Journal* de 30 de Março é uma declaração patética de rendição, pois nele declara-se que Portugal "está determinado a não ser um fardo para os nossos amigos internacionais" (os amigos são os especuladores financeiros). Se, pelo contrário, os portugueses não se renderam, é tudo mais complicado para eles e para os seus credores. E a complicação agrava-se com o facto reconhecido por todos de que o problema português não é financeiro, é económico. Não está, por exemplo, no horizonte a falência dos seus bancos de referência. O problema português é a competitividade da sua economia, dado estar inserida numa moeda excessivamente forte (pergunta-se: com tantas economias nacionais tão frágeis, não estará o euro sobrevalorizado?). Sendo assim, as medidas de austeridade e a ajuda externa em nada contribuirão para melhorar a credibilidade financeira e económica do País.

As agências de rating e o FMI. Portugal está a ser usado como estudo de caso do que está mal no actual sistema financeiro. Os CFI reconhecem que o comportamento das agências é problemático mas, como muitos vivem à sombra delas, tendem a afirmar que o problema não é das agências mas das regras financeiras internacionais que impõem o seu uso. As agências de notação pretendem ser uma segurança contra o risco mas, em vez de o fazerem distribuindo os riscos pelos vários intervenientes, transferem-nos unilateralmente para defender quem lhes paga. A ideia de medir o risco é boa, mas torna-se perversa se os critérios de medição não são transparentes (é crível que a economia paquistanesa seja mais estável que a grega?). Como é isso que ocorre, o risco soberano ou empresarial aumenta pela simples declaração de que está a aumentar, qualquer que seja a situação real. Nenhum país ou empresa pode resistir a um ataque predador deste tipo. Responsabilizar as agências por notações erradas é uma medida frouxa por não tomar em conta que as agências têm poder para criar a realidade que lhes convém.Neste domínio, a notação por contágio – definir o risco atribuído a um país em função do que se passa noutro, *risks from spillovers* – é o componente mais perverso do sistema actual, pois cria dificuldades reais a um país a partir de um risco inventado.

Portugal foi vítima nos últimos meses deste tipo de notação e não está só. A Standard & Poor's baixou a notação da República de Chipre, um pequeno país economicamente estável, apenas "por estar exposto à Grécia". O problema é tão grave que o próprio FMI começa a preocupar-se com a questão. No working paper *"Sovereign Rating News and Financial Markets Spillovers: Evidence from the European Debt Crisis"*[1] (Março deste ano), o FMI chega a propor que, dada a instabilidade financeira criada pelo contágio, as autoridades devem repensar se é apropriado usar notações de créditos na regulação dos mercados financeiros.

O problema é que tudo isto está a ser discutido não para ajudar Portugal mas para esconder que, na vigência do actual sistema, não tem ajuda possível.

Diário de Notícias, 16 Abril de 2011

---

[1] http://www.imf.org/external/pubs/ft/wp/2011/wp1168.pdf.

O DESASSOSSEGO DA OPORTUNIDADE

Quando se fala em crise é natural que o desassossego faça parte do ser humano, em geral. E hoje em particular se se for português, italiano, grego e espanhol. Sobretudo porque a palavra crise chega acompanhada de outras como inevitabilidade, troika, rating, dívida soberana... Enfim, um completo arsenal de bombas-relógio à espera de explodir. E aí, inevitavelmente, sobre os que já se encontram em posição de desigualdade, de precariedade, de vulnerabilidade social.

A Itália, em Novembro de 2011, deu posse a um governo dito tecnocrático, encetando reformas de austeridade (outra palavra que se associa a crise) para afagar o ego dos mercados e da zona euro. É certo que continua no G7 e, por isso, a fazer parte dos ditos "países desenvolvidos". A Espanha deu posse a Rajoy, virando à direita, o que também acontece em períodos de crise. Portugal parece continuar (como sempre?) à beira do abismo, com taxas de desemprego superiores a 15% (será o desemprego uma oportunidade?!). E quanto à Grécia, há quem diga que já caiu no caos e que não há alternativa senão a de sair do euro, continuando, claro, a obedecer aos critérios impostos pela troika.

Fernando Pessoa escreveu "Criemos a força calma. Temo-nos mostrado capazes de a ter em muita coisa. Mostremos que a sabemos ter em todas as coisas". Parece que está na hora de deixar de ser calmo, de recusar o inevitável e de buscar alternativas e críticas que têm estado ausentes. Os argentinos e os islandeses fizeram-no. | Patrícia Branco

Os desassossegos de Portugal são de longo e médio prazo, e só eles nos ajudam a entender o modo como damos resposta às crises de curto prazo. Durante o século XVIII, os barcos que traziam o ouro do Brasil aportavam no porto de Lisboa, mas seguiam muitas vezes de imediato para Inglaterra para que a dívida soberana de Portugal fosse paga. Quem quiser ver paralelos com o que se passa hoje basta substituir barcos por Internet e Inglaterra por credores sem rosto. Portugal é de longa data um país semiperiférico ou de desenvolvimento intermédio. No actual sistema mundial é muito difícil sair deste estatuto, quer para cima (promoção a país desenvolvido) quer para baixo (despromoção a país em desenvolvimento). As convulsões ou grandes transformações políticas criam oportunidades e riscos, e os países mudam de estatuto para melhor se aproveitarem as oportunidades e evitarem os riscos.

Foi assim que no pós IIª Guerra a Itália foi promovida a país desenvolvido. Portugal, devido ao fascismo e à guerra colonial, desperdiçou essa oportunidade. O 25 de Abril e a entrada na Comunidade Económica Europeia (CEE) criaram para Portugal outras oportunidades e trouxeram outros riscos, e mais uma vez não aproveitámos as primeiras e não evitámos os segundos. A tentativa socialista estatizante de 1975 foi um risco enorme; os termos de integração na CEE não acautelaram nem a agricultura e a pesca portuguesas nem as relações históricas com as ex-colónias. Por outro lado, os fundo estruturais e de coesão foram desbaratados no que constitui a história mais secreta da corrupção em Portugal. O euro, combinado com a abertura da economia europeia ao mercado mundial, foi a última machadada nas aspirações portuguesas, pois tínhamos têxteis e sapatos para vender mas não aviões nem comboios de alta velocidade. Os termos da integração foram-nos sendo mais desfavoráveis, o projecto europeu foi-se desviando das vontades originais e os mercados financeiros aproveitarem-se das brechas criadas na defesa da zona euro para se lançarem na pilhagem em que são peritos, agravando as condições do país muito para além do que pode ser atribuído à nossa incúria ou incompetência.

Vivemos a hora dos grupos dominantes, cujo poder parece demasiado forte para poder ser desafiado. A democracia, que aparentemente controla o seu poder, parece sequestrada por ele. Vivemos um tempo de explosão da precariedade, obscena concentração da riqueza, empobrecimento das maiorias, e incontrolável perda do valor da força de trabalho. E se é verdade que todas as crises são políticas, não é menos verdade que não se politizam por si. A luta pela definição dos termos da crise é sempre o primeiro momento de politização e o mais adverso para os grupos sociais que mais sofrem com a crise. Os grupos sociais que produzem as crises mantêm em geral, e salvo casos raros de colapso sistémico, a capacidade de definir a crise de modo a perpetuar os seus interesses durante e depois dela. A crise só deixa de ser destrutiva na medida em que se transforme em oportunidade nova para as classes sociais que mais sofrem com ela. E, para isso, é necessário que os termos da crise sejam redefinidos de modo a libertar e credibilizar a possibilidade de resistência, o que implica luta social e política.

No nosso caso, a possibilidade da redefinição da crise é mais consistente que em outros países. Só por má-fé ou derrotismo se pode dizer que a situação da economia justificava os ataques especulativos de que fomos alvo. Basta consultar as estatísticas mais recentes do Eurostat relativas à evolução da actividade económica: no período analisado, Portugal foi um dos países da União Europeia em que mais cresceram as novas encomendas à indústria. Se há país intervencionado que tem legitimidade para exigir a renegociação e a redução da dívida, esse país é Portugal. Esta legitimidade justifica a luta mas não a faz surgir. Para isso, é necessário que os cidadãos e os partidos inconformados transformem o inconformismo em acção colectiva de desobediência financeira.

Visão, 5 de Maio de 2011

AO FUNDO DO TÚNEL

Fala-se de crise, medo e esperança. A crise entrou nas casas dos portugueses no Outono de 2008, primeiro como um epifenómeno financeiro externo, resultante do colapso do sub-prime e a falência da Lehman Brothers, nos EUA, mas que rapidamente alastrou para outras instituições financeiras e para a economia real. Nos países mais vulneráveis, a voragem da especulação financeira dá origem à crise da dívida soberana. Em Portugal, assiste-se à ruinosa "nacionalização" do Banco Português de Negócios (BPN), mas também ao aumento, num curto período de tempo (4 anos), da taxa de desemprego, com tendência para crescimento desde 2000, de 7,6% em 2008, para 15,3% no primeiro trimestre de 2012.

A receita das políticas de austeridade, primeiro com os Programas de Estabilidade e Crescimento – PECs – e mais tarde com a assinatura, a 8 de Maio de 2011, do Memorando de Entendimento com a troika (União Europeia, Fundo Monetário Internacional, Banco Central Europeu) converteu-se num caminho sem bifurcações. As narrativas da saída da crise despolitizam e tecnificam a opção "única" existente, e passam invariavelmente pela suspensão do presente em nome de um futuro melhor.

A esperança reside na crença de que haja de facto uma luz ao fundo do túnel; o medo, no receio de que os sacríficos feitos não nos tirem da escuridão. Este fantasma é um espectro que divide o campo político. Entre a crença inabalável de que esta será a única saída possível do túnel, e a certeza de que colidiremos com um comboio em movimento, fica em aberto um longo trajeto a percorrer que beneficiaria de algumas luminárias pelo caminho. | HUGO DIAS

O fantasma que assombra hoje os portugueses tem um nome: a luz ao fundo do túnel. Por agora, os portugueses não podem saber se a luz ao fundo do túnel é a luz diurna do ar livre ou o farol de um comboio que corre velozmente em sua direcção. Sejam de direita ou de esquerda, ou nem uma coisa nem outra, os portugueses gostariam que a luz que imaginam fosse a primeira mas temem que seja a segunda. Este é o fantasma português e domina por inteiro o sistema político. Há também os portugueses que não vêem qualquer luz e a que gostariam de ver não seria ao fim do túnel e sim dentro do túnel, para não baterem com a cabeça nas paredes enquanto caminham. Estes são os portugueses-fantasma de que o sistema político não se ocupa.

O fantasma da luz ao fundo do túnel tem dois efeitos políticos. O primeiro é que quem está no governo se serve dele para não respeitar o presente e actuar apenas legitimado pelo futuro que diz controlar. Todas as rupturas com o presente são imagináveis e todas são exigidas para que a luz ao fundo do túnel seja a luz diurna do ar livre. Tudo o que pode ou não ocorrer nos próximos meses condicionará durante décadas a vida dos portugueses. Desde o 25 de Abril de 1974 que o futuro de curto prazo não se parecia tanto com o futuro de longo prazo. A vantagem do governo neste domínio é governar um país habituado a confundir sinais meteorológicos com sinais divinos. À partida, o milagre de Fátima não é mais ou menos credível que o da troika. Pagam-se promessas com a mesma devoção com que se pagam dívidas. Em ambos os casos, é apreciado ir de joelhos.

O segundo efeito político do fantasma português é dividir duplamente a oposição política de esquerda. A primeira divisão é sobre a própria natureza do túnel. Para uns (Partido Socialista-PS), não há dúvidas sobre a natureza do túnel: foi sendo construído nos últimos tempos com as dificuldades em manter o Estado social num contexto internacional adverso. Para outros (Bloco de Esquerda-BE e Partido Comunista Português-PCP), esse túnel é uma pequena tubagem dentro de um túnel muito maior: o túnel em que a burguesia portuguesa se sentiu fechada desde que, em 11 de Março de 1975, perdeu o controlo da revolução de Abril e, em 25 de Novembro de 1975, não pôde impedir que a solução pós-revolucionária fosse a concessão de tantos direitos sociais aos trabalhadores. Ao fundo desse túnel vê agora a luz: a chegada, por fim, do capitalismo liberal ou neoliberal. Também a burguesia vê um comboio em alta velocidade, mas muito diferente do comboio-fantasma, um comboio real que vem por trás e com o objectivo benévolo de a empurrar para a saída do túnel, o comboio da troika. A burguesia que sai do túnel não é a mesma que entrou nele (é menos produtiva e mais comerciante, menos CUF ou Lisnave e mais Continente ou Pingo Doce) mas os interesses e o alívio são os mesmos.

A segunda divisão na oposição de esquerda apresenta-se como um duplo dilema. Para o PS, se se vier a verificar que a luz ao fundo túnel era o ar livre, o mérito será da direita, se, pelo contrário, se verificar que a luz era do farol do comboio, nada poderá fazer para o parar, até porque foi este PS quem o pôs em movimento ao negociar com a troika. Só um outro PS o poderá fazer e para isso é necessário tempo e engenho. Por sua vez, o BE e o PCP sabem de antemão que a luz ao fundo do túnel é do farol do comboio e que este se aproxima velozmente, mas, como o túnel é muito grande, nada podem fazer sem a colaboração do PS. O problema é que com este PS não podem colaborar e com o próximo será preciso esperar um tempo que, sobretudo para o BE, pode ser fatal.

Enquanto o fantasma português alimenta o sistema político, os portugueses-fantasma sentem-se sem representação. Entre eles, há os que sabem que a luz que vêem é a do comboio veloz na sua direcção e imaginam que se houvesse luz dentro do túnel, talvez fosse possível imobilizar o comboio (por exemplo, renegociando a dívida já) e passar, certamente com dificuldade, ao lado dele a caminho do ar livre. Nesse grupo me incluo e talvez muitos dos jovens e menos jovens indignados ou à rasca.

Visão, 30 de Junho de 2011

A PENSAR NAS ELEIÇÕES

Nesta crónica, Boaventura incide a sua crítica sobre uma das principais teses orientadoras da sua obra: o colapso do paradigma moderno para enfrentar o desafio de democratizar a democracia.

Neste sentido, a demonstração da incapacidade das instituições europeias, ao longo dos últimos anos, para resolver as ameaças e desafios da crise do capitalismo financeiro, surge como um exemplo claro desta situação e do que pode converter-se na abertura de um período pós-institucional como sendo (quase) a única forma de provocar uma mudança social.

No momento em que esta crónica foi escrita, tanto Portugal como Espanha, assistiam ao desenvolvimento de indícios claros de um novo ciclo de mobilizações e de formação de movimentos sociais, que posteriormente, foram denominados por movimento dos indignados. O discurso dos governos sobre a inevitabilidade dos ajustes estruturais não deixava outra saída política para os cidadãos dos países mais vulneráveis da Europa. No espaço de poucos meses, como já se observara na Primavera Árabe, a indignação torna-se global com ocupações que vão do Norte ao Sul Global, ampliando a crítica para uma visão holística que incide na exigência de medidas estruturais.

Na sequência destes acontecimentos organizaram-se duas manifestações internacionais, a primeira a 15 de Outubro, seguida da convocatória para o 12-15 de Maio de 2011. Desta forma, a criatividade da acção colectiva dos indignados, posiciona as eleições como um mero trâmite em relação às práticas democráticas que se estão construindo nas praças e nas ruas. Portanto, para quê escrever sobre as eleições? | DAVID VELOSO LARRAZ

Nos próximos tempos, as elites conservadoras europeias, tanto políticas como culturais, vão ter um choque: os europeus são gente comum e, quando sujeitos às mesmas provações ou às mesmas frustrações por que têm passado outros povos noutras regiões do mundo, em vez de reagir à europeia, reagem como eles. Para essas elites, reagir à europeia é acreditar nas instituições e agir sempre nos limites que elas impõem. Um bom cidadão é um cidadão bem comportado, e este é o que vive entre as comportas das instituições. Dado o desigual desenvolvimento do mundo, não é de prever que os europeus venham a ser sujeitos, nos tempos mais próximos, às mesmas provações a que têm sido sujeitos os africanos, os latino-americanos ou os asiáticos. Mas tudo indica que possam vir a ser sujeitos às mesmas frustrações. Formulado de modos muito diversos, o desejo de uma sociedade mais democrática e mais justa é hoje um bem comum da humanidade. O papel das instituições é regular as expectativas dos cidadãos de modo a evitar que o abismo entre esse desejo e a sua realização não seja tão grande que a frustração atinja níveis perturbadores. Ora é observável um pouco por toda a parte que as instituições existentes estão a desempenhar pior o seu papel, sendo-lhes cada vez mais difícil conter a frustração dos cidadãos. Se as instituições existentes não servem, é necessário reformá-las ou criar outras. Enquanto tal não ocorre, é legítimo e democrático actuar à margem delas, pacificamente, nas ruas e nas praças. Estamos a entrar num período pós-institucional.

Os jovens acampados no Rossio e nas praças de Espanha são os primeiros sinais da emergência de um novo espaço público – a rua e a praça – onde se discute o sequestro das actuais democracias pelos interesses de minorias poderosas e se apontam os caminhos da construção de democracias mais robustas, mais capazes de salvaguardar os interesses das maiorias. A importância da sua luta mede-se pela ira com que investem contra eles as forças conservadoras. Os acampados não têm de ser impecáveis nas suas análises, exaustivos nas suas denúncias ou rigorosos nas suas propostas. Basta-lhes ser clarividentes na urgência em ampliar a agenda política e o horizonte de possibilidades democráticas, e genuínos na aspiração a uma vida digna e social e ecologicamente mais justa.

Para contextualizar a luta das acampadas e dos acampados, são oportunas duas observações. A primeira é que, ao contrário dos jovens (anarquistas e outros) das ruas de Londres, Paris e Moscovo no início do século XX, os acampados não lançam bombas nem atentam contra a vida dos dirigentes políticos. Manifestam-se pacificamente e a favor de mais democracia. É um avanço histórico notável que só a miopia das ideologias e a estreiteza dos interesses não permite ver. Apesar de todas as armadilhas do liberalismo, a democracia entrou no imaginário das grandes maiorias como um ideal libertador, o ideal da democracia verdadeira ou real. É um ideal que, se levado a sério, constitui uma ameaça fatal para aqueles cujo dinheiro ou posição social lhes tem permitido manipular impunemente o jogo democrático. A segunda observação é que os momentos mais criativos da democracia raramente ocorreram nas salas dos parlamentos. Ocorreram nas ruas, onde os cidadãos revoltados forçaram as mudanças de regime ou a ampliação das agendas políticas. Entre muitas outras demandas, os acampados exigem a resistência às imposições da troika para que a vida dos cidadãos tenha prioridade sobre os lucros dos banqueiros e especuladores; a recusa ou a renegociação da dívida; um modelo de desenvolvimento social e ecologicamente justo; o fim da discriminação sexual e racial e da xenofobia contra os imigrantes; a não privatização de bens comuns da humanidade, como a água, ou de bens públicos, como os correios; a reforma do sistema político para o tornar mais participativo, mais transparente e imune à corrupção.

A pensar nas eleições acabei por não falar das eleições. Não falei?

Visão, 2 de Junho de 2011

QUE DEMOCRACIA É ESTA?

A actual crise financeira e económica demonstrou, uma vez mais, que o modelo de democracia mais difundido em todo o mundo, a democracia liberal representativa, é uma democracia política frágil, empobrecida, de baixa intensidade, eleitoral, elitista, escassamente participativa e com graves défices democráticos. Vivemos uma profunda crise do modelo hegemónico de democracia que se manifesta de maneiras diferentes: com a subordinação à troika e aos mercados, cujas exigências de austeridade tem destruído o otimismo dos cidadãos, que sentem retroceder as suas condições de vida e albergam expectativas descendentes; com a degradação da política propiciada pelo neoliberalismo, o que tem levado uma grande parte da cidadania a distanciar-se dos políticos e da política institucional, vista cada vez mais como monopólio de uma elite governante que faz dela uma profissão distante da realidade; com a convivência tranquila da democracia com formas de autoritarismo e exclusão social, um fato que, apesar da aparente normalidade e vigência constitucional, gera processos de desdemocratização e cria, de facto, um novo Estado de excepção. Por estas razões, entre outras, a baixa qualidade da democracia que temos é perturbadora e deslegitima a própria democracia. | ANTONI JESÚS AGUILÓ BONET

No seu artigo no Público de 2 de Julho, São José Almeida perguntava sobre o tipo de democracia em que estamos. A pergunta está na mente de muita gente e deve ser respondida. Como contributo para o debate, ofereço a minha resposta. É uma democracia de muito baixa intensidade, que assenta nas seguintes ideias-mestras:

1. As expectativas quanto ao futuro próximo são descendentes (as coisas estão mal mas vão ficar ainda pior) e têm de ser geridas com grande controlo do discurso do governo e do comentário conservador ao seu serviço, de modo a excluir do horizonte qualquer alternativa credível. Desta forma, é possível transformar o consenso político eleitoral em resignação cidadã, a única maneira de manter vazias as ruas e as praças da revolta.

2. Uma profunda transformação subterrânea do regime político corre paralela à manutenção, à superfície, da normalidade democrática da vida política. Trata-se de um novo tipo de Estado de excepção, ou de Estado de sítio, que

suspende ou elimina direitos e instituições sem ter de revogar a Constituição. Basta ignorá-la, para o que conta com a cumplicidade de um Presidente da República que paradoxalmente conseguiu atingir, sem governar, os objectivos por que lutou em vão quando governou; com a demissão do Tribunal Constitucional treinado para os baixos perfis das minudências formais; e com a paralisia de um sistema judicial demasiado desgastado social e politicamente para poder assumir a defesa eficaz da democracia.

3. A tutela internacional da troika não colide com a soberania nacional, quando o poder soberano não só está de acordo com o conteúdo político da tutela, como inclusivamente se legitima através do excesso com que a acolhe e reforça. Domina a crença de que um governo de direita de um pequeno país não tem o direito nem a necessidade de inovar. As medidas políticas para a destruição do Estado social e dos serviços públicos estão testadas com êxito nos governos de referência. Para saber o que vai acontecer na saúde, na educação, nas pensões e na assistência aos idosos, ou o modo como se vai dissimular o número de famílias que perderá a sua casa nos próximos tempos, basta estar atento à imprensa inglesa. A ausência de inovação é disfarçada pelo estilo de apresentação (de preferência, com alguma radicalidade) feita por uma classe política jovem que transforma credivelmente retrocesso político em renovação política, inexperiência, em benefício da aposta, total submissão a interesses económicos poderosos (nacionais e internacionais), em garantia contra a corrupção.

4. É crucial assegurar que a oposição permaneça paralisada pela armadilha que ela própria criou e que consiste em estar limitada (por quanto tempo, é a questão) a escolher entre duas possibilidades, que são outros tantos becos sem saída. A primeira é a luta parlamentar, onde, por não ter maioria, nunca poderá provocar uma crise de governação. A segunda é a luta extra-parlamentar contra a resignação através da crença racional em alternativas democráticas credíveis que, de tão incontornáveis, ou entram no parlamento, ou acampam fora dele. Neste caso, provocaria uma crise de governação, mas esta só seria produtiva se os seus custos políticos, sobretudo de curto prazo, pudessem ser assumidos em conjunto por todas as forças de esquerda, o que, como é sabido, não é possível, pelo menos, por agora. Esta ideia-mestra da democracia de baixa intensidade recomenda que os rostos desgastados dos líderes da oposição se mantenham e que os que tiverem de ser substituídos o sejam por rostos que nunca viram a realidade social senão através das janelas do parlamento.

O novo regime pensa-se como de longo prazo. Quando for superado, Portugal será um país muito diferente e assim permanecerá por muito tempo.

O problema é que as armadilhas (tal como as minas anti-pessoais) são cegas e não reconhecem os donos. O governo criou a sua própria armadilha ao pensar que a tutela internacional podia ser usada em dose controlada: usá-la para realizar o projecto político que a direita, por si só, nunca foi capaz de levar a cabo, mas impedir que os condicionalismos da tutela destruam o país. A armadilha reside em que a tutela, porque é internacional, vê Portugal à escala de um lugarejo e não submete a dosagem da sua intervenção a outros critérios que não sejam os seus.

Por todas estas razões, o 25 de Abril do próximo ano será o primeiro da lembrança de uma perda irreparável. Para ter alguma força, sugiro que se fundam nele o 5 de Outubro e o 1 de Dezembro. Haverá menos feriados, o que convém, e mais significado, o que convém ainda mais.

Público, 10 de Julho de 2011

A ÁGUA É NOSSA

No verão de 2011 regressou à agenda pública a possibilidade de privatização de parte do sistema português de abastecimento de água devido às notícias relativas ao elevado défice acumulado pela empresa Águas de Portugal, a sociedade que se encontra no topo da cadeia de distribuição de água às populações no nosso país. Regresso porque, a partir dos anos 80, sucessivas alterações legislativas têm permitido o contornar de obstáculos legais a esta privatização. Usualmente apresentadas como concessões, as privatizações representam uma alienação dos direitos de propriedade e de decisão pública sobre determinado recurso, introduzindo direitos exclusivos.

A universalidade pela qual ainda se rege o sistema de distribuição de água em Portugal não se baseou, num momento inicial, em princípios de altruísmo. De facto, no seio do Estado Social, o alargamento das redes de distribuição de água e de recolha de resíduos até às populações com menos recursos fez-se, primeiramente, porque as questões sanitárias e epidemiológicas não obedecem a barreiras de classe.

A referida salvaguarda do interesse comum significa, por exemplo, garantir que a fatura da água, enquanto bem essencial, não ultrapasse cerca de 3% do rendimento das famílias. Significa, também, uma oferta equivalente ao longo de uma rede de abastecimento, que não diferencie os seus utilizadores em função dos seus rendimentos. Tal como tem acontecido noutras esferas, é a própria dinâmica liberal que por vezes corrompe o mecanismo da livre iniciativa e instala perversões várias no sistema, não garantindo a concorrência e suscitando custos vários, não exclusivamente monetários, para as populações, tal como é expresso na crónica. | FRANCISCO FREITAS

As privatizações são o objectivo central do governo. Porquê esta centralidade se as receitas que elas geram são uma migalha da dívida? Porque o verdadeiro objectivo delas é destruir o Estado Social, eliminar a ideia de que o Estado deve ter, como função primordial, garantir níveis decentes e universais de protecção social. Sujeitar os serviços públicos à lógica do mercado implica transformar cidadãos com direitos em consumidores com necessidades que se satisfazem no mercado. Cada um consome segundo as suas posses. Para os indigentes, o Estado e as organizações de caridade garantem mínimos de subsistência. Mesmo assim, há privatizações e privatizações, e a privatização da água é a mais escandalosa de todas porque ela põe em causa o próprio direito à vida.

A água é um bem comum da humanidade e o direito à água potável, um direito fundamental. Um direito de que está privada cerca de um quarto da população mundial (1,5 biliões de pessoas). Todos os dias morrem 30 000 pessoas por doenças provocadas pela falta de água potável. As alterações climáticas fazem prever que este problema se agravará nas próximas décadas. Considerando que quase metade da população mundial vive com menos de 2 dólares por dia, e, por isso, sem condições para aceder ao mercado da água, tudo recomendaria que as medidas para garantir o acesso à água fossem orientadas pela ideia do direito fundamental e não pela ideia da necessidade básica.

Apesar disso, desde a década de 1980, a onda neoliberal fez com que muitos países privatizassem os sistemas de água. As consequências foram desastrosas: as tarifas subiram mais de 20%; o investimento na manutenção das infra-estruturas diminuiu; a qualidade da água piorou; as poucas multinacionais que controlam o mercado mundial, ao preferirem as empresas do seu grupo, levaram à falência as empresas nacionais que forneciam os sistemas municipais; houve conflitos violentos (por exemplo, na África do Sul) quando a empresa fechou as torneiras a quem não pagava as contas; foram denunciadas cláusulas danosas nos contratos, conflitos de interesses e corrupção. Perante isto, os cidadãos de muitos países e cidades organizaram-se para impedir a privatização ou para lutar contra ela. Ficou famosa "a guerra da água" em Cochabamba (2000); em vários países, as lutas populares mudaram as Constituições para garantir a água como bem público; iniciativas de cidadãos levaram à substituição das parcerias público-privadas por parcerias público-públicas (entre governos centrais, regionais e municipais).

Este movimento não se confinou ao mundo menos desenvolvido. Por toda a Europa cresce o movimento contra a privatização da água e ele é forte nos países que tutelam hoje a política portuguesa, a França e a Alemanha. Ao fim de 25 anos, Paris remunicipalizou a gestão da água em 1 de Janeiro de 2010. O mesmo se passou com Grenoble mobilizada pela inovadora associação *Eau Secours*. Na Alemanha numerosas cidades estão a remunicipalizar a gestão da água, e Berlim não quer esperar por 2028 para terminar a concessão à multinacional francesa Veolia. Por tudo isto, o mercado da água entrou em refluxo. Assim se explica que a privatização da água não conste do menu das privatizações da troika.

Não é a primeira vez nem será a última que uma política considerada inovadora pelo governo português, é, de facto, uma política anacrónica, fora do tempo.

Mas como a cartilha deste governo tem uma lógica temporal muito própria (varrer da memória dos portugueses o 25 de Abril e o Estado Social que ele promoveu) não é de esperar que ele se envergonhe do seu anacronismo. Só os portugueses o poderão travar através de lutas de democracia directa e participativa, tais como protestos, organizações cívicas, petições, referendos, e da litigação judicial. Para eles, sim, será importante saber que a luta contra a privatização da água tem tido uma elevada taxa de êxito. O grupo Águas de Portugal não é um bom exemplo de gestão mas a solução não é privatizá-lo; é refundá-lo.

Visão, 4 de Agosto de 2011

OS LIMITES DA ORDEM

A crónica de Boaventura reflecte sobre os fenómenos de insurgência que têm afectado a Europa. A 27 de Outubro de 2005, nos subúrbios guettizados da periferia de Paris estala entre jovens franceses de pertenças étnicas minoritárias uma revolta que rapidamente se espalha a outras cidades do país, após a perseguição policial de dois jovens afro-descendentes e da qual resultou a morte destes. A 8 de Novembro foi declarado o estado de emergência que se prolongou até 4 de Janeiro de 2006. Em Inglaterra, de 6 a 10 de Agosto de 2011, várias cidades – Londres, Birmingham, Liverpool – foram palco de tumultos e saques por jovens das mais variadas origens residentes nos bairros mais pobres. Os distúrbios foram despoletados pela morte não esclarecida de um jovem negro de 29 anos. A 15 de Agosto, 3100 pessoas tinham sido detidas. Perante o agravamento da crise europeia, agravam-se também expressões racistas, xenófobas e islamofóbicas em vários países europeus. Na Alemanha, por exemplo, durante o ano de 2011, foram várias as mesquitas e centros culturais islâmicos em Berlim a sofrerem ataques. Boaventura demonstra como estas irrupções violentas traduzem a intensificação das desigualdades, da discriminação, do sentimento de injustiça, de desesperança e de vacuidade democrática. Sem se reconhecerem nos seus sistemas políticos e na democracia representativa, os cidadãos passam cada vez mais a fazer das ruas a sua arena de luta política. A 15 de Outubro de 2011, o protesto mundial dos indignados dá voz ao descontentamento. Desde então, inúmeras têm sido as manifestações e as formas inovadoras de participação política, pacífica, pós-institucional que reclamam a transformação societal contra neoliberalismo. | CATARINA ANTUNES GOMES

Os violentos distúrbios na Inglaterra não devem ser vistos como um fenómeno isolado. São um perturbador sinal dos tempos. Está a ser gerado nas sociedades contemporâneas um combustível altamente inflamável que flui nos subterrâneos da vida colectiva sem que se dê conta. Quando vem à superfície, pode provocar um incêndio social de proporções inimagináveis. Este combustível é constituído pela mistura de quatro componentes: a promoção conjunta da desigualdade social e do individualismo, a mercantilização da vida individual e colectiva, a prática do racismo em nome da tolerância, o sequestro da democracia por elites privilegiadas e a consequente transformação da política em administração do roubo "legal" dos cidadãos e do mal-estar que ele provoca. Cada um destes componentes tem uma contradição interna. Quando elas se sobrepõem, qualquer incidente pode provocar uma explosão. Desigualdade e individualismo. Com o neoliberalismo, o aumento brutal da desigualdade social deixou de ser um problema para passar a ser a solução. A ostentação dos ricos e dos super--ricos transformou-se em prova do êxito de um modelo social que só deixa na miséria a esmagadora maioria dos cidadãos supostamente porque estes não se esforçam o suficiente para terem êxito. Isso só foi possível com a conversão do individualismo em valor absoluto, o qual, contraditoriamente, só pode ser vivido como utopia da igualdade, da possibilidade de todos dispensarem por igual a solidariedade social, quer como agentes dela, quer como seus beneficiários. Para o indivíduo assim construído, a desigualdade só é um problema quando lhe é adversa e quando isso sucede nunca é reconhecida como merecida.

Mercantilização da vida. A sociedade de consumo consiste na substituição das relações entre pessoas por relações entre pessoas e coisas. Os objectos de consumo deixam de satisfazer necessidades para as criar incessantemente e o investimento pessoal neles é tão intenso quando se têm, como quando não se têm. Os centros comerciais são a visão espectral de uma rede de relações sociais que começa e acaba nos objectos. O capital, com a sua sede infinita de rentabilidade, tem vindo a submeter à lógica do mercado bens que sempre pensámos serem demasiado comuns (a água e o ar) ou demasiado pessoais (a intimidade e as convicções políticas) para serem trocados no mercado. Entre acreditar que o dinheiro medeia tudo e acreditar que tudo pode ser feito para o obter vai um passo muito menor do que se pensa. Os poderosos dão esse passo todos os dias sem que nada lhes aconteça. Os despossuídos, que pensam que podem fazer o mesmo, acabam nas prisões.

Racismo da tolerância. Os distúrbios na Inglaterra começaram com uma dimensão racial. O mesmo sucedeu em 1981, e nos distúrbios que abalaram a França em 2005. Não é coincidência; são afloramentos da sociabilidade colonial que continua a dominar as nossas sociedades, décadas depois de terminar o colonialismo político. O racismo é apenas um componente, tanto mais que em todos os distúrbios mencionados se envolveram jovens de várias etnias. Mas é importante, porque junta à exclusão social um elemento de inabarcável corrosão da auto-estima, a inferioridade do ser agravada pela inferioridade do ter. Um jovem negro das nossas cidades vive quotidianamente uma suspeição social que existe independentemente do que ele ou ela seja ou faça. E essa suspeição é tanto mais virulenta quando ocorre numa sociedade distraída pelas políticas oficiais da luta contra a discriminação e pela fachada do multiculturalismo e da benevolência da tolerância.

Sequestro da democracia. O que há de comum entre os distúrbios de Inglaterra e a destruição do bem-estar dos cidadãos provocada pelas políticas de austeridade comandadas pelas agências de notação e os mercados financeiros? São ambos sinais dos limites extremos da ordem democrática. Os jovens amotinados são criminosos, mas não estamos perante uma "criminalidade pura e simples", como afirmou o primeiro-ministro David Cameron. Estamos perante uma denúncia política violenta de um modelo social e político que tem recursos para resgatar bancos e não os tem para resgatar a juventude de uma vida de espera sem esperança, do pesadelo de uma educação cada vez mais cara e mais irrelevante, dado o aumento do desemprego, do completo abandono em comunidades que as políticas públicas anti-sociais transformaram em campos de treino da raiva, da anomia e da revolta.

Entre o poder neoliberal instalado e os amotinados urbanos há uma simetria assustadora. A indiferença social, a arrogância, a distribuição injusta dos sacrifícios estão a semear o caos, a violência e o medo, e os semeadores dirão amanhã, genuinamente ofendidos, que o que semearam nada tem a ver com o caos, a violência e o medo instalados nas ruas das nossas cidades. Os desordeiros estão no poder e poderão em breve ser imitados por aqueles que não têm poder para os pôr na ordem.

Público, 14 de Agosto 2011

O DESENVOLVIMENTO DO SUBDESENVOLVIMENTO

No actual contexto de crise económica e financeira mundial, muitos governos, particularmente da Europa, têm adotado as chamadas "políticas de austeridade" (privatização ou encerramento de empresas e serviços públicos, cortes na despesa social, redução do salário mínimo, diminuição de funcionários públicos, entre outras medidas) em nome das quais se pretende, supostamente, incentivar o crescimento económico do país. Aludindo à famosa tese do desenvolvimento do subdesenvolvimento, de André Gunder Frank e outros teóricos da dependência – segundo a qual o "subdesenvolvimento" do Terceiro Mundo não é um sinal de atraso, mas sim a expressão dum processo de expansão global do capitalismo que gera riqueza nos países centrais e pobreza no resto do mundo – esta crónica critica o crescente empobrecimento que as políticas neoliberais de austeridade estão a produzir nos países do Primeiro Mundo, especialmente em Portugal. Longe de resolver a crise, as medidas de austeridade ditadas pelo Fundo Monetário Internacional e a União Europeia, entre outras instituições, tem reforçado os processos de subdesenvolvimento, exclusão, marginalização e expropriação de direitos sociais adquiridos, agravando a quebra do Estado-Providência, alimentando o fenómeno conhecido como terceiro mundo interior e deteriorando as condições de vida da população. E isto com a cumplicidade de uma democracia política de baixa intensidade controlada por elites políticas e económicas. | ANTONI JESÚS AGUILÓ BONET

Está em curso o processo de subdesenvolvimento do país. As medidas que o anunciam, longe de serem transitórias, são estruturantes e os seus efeitos vão sentir-se por décadas. As crises criam oportunidades para redistribuir riqueza. Consoante as forças políticas que as controlam, a redistribuição irá num sentido ou noutro. Imaginemos que a redução de 15% do rendimento aplicada aos funcionários públicos, por via do corte dos subsídios de Natal e de férias, era aplicada às grandes fortunas, a Américo Amorim, Alexandre Soares dos Santos, Belmiro de Azevedo, Famílias Mello, etc. Recolher-se-ia muito mais dinheiro e afectar-se-ia imensamente menos o bem-estar dos portugueses. À partida, a invocação de uma emergência nacional aponta para sacrifícios extraordinários que devem ser impostos aos que estão em melhores condições de os suportar.

Por isso se convocam os jovens para a guerra, e não os velhos. Não estariam os super-ricos em melhores condições de responder à emergência nacional?

Esta é uma das perplexidades que leva os indignados a manifestarem-se nas ruas. Mas há muito mais. Perguntam-se muitos cidadãos: as medidas de austeridade vão dar resultado e permitir ver luz ao fundo do túnel daqui a dois anos? Suspeitam que não porque, para além de irem conhecendo a tragédia grega, vão sabendo que as receitas do Fundo Monetário Internacional (FMI), agora adoptadas pela União Europeia (UE), não deram resultado em nenhum país em que foram aplicadas – do México à Tanzânia, da Indonésia à Argentina, do Brasil ao Equador – e terminaram sempre em desobediência e desastre social e económico. Quanto mais cedo a desobediência, menor o desastre. Em todos estes países foi sempre usado o argumento do desvio das contas superior ao previsto para justificar cortes mais drásticos. Como é possível que as forças políticas não saibam isto e não se perguntem por que é que o FMI, apesar de ter sido criado para regular as contas dos países subdesenvolvidos, tenha sido expulso de quase todos eles e os seus créditos se confinem hoje à Europa. Porquê a cegueira do FMI e por que é que a UE a segue cegamente? O FMI é um clube de credores dominado por meia dúzia de instituições financeiras, à frente das quais a Goldman Sachs, que pretendem manter os países endividados a fim de poderem extorquir deles as suas riquezas e de fazê-lo nas melhores condições, sob a forma de pagamento de juros extorsionários e das privatizações das empresas públicas vendidas sob pressão a preços de saldo, empresas que acabam por cair nas mãos das multinacionais que actuam na sombra do FMI. Assim, a privatização da água pode cair nas mãos de uma subsidiária da Bechtel[1] (tal como aconteceu em Cochabamba após a intervenção do FMI na Bolívia), e destinos semelhantes terão a privatização da TAP, dos Correios ou da Rádio Televisão Portuguesa. O *back-office* do FMI são os representantes de multinacionais que, quais abutres, esperam que as presas lhes caiam nas mãos. Como há que tirar lições mesmo do mais lúgubre evento, os europeus do sul suspeitam hoje, por dura experiência, quanta pilhagem não terão sofrido os países ditos do Terceiro Mundo sob a cruel fachada da ajuda ao desenvolvimento.

Mas a maior perplexidade dos cidadãos indignados reside na pergunta: que democracia é esta que transforma um acto de rendição numa afirmação dramática de coragem em nome do bem comum? É uma democracia pós-institucional, quer porque quem controla as instituições as subverte

---

[1] Maior companhia dedicada a projectos de engenharia dos EUA.

(instituições criadas para obedecer aos cidadãos passam a obedecer a banqueiros e mercados), quer porque os cidadãos vão reconhecendo, à medida que passam da resignação e do choque à indignação e à revolta, que esta forma de democracia partidocrática está esgotada e deve ser substituída por uma outra mais deliberativa e participativa, com partidos mas pós-partidária, que blinde o Estado contra os mercados, e os cidadãos, contra o autoritarismo estatal e não estatal. Está aberto um novo processo constituinte. A reivindicação de uma nova Assembleia Constituinte, com forte participação popular, não deverá tardar.

Visão, 20 de Outubro de 2011

AS LIÇÕES DA EUROPA

Seja na forma de medidas objetivas ou de aspectos subjetivos, as influências da Europa são profundamente marcantes mundo afora. Em diferentes graus e contextos, o Velho Continente foi, ao longo dos últimos séculos, concebido como "modelo" a seguir, como paradigma primordial de sociedade próspera, avançada e desenvolvida. A ideia de que todos os outros países deveriam indistintamente dar passos para um dia chegar a ser como uma nação europeia foi disseminada e "universalizada" pelos sopros iluministas – que moldaram, carregaram e entregaram as promessas contidas no pretenso pacote de "benefícios" propiciados pela modernização capitalista, a despeito de sua matriz imperial e colonial.

Neste início da segunda década do século XXI, Boaventura toma como base a aguda crise instalada na região que sempre foi tida como exemplar para subverter o conteúdo das possíveis lições que podem ser apreendidas fora dela. Em consonância com as sucessivas cartas às esquerdas (que também foram divulgadas a partir do segundo semestre de 2011), os ensinamentos advindos da Europa dizem respeito a distintos pontos nevrálgicos que, ao fim e ao cabo, remetem à questão central da necessidade/dificuldade de superação do programa neoliberal, tanto na vertente (geo)política-institucional como em sua face económico-financeira.

Seis meses após a publicação da crónica de Boaventura, a mesma Folha de São Paulo *veicula na edição de 27/05/2012 uma advertência de Clóvis Rossi, um dos mais renomados jornalistas da "casa", sobre a "volta" do (neo)colonialismo imposto pelo núcleo duro da União Europeia (UE) à Grécia. A comparação entre os dois textos suscita a inexorável indagação: houve algum momento em que as relações coloniais deixaram de existir?* | Maurício Hashizume

A Europa está a assombrada pelo fantasma da exaustão histórica. Depois de durante cinco séculos se ter atribuído a missão de ensinar o mundo, parece ter pouco a ensinar e, o que é mais trágico, parece não ter capacidade para aprender com a experiência do mundo. O cantinho europeu, apesar de ser cada vez mais pequeno no contexto mundial, não consegue compreender o mundo senão através de conceitos gerais e princípios universais e nem sequer se dá conta que a sua própria fidelidade a eles é hoje uma miragem. Partindo da ideia que a compreensão do mundo é muito mais ampla que a compreensão europeia do mundo, as dificuldades por que passa a Europa podem ser um campo de aprendizagem fértil para o mundo. Eis as principais lições.

Primeira lição: a ideia de que as crises são oportunidades é uma verdade ambígua porque as oportunidades vão em direcções opostas e são aproveitadas por quem melhor se prepara antes da crise. A direita usou a crise para aplicar a "doutrina de choque" das privatizações e da destruição do Estado social (privatização da educação e da saúde). Não tinha conseguido fazê-lo por via democrática mas foi preparando a opinião pública para a ideia de que não há alternativa ao senso comum neoliberal. A esquerda, pelo contrário, deixou-se desarmar por esse senso comum e por isso não pôde aproveitar a crise para mostrar o fracasso do neoliberalismo (tanto pela estagnação como pela injustiça) e propor uma alternativa pós-neoliberal. O movimento ecológico, que era forte, deixou-se bloquear pelo *slogan* do crescimento mesmo sabendo que *este* crescimento é insustentável, perdendo assim a oportunidade que lhe foi dada pela reunião do Rio+20, em 2012.

Segunda lição: a liberalização do comércio é uma ilusão produtiva para os países mais desenvolvidos. Para ser justo, o comércio deve assentar em acordos regionais amplos que incluam políticas industriais conjuntas e a busca de equilíbrios comerciais no interior da região. A Alemanha, que tanto exporta para a Europa, deverá importar mais da Europa? Para tal ser possível é preciso uma política aduaneira e de preferências comerciais regionais, assim como uma refundação da Organização Mundial do Comércio, aliás já hoje um cadáver adiado, no sentido de começar a construir o modelo de cooperação internacional do futuro: acordos globais e regionais que, cada vez mais e sempre na medida do possível, façam com que os lugares de consumo coincidam com os lugares de produção.

Terceira lição: os mercados financeiros, dominados como estão pela especulação, nunca recompensarão os países pelos sacrifícios feitos já que não reconhecer a suficiência destes é o que alimenta o lucro do investimento especulativo. Sem domar as dinâmicas especulativas, o desastre social ocorre tanto pela via da obediência como pela via da desobediência aos mercados.

Quarta lição: a democracia pode desaparecer gradualmente e sem ser por golpe de Estado. Vários países da Europa vivem uma situação de suspensão constitucional, um novo tipo Estado de exceção que não visa perigosos terroristas mas sim os cidadãos comuns, os seus salários e as suas pensões. A substituição de Berlusconi (para a qual havia boas razões democráticas) foi decidida pelo Banco Central Europeu. O estatuto dos bancos centrais, criado para os tornar independentes da política, acabou por tornar a política dependente deles. A democracia, depois de parcialmente conquistada, pode ser gradualmente esventrada pela corrupção, pela mediocridade e pusilanimidade dos dirigentes e pela tecnocracia em representação do capital financeiro a quem sempre serviu.

Folha de São Paulo, 15 de Novembro de 2011

A GREVE GERAL

A história da humanidade é pródiga em revoltas, motins e sublevações populares, que exprimiam a desafeição dos despojados face à desigualdade e injustiça. As mais remotas poderão ser rastreadas até à revolta de Spartacus, na Roma Antiga; ou de artífices, no reinado do Faraó Ramsés III, cerca de 1200 A.C. A greve é, no entanto, genuinamente moderna, produto da emergência do modo de produção capitalista, em que a criação das condições de acumulação de capital estabeleceu a relação antagónica – capital/trabalho.

Greve é a cessação coletiva e voluntária do trabalho numa empresa, setor, categoria, ou de toda a população trabalhadora, com o propósito de obter benefícios e concessões. A greve geral assume, neste contexto, contornos políticos, pois faz parte de uma longa dinâmica de luta, protagonizada pela classe operária, mas que se dirige a toda sociedade, que procura limitar o mercado livre, desmercadorizar o trabalho, e ampliar os direitos que deram corpo à noção de cidadania social. | Hugo Dias

As greves gerais foram comuns na Europa e nos EUA no final do século XIX e nas primeiras décadas do século XX. Suscitaram grandes debates no interior do movimento operário e dos partidos e movimentos revolucionários (anarquistas, comunistas, socialistas). Discutia-se a importância da greve geral nas lutas sociais e políticas, as condições para o seu êxito, o papel das forças políticas na sua organização. Rosa Luxemburgo (1871-1919) foi uma das mais destacadas presenças nesses debates. A greve geral – que nunca deixou de estar presente na América Latina e ressurgiu com força na Primavera do Norte de África – está de volta à Europa (Grécia, Itália, Espanha e Portugal) e aos EUA.

A cidade de Oakland, na Califórnia, que ficara conhecida pela greve geral de 1946, voltou a recorrer a ela no passado dia 2 de Novembro e, na primavera deste ano, os sindicatos do Estado de Wisconsin aprovaram a greve geral no momento em que a cidade de Madison se preparava para ocupar o edifício do parlamento estadual – o que fez com pleno êxito – em luta contra um Governador neoconservador e a sua proposta de neutralizar os sindicatos, eliminando a negociação colectiva na função pública. Qual o significado deste regresso?

Sendo certo que a história não se repete, que paralelismos se podem fazer com condições e lutas sociais do passado?

De âmbitos diferentes (comunidade, cidade, região, país), a greve geral foi sempre uma manifestação de resistência contra uma condição gravosa e injusta de carácter geral, ou seja, uma condição susceptível de afectar os trabalhadores, as classes populares ou até a sociedade no seu conjunto, mesmo se alguns sectores sociais ou profissionais fossem mais directamente visados por ela. Limitações dos direitos cívicos e políticos, repressão violenta do protesto social, derrotas sindicais no domínio da protecção social e deslocalizações de empresas com impacto directo na vida das comunidades, decisões políticas contra o interesse nacional ou regional ("traições parlamentares" como a opção pela guerra ou pelo militarismo), estas foram algumas das condições que no passado levaram à decisão pela greve geral. No início do século XXI vivemos um tempo diferente e as condições gravosas e injustas concretas não são as mesmas do passado. No entanto, ao nível das lógicas sociais que lhes presidiram há paralelismos perturbadores que fluem nos subterrâneos da movimentação para a greve geral do próximo dia 24 de Novembro em Portugal. Ontem, foi a luta por direitos de que as classes populares se consideravam injustamente privadas; hoje, é a luta contra a perda injusta de direitos por que tantas gerações de trabalhadores lutaram e que pareciam ser uma conquista irreversível. Ontem, foi a luta pela partilha mais equitativa da riqueza nacional que o capital e o trabalho geravam; hoje, é a luta contra uma partilha cada vez mais desigual da riqueza (salários e pensões confiscados, horários e ritmos de trabalho aumentados; tributação e resgates financeiros a favor dos ricos – o "1%", segundo os ocupantes de Wall Street – e um quotidiano de angústia e de insegurança, de colapso das expectativas, de perda da dignidade e da esperança para os "99%").

Ontem, foi a luta por uma democracia que representasse o interesse das maiorias sem voz; hoje, é a luta por uma democracia que, depois de parcialmente conquistada, foi esventrada pela corrupção, pela mediocridade e pusilanimidade dos dirigentes e pela tecnocracia em representação do capital financeiro a quem sempre serviu. Ontem, foi a luta por alternativas (socialismo) que as classes dirigentes reconheciam existir e por isso reprimiam brutalmente quem as defendesse; hoje, é a luta contra o senso comum neoliberal, massivamente reproduzido pelos media subservientes, de que não há alternativa ao empobrecimento das maiorias e ao esvaziamento das opções democráticas.

Em geral, podemos dizer que a greve geral na Europa de hoje é mais defensiva que ofensiva, visa menos promover um avanço civilizacional do que impedir

A COR DO TEMPO QUANDO FOGE   495

um retrocesso civilizacional. É por isso que ela deixa de ser uma questão dos trabalhadores no seu conjunto para ser uma questão dos cidadãos empobrecidos no seu conjunto, tanto dos que trabalham como dos que não encontram trabalho, como ainda dos que trabalharam a vida inteira e vêem hoje as suas pensões ameaçadas. Na rua, a única esfera pública por enquanto não ocupada pelos interesses financeiros, manifestam-se cidadãos que nunca se participaram em sindicatos ou movimentos nem imaginaram manifestar-se a favor de causas alheias. De repente, as causas alheias são próprias.

Visão, 17 de Novembro de 2011

O QUE ESTÁ EM JOGO

Esta crónica de Boaventura podia ter sido escrita hoje sem mudar uma vírgula. E, no entanto, algo mudou passados todos estes meses: a reacção popular ao fracasso clamoroso das políticas de austeridade, ainda que desigual no continente europeu, tem agora expressões eleitorais vigorosas, em especial na Grécia e na França. O bom senso democrático contra o radicalismo neoliberal é hoje mais forte, mas ainda não é tão forte que seja capaz de reverter o caminho traçado pelas elites europeias. Ao mesmo tempo, a crise económica agudizou-se, por exemplo, na sua decisiva declinação bancária, tal como previsto, e são hoje mais fortes as forças económicas inconscientes que trabalham para a desagregação desta utopia monetária a que se deu o nome de euro, uma utopia que está a destruir as democracias. Por isso, os termos do debate não mudaram: reforma progressista e democrática do euro e das suas instituições, por forma a eliminar as suas assimetrias liberais, ou regresso à soberania monetária nacional, com eventual reconstrução de um princípio de coordenação monetária mais flexível com escala supranacional. Está tudo em cima da mesa e os cientistas sociais têm o dever de o dizer sem subterfúgios. As democracias periféricas estão no epicentro da crise e será provavelmente a partir daí que o impasse será colectivamente superado. As armas são claras e os actores políticos mais corajosos já se preparam para as usar: a dívida e a sua reestruturação por iniciativa dos devedores para forçar o centro europeu a abandonar uma austeridade contraproducente. Se o objectivo é "sair por cima", o efeito pode bem ser o de acentuar tensões só eventualmente produtivas e por isso temos de estar preparados intelectual e politicamente para "sair por baixo", abandonando um arranjo monetário que não foi desenhado para promover o desenvolvimento. Também aqui teremos muito a aprender com as experiências do Sul global. | João Rodrigues

O verniz estalou. O aprofundamento da crise europeia tornou possível uma nova radicalidade e uma nova transparência. Até há pouco eram consideradas radicais as posições daqueles que se opunham à intervenção e às receitas da troika por razões de soberania, de democracia e por suspeitarem que a crise era o pretexto para a direita aplicar em Portugal a "política de choque" das privatizações, incluindo as da saúde e da educação. Propunham a desobediência ao memorando em face do desastre grego ou pediam uma auditoria da dívida

A COR DO TEMPO QUANDO FOGE 497

para retirar dela parcelas de endividamento ilegítimas ou mesmo ilegais. Eram consideradas radicais porque punham em causa a sobrevivência do euro, porque desacreditavam ainda mais o nosso país no contexto europeu e internacional, porque, se fossem aplicadas, produziriam um desastre social, precisamente o que se pretendia evitar com o memorando.

O aprofundamento da crise está a dar azo a uma nova radicalidade que, paradoxalmente, e ao contrário da radicalidade anterior, parte da estrita obediência à lógica que preside à troika e ao memorando. Comentadores do *Financial Times* e políticos dos países do Norte da Europa defendem o fim do euro, porque afinal o "euro é o problema", propõem um euro para os países mais desenvolvidos e o outro para os menos desenvolvidos, defendem que a saída do euro por parte da Grécia (ou de outros países, subentende-se) pode não ser uma má idéia desde que controlada, e defendem, finalmente, a permanência do euro na condição de os países endividados se renderem totalmente ao controle financeiro da Alemanha (federalização sem democracia). Ou seja, a radicalidade tem hoje duas faces e isto talvez nos permita uma nova transparência quanto ao que está em jogo ou nos convém. A transparência do que se omite é tão importante quanto a do que se diz. Em ambos os casos ocorre porque os interesses subjacentes estão à superfície.

A transparência do que se omite.

1. Não é possível voltar à "normalidade" no atual quadro institucional europeu. Neste quadro, a União Europeia caminha inevitavelmente para a desagregação. Depois da Espanha seguir-se-ão a Itália e a França.

2. As políticas de austeridade, para além de injustas socialmente, são, não só ineficazes, como contraproducentes. Ninguém pode pagar as suas dívidas produzindo menos e, por isso, estas medidas terão de ser seguidas por outras ainda mais gravosas, até que o povo (não tenhamos medo da palavra), o povo fustigado, sofrido, desesperado diga: Basta!

3. Os mercados financeiros, dominados como estão pela especulação, nunca recompensarão os portugueses pelos sacrifícios feitos já que não reconhecer a suficiência destes é o que alimenta o lucro do investimento especulativo. Sem domar as dinâmicas especulativas e esperando que o mundo faça o que pode e deve começar a ser feito a nível apenas europeu, o desastre social ocorre tanto pela via da obediência como pela via da desobediência aos mercados.

A transparência do que nos convém. Falo dos portugueses, mas o meu "nós" envolve os 99% dos cidadãos e todos os imigrantes do Sul da Europa e envolve todos os europeus para quem uma Europa de nacionalismos é uma Europa em guerra e para quem a democracia é um bem tão exigente que só faz sentido se, ele próprio, for distribuído democraticamente. Qualquer solução que vise minimizar o desastre que se aproxima deve ser uma solução européia, ou seja, uma solução que deve ser articulada com, pelo menos, alguns países do euro. São duas as soluções possíveis. A primeira, que é o cenário A, consiste em fazer pressão, articuladamente com os outros países "em dificuldade", no sentido de se alterar a curto prazo o quadro institucional da UE de modo a que se torne possível mutualizar a dívida, federalizando a democracia. Isto implica, entre outras coisas, dar poderes ao parlamento europeu, fazer a Comissão responder perante ele e eleger diretamente a presidência. Implica também uma política industrial européia e a busca de equilíbrios comerciais no interior da Europa. Por exemplo, a Alemanha, que tanto exporta para a Europa, deverá importar mais da Europa, abandonando o mercantilismo da sua procura incessante de excedentes? Para tal ser possível é preciso uma política aduaneira e de preferências comerciais intra--europeias, assim como uma refundação da Organização Mundial do Comércio, alias já hoje um cadáver adiado, no sentido de começar a construir o modelo de cooperação internacional do futuro: acordos globais e regionais que, cada vez mais e sempre na medida do possível, façam com que os lugares de consumo coincidam com os lugares de produção. Implica também uma regulação financeira prudente a nível europeu que passa por um mandato pós-neoliberal para o Banco Central Europeu (mais poderes de intervenção com base em mais controlo democrático nas estrutura e no funcionamento). Esta solução contrapõe-se frontalmente à solução autoritária proposta pela Alemanha que consiste em submeter todos os países à tutela alemã como contrapartida dos eurobonds ou outro mecanismo de europeização da dívida. Esta rendição ao imperialismo alemão significaria que na Europa só tem direito à democracia quem tem dinheiro.

O cenário A é exigente e exigiria que, desde já, e apesar dos limites do atual mandato, o Banco Central Europeu assumisse um papel muito mais ativo para a assegurar o tempo de transição. A prudência recomenda, no entanto, que a hipótese de tal cenário falhar seja prevista e e considerada seriamente. Devíamos por isso desde já começar a preparar o cenário B, uma saída deste euro, a sós ou juntamente com outros países, com o argumento, que os factos comprovam, de que, com ele, as desigualdades entre países não cessarão de aumentar. A auditoria da dívida será um sinal da seriedade dos nossos propósitos. Os custos sociais da solução B não são mais altos quanto os custos do falhanço da solução A e permitem, pelo menos, ver uma luz ao fim do túnel.

Público, 24 de Novembro de 2011

COMENTADORES

ALEXANDRA MARTINS (Brasil) – Doutoranda do Centro de Estudos Sociais. Investigadora associada do Laboratório Estado, Trabalho, Território e Natureza do Instituto de Pesquisa e Planejamento Urbano e Regional da Universidade Federal do Rio de Janeiro, Brasil.

ALFREDO CAMPOS (Portugal) – Investigador Júnior do Centro de Estudos Sociais. Mestre em "Relações de Trabalho, Desigualdades Sociais e Sindicalismo" pela Universidade de Coimbra.

ALICE COSTA (Brasil) – Pós-Doutorada pelo Centro de Estudos Sociais. Investigadora e professora da Universidade Federal Fluminense, Brasil.

ALICE CRUZ (Portugal) – Doutoranda do Centro de Estudos Sociais. Investigadora do projeto ALICE.

ANA OLIVEIRA (Portugal) – Investigadora Júnior do Centro de Estudos Sociais. Doutoranda da Faculdade de Letras da Universidade de Coimbra.

ANA RAQUEL MATOS (Portugal) – Doutoranda e Investigadora do Centro de Estudos Sociais.

ANDRÉ CRISTIANO JOSÉ (Moçambique) – Mestre em "Pós-Colonialismos e Cidadania Global" pela Universidade de Coimbra. Director científico do Centro de Formação Jurídica e Judiciária, Maputo, Moçambique.

ÂNGELA MARQUES FILIPE (Portugal) – Investigadora júnior do Centro de Estudos Sociais da Universidade de Coimbra e visitante no King›s College. Investigadora no Centre for the Study of Bioscience, Biomedicine, Biotechnology and Society – BIOS, E Doutoranda da London School of Economics and Political Science.

ÂNGELO CARDITA (Portugal) – Doutor em Teologia pelo Pontifício Ateneo S. Anselmo, Roma. Concluiu o pós-doutoramento no Centro de Estudos Sociais.

ANTONI JESÚS AGUILÓ BONET (Espanha) – Investigador do Centro de Estudos Sociais. Doutor pela Universidade das Ilhas Baleares em Ciências Sociais e Humanas.

ANTÓNIO CARVALHO (Portugal) – Doutorando da Universidade de Exeter. Membro do Núcleo de Estudos sobre Ciência, Tecnologia e Sociedade do Centro de Estudos Sociais.

ANTÓNIO FARINHAS (Portugal) – Doutorando da École des Hautes Études en Sciences Sociales. Foi Investigador Júnior do Centro de Estudos Sociais.

BRUNO SENA MARTINS (Portugal) – Investigador do Centro de Estudos Sociais, integrandoo projecto ALICE. Doutorado em Sociologia pela Universidade de Coimbra.

CAIO SIMÕES DE ARAÚJO (Brasil) – Mestrado pela Central European University, Budapeste.

CAETANO DE CARLI (Brasil) – Doutorando do Centro de Estudos Sociais.

CARINA SOUSA GOMES (Portugal) – Investigadora do Centro de Estudos Sociais e doutoranda da Faculdade de Economia da Universidade de Coimbra.

CARLA AFONSO (Portugal) – Mestre em Direito Internacional Humanitário, na Universidade de Deusto. Cooperante do governo basco, ao abrigo do programa ART-GOLD do PNUD.

CARLA ÁGUAS (Brasil) – Doutoranda do Centro de Estudos Sociais.

CARLOS BARRADAS (Portugal) – Doutorando e Investigador Júnior do Centro de Estudos Sociais.

CARLOS ELIAS BARBOSA (Cabo Verde) – Doutorando do Centro de Estudos Sociais.

CARLOS LÚCIO (México) – Mestre em Sociologia pela Universidade de Coimbra. Doutorando do Centro de Investigaciones y Estudios Superiores en Antropología Social (CIESAS), México.

CARLOS NOLASCO (Portugal) – Doutorando do Centro de Estudos Sociais. Docente do Instituto Piaget/Viseu.

CAROLINA PEIXOTO (Brasil) – Doutoranda e Investigadora Júnior do Centro de Estudos Sociais.

CATARINA ANTUNES GOMES (Portugal) – Investigadora do Centro de Estudos Sociais, integrando o Projecto ALICE. Doutorada em Sociologia pela Universidade de Coimbra.

CÉSAR AUGUSTO BALDI (Brasil) – Doutorando da Universidad Pablo Olavide.

CLÁUDIA NOGUEIRA PEREIRA (Portugal) – Doutoranda e Investigadora do Centro de Estudos Sociais.

CRISTIANO GIANOLLA (Itália) – Doutorando do Centro de Estudos Sociais. Investigador do projeto ALICE.

CRIZIANY MACHADO Felix (Brasil) – Doutoranda do Centro de Estudos Sociais.

DANIEL NEVES (Portugal) – Doutorando e Investigador Júnior no Centro de Estudos Sociais.

DAVID LARRAZ (Espanha) – Doutorando do Centro de Estudos Sociais.

COMENTADORES 501

DIANA FERNANDES (Portugal) – Mestre em Sociologia pela Universidade de Coimbra.

EDUARDO BASTO (Portugal) – Doutorando do Centro de Estudos Sociais.

ÉLIDA LAURIS (Brasil) – Doutoranda do Centro de Estudos Sociais. Investigadora e co-coordenadora do projecto ALICE.

EURÍDICE MONTEIRO (Cabo Verde) – Doutoranda do Centro de Estudos Sociais.

FÁBIO ANDRÉ DINIZ MERLADET (Brasil) – Investigador e ativista no Programa Pólos de Cidadania, núcleo de Direito à Cidade. Licenciado em Ciências Sociais pela Universidade Federal de Minas Gerais.

FABRICE SCHURMANS (Bélgica) – Doutorado em "Pós-Colonialismos e Cidadania Global" pela Universidade de Coimbra.

FERNANDO LUDWIG (Brasil) – Doutorando do Centro de Estudos Sociais.

FERNANDA VIEIRA (Brasil) – Doutoranda da Universidade Federal Rural do Rio de Janeiro e bolseira no Centro de Estudos Sociais.

FRANCISCO FREITAS (Portugal) – Investigador Júnior do Centro de Estudos Sociais. Mestre em Dinâmicas Sociais, Riscos Naturais e Tecnológicos pela Universidade de Coimbra.

HÉLIA SANTOS (Portugal) – Investigadora Júnior do Centro de Estudos Sociais. Mestre em "Pós-Colonialismos e Cidadania Global" pela mesma instituição e pela Universidade de Coimbra.

HUGO DIAS (Portugal) – Doutorando e Investigador do Centro de Estudos Sociais.

HUGO PINTO (Portugal) – Doutorando do Centro de Estudos Sociais.

ISABELLA GONÇALVES MIRANDA (Brasil) – Investigadora e ativista no Programa Pólos de Cidadania, núcleo de Direito à Cidade. Licenciada em Ciências Sociais pela Universidade Federal de Minas Gerais.

JOANA FILIPA DIAS (Portugal) – Doutoranda do Centro de Estudos Sociais.

JOÃO PAULO DIAS (Portugal) – Diretor-Executivo e Investigador do Centro de Estudos Sociais.

JOÃO PEDRO CAMPOS (Portugal) – Mestrando da Faculdade de Direito da Universidade de Coimbra. Técnico superior da Administração Pública (Ministério da Justiça). Foi Investigador Júnior no Centro de Estudos Sociais.

JOÃO RODRIGUES (Portugal) – Investigador e Pós-doutorando do Centro de Estudos Sociais.

JOSÉ PEDRO ARRUDA (Portugal) – Foi Investigador Júnior no Centro de Estudos Sociais.

BOAVENTURA DE SOUSA SANTOS

José Luis Exeni Rodríguez (Bolívia) – Pós-doutorado do Centro de Estudos Sociais. Investigador e Co-Coordenador do Projecto ALICE.

José Manuel Reis (Portugal) – Mestrando da Faculdade de Economia da Universidade de Coimbra.

Júlia Figueiredo Benzaquén (Brasil) – Doutorada em "Pós-colonialismos e cidadania global" pela Universidade de Coimbra.

Juliano Geraldi (Brasil) – Doutorando do Centro de Estudos Sociais da Universidade de Coimbra.

Kátia Cardoso (Cabo Verde) – Doutoranda e Investigadora do Centro de Estudos Sociais.

Luciana Silva (Portugal) – Investigadora Júnior do Centro de Estudos Sociais. Mestranda da Faculdade de Letras da Universidade de Coimbra.

Luciane Lucas (Brasil) – Pós-doutoranda no Centro de Estudos Sociais. Investigadora do projeto ALICE.

Madalena Duarte (Portugal) – Investigadora do Centro de Estudos Sociais e do Observatório Português da Justiça. Doutoranda da mesma instituição.

Margarida Filipe Gomes (Portugal) – Investigadora Júnior do Centro de Estudos Sociais. Secretária editorial de Boaventura de Sousa Santos.

Maria João Guia (Portugal) – Doutoranda do Centro de Estudos Sociais. Inspectora-Adjunta do Serviço de Estrangeiros e Fronteiras.

Marina Henriques (Portugal) – Doutoranda e Investigadora do Centro de Estudos Sociais.

Marta Peça (Portugal) – Mestre em Sociologia pela Universidade de Coimbra.

Marta Roriz (Portugal) – Investigadora júnior no Centro de Estudos Sociais e doutoranda da mesma instituição.

Maurício Hashizume (Brasil) – Doutorando do Centro de Estudos Sociais. Investigador do projeto ALICE. Editor da ONG Repórter Brasil.

Michele Grigolo (Itália) – Pós-doutorando no Centro de Estudos Sociais. Doutorado em Ciências Sociais e Políticas pelo Instituto Universitário Europeu de Florença, Itália.

Miguel Cardina (Portugal) – Investigador do Centro de Estudos Sociais e pós--doutorando da Faculdade de Ciências Sociais e Humanas da Universidade Nova de Lisboa

Miguel Henriques (Portugal) – Doutorado em Política Internacional e Resolução de Conflitos pela Universidade de Coimbra.

Mihaela Mihai (Roménia) – Pós-doutoranda no Centro de Estudos Sociais. Doutorada em Ciência Política pela Universidade de Toronto, Canadá.

COMENTADORES 503

MÓNICA LOPES (Portugal) – Doutoranda e Investigadora do Centro de Estudos Sociais.

NELSON MATOS (Portugal) – Foi Assistente de Investigação do Centro de Estudos Sociais.

NUNO SERRA (Portugal) – Doutorando do Centro de Estudos Sociais.

ODAIR VARELA (Cabo Verde) – Doutorado em "Pós-Colonialismos e Cidadania Global" pela Universidade de Coimbra. Docente e investigador do Instituto Superior de Ciências Jurídicas e Sociais, Cabo Verde.

OLIVIER GUIOT (Bélgica) – Investigador Júnior do Centro de Estudos Sociais. Mestre em Migrações, Inter-Etnicidade e Transnacionalismo pela Faculdade de Ciências Sociais e Humanas da Universidade Nova de Lisboa.

ORIANA RAINHO BRÁS (Portugal) – Doutoranda do Centro de Estudos Sociais.

ORLANDO ARAGÓN ANDRADE (México) – Professor da Universidade Michoacana de San Nicolás de Hidalgo, México. Realizou um estágio de investigação no Centro de Estudos Sociais.

PATRÍCIA BRANCO (Portugal) – Doutoranda e Investigadora do Centro de Estudos Sociais.

PAULA CASALEIRO (Portugal) – Doutoranda e Investigadora Júnior do Centro de Estudos Sociais.

PAULA FERNANDO (Portugal) – Investigadora do Centro de Estudos Sociais da Universidade de Coimbra e do Observatório Permanente da Justiça Portuguesa.

PEDRO ARAÚJO (Portugal) – Doutorando e Investigador do Centro de Estudos Sociais.

RAÚL LLASAG FERNÁNDEZ (Equador) – Doutorando do Centro de Estudos Sociais. Investigador do projecto ALICE.

RAÚL MENDES FERNANDES (Cabo Verde) – Doutorando do Centro de Estudos Sociais. Investigador permanente do Instituto Nacional de Estudos e Pesquisa, Guiné-Bissau.

RICARDO COELHO (Portugal) – Doutorando e Investigador Júnior do Centro de Estudos Sociais.

RITA GRÁCIO (Portugal) – Doutoranda da Universidade de Exeter. Investigadora Júnior do Centro de Estudos Sociais até 2010.

RITA SANTOS (Portugal) – Doutoranda e Investigadora Júnior do Centro de Estudos Sociais.

SARA ARAÚJO (Portugal) – Doutoranda do Centro de Estudos Sociais. Investigadora e co-coordenadora do projeto ALICE.

SHEILA KHAN (Portugal) – Investigadora Convidada do Centro de Investigação em Ciências Sociais da Universidade do Minho. Concluiu o pós-doutoramento no Centro de Estudos Sociais.

SÍLVIA ROQUE (Portugal) – Doutoranda e Investigadora do Centro de Estudos Sociais.

SUSANA COSTA (Portugal) – Pós-doutoranda e Investigadora do Centro de Estudos Sociais.

SUSANA FREIRIA (Portugal) – Doutoranda e Investigadora Júnior do Centro de Estudos Sociais.

SUSANA DE NORONHA (Portugal) – Doutoranda do Centro de Estudos Sociais.

TATIANA MOURA (Portugal) – Investigadora do Centro de Estudos Sociais. Diretora Executiva do Instituto Promundo (Rio de Janeiro).

TERESA CUNHA (Portugal) – Doutorada em Sociologia pela Universidade de Coimbra. Investigadora do Centro de Estudos Sociais da Universidade de Coimbra e do Projeto ALICE.

TERESA MANECA LIMA (Portugal) – Doutoranda e Investigadora do Centro de Estudos Sociais.

TIAGO RIBEIRO (Portugal) – Mestrando e Investigador Júnior do Centro de Estudos Sociais.

VALÉRIO NITRATO IZZO (Itália) – Pós-doutorando no Centro de Estudos Sociais. Doutorado em Filosofia do Direito pela Universidade de "Federico II" Nápoles.

VÂNIA BALDI (Itália) – Professor auxiliar convidado da Universidade de Aveiro. Conclui o pós-doutoramento no Centro de Estudos Sociais.